8º Oc. 701

# LES
# NUITS ATTIQUES
# D'AULU-GELLE.

# LES
# NUITS ATTIQUES

## D'AULU-GELLE,

TRADUITES EN FRANÇAIS,

AVEC LE TEXTE EN REGARD, ET ACCOMPAGNÉES DE REMARQUES,

### PAR VICTOR VERGER.

### TOME PREMIER.

### A PARIS,

CHEZ F. I. FOURNIER, LIBRAIRE,

ÉDITEUR DES ŒUVRES COMPLÈTES DE CICÉRON,

RUE MACON, N°. 10.

M. DCCC. XX.

DE L'IMPRIMERIE D'ÉVERAT,
RUE DU CADRAN, N°. 16.

# INTRODUCTION.

Aulu-Gelle, philosophe, homme de lettres et grammairien, issu d'une famille consulaire, florissait à Rome, sa patrie, sous le règne de l'empereur Adrien. Après avoir étudié les belles-lettres, la jurisprudence et la philosophie sous les maîtres les plus habiles, il fit un voyage en Grèce, selon la coutume des jeunes gens de qualité, pour étendre et perfectionner les connaissances qu'il avait puisées dans les écoles romaines. Ce fut à Athènes qu'il se lia d'amitié avec le célèbre Hérode Atticus, l'homme le plus éloquent et un des sages les plus distingués de son siècle. Les conversations qu'Aulu-Gelle eut avec cet illustre consulaire, achevèrent d'affermir en ce premier le goût des études solides, l'amour du devoir, et l'attachement inviolable aux grands principes de la morale dont il se fait un plaisir de répandre des leçons dans le cours de

ses commentaires. Pour ne point se distraire de ses études, et pour se dérober aux plaisirs bruyans d'une ville alors célèbre par ses désordres, Aulu-Gelle avait coutume de se retirer dans une petite campagne aux portes d'Athènes ; c'est là qu'il conçut le plan de son recueil, et qu'il en rassembla les principaux matériaux. Le dessein de former un volume qui pût contribuer à l'éducation morale et littéraire de ses enfans, mettait la plume à la main de cet excellent père toutes les fois que la nuit, qui, en hiver, couvre de bonne heure les terres de de l'Attique, le rendait à sa solitude. C'est ce qui le détermina à intituler cet ouvrage : *Nuits attiques*. De retour à Rome, Aulu-Gelle reprit son projet. Cet homme sans ambition, de mœurs douces et honnêtes, presque uniquement livré à l'étude des lettres et de la philosophie, était lié avec les personnes les plus distinguées, surtout avec celles qui s'étaient fait un nom dans les sciences et la littérature. Le philosophe Favorin fut le savant qu'Aulu-Gelle cultiva le plus assidûment, et

nous devons au recueil du disciple quelques fragmens très-curieux et très-éloquens du maître. Ayant été choisi dans sa jeunesse, par les préteurs, pour juger les causes privées, il s'adressa à cet homme célèbre, dans le dessein de se former aux grands principes de la judicature; et l'on verra, dans le compte qu'il rend d'une cause portée à son tribunal, l'idée qu'il avait de cette auguste fonction. Les lumières et l'intégrité que le nouveau juge fit paraître, engagèrent, quelques années après, les consuls à lui confier l'administration de la justice publique pendant les calendes. Ce fut entre les occupations du barreau et ses études particulières qu'il continua de partager son temps. La mort le surprit au commencement du règne de Marc-Aurèle, lors même qu'il finissait le vingtième livre de ses commentaires, et qu'il se préparait à les augmenter. Cet ouvrage, échappé en grande partie au torrent des siècles et aux ravages de la barbarie, a reçu dans tous les temps les éloges qu'il mérite, et tous les savans se sont réunis pour en vanter l'agrément

ment et l'utilité. Les *Nuits attiques* d'Aulu-Gelle sont le fruit des lectures de l'auteur et de ses entretiens avec les personnes de son siècle les plus distinguées par leur naissance, leurs emplois, leurs lumières et leur amour pour les belles connaissances. Aulu-Gelle avait coutume, tous les jours, de transcrire les morceaux intéressans qu'il rencontrait dans une lecture immense, et qui lui paraissaient propres à former l'esprit ou le cœur; les dissertations littéraires, philosophiques, historiques ou critiques qu'il entendait dans le commerce des savans qu'il avait coutume de fréquenter. Ces *Nuits attiques* présentent donc, 1°. plusieurs morceaux d'histoire profane et sacrée, des anecdotes curieuses, des éclaircissemens sur les mœurs, la religion, le gouvernement et la milice de l'ancienne Rome et des premiers temps de la Grèce; 2°. des recherches sur l'état de la philosophie de ces premiers âges, et du siècle où l'auteur vivait; des traits de la vie des anciens philosophes; la méthode de leurs écoles, le ton de leurs assemblées, de leurs

repas et de leurs conversations particulières ; des dissertations sur les points les plus importans de la morale ; 3°. l'examen, l'apologie ou la critique de la jurisprudence romaine comparée avec les instituts étrangers ; 4°. plusieurs articles rares de littérature grecque et romaine, mis en parallèle avec autant de goût que d'érudition, et plusieurs dissertations grammaticales. Ce qui rend les commentaires d'Aulu-Gelle très-précieux aux connaisseurs, c'est qu'ils nous ont transmis des fragmens curieux et intéressans de plusieurs ouvrages de l'antiquité, dont nous ne connaissons que les titres, et qu'on trouve dans son recueil ; par exemple, des morceaux de Gracchus, ce fameux tribun ; de Caton le Censeur, de Varron, d'Ennius et de différens autres personnages célèbres par leur éloquence ou leur talent pour la poésie et l'histoire ; en sorte que si quelque jour la littérature venait à recouvrer ces trésors, elle ne pourrait s'assurer de l'authenticité des originaux qu'en les comparant aux extraits consignés dans l'ouvrage d'Aulu-Gelle. Feu l'abbé de

Verteuil, que j'ai suivi dans les détails qu'on vient de lire, publia, par ordre de matières, il y a environ trente ans, une traduction des *Nuits attiques* d'Aulu-Gelle, en trois volumes in-12, sans le texte. Cette traduction, dont l'édition est aujourd'hui entièrement épuisée, laissait à désirer plus de cent chapitres, le traducteur n'ayant voulu donner, en quelque sorte, qu'un choix ; et, parmi les chapitres traduits, un certain nombre ne l'étaient pas entièrement. Celle que j'offre présentement au public est donc la seule traduction complète qui existe d'un auteur dont le style et la latinité n'ont, il est vrai, ni cette pureté, ni cette élégance qui caractérisent les siècles de Cicéron, d'Horace et de Virgile, mais dont la manière d'exposer une dissertation ou d'examiner quelque point de philosophie ou de littérature, ne laisse pas d'être intéressante, vive, piquante, instructive, et à la portée du plus grand nombre des lecteurs. Comme l'abbé de Verteuil joignait à beaucoup de goût des connaissances profondes, j'ai cru rendre service à la littérature

en tirant parti du travail de cet estimable traducteur, et j'ai inséré dans mes remarques toutes celles de ses notes qui m'ont paru mériter d'être conservées. L'accueil favorable qu'ont reçu du public mes traductions du dialogue des *Orateurs illustres* et de la *Nature des Dieux*, faisant partie de l'édition complète des Œuvres de Cicéron, semble me permettre de concevoir les mêmes espérances pour celle-ci, à laquelle je n'ai pas apporté moins de soin, et qui m'a présenté de plus grandes difficultés à vaincre.

# LES
# NUITS ATTIQUES
## D'AULU-GELLE.

# AULI-GELLII
# IN NOCTES ATTICAS
# PRÆFATIO.

Jucundiora alia reperiri queunt. Ipse autem ad hoc scripsi, ut liberis quoque meis paratæ istiusmodi remissiones essent; quando animus eorum, interstitione aliqua negotiorum data, laxari indulgerique potuisset. Usi autem sumus ordine rerum fortuito, quem antea in excerpendo feceramus. Nam proinde ut librum quemque in manus ceperam seu græcum seu latinum, vel quid memoratu dignum audieram, ita quæ libitum erat, cujus generis cumque erant indistincte atque promisce annotabam: eaque mihi ad subsidium memoriæ quasi quoddam litterarum penus, recondebam; ut, quando usus venisset, aut rei aut verbi, cujus me forte repens oblivio tenuisset, et libri, ex quibus ea sumseram, non adessent, facile inde nobis inventu atque depromptu foret. Facta igitur est in his quoque commentariis eadem rerum disparilitas,

# PRÉFACE D'AULU-GELLE

## SUR

# LES NUITS ATTIQUES.

On peut trouver des livres qui présentent plus d'agrément que celui-ci ; mais mon principal but, en composant ce recueil, a été de fournir à mes enfans un délassement utile, dans ces momens où leur esprit, fatigué du travail et des affaires, aurait besoin de trouver un moyen de se distraire. Quant à l'ordre des matières, le hasard seul y a présidé. Elles sont distribuées comme je les ai rédigées ; car chaque fois que j'ai rencontré dans les auteurs grecs et latins, ou que j'ai entendu, dans la conversation des gens éclairés, quelque chose de remarquable et qui me paraissait digne d'être conservé, je n'ai jamais manqué, de quelque genre que ce fût, d'en enrichir mon recueil, sans prendre garde si cela offrait quelque liaison ou quelque rapport avec ce qui précédait. Ainsi ce recueil devenait pour moi une sorte de dépôt littéraire, où je plaçais ce que je jugeais nécessaire pour le secours de ma mémoire : en sorte que quand j'avais besoin d'un fait ou d'une expression dont le souvenir échappait soudain à mon esprit, et que je n'avais pas alors à ma disposition les ouvrages d'où je les avais tirés, je pouvais me les rappeler de suite, en consultant mon recueil. Il n'est

quae fuit in illis annotationibus pristinis: quas breviter et indigeste et incondite eruditionibus, lectionibusque variis feceramus. Sed quoniam longinquis, per hiemem, noctibus in agro, sicuti dixi, terrae Atticae commentationes hasce ludere ac facere exorsi sumus: idcirco eas inscripsimus, *Noctium Atticarum*; nihil imitati festivitates inscriptionum, quas plerique alii utriusque linguae scriptores in id genus libris fecerunt. Nam quia variam et miscellam et quasi confusaneam doctrinam conquisiverant; eo titulos quoque ad eam sententiam exquisitissimos indiderunt. Namque alii *Musarum* inscripserunt; alii *Silvarum*; ille Κηρίον, alius Κέρας Ἀμαλθείας; quidam *Lectionis suae*; alius *Antiquarum lectionum*; atque alius Πινακίδιον et item alius Ἐγχειρίδιον. Sunt etiam, qui *Pandectas* inscripserunt. Sunt autem qui, Διατριβάς. Sunt adeo qui *de Disciplina Regia* et *de Philosophia* et *de Natura humana*. Est qui *Memoriales* titulos fecerit. Est qui *Studiosorum*, et *de ridiculis*, et περὶ Ποικίλης Ἱστορίας. Est item qui *Historiae naturalis*. Est qui Βιβλιοθήκην; est praeterea, qui *Pratum*; est item qui Ἐποπτίδων. Est qui scripsit Συγγραφήν. Sunt item multi, qui *Conjectanea*; neque item desunt, qui indices libris suis fecerint, aut *Epistolarum moralium*, aut *epistolicarum Quaestionum* aut *confusarum*; et quaedam alia inscripta nimis lepida, multasque prorsus concinnitates redolentia. Nos vero, ut captus noster est, incuriose et imme-

donc pas étonnant qu'on rencontre dans l'ensemble de ces commentaires, la disparité qui résulte de la manière dont les matières qui les composent ont été rassemblées d'abord ; car je les grossissais à la hâte, confusément et sans ordre, de ce que la lecture et les entretiens des hommes érudits me fournissaient d'intéressant. Comme c'est, ainsi que je l'ai dit, dans une campagne voisine d'Athènes, pour dissiper l'ennui des soirées, si longues en hiver, que je me suis occupé d'abord à composer ce recueil, je l'ai intitulé *Nuits Attiques*; peu curieux des titres élégans dont la plupart des auteurs grecs et latins ont eu si grand soin d'orner les ouvrages de ce genre : car, comme ces sortes d'écrits renfermaient un choix de variétés littéraires, philosophiques, ou des mélanges de toute espèce, ceux qui les ont rédigés se sont étudiés à leur trouver des titres qui fussent rares et recherchés, en même temps qu'analogues au choix des matières. Ils les ont intitulés : *Volume des Muses*, *Livre des Bois*, *Le Rayon de Miel*, *La Corne d'Amalthée*, *Mes Lectures*, *Lectures Antiques*, *Tablettes* et *Manuel*; quelques-uns les ont appelés *Pandectes* et *Dissertations*; quelques autres, *Méthode Royale*, ou *de la Philosophie et de la Nature humaine*. Ceux-ci ont publié leurs écrits sous le titre de *Mémoires*, de *Recueil des Étudians*, et *des Ridicules*; ceux-là sous celui de *Variétés historiques* et d'*Histoire naturelle*, de *Bibliothèque*, de *Pré*, de *Spectacle*, d'*Histoire*, de *Conjectures*. Il s'en est même trouvé qui ont donné à leurs ouvrages ces titres piquans, *Épîtres morales*, *Questions épistolaires* ou *mêlées*: enfin ils ont épuisé toutes ces jolies formules qui, placées au frontispice d'un livre, annoncent un rédacteur plein d'esprit. Pour moi, suivant ma manière de penser, j'ai intitulé mon recueil *Nuits Attiques*. Ce titre est un peu simple, un peu

ditate ac prope etiam subrustica ex ipso loco ac tempore hibernarum vigiliarum, *Atticas Noctes*, inscripsimus; tantum caeteris omnibus in ipsius quoque inscriptionis laude cedentes, quantum cessimus in cura et elegantia scriptionis. Sed ne consilium quidem in excerpendis notandisque rebus idem mihi, quod plerisque illis fuit: namque illi omnes, et eorum maxime Graeci, multa et varia lectitantes, in quas res cumque inciderent, alba, ut dicitur, linea sine cura discriminis, solam copiam sectati converrebant: quibus in legendis ante animus senio aut taedio languebit; quam unum alterumve repererit, quod sit aut voluptati legere, aut cultui legisse, aut usui meminisse. Ego vero, quum illud Heracliti Ephesii viri summe nobilis verbum cordi haberem, quod profecto ita est: Πολυμαθίη νόον ȣ διδάσκει: ipse quidem volvendis, transeundisque multis admodum voluminibus, per omnia semper negotiorum intervalla, in quibus furari otium potui, exercitus defessusque sum: sed modica ex iis, eaque sola accepi, quae aut ingenia prompta expeditaque ad honestae eruditionis cupidinem utiliumque artium contemplationem celeri facilique compendio ducerent, aut homines aliis jam vitae negotiis occupatos a turpi certe agrestique rerum atque verborum imperitia vindicarent.

# PRÉFACE. 7

négligé, un peu rustique même; mais il ne se trouve, par-là, que plus en rapport avec le temps et le lieu où je commençai ces commentaires. D'ailleurs, je ne cherche pas plus à le disputer à ceux qui ont écrit dans ce genre, par la beauté du titre, que par l'élégance du style et la richesse de la composition. Cependant, je crois que la manière de recueillir et d'extraire de la plupart d'entre eux diffère beaucoup de la mienne; car presque tous, et particulièrement les Grecs, uniquement attentifs à grossir un volume, ont entassé, sans choix et sans goût, tout ce qu'ils rencontraient dans des lectures immenses et très-variées; se contentant, comme on dit, du premier trait. Que l'on se mette à parcourir ces froides compilations, on se trouve accablé de dégoût et d'ennui, avant de rencontrer quelque morceau agréable, ou fait pour enrichir la mémoire, ou propre à rendre l'esprit plus cultivé. Pour moi, j'ai toujours eu présente à l'esprit, et j'ai toujours suivi la maxime d'Héraclite d'Éphèse, d'après laquelle ce sage, si renommé, dit : *La confusion des sciences est toujours nuisible à l'instruction.* Toutes les fois, il est vrai, que j'ai pu dérober à mes affaires quelques heures de loisir, je me suis livré sans réserve et jusqu'à la fatigue, à la lecture d'un nombre infini de volumes que je parcourais avec rapidité : mais je n'en ai jamais extrait qu'un petit nombre de passages; les seuls qui puissent également convenir à l'homme d'un esprit exercé, pour entretenir en lui le goût des connaissances honnêtes, pour faciliter et accélérer sa marche dans la culture si avantageuse des arts; et à l'homme déjà livré à ce genre d'occupations qui ne permettent point l'étude, pour lui donner cette pureté de langage et cette teinture légère d'érudition, indispensables à toute âme bien née. Si dans ces commentaires il se rencontrait, parmi ce

Quæ erunt autem in his commentariis pauca quædam scrupulosa et anxia, vel ex grammatica, vel ex dialectica, vel etiam ex geometria, quæque erunt item paucula remotiora super augurio jure et pontificio; non oportet ea defugere quasi aut cognitu non utilia, aut perceptu difficilia. Non enim fecimus altos nimis et obscuros in his rebus quæstionum sinus: sed primitias quasdam et quasi libamenta ingenuarum artium dedimus; quæ virum civiliter eruditum neque audisse unquam neque attigisse, si non inutile, at quidem certe indecorum est. Ab his igitur, si cui forte nonnunquam tempus voluptasque erit lucubratiunculas istas cognoscere, petitum impetratumque volumus; ut in legendo, quæ pridem scierint, non aspernentur quasi nota invulgataque. Nam et quid tam remotum in litteris est, quin id tamen complusculi sciant? Et satis hoc blandum est, non esse hæc neque in scholis decantata neque in commentariis protrita: quæ porro nova sibi ignotaque offenderint; æquum esse puto ut sine vano obtrectatu considerent, an minutæ istæ admonitiones pauxillulæ nequaquam tamen sint vel ad alendum studium inhonestæ, vel ad oblectandum frigidæ fovendumque animum: sed ejus seminis generisque sint, ex quo facile adolescant aut ingenia hominum vegetiora, aut memoria adminiculatior, aut ratio solertior, aut

qui concerne la géométrie, la dialectique et la grammaire, quelques endroits obscurs ou difficiles; et si le peu que je dis sur les augures, la jurisprudence et le pontificat, semble trop abstrait, il faut se garder de rejeter ces articles comme si la connaissance en était inutile, ou comme s'ils étaient trop au-dessus de la portée de l'esprit. Je n'ai point traité à fond ces savantes et profondes questions; je me borne à offrir seulement les élémens et comme les prémices des beaux arts, qu'il serait honteux à tout homme bien élevé d'ignorer entièrement, quand la connaissance ne lui en serait pas d'ailleurs indispensable. Je prie les personnes qui pourront quelquefois, par manière de délassement, pendant un moment de loisir, jeter un coup d'œil sur ces commentaires, de ne point rejeter avec dédain, comme trop connues et trop répandues, des choses qu'elles savent déjà d'ailleurs. Car qu'y a-t-il dans les lettres de si généralement ignoré, qui ne soit cependant connu de plusieurs? Il suffit, ce me semble, pour attacher le lecteur, que ce qu'il parcourt n'ait point été rebattu dans les écoles, ni reproduit trop fréquemment dans les écrits publics. Si parfois, au contraire, le lecteur rencontre dans ce recueil des choses tout-à-fait nouvelles et inconnues pour lui, je l'engage cependant à ne point crier contre mon ouvrage, avant d'avoir examiné si le petit nombre d'endroits dont il s'agit ne sont pas dignes d'occuper le loisir et les études d'un honnête homme; ou si plutôt ils ne paraissent pas propres à développer les ressorts d'un esprit vigoureux, à fortifier la mémoire, à exercer la raison, à épurer le langage, à récréer dans les momens de repos, ou bien à fournir des raisons dans la conversation. Quant à ce qui paraîtra obscur, moins soigné et moins rempli, qu'on n'oublie pas que je n'établis

sermo incorruptior, aut delectatior in otio, aut in ludo liberalior. Quae autem parum plana videbuntur, aut minus plena instructaque; petimus, inquam, ut ea non docendi magis, quam admonendi gratia scripta existiment; et quasi demonstratione vestigiorum contenti persequantur ea post, si libebit, vel libris repertis vel magistris. Quae vero putaverint reprehendenda; his, si audebunt, succenseant, unde ea nos accepimus: sed enim, quae aliter apud alium scripta legerint, ne jam statim temere obstrepant : sed tractationes rerum et auctoritates hominum pensitent quos illi quosve nos secuti sumus. Erit autem id longe optimum, ut qui in lectitando, scribendo, commentando, nunquam voluptates, nunquam labores ceperunt, nullas hoc genus vigilias vigilarunt, neque ullis inter ejusdem Musae aemulos certationibus disceptationibusque percunctando, scribendo, elimati sunt, sed intemperiarum negotiorumque pleni sunt, abeant a Noctibus his procul; atque alia sibi oblectamenta quaerant. Vetus adagium est, nihil cum fidibus graculo, nihil cum amaracino sui. Atque etiam, quo sit quorundam male doctorum hominum scaevitas et invidentia irritatior, mutuabor ex Aristophanis choro anapaesta pauca; et quam ille homo festivissimus fabulae suae spectandae legem dedit, eamdem ego commentariis his legendis

point une école en règle, mais que je me borne à donner de simples notions. On doit donc s'attendre à ne voir en ce recueil, qu'un ouvrage dont le but est seulement d'indiquer la voie qui conduit à la doctrine ; permis au lecteur de s'y avancer sous les auspices des grands maîtres, ou de leurs savans écrits. Enfin, s'il se trouve quelques endroits qui paraissent répréhensibles, qu'on s'en prenne, si l'on ose, aux auteurs de qui nous les avons empruntés ; mais avec la précaution, toutefois, de ne point s'élever brusquement contre eux, parce qu'on aura lu les mêmes choses rapportées différemment dans d'autres écrivains. Dans ce cas, il est juste de comparer les auteurs qu'on a lus avec ceux que j'ai suivis, et de porter ensuite son jugement sans prévention et sans partialité, sur les raisons et sur les autorités des uns et des autres. Je dois prévenir ceux qui dans leurs lectures, leurs écrits et leurs réflexions, n'ont jamais eu pour objet les plaisirs de l'étude ; ceux qui n'ont jamais paru dans la carrière littéraire, ni consacré aucune veille à la gloire des arts ; ceux encore que le désir de l'érudition et l'avidité des connaissances utiles n'ont point engagés dans des recherches, des travaux, des disputes et des dissertations si communes entre les hommes qui cultivent une même science, mais que le torrent des affaires et des passions absorbe entièrement, qu'ils aient à s'éloigner de ces Nuits et à chercher ailleurs d'autres genres de plaisirs. La musique, dit un ancien proverbe, n'est point faite pour les geais, ni l'essence de marjolaine pour les cochons. Au risque d'exciter l'envie et la malignité de quelques ignorans, j'emprunterai quelques vers d'Aristophane ; et comme ces vers, gravés au frontispice du théâtre de cet agréable comique, exprimaient dans quel esprit on devait assister à ses drames,

dabo; ut ea ne attingat, neve adeat profestum et profanum vulgus, a ludo Musico diversum. Versus legis datae hi sunt:

Εὐφημεῖν χρὴ κἀξίςασθαι τοῖς ἡμετέροισι χοροῖσιν,
Ὅςτις ἄπειρος τῶν δὲ λόγων, ἢ γνώμῃ μὴ καθαρεύοι,
Ἤ γενναίων ὄργια μυσῶν, μήτ᾽ ἴδεπὼ, μήτ᾽ ἐχόρευσα.

Volumina commentariorum ad hunc diem viginti jam facta sunt. Quantum autem vitae mihi deinceps deûm voluntate erit, quantumque a tuenda re familiari procurandoque cultu liberorum meorum dabitur otium: ea omnia subsiciva et subsecundaria tempora ad colligendas hujuscemodi memoriarum disceptatiunculas conferam. Progredietur igitur numerus librorum, diis bene juvantibus, cum ipsius vitae, quantuli quique fuerint, progressibus. Neque longiora mihi dari spatia vivendi volo, quam dum ero ad hanc quoque facultatem scribendi commentandique idoneus. Capita rerum, quae cuique commentario insunt, exposuimus hic universa: ut jam statim declaretur, quid quove in libro quaeri invenirique possit.

# PRÉFACE.

de même, placés à la tête de ces commentaires, ils en seront l'épigraphe : elle défendra au vulgaire profane, et que ses occupations éloignent du commerce des arts, d'oser y toucher. Voici la loi portée par Aristophane :

*Esprit inculte, cœur corrompu, et toi, profane, qui jamais ne fis la cour aux nymphes d'Hélicon, et ne vis jamais leurs brillantes orgies, éloigne-toi de ce noble théâtre, qu'il te suffise de le louer.*

Je termine le vingtième livre de ces commentaires. Pendant le reste de jours qu'il plaira au ciel de m'accorder encore, tout le temps que je ne serai point obligé d'employer à mes affaires domestiques, ou de donner à l'éducation de mes enfans, toutes les heures dont je pourrai disposer librement, je les consacrerai à recueillir et à rédiger de nouvelles matières dans le genre de celles-ci. De cette manière, avec le secours des dieux, les volumes augmenteront insensiblement avec mes années ; et je prie le ciel de terminer ma carrière dès l'instant que je ne serai plus capable d'écrire ni de commenter. En tête de chaque chapitre contenu dans ce recueil, j'ai placé un titre qui en fait connaître le sujet, afin qu'on aperçoive de suite ce dont il s'agit, et dans quel livre on peut le trouver.

# AULI-GELLII
# NOCTES ATTICÆ.

## LIBER PRIMUS.

### CAPUT I.

*Quali proportione, quibus collectionibus Plutarchus ratiocinatum esse Pythagoram philosophum dixerit, de comprehendenda corporis proceritate, qua fuit Hercules, quum vitam inter homines viveret.*

Plutarchus in libro quem scribit, ὁπόση ψυχῶν καὶ σωμάτων ἀνθρώποις περὶ εὐφυΐαν καὶ ἀρετὴν διαφορά, scite subtiliterque ratiocinatum Pythagoram philosophum dicit, in reperienda modulandaque status longitudinisque ejus præstantia. Nam quum fere constaret, curriculum stadii, quod est Pisæ ad Jovis Olympii, Herculem pedibus suis metatum; idque fecisse longum pedes sexcentos; cætera quoque stadia in terra Græcia, ab aliis postea instituta pedum quidem esse numero sexcentûm, sed tamen aliquantulum breviora: facile intellexit modum spatiumque plantæ Herculis, ratione proportionis habita, tanto fuisse quam aliorum procerius, quanto Olympicum stadium

# LES NUITS ATTIQUES

## D'AULU-GELLE.

---

## LIVRE PREMIER.

### CHAPITRE I.

*D'après quelles proportions et d'après quels calculs, au rapport de Plutarque, le philosophe Pythagore supputa quelle fut la taille d'Hercule pendant qu'il vivait parmi les hommes.*

Plutarque, dans son traité *De la Différence des qualités extérieures d'avec celles de l'esprit et du cœur*, dit que le philosophe Pythagore s'est servi d'un raisonnement très-subtil et très-ingénieux pour déterminer la hauteur de la taille du grand Alcide; car comme il passait à peu près pour constant que le héros, ayant mesuré le stade des jeux établis à Pise(¹), près du temple de Jupiter Olympien(²), trouva qu'il avait six cents de ses pieds, et que les autres stades que l'on créa ensuite en Grèce étaient pareillement de six cents pieds, mais un peu moins étendus que ceux du stade de Pise; ce philosophe comprit facilement que, d'après la règle des proportions, on pouvait établir entre la mesure du pied d'Hercule et celle du pied ordinaire, la même différence qui se trouvait entre

longius esset quam cætera. Comprehensa autem mensura Herculani pedis, quanta longinquitas corporis ei mensuræ conveniret, secundum naturalem membrorum omnium inter se competentiam modificatus : atque ita id collegit, quod erat consequens; tanto fuisse Herculem corpore excelsiorem quam alios, quanto Olympicum stadium cæteris pari numero factis anteiret.

## CAPUT II.

Ab Herode Attico Cl. V. tempestive deprompta in quendam jactabundum et gloriosum adolescentem specie tantum philosophiæ sectatorem verba Epicteti Stoici, quibus festiviter a vero Stoico sejunxit vulgus loquacium nebulonum, qui se Stoicos nuncuparent.

Herodes Atticus, vir et græca facundia et consulari honore præditus, arcessebat sæpe nos, quum apud magistros Athenis essemus, in villas ei urbi proximas, me et Cl. V. Servilianum, compluresque alios nostrates, qui Roma in Græciam ad capiendum ingenii cultum concesserant. Atque ibi tunc, quum essemus apud eum in villa, cui nomen est Cephisia, et æstu anni et sidere autumni flagrantissimo, propulsabamus caloris incommoda lucorum umbra ingentium, longis ambulacris et mollibus ædium posticum refrigerantibus, lavacris nitidis et abundis et collucentibus, totiusque villæ venustate aquis undique canoris atque avibus per-

les dimensions du stade olympien et celles des autres stades de la Grèce. La longueur du pied une fois donnée, il fut facile à Pythagore de trouver la hauteur de la taille d'Hercule par la proportion que ce membre doit avoir avec les autres. Ainsi il résulta de ce problème, que Hercule surpassait autant par sa taille le reste des hommes, que le stade de Pise s'étendait au-delà des autres qui ont même nombre de pieds que lui.

## CHAPITRE II.

Paroles d'Épictète, dans lesquelles ce sectateur de Zénon démontre plaisamment combien diffèrent d'un vrai stoïcien ces impudens bavards qui se disent stoïciens, citées fort à propos par Hérode Atticus, personnage illustre, à un jeune fanfaron qui affectait une philosophie dont il n'avait que l'apparence.

Lorsque je demeurais à Athènes, dans le but d'y suivre les plus excellens maîtres, Hérode Atticus (³), homme également distingué par un rare talent pour l'éloquence grecque et par la pourpre consulaire, me faisait souvent appeler à une campagne qu'il possédait aux environs de cette ville. Il y invitait en même temps Servilianus, personnage très-illustre, et plusieurs autres jeunes Romains, venus en Grèce, ainsi que moi, pour cultiver leur esprit, et pour ajouter à leurs connaissances. Figurez-vous un superbe parc, orné de jolis bosquets et de magnifiques avenues où nous bravions les chaleurs de l'été et les feux dévorans de l'ardente canicule; un vaste portique sous lequel l'haleine des zéphyrs entretenait une délicieuse fraîcheur; de larges bassins,

sonante. Erat ibidem nobiscum simul adolescens philosophiæ sectator, disciplinæ, ut ipse dicebat, stoicæ, sed loquacior impendio et promptior. Is plerumque in convivio, sermonibus, qui post epulas haberi solent, multa atque immodica de philosophiæ doctrinis intempestivo atque insubide disserebat, præque se uno cæteros omnis linguæ atticæ principes, gentemque omnem togatam, totumque nomen latinum, rudes esse et agrestes prædicabat : atque interea vocabulis haud facile cognitis syllogismorum captionumque dialecticarum laqueis strepebat, κυρτῶν τὰς σκαζύσας θεωρίας, aliosque id genus griphos neminem posse dicens nisi se dissolvere : rem vero ethicam, naturamque humani ingenii, virtutumque origines, officiaque earum confinitima aut contraria, morborum vitiorumque fraudes animorumque labes ac pestilentias, asseverabat nulli esse magis ea omnia explorata, comperta, meditataque quam sibi. Cruciatibus autem doloribusque corporis et periculis mortem minitantibus habitum statumque vitæ beatæ, quem se esse adeptum putabat, neque lædi, neque imminui existimabat; ac ne oris quoque et vultus serenitatem stoici hominis unquam ulla posse ægritudine obnubilari. Has ille inanis cum flaret glorias, jamque omnes finem cuperent, verbisque ejus defatigati, pertæduissent: tum Herodes Græca, ut hujus plurimus mos fuit, oratione utens: Permitte, inquit, philosophorum amplissime, quoniam respondere nos tibi non quimus, quos idiotas et rudes vocas, recitari ex libro, quid de

dont les eaux limpides et plus transparentes que le cristal, invitaient aux bains; une maison charmante, qui retentissait de toutes parts du murmure des fontaines jaillissantes et des concerts des oiseaux : telle est la peinture de Céphise, ce séjour enchanté. Parmi nous se trouvait un jeune homme, sectateur de Zénon, à ce qu'il disait; grand parleur toutefois, et passablement étourdi. Dans la conversation qui suit ordinairement les repas, ce prétendu stoïcien nous accablait de longues et ennuyeuses dissertations sur les différentes sectes qui partagent la philosophie; le tout à tort et à travers, et de la manière la plus inconsidérée. A l'entendre, tous les savans de la Grèce et de Rome n'étaient, en comparaison de lui, que des ignorans. Venait ensuite une file de termes obscurs, de syllogismes, d'argumens captieux de la dialectique, de propositions ambiguës, propres à faire illusion, d'énigmes enfin; et de tous les petits mystères de l'école, dont il se vantait de posséder seul la clef. Personne, assurait-il, n'avait mieux que lui approfondi la morale, ni mieux sondé la nature de l'esprit humain, ni mieux découvert l'origine des vertus, ce qui leur appartient, ou ce qu'elles rejettent; enfin les erreurs et les vices, les maladies de l'âme et la source empoisonnée des passions. Les tourmens, selon lui, les douleurs aiguës, l'aspect même de la mort, n'étaient pas capables d'altérer l'état de félicité parfaite dont il croyait jouir, et les soucis les plus dévorans ne pouvaient obscurcir du moindre nuage la sérénité toujours brillante sur le front d'un stoïcien. Comme chacun se trouvait excédé des impudentes vanteries de ce présomptueux, Hérode, qui s'aperçut que nous ne désirions tous rien tant que de voir cet éternel déclamateur mettre fin à ses fanfaronnades, lui adressa la parole en grec, selon sa coutume, et lui dit : *Permettez, ô le plus profond des philosophes, que*

hujuscemodi magniloquentia vestra senserit dixeritque Epictetus, stoicorum vel maximus: jussitque proferri dissertationum Epicteti digestarum ab Arriano secundum librum; in quo ille venerandus senex juvenes, qui se stoicos appellabant, neque frugis neque operae probae; sed in theorematibus tantum nugalibus et puerilium isagogarum commentationibus oblectantes, objurgatione justa incessivit. Lecta igitur sunt ex libro, qui prolatus est, ea quae addidit. Quibus verbis Epictetus severe simul ac festiviter sejunxit atque divisit a vero atque sincero stoico, qui esset procul dubio ἀκώλυτος, ἀνεκβίαστος, ἀπαρεμπόδιστος, ἐλεύθερος, εὔπορος, εὐδαίμων, vulgus aliud nebulonum hominum, qui se stoicos nuncuparent; atraque verborum et argutiarum fuligine ob oculos audientium jacta sanctissimae disciplinae nomen ementirentur.

Εἰπέ μοι περὶ ἀγαθῶν καὶ κακῶν. Ἄκουε.
Γλισθὲν με φέρων ἄνεμος Κικόνεσσι πέλασσεν.

Τῶν ὄντων τὰ μὲν ἐστὶν ἀγαθὰ, τὰ δὲ κακὰ, τὰ δ' ἀδιάφορα. ἀγαθὰ μὲν ἓν αἱ ἀρεταὶ καὶ τὰ μετέχοντα αὐτῶν. κακὰ δὲ, κακίαι, καὶ τὰ μετέχοντα κακίας. ἀδιάφορα δὲ, τὰ μεταξὺ τούτων, πλοῦτος, ὑγίεια, ζωὴ, θάνατος, ἡδονὴ, πόνος. πόθεν οἶδας; οὕτως Ἑλλάνικος λέγει ἐν τοῖς Αἰγυπτιακοῖς. τί γὰρ διαφέρει τοῦτο εἰπεῖν, ἢ ὅτι Διογένης

ne pouvant vous répondre, nous, esprits agrestes et ignorans, nous lisions ce qu'un des plus célèbres stoïciens, Épictète, a pensé des grands parleurs; et aussitôt il fait apporter le second livre des dissertations d'Épictète, rédigé par Arrien, dans lequel ce respectable vieillard blâme avec si juste raison les jeunes présomptueux, qui, fastueusement parés du nom de stoïciens, sans être plus modérés, ni plus vertueux, font consister toute leur gloire dans un dédale de vains théorèmes, et de commentaires également superficiels et puérils. Ce livre une fois apporté, il lut aussi cet endroit plein de sel et de vigueur, dans lequel Épictète fait contraster la peinture imposante d'un élève de la morale austère, nourri de ses élémens, qui le rendent, à coup sûr, ferme, invulnérable, détaché, libre, riche et heureux, avec le tableau risible de ce vil troupeau de prétendus zénonistes, qui, hérissés de sophismes et de pointes futiles, profanent le nom de la plus auguste des disciplines.

*Parlez-moi du bon et du mauvais. Écoutez.*

*Le vent m'a poussé de Troie chez les Cicones* (4).

*Dans la vie il y a des choses louables, il y en a de mauvaises, il y en a d'indifférentes. Les choses bonnes et louables sont les vertus et tout ce qui y a rapport, les mauvaises étant tout ce qui tient au vice; et tout ce qui n'est ni vice ni vertu, comme les richesses, la santé, la vie, la mort, le plaisir, le travail, appartient aux choses indifférentes. D'où sais-je cela, demandez-vous? Je le tiens d'Hellanicus* (5), *dans son histoire d'Égypte. Au reste, qu'importe que je l'aie appris de Diogène, de Chrysippe ou de Cléante* (6)? *Il suffit que ce soit votre doctrine et votre théorie. Venons à la pratique; voyons de quel œil une âme si haute envisagera la tempête. Sans doute que le fracas des voiles qui se brisent, mêlé*

ἐν τῇ ἠθικῇ, ἢ Χρύσιππος, ἢ Κλεάνθης; βεβασάνικας οὖν αὐτὰ, καὶ δόγμα σεαυτῷ πεποίηται. δείκνυε πῶς εἴωθας ἐν πλοίῳ χειμάζεσθαι. μέμνησαι ταύτης τῆς διαιρέσεως, ὅταν ψοφήσῃ τὸ ἱςίον. καὶ ἀνακραυγάσαντί σοι ἐάν τις κακόσχολος παραςὰς εἴπῃ, λέγε μοι σὺ πρὸς τῶν θεοῖς, ἃ πράην ἔλεγες, μὴ κακία ἐςι τὸ ναυαγῆσαι; μή τι κακίας μετέχον; οὐκ ἄρα ξύλον ἐνσείσεις αὐτῷ; τί ἡμῖν καὶ σοὶ ἄνθρωπε; ἀπολλύμεθα, καὶ σὺ θέλων παίζεις. ἂν δέ σε ὁ Καῖσαρ μεταπέμψηται κατηγορούμενον, μέμνησαι τῆς διαιρέσεως. ἂν τίς σοι εἰσιέντι καὶ ὠχριῶντι ἅμα καὶ τρέμοντι προσελθὼν εἴπῃ, τί τρέμεις ἄνθρωπε; περὶ τίνων σοι ἐςὶν ὁ λόγος; μήτι ἔσω ὁ Καῖσαρ ἀρετὴν καὶ κακίαν τοῖς εἰσερχομένοις δίδωσι; τί μοι ἐμπαίζεις καὶ σὺ πρὸς τοῖς ἐμαῖς κακοῖς; ὅμως φιλόσοφε εἰπέ μοι, τί τρέμεις; οὐχὶ θάνατός ἐςι τὸ κινδυνευόμενον, ἢ δεσμωτήριον, ἢ πόνος τοῦ σώματος, ἢ φυγὴ, ἢ ἀδοξία; τί γὰρ ἄλλο; μήτι μετέχον κακίας; σὺ οὖν τίνα ταῦτα ἔλεγες; τί ἐμοὶ καὶ σοὶ ἄνθρωπε; ἀρκεῖ ἐμοὶ τὰ ἐμὰ κακά. καὶ καλῶς λέγεις. ἀρκεῖ γάρ σοι τὰ σὰ κακὰ, ἡ ἀγέννεια, ἡ δειλία, ἡ ἀλαζονεία, ἣν ἀλαζονεύου ἐν τῇ σχολῇ καθήμενος. τί τοῖς ἀλλοτρίοις ἐπεκαλοποιἐς; τί Στωϊκὸν ἔλεγες σεαυτόν; τηρεῖτε οὕτως ἑαυτοὺς ἐν οἷς ἑωράσ-

aux mugissemens de l'aquilon, ne vous a pas fait oublier vos principes. N'allez pas vous répandre en indignes clameurs; quelque mauvais plaisant pourrait vous rappeler à votre morale, et vous dire froidement : Le naufrage est-il donc un mal ? Daignez, au nom des dieux, m'expliquer quel rapport il peut avoir avec le vice !... Quoi ! déjà vous n'êtes plus maître de vos transports ! Vous frappez brutalement cet homme ! Malheureux, lui dites-vous, qu'ai-je de commun avec toi ? nous périssons, et tu t'amuses à plaisanter ! Autre épreuve critique. Vous voilà devant le tribunal de César, chargé d'une accusation grave ; souvenez-vous du portique, prenez garde de trembler et de pâlir ; vous vous feriez dire infailliblement : Quoi donc, âme d'airain, tu frémis ! et de quoi ? Est-ce que la clémence de César, ou l'appareil de sa colère, peuvent placer le vice ou la vertu dans le cœur de ceux qui paraissent devant lui ?... Vous continuez à vous fâcher, vous vous plaignez de ce qu'on insulte à vos maux; mais répondez-moi, philosophe invulnérable, pourquoi ces nouvelles terreurs ? De quoi s'agit-il enfin ? tout au plus de la mort, de quelques tourmens, de la prison, de l'exil ou de l'ignominie, n'est-ce pas ? Or, dans tout cela, où trouverez-vous du vice ou quelque chose qui lui ressemble ? Courage ! c'est ici qu'il faut montrer votre philosophie dans tout son lustre.... Encore de l'humeur ; vous me demandez de quoi je me mêle, comme si vos maux ne vous suffisaient pas ? Très-bien répondu ; oui, oui, ils doivent te suffire en effet ; une indigne pusillanimité, un cœur bas et une fausse intrépidité hors de l'école, voilà pour un philosophe un lot bien complet. Pourquoi donc, pourquoi te pares-tu d'une gloire étrangère ? Pourquoi donc affectes-tu le nom de stoïcien ? Sonde ton cœur, prends la place que t'adjugent tes propres

σατε, καὶ εἴρητε τίνος ἔθ᾽ αἱρέσεως. τοὺς πλείςοις ὑμῶν Ἐπικουρείοις εὑρήσετε, ὀλίγοις τινὰς Περιπατητικοῖς. καὶ τούτοις ἐκλελυμένοις.

His ille auditis insolentissimus adolescens obticuit; tanquam si ea omnia non ab Epicteto in quosdam alios, sed ab Herode in eum dicta essent.

## CAPUT III.

Quod Chilo Lacedæmonius consilium anceps pro salute amici cepit, quodque est circumspecte et anxie considerandum, an pro utilitatibus amicorum delinquendum aliquando sit: notataque inibi et relata quæ Theophrastus et M. Cicero super ea re scripserunt.

Lacedæmonium Chilonem, unum ex illo inclyto numero sapientium, scriptum est in libris eorum qui vitas resque gestas clarorum hominum memoriæ mandaverunt, cum die vitæ suæ postremo eum inibi mors occuparet, ad circumstantes amicos sic locutum: Dicta mea, inquit, factaque in ætate longa pleraque omnia fuisse non pœnitenda, forsitan vos etiam sciatis. Ego certe in hoc quidem tempore non fallo me, nihil esse quicquam commissum a me, cujus memoria rei aliquid pariat ægritudinis: nisi profecto illud unum sit, quod recte ne an perperam fecerim, nondum mihi plane liquet. Super amici capite judex cum duobus aliis fui,

sentimens; ils te rangeront naturellement dans la secte qui te convient. A cette règle, le portique presque entier peut se partager en deux classes ; un très-petit nombre appartiendrait à l'académie, s'il était moins vicieux ; tout le reste, aux jardins voluptueux d'Épicure.

Ces paroles fermèrent la bouche à notre insolent jeune homme, qui les regarda moins comme une déclamation générale d'Épictète, que comme une personnalité qu'Hérode lui adressait.

## CHAPITRE III.

Que Chilon, Lacédémonien, prit un parti équivoque pour sauver la vie à un de ses amis, et que l'on doit considérer avec une grande attention s'il est des cas où, pour rendre service à ses amis, l'on puisse s'écarter de son devoir. Ce que Théophraste et Cicéron ont écrit à ce sujet.

Les historiens qui ont transmis à la postérité la vie et les actions des hommes illustres, nous apprennent que Chilon de Lacédémone (?), l'un de ces fameux sages de la Grèce, étant sur le point de mourir, tint ce discours à ses amis qui l'environnaient : Sachez, leur dit-il, qu'en jetant un coup d'œil attentif sur tous les pas de la longue carrière que j'ai fournie, je n'y remarque, pour ainsi dire, aucune action, aucune parole dont j'aie à me repentir. Amis, à cette dernière heure, on ne se fait point illusion ; et je ne vois rien dans le cours de ma vie, dont le souvenir puisse me chagriner, à l'exception d'un seul article sur le blâme ou la louange duquel je ne puis prononcer. Je fus préposé

Lex ita fuit uti eum hominem condemnari necesse esset. Aut amicus igitur capitali perdendus, aut adhibenda fraus legi fuit. Multa cum animo meo ad casum tam ancipitem medendum consultanti visum est esse id quod feci, præ hoc quod erant alia, toleratu facilius. Tacitus ad condemnandum sententiam tuli : his, qui simul judicabant, ut absolverent, persuasi. Sic mihi et judicis et amici officium in re tanta salvum fuit. Sed hanc capio ex eo facto molestiam, quod metuo ne a perfidia et culpa non abhorreat, in eadem re eodemque tempore, inque communi negotio, quod mihi optimum factu duxerim, diversum ejus aliis suasisse. Hic autem Chilo, præstabilis homo sapientia, quonam usque debuerit contra legem contraque jus pro amico progredi, dubitavit; eaque res in fine quoque vitæ ipso animum ejus anxit. Et alii deinceps multi philosophiæ sectatores, ut in libris eorum scriptum est, satis anquisite satisque solicite quæsierunt, ut verbis, quæ scripta sunt, ipsis utar, εἰ δεῖ βοηθεῖν τῷ φίλῳ παρὰ τὸ δίκαιον, καὶ μέχρι πόσου, καὶ ποῖα. Ea verba significant quæsisse eos, an nonnunquam contra jus contrave morem faciendum pro amico sit, et in qualibus, et in quibus causis, et quemnam adusque modum. Super hac quæstione cum ab aliis, sicuti dixi, multis, tum vel diligentissime a Theophrasto disputatur, viro

avec deux autres juges, pour absoudre ou condamner à mort un homme qui était mon ami. La loi était positive et le condamnait évidemment. Il fallait donc, ou faire périr quelqu'un qui m'était cher, ou recourir au mensonge pour le soustraire à la rigueur des lois. Dans une circonstance aussi embarrassante, après avoir long-temps réfléchi sur le moyen d'apporter du remède, je ne vis point de tempérament plus innocent que celui auquel je m'arrêtai. Je prononçai intérieurement la sentence de condamnation de mon ami, et je persuadai à mes collègues de l'absoudre. Ainsi, dans une affaire aussi importante, je remplis en même temps les devoirs d'un juge et ceux d'un ami. Maintenant, ce qui me cause de l'inquiétude à ce sujet, c'est que je crains que ce ne soit un défaut de droiture et d'honnêteté, de prendre intérieurement le parti le plus conforme à l'équité, et cependant, dans la même affaire, dans le même temps, dans le même jugement, de persuader aux deux autres ministres de la loi de prononcer d'une manière tout opposée. Un homme tel que Chilon, aussi recommandable par sa profonde sagesse, a douté jusqu'où pouvait aller, contre la loi et la justice, sa tendresse pour un ami; et une chose de cette espèce a pu troubler la paix de ses derniers momens. Depuis lui, plusieurs philosophes, comme on le sait par leurs écrits, ont examiné, avec autant de soin que d'attention, si, pour me servir de leurs propres expressions, *il faut secourir un ami contre l'animadversion de la loi, jusqu'où, et en quelle occasion :* c'est-à-dire qu'ils ont cherché à décider si, dans quelque cas, on peut prendre le parti de l'amitié contre les lois et les ordonnances civiles; dans quelles circonstances et jusqu'à quel point, un pareil zèle peut être toléré. Cette question a exercé, comme je l'ai

in philosophia peripatetica modestissimo doctissimoque. Eaque disputatio scripta est, si recte meminimus, in libro ejus de amicitia primo. Eum librum M. Cicero videtur legisse, cum ipse quoque librum de amicitia componeret. Et cetera quidem, quæ sumenda a Theophrasto existimavit, ut ingenium facundiaque ejus fuit, sumsit et transposuit commodissime aptissimeque. Hunc autem locum, de quo satis quæsitum esse dixi, omnium rerum aliarum difficillimum strictim atque cursim transgressus est: neque ea, quæ a Theophrasto pensim atque enucleate scripta sunt, exsecutus est; sed, anxietate illa et quasi morositate disputationis prætermissa, genus ipsum rei tantum paucis verbis notavit: ea verba Ciceronis, si recensere quis vellet, apposui. *His igitur finibus utendum esse arbitror, ut, cum emendati mores amicorum sunt, tum sit inter eos omnium rerum, consiliorum, voluntatum, sine ulla exceptione communitas: ut, etiam si qua fortuna acciderit, ut minus justæ voluntates amicorum adjuvandæ sint, in quibus eorum aut caput agatur aut fama, declinandum de via sit, modo ne summa turpitudo sequatur. Est enim quatenus amicitiæ venia dari possit. Cum agetur,* inquit, *aut caput amici, aut fama, declinandum est de via,* ut etiam iniquam voluntatem illius adjutemus. Sed cujusmodi declinatio ista esse debeat, qualisque ad adjuvandum digressio, et in quanta voluntatis amici iniquitate, non dicit. Quid autem refert scire me, in hujusmodi periculis

dit, un grand nombre de philosophes, et surtout Théophraste, un des plus savans et des plus modestes appuis du péripatétisme. Sa dissertation à ce sujet se trouve, si je m'en souviens bien, dans son premier livre sur l'amitié. Il est aisé de voir que Cicéron, quand il composa aussi un traité sur l'amitié, avait lu celui de Théophraste. Le génie de l'orateur, et son grand talent pour l'éloquence, ont fondu, très-naturellement et avec beaucoup de goût, la plupart des idées qu'il a jugé à propos d'emprunter au philosophe. Mais quant à l'article délicat dont il s'agit ici, Cicéron ne fait qu'effleurer cette question, la plus difficile de toutes. Loin de traiter clairement et à fond cette matière, comme l'a fait Théophraste, il a au contraire mis à part tout ce que le sujet présente de difficile et d'ennuyeux, et s'est borné à offrir en peu de mots les principales idées. J'ai cru devoir, pour la satisfaction du lecteur, rapporter ses propres paroles. Voici donc, dit-il, dans quelles bornes je renfermerai l'amitié. Entre deux amis, lorsqu'ils sont honnêtes, tout doit être commun sans exception; ils ne doivent avoir qu'une même intention, qu'une même volonté, jusque-là que, si par quelque accident notre ami a besoin de notre secours dans quelques affaires équivoques, d'où dépende sa vie ou sa réputation, il faut se relâcher de ses principes, pourvu qu'il n'en résulte pas pour nous de l'infamie. L'amitié excuse jusqu'à un certain point. Il est permis, ajoute Cicéron, lorsqu'il s'agit de la vie ou de la réputation d'un ami, de s'écarter de son devoir, au point même de le soutenir dans ses entreprises injustes. Mais l'orateur romain ne dit point quelles bornes doit avoir cette complaisance (°), jusqu'à quel point l'amitié peut résister à la justice, et quel degré de perversité dans les instances, doit arrêter enfin le zèle d'un

amicorum, si non magna me turpitudo secutura est, de via recta esse declinandum, nisi id quoque me docuerit, quam putet magnam turpitudinem, et cum decessero de via, quousque degredi debeam? *Est enim*, inquit, *quatenus dari amicitiæ venia possit.* Hoc immo ipsum est, quod maxime discendum est, quodque ab his, qui docent, minime dicitur, quatenus quoque fine dari amicitiæ venia debeat. Chilo ille sapiens, de quo paulo ante dixi, conservandi amici causa de via declinavit. Sed video quousque progressus est. Falsum enim pro amici salute consilium dedit. Id ipsum tamen in fine quoque vitæ, an jure posset reprehendi culparique dubitavit. *Contra patriam,* inquit Cicero, *arma pro amico sumenda non sunt.* Hoc profecto nemo ignoravit, etiam priusquam Theognis, ut Lucilius ait, nasceretur. Sed id quæro, id desidero: cum pro amico contra jus et contra quam licet, salva tamen libertate atque pace, faciendum est; et cum de via, sicut ipse ait, declinandum est: quid et quantum, et in quali causa, et quonam usque id fieri debuit. Pericles ille Atheniensis, egregius vir ingenio, bonisque omnibus disciplinis ornatus, in una quidem specie sed planius tamen quid existimaret professus est. Nam cum amicus eum rogaret ut pro re causaque ejus fal-

ami. Car, que sert de prononcer, que dans des périls tels que les précédens, auxquels nos amis se trouveraient exposés, nous pouvons nous écarter du sentier de l'équité, si nous n'encourons pas la dernière infamie, quand on ne nous fait pas connaître les limites que nous devons respecter, et ce qu'on entend par le comble de l'infamie ? *Il est des occasions*, dit-il, *où l'on peut excuser les démarches de l'amitié*. Voici justement le fond de la controverse; voici le point sur lequel il est très-important d'avoir des éclaircissemens que ceux qui traitent cette matière ne nous donnent aucunement, savoir : les circonstances et les limites auxquelles nous devons nous borner en pareil cas. Le sage Chilon, dont je viens de parler, s'est écarté des voies de la justice pour sauver la vie à son ami; mais je vois le point où il s'est arrêté. Pour le soustraire à la mort, il s'est borné à donner de faux conseils; et cependant, la crainte d'avoir prévariqué a tourmenté Chilon à ses derniers momens. *Malheur au citoyen*, s'écrie Cicéron, *qui, pour servir son ami, tire l'épée contre la patrie!* Voilà ce que personne n'ignorait même avant ( comme dit Lucilius ) que Théognis fût au monde (9). Mais dans le cas où le salut d'un homme qui m'est cher, n'intéresse ni la paix, ni la liberté publique; dans le cas où il est question d'empêcher la loi de frapper un ami coupable, et où, pour l'arracher au supplice, il ne faut, comme dit Cicéron, que s'écarter un instant du sentier de la justice, je demande et je désire savoir dans quelle espèce de cause je puis ne point abandonner un ami, ce qu'il m'est permis de faire, jusqu'où je dois aller, et où il faut précisément que le devoir m'arrête. Périclès, cet illustre Athénien, dont l'esprit excellent était orné de tous les genres de sciences, répand, au moyen d'un seul exemple, beaucoup

sum dejeraret : his ad eum verbis usus est, Δεῖ μὴ συμπαρἁτ]ειν τοῖς φίλοις, ἀλλὰ μέχρι θεῶν. Theophrastus autem, quo dixi libro, anquisitius quidem super hac re ipsa et exactius pressiusque quam Cicero disserit. Sed is quoque in docendo non de unoquoque facto singillatim existimat, neque certis exemplorum documentis, sed generibus rerum summatim universimque utitur; ad hunc ferme modum. Parva, inquit, et tenuis vel turpitudo, vel infamia subeunda est, si ea re magna utilitas amico quæri potest. Rependitur quippe et compensatur leve damnum delibatæ honestatis majore alia gravioreque in adjuvando amico honestate : minimaque illa labes et quasi lacuna famæ imminentis partarum amico utilitatum ratione solidatur. Neque nominibus, inquit, moveri nos oportet, quod paria genere ipso non sunt honestas meæ famæ et rei amici utilitas. Ponderibus hæc enim potestatibusque præsentibus, non vocabulorum appellationibus neque dignitatibus generum dijudicanda sunt. Nam cum in rebus aut paribus aut non longe secus utilitas amici et honestas nostra consistit : honestas proculdubio præponderat. Cum vero amici utilitas nimio est amplior; honestatis autem nostræ in re non gravi levis jactura est : tunc quod utile amico est, id primum illo, quod honestum nobis est, fit plenius : sicuti magnum pondus æris parva

de lumière sur cette obscure question. Pressé un jour par un ami de faire un faux serment, pour l'appuyer dans une affaire, il lui répondit en ces mots : *Je suis votre ami, mais je ne le suis que jusqu'aux autels.* Les dissertations de Théophraste sur cette matière, dans le traité dont j'ai parlé, sont plus exactes, plus profondes et plus serrées que celles de Cicéron. Mais le philosophe grec ne donne point le détail des occurrences particulières qui autorisent l'amitié à frustrer les droits de la justice; il n'ajoute aucun exemple précis; renfermé dans les principes généraux, il se borne à peu près à dire : S'il n'est question que de s'exposer à quelques instans de honte ou bien à quelque léger opprobre, pour obliger essentiellement un ami, il n'y a point à balancer : le faible tort qu'en ressent notre réputation, se trouve alors richement compensé par la gloire vraiment précieuse d'avoir servi l'objet de notre affection; et la noblesse du motif qui nous a fait agir couvre aisément cette tache, pour ainsi dire imperceptible, faite à notre renommée. Car, ajoute le même, il ne faut point ici épiloguer sur les mots, et dire que la cause d'un ami et notre honneur ne sont ni de la même dignité ni de la même importance; on doit juger ces choses d'après le danger de la situation et l'évidence du péril, sans s'amuser à disserter sur la valeur des termes ou la prééminence des genres. Lorsque, pour obliger un ami, il faut s'exposer à un déshonneur pour ainsi dire égal au service qu'il exige de nous, il est clair que, dans ce cas, le soin de notre réputation doit l'emporter sur toute autre considération; mais lorsqu'il s'agit de rendre à un ami quelque important service, en ne compromettant que légèrement notre honneur, alors l'obligeance envers un ami doit avoir plus de pouvoir sur nous que ce qui nous touche

lamina auri fit preciosius. Verba adeo ipsa Theophrasti super ea re adscripsi; οὐκ οἶδ᾽ εἴποι τούτῳ τῷ γένει τιμιώτερον ἤδη, καὶ ὁτιοῦν ἂν ᾖ μέρος τούτου πρὸς τὸ τηλίκον θατέρον συγκρινόμενον, αἱρετὸν ἔςαι. λέγω δ᾽ οἷον, οὗ καὶ χρυσίον τιμιώτερον χαλκοῦ, καὶ τηλίκον τῦ χρυσίου πρὸς τὸ τηλίκον χαλκοῦ μέγεθος ἀντιπαραβαλλόμενον, πλέον δόξει, ἀλλὰ ποιήσει τινὰ ῥοπὴν καὶ τὸ πλῆθος καὶ τὸ μέγεθος. Favorinus quoque philosophus hujuscemodi indulgentiam gratiæ tempestivius, laxato paulum remissoque subtili justitiæ examine, his verbis definivit, ἡ καλυμένη χάρις παρὰ τοῖς ἀνθρώποις τούτου ἐςὶν ὕφεσις ἀκριβείας ἐν δέοντι. Post deinde idem Theophrastus ad hanc ferme sententiam disseruit. Has tamen, inquit, parvitates rerum et magnitudines, atque has omnes officiorum existimationes alia nonnunquam momenta extrinsecus atque alia quasi appendices personarum et causarum et temporum, et circumstantiæ ipsius necessitates, quas includere in præcepta difficile est, moderantur et regunt, et quasi gubernant, et nunc ratas efficiunt, nunc irritas. Hæc taliaque Theophrastus caute et sollicite et religiose, causa disserendi magis disputandique diligentia quam cum decernendi sententia atque fiducia, disseruit. Quoniam profecto causas scientiæ, corporum varietates, disceptationumque differentiam ignorantes directum atque perpetuum distinctumque

nous-mêmes ; comme une masse d'airain doit l'emporter en valeur sur une feuille d'or. Écoutons Théophraste lui-même là-dessus : *Je ne sais véritablement ce qui, dans ce genre, mérite la préférence ; et en les plaçant l'un et l'autre au même degré, j'ignore lequel doit l'emporter dans le cœur d'un honnête homme, ou le soin de sa gloire, ou le salut d'un ami.* L'or, par exemple, est beaucoup plus précieux que l'airain, et en supposant une portion égale de ces deux métaux, il n'y a pas à délibérer ; mais les dimensions et le poids y mettront une différence bien considérable. Le philosophe Favorin, plein d'indulgence pour les faiblesses de l'amitié, adoucit un peu la loi trop sévère de l'équité. Il dit qu'en pareille circonstance, *ce que les hommes appellent une grâce, n'est autre chose qu'un tempérament à l'extrême rigueur du droit en faveur d'un ami.* Il paraît que Théophraste est revenu à la même idée ; car, dit le philosophe, il survient des motifs étrangers, des considérations de personnes, de causes, de temps, de nécessité, de circonstances, dont le détail presque infini ne peut être circonscrit dans des principes généraux, qui déterminent, pour ainsi dire, la grandeur ou le peu d'importance des objets, et qui tantôt rendent blâmables et tantôt justifient les démarches qui sont l'effet des considérations de l'amitié. Ainsi s'exprimait Théophraste avec ce ton de prudence et de circonspection qui sied au philosophe qui cherche moins à prononcer sur le fond d'une question importante et délicate, qu'à s'en entretenir familièrement. C'est précisément le défaut de connaissance de l'état de la question, de la diversité des objets, de l'opposition dans les débats, qui empêche de reconnaître le point fixe et invariable qui, placé dans un degré proportionné à chaque circonstance, doit servir de

in rebus singulis præceptum, quod ego nos in prima tractatus istius parte desiderare dixeram, non capiunt. Ejus autem Chilonis, a quo disputatiunculæ hujus initium fecimus, cum alia quædam sunt monita utilia atque prudentia, tum id maxime exploratæ utilitatis est, quod duas ferocissimas affectiones amoris atque odii intra modum tantum coercuit. *Hac*, inquit, *fini ames, tanquam forte fortuna osurus: hac itidem tenus oderis, tanquam fortasse post amaturus.* Super hoc eodem Chilone Plutarchus philosophus in libro περὶ ψυχῆς primo ita scripsit, Χείλων ὁ παλαιὸς, ἀκούσας τινὸς λέγοντος, μηδένα ἔχειν ἐχθρὸν, ἠρώτησεν εἰ καὶ μηδένα φίλον ἔχει· νομίζων ἐξ ἀνάγκης ἐπακολουθεῖν καὶ συνεπάγεσθαι φιλίας καὶ ἀπεχθείας.

## CAPUT IV.

Quam tenuiter curioseque exploraverit Antonius Julianus in oratione M. Tullii verbi ab eo mutati argutiam.

Antonius Julianus rhetor perquam fuit honesti atque amoeni ingenii; doctrina quoque ista utiliore ac delectabili, veterumque elegantiarum cura et memoria multa fuit: ad hoc, scripta pleraque omnia antiquiora tam curiose spectabat, aut virtutes pensitabat, aut

limite certaine, et que nous avons dit, au commencement de ce chapitre, qu'il était important de déterminer. Entre plusieurs préceptes aussi sages que profitables, qui sont sortis de la bouche du philosophe qui a donné lieu à cette dissertation, il en est un dont l'expérience a surtout prouvé l'utilité ; c'est celui par lequel Chilon comprime les deux plus indomptables passions, la haine et l'amour : *Aimez, dit-il, comme pouvant haïr ensuite ; et haïssez, comme pouvant aimer un jour.* Le philosophe Plutarque, dans son premier traité *de l'âme*, rapporte sur le même Chilon le trait suivant : *Dans sa vieillesse, ayant entendu quelqu'un qui se vantait de n'avoir aucun ennemi, il lui dit : Vous n'avez donc point aussi d'amis ;* persuadé que l'amitié produit les ruptures, et que ces deux sentimens dans le même cœur se suivent de fort près, et se remplacent promptement.

## CHAPITRE IV.

Avec quelle subtilité Antonius Julianus épilogue sur un mot qui se trouve dans un discours de Cicéron, et raisons au moyen desquelles il cherche à prouver que l'orateur aurait dû en employer un autre.

Antonius Julianus (¹⁰), rhéteur d'un esprit aussi agréable que cultivé, possédait très-bien ce genre de connaissances à la fois intéressantes et d'une grande utilité. Il y joignait beaucoup de goût pour les anciennes élégances du style, et la mémoire la plus heureuse. De plus, il se livrait avec tant d'application à l'étude de presque tous les auteurs anciens; il en remarquait si bien les beautés, il en sentait si bien les

vitia rimabatur, ut judicium esse factum examussim diceres. Is Julianus super eo enthymemate, quod est in oratione M. Tullii, qua pro Cn. Plancio dixit, ita existimavit. Sed verba prius, de quibus ab eo judicium factum est, ipsa ponam. *Quamquam dissimilis est pecuniæ debitio et gratiæ. Nam qui pecuniam dissolvit, statim non habet id quod reddidit: qui autem debet, æs retinet alienum: gratiam autem et qui refert, habet; et qui habet, in eo ipso quod habet, refert. Neque ego nunc Plancio desinam debere, si hoc solvero; nec minus ei redderem voluntate ipsa, si hoc molestiæ non accidisset.* Crispum sane, inquit, agmen orationis rotundumque, ac modulo ipso numerorum venustum, sed quod cum venia legendum sit verbi paulum ideo immutati, ut sententiæ fides salva esset. Namque debitio gratiæ et pecuniæ collata verbum utrobique servare posset. Ita enim recte opposita inter sese gratiæ pecuniæque debitio videbitur, si et pecunia quidem deberi dicatur et gratia. Sed quid eveniat in pecunia debita solutave, quid contra in gratia debita redditave, debitionis verbo utrimque servato disseratur. Cicero autem, inquit, cum gratiæ pecuniæque debitionem dissimilem esse dixisset, ejusque sententiæ rationem redderet, verbum *debet* in pecunia ponit; in gratia subjicit *habet*,

défauts, qu'on ne pouvait lui refuser un jugement exquis. Voici ce que pensait Julianus sur cet enthymème qui se trouve dans le discours de Cicéron pour Cn. Plancius. Mais auparavant, il est bon de citer le passage sur lequel notre rhéteur a porté son jugement. *Il y a une grande différence entre une dette d'argent et la dette de la reconnaissance. Dans le premier cas, celui qui paye n'a plus la somme, du moment qu'il l'a rendue; celui qui doit encore, retient les deniers d'autrui. Mais celui qui témoigne au dehors la reconnaissance, l'a toujours dans le cœur, et celui qui l'a dans le cœur, la témoigne au dehors, par cela même qu'il l'a intérieurement. En défendant Plancius, je n'en reste pas moins son débiteur; et quand il ne serait pas tombé dans l'embarras où il se trouve, je ne paierais pas moins ses services par le désir de m'acquitter envers lui.* Cette marche du discours, dit-il, est très-élégante et très-périodique, et présente du nombre et de l'harmonie; mais il faut lire avec quelque indulgence ce passage où l'orateur change un peu le sens d'une expresssion, pour y conserver la justesse de la pensée. Car, en comparant la dette pécuniaire avec celle de la reconnaissance, il pouvait conserver le même mot pour exprimer l'une et l'autre, que l'on verra qu'on peut comparer ensemble avec justesse, si l'on peut dire également devoir de l'argent et devoir de la reconnaissance. Bien plus, en se servant du mot dette pour exprimer l'une et l'autre, on peut disserter sur la différence qu'il y a entre la dette pécuniaire et la dette de la reconnaissance, acquittées ou non. Mais Cicéron, dit-il encore, après avoir établi une différence entre la dette pécuniaire et la dette de la reconnaissance, et avoir exposé les raisons qui lui font admettre cette différence, se sert du mot *devoir*, en parlant de la

pro *debet*. Ita enim dicit, *Gratiam autem et qui refert habet, et qui habet, in eo ipso quod habet, refert.* Sed id verbum, *habet*, cum proposita comparatione non satis convenit; debitio enim gratiae, non habitio, cum pecunia confertur. Atque ideo consequens quidem fuerat sic dicere: *et qui debet, in eo ipso quod debet, refert*. Quod absurdum et nimis coactum foret, si nondum redditam gratiam eo ipso redditam diceret, quia debetur. Immutavit ergo, inquit, et subdidit verbum ei verbo, quod omiserat, finitimum; ut videretur et sensum debitionis collatae non reliquisse, et concinnitatem sententiae retinuisse. Ad hunc modum Julianus enodabat dijudicabatque veterum scriptorum sententias, quas apud eum adolescentes lectitabant.

## CAPUT V.

*Quod Demosthenes rhetor cultu corporis atque vestitu probris obnoxio, infamique munditia fuit: quodque item Hortensius orator ob ejusmodi munditias gestumque in agendo histrionicum Dionysiae saltatriculae cognomento compellatus est.*

D<small>EMOSTHENEM</small> tradunt et vestitu caeteroque cultu corporis nitido venustoque et nimis accurato fuisse. Hinc

dette pécuniaire; et au lieu du mot *devoir*, il se sert du mot *avoir*, en parlant de la dette de la reconnaissance; car il dit : *Mais celui qui témoigne au dehors la reconnaissance, l'a toujours dans le cœur; et celui qui l'a dans le cœur, la témoigne au dehors, par cela même qu'il l'a intérieurement.* Mais ce mot *avoir* ne convient pas très-bien dans la comparaison dont il s'agit, parce que ce n'est point la possession, mais la dette de la reconnaissance, que l'on doit comparer avec la dette pécuniaire. Il aurait donc été plus exact de dire : *et celui qui la doit, la témoigne en cela même qu'il la doit.* Comme toutefois il serait absurde et forcé qu'il dît, que la reconnaissance qui n'a pas encore été témoignée, est censée l'être, en ce qu'on la doit; il a donc, dit-il, changé le mot propre, et lui a substitué cette autre expression, afin qu'il parût ne point avoir omis le sens de la dette acquittée, et avoir conservé la justesse de la pensée. C'était de la sorte qu'Antonius Julianus exposait son opinion sur les pensées des auteurs anciens, aux jeunes gens qui venaient souvent les lire chez lui; et telle était la manière dont il les leur expliquait.

## CHAPITRE V.

*Que le rhéteur Démosthène avait un soin outré de sa personne et de sa parure qui était excessive. Mêmes reproches faits à l'orateur Hortensius, à qui ce défaut, joint à son geste théâtral, fit donner le nom d'une célèbre danseuse appelée Denyse.*

On rapporte que Démosthène affectait dans ses habillemens et dans tout son extérieur une élégance et une pro-

etiam κομψὴ illa χλανὶς καὶ μαλακοὶ χιτωνίσκοι ab æmulis adversariisque probro data. Hinc etiam turpibus indignisque in eum verbis non temperatum, quin parum vir, ore quoque polluto, diceretur. Ad eundem modum Hortensius omnibus ferme oratoribus ætatis suæ, nisi M. Tullio, clarior, quod multa mundicia et circumspecte compositeque indutus et amictus esset, manusque ejus inter agendum forent argutæ admodum et gestuosæ, maledictis compellationibusque probrosis jactatus est; multaque in eum, quasi in histrionem, in ipsis causis atque judiciis dicta sunt. Sed cum L. Torquatus, subagresti homo ingenio et infestivo, gravius acerbiusque apud consilium judicum, cum de causa Sullæ quæreretur, non jam histrionem eum esse diceret, sed gesticulariam Dionysiamque eum notissimæ saltatriculæ nomine appellaret : tum voce molli atque demissa Hortensius, *Dionysia*, inquit, *Dionysia malo equidem esse, quam quod tu, Torquate,* ἄμουσος, ἀναφρόδιτος καὶ ἀπροσδιόνυσος.

## CAPUT VI.

Verba ex oratione Metelli Numidici, quam dixit ad populum in censura, cum eum ad uxores ducendas adhortaretur : eaque oratio quam ob causam reprehensa, et quem contra in modum defensa sit.

Multis et eruditis viris audientibus legebatur oratio

preté trop recherchées. De là ces propos *d'habit élégant* et de *molle tunique*, répétés d'une manière injurieuse par ses rivaux et ses ennemis, qui allèrent même jusqu'à l'accabler des épithètes flétrissantes d'efféminé et d'infâme. Le célèbre Hortensius dont la brillante éloquence ne le cédait qu'à celle de Cicéron, essuya les mêmes reproches. Une parure étudiée, des habits élégans, arrangés avec art et d'une manière recherchée, des gestes affectés et trop fréquens, lorsqu'il parlait en public, lui attirèrent mille mortifications et les surnoms les plus injurieux. Souvent même les orateurs qui plaidaient contre lui, se permirent de le tourner en ridicule en plein barreau, et de le traiter de gesticulateur et d'histrion. L. Torquatus, personnage violent et brutal, entre autres injures grossières, ne s'étant point contenté de l'appeler histrion, mais s'étant échappé jusqu'à l'appeler Denyse (¹¹), du nom d'une célèbre danseuse de ce temps-là, en présence des juges assemblés pour la cause de Sylla; Hortensius lui répondit d'un ton de voix bas et radouci : *En vérité, j'aime mieux être Denyse, que d'être comme vous, Torquatus, un ignorant, un impertinent, et un être sans âme comme sans procédés.*

## CHAPITRE VI.

Fragment du discours que Métellus Numidicus adressa aux Romains, pendant sa censure, pour les engager à se marier. Pourquoi l'on a blâmé ce discours, et comment on a prouvé l'injustice des reproches faits à l'orateur.

On lisait dans une assemblée de savans le discours que

Metelli Numidici, gravis ac diserti viri, quam in censura dixit ad populum de ducendis uxoribus, cum eum ad matrimonia capessenda adhortaretur. In ea oratione ita scriptum fuit, *Si sine uxore, Quirites, possemus esse: omnes ea molestia careremus. Sed quoniam ita natura tradidit, ut nec cum illis satis commode, nec sine illis ullo modo vivi possit; saluti perpetuæ potius quam brevi voluptati consulendum.* Videbatur quibusdam Metellum censorem, cui consilium esset ad uxores ducendas populum hortari, non oportuisse neque de molestia incommodisque perpetuis rei uxoriæ confiteri; neque adhortari magis id esse, quam dissuadere, absterrereque : sed contra in illud potius orationem debuisse sumi dicebant, ut et nullas plerumque esse in matrimoniis molestias asseveraret, et, si quæ tamen accidere nonnunquam viderentur, parvas et leves facilesque esse toleratu diceret; majoribusque eas emolumentis et voluptatibus obliterari : easdemque ipsas neque omnibus, neque naturæ vitio, sed quorundam maritorum culpa et injustitia evenire. Titus autem Castricius recte atque condigne Metellum esse locutum existimabat. Aliter, inquit, censor loqui debet, aliter rhetor. Rhetori concessum est

Métellus Numidicus, aussi recommandable par la gravité de ses mœurs que par son éloquence, adressa aux Romains pendant qu'il exerçait la censure(¹⁰), pour les engager à se marier; et on citait, entre autres, ce passsage : *Romains, si nous pouvions nous passer d'épouses, il n'est pas un seul d'entre nous qui voulût se charger d'un pareil embarras; mais puisque, d'après l'ordre de la nature, d'un côté, il n'est pas possible de vivre sans peine avec elles, et que de l'autre, elles sont absolument nécessaires à la propagation de l'espèce humaine, ayons plutôt devant les yeux l'intérêt général, qu'un déplaisir particulier.* Plusieurs trouvèrent que le censeur Métellus, dont le discours tendait à engager les citoyens à se marier, avait eu tort de rappeler l'ennui et les incommodités inséparables du lien conjugal; que cette idée était moins propre à le faire chérir, qu'à en éloigner et à le faire abhorrer. Ils ajoutèrent que, dans ce cas, l'orateur aurait dû bien plutôt représenter au peuple que la paix des alliances était rarement troublée par des orages domestiques, et que si de légers nuages paraissaient quelquefois en altérer les douceurs, ces chagrins, courts et faciles à supporter, étaient bien compensés par cette multitude d'avantages et cette abondance de délices dont l'union conjugale est la source; que d'ailleurs tous les époux n'éprouvaient point ces dégoûts et ces peines; et qu'au lieu de les attribuer à la nature d'un lien charmant, on devait les regarder comme n'ayant souvent d'autre principe que l'injustice et la dureté des maris. Mais Titus Castricius (¹³) ne fut pas du même avis, et soutint que Métellus avait parlé d'une manière aussi juste que conforme à son projet. Car, dit-il, le langage d'un censeur ne doit pas être celui d'un rhé-

sententiis uti falsis, audacibus, subdolis, captiosis, si modo verisimiles sunt et possunt ad movendos hominum animos qualicumque astu irrepere. Præterea turpe esse ait rhetori, si quid in mala causa destitutum atque impugnatum relinquat. Sed enim Metellum, inquit, sanctum virum illa gravitate et fide præditum, cum tanta honorum atque vitæ dignitate, apud populum romanum loquentem nihil decuit aliud dicere, quam quod verum sibi esse atque omnibus videbatur: præsertim cum super ea re diceret, quæ quotidiana intelligentia et communi pervulgatoque vitæ usu comprehenderetur. De molestia igitur cunctis hominibus est notissima confessus; eaque confessione fidem sedulitatis veritatisque commeritus; tum denique facile et procliviter, quod fuit rerum omnium validissimum atque verissimum, persuasit civitatem salvam esse sine matrimoniorum frequentatione non posse. Hoc quoque aliud ex eadem oratione Metelli dignum esse existimavimus assidua lectione, non hercle minus, quam quæ a gravissimis philosophis scripta sunt. Verba Metelli hæc sunt: *Di immortales plurimum possunt; sed non plus velle nobis debent, quam parentes. At parentes, si pergimus errare, suis bonis nos exhæredant. Quid ergo nos a diis immortalibus divinitus exspectemus, nisi errationibus finem faciamus? Iisdem deos propitios esse æquum est, qui sibi adversarii non*

teur. On permet à celui-ci d'avoir recours à des raisonnemens subtils, captieux, hardis, quelquefois même faux, pourvu qu'il sache y répandre les couleurs de la vraisemblance, et les faire passer de quelque manière que ce soit dans l'âme de ses auditeurs; aussi, ajoute-t-il, ne pardonne-t-on pas à un rhéteur, chargé d'une mauvaise cause, d'ignorer l'art d'en couvrir les endroits faibles par des raisonnemens qui fassent au moins illusion. Mais il n'eût pas été convenable, dit-il ensuite, qu'un homme tel que Métellus, aussi illustre par l'éclat des honneurs que par la dignité de sa conduite, se fût permis, en adressant la parole au peuple romain, d'avancer quelque chose de contraire à ses sentimens, et que les Romains n'eussent pas jugé conforme à la vérité; surtout dans une matière sur laquelle l'expérience journalière et le commerce de la vie le plus ordinaire, pouvaient aisément le démentir. Il a donc commencé par l'aveu des peines qui résultent du mariage, et que personne n'ignore : cette franchise lui a concilié aussitôt la confiance du peuple ; puis insensiblement et sans beaucoup d'efforts, il est parvenu à lui persuader le point essentiel; c'est que sans la multiplication des mariages, la république ne pouvait subsister. On convint ensuite que cet autre passage du discours de Métellus méritait certainement d'être aussi médité que les écrits des plus grands philosophes. *La puissance des dieux, dit-il, est bien étendue; mais leur bienveillance à notre égard ne doit point aller plus loin que celle de nos parens. Ceux-ci nous déshéritent quand nous continuons dans nos égaremens : qu'attendons-nous donc du ciel, tandis que nous persévérons dans nos désordres ? N'est-il pas juste que la divinité soit propice à ceux qui*

sunt. *Di immortales virtutem approbare, non adhibere debent.*

## CAPUT VII.

*In hisce verbis Ciceronis ex oratione quinta in Verrem, hanc sibi rem sperant præsidio futurum, neque mendam esse nec vitium, errareque istos, qui bonos violant libros, et futuram scribunt: atque inibi de quodam alio Ciceronis verbo dictum, quod probe scriptum perperam mutatur: et adspersa pauca de modulis numerisque orationis, quos Cicero avide sectatus est.*

In oratione Ciceronis quinta in Verrem, in libro spectatæ fidei Tironiana curà atque disciplina facto, ita scriptum fuit: *Homines tenues obscuro loco nati navigant: adeunt ad ea loca, quæ nunquam ante adierant; ubi neque noti essent, quo venerunt; neque semper cum cognitoribus esse possunt. Hac una tamen fiducia civitatis, non modo apud nostros magistratus, qui et legum et existimationis periculo continentur, neque apud civis solum romanos, qui et sermonis et juris et multarum rerum societate juncti sunt, fore se tutos arbitrantur, sed quocumque venerint hanc sibi rem præsidio sperant futurum.* Videbatur compluribus in extremo verbo menda esse. Debuisse enim scribi non *futurum*, sed *futuram*: neque dubitabant quin liber emendan-

ne l'offensent point par leurs vices! Les dieux doivent couronner la vertu, mais non la donner.

## CHAPITRE VII.

Sur ces mots du cinquième discours de Cicéron contre Verrès : *Hanc sibi rem sperant præsidio futurum.* Que cette leçon n'est point vicieuse; que ceux-là se trompent, qui défigurent les exemplaires corrects et écrivent *futuram.* Autre mot exact de Cicéron, changé à tort. Quelques préceptes sur la période, et le nombre oratoire, auxquels Cicéron s'astreignait scrupuleusement.

On lit dans le cinquième discours de Cicéron contre Verrès, dans le livre authentique dû aux soins et aux lumières de Tiron : *Des hommes sans fortune, sans naissance, entreprennent des voyages sur mer : ils abordent dans des contrées qu'ils n'ont jamais vues, où ils ne peuvent pas toujours être connus, ni avoir avec eux des gens qui les fassent connaître ; cependant avec la seule confiance que leur donne la qualité de citoyens romains, ils ne se flattent pas seulement d'être en sûreté chez un magistrat, que retient la crainte des lois et le soin de leur réputation, chez les citoyens romains avec qui ils sont unis par le langage, par les lois et par mille intérêts communs; mais en quelque lieu que le hasard les conduise, à l'abri de ce nom, ils se flattent d'être en sûreté. ( Hanc rem sibi sperant præsidio futurum.* ) Il y a plusieurs personnes à qui ce dernier mot n'a point paru exact, et qui ont trouvé qu'au lieu de *futurum* il devait y avoir *futuram*; que ce livre, à n'en point douter, avait besoin

dus esset, ne, ut in Plauti comœdia Mœchus ( sic enim mendæ suæ illudebant ), ita in Ciceronis oratione solœcismus esset manifestarius. Aderat forte ibi amicus noster, homo lectione multa exercitus; cui pleraque omnia veterum literarum quæsita, meditata, evigilataque erant. Is libro inspecto ait nullum esse in eo verbo, neque mendam neque vitium: Ciceronem probe ac venuste locutum. Nam *futurum*, inquit, non refertur ad *rem*, sicut legentibus temere et incuriose videtur; neque pro participio positum est: sed verbum est indefinitum, quod Græci appellant ἀπαρέμφατον, neque numeris neque generibus præserviens, sed liberum undique et impromiscuum est. Quali C. Gracchus verbo usus est in oratione, cujus titulus est, *De Quinto Popilio circum conciliabula*, in qua ita scriptum est: *Credo ego inimicos meos hoc dicturum*. Inimicos, inquit, *dicturum*, et non, *dicturos*. Videturne ea ratione positum esse apud Gracchum, *dicturum*, qua est apud Ciceronem, *futurum?* Sicut in græca oratione, sine ulla vitii suspicione, omnibus numeris generibusque sine discrimine attribuuntur hujuscemodi verba ποιήσειν, ἔρεσθαι, λέξειν, et similia. In Cl. quoque Quadrigarii textio annali verba hæc esse dixit: *Dum ii conciderentur; hostium copias ibi occupatas fusu-*

d'être corrigé, afin qu'il ne se trouvât point dans le discours de Cicéron un solécisme (14) évident; tel qu'on en voit dans le Mœchus de Plaute (car c'est ainsi qu'ils accréditaient cette erreur) : mais un de mes amis, homme très-versé dans la littérature, qui a scruté, médité, approfondi presque tous les auteurs anciens, se trouvant là par hasard, dit, après avoir examiné le passage, qu'il ne voyait aucune faute ni aucune correction dans l'emploi de ce mot, et que Cicéron s'en était servi à propos et avec grâce. Car, dit-il, *futurum* ne se rapporte point à la chose, comme le croient ceux qui ont lu inconsidérément et sans attention; et il n'est point employé là comme participe, mais c'est un mot indéfini que les Grecs appellent ἀπαρέμφατον, et qui, loin d'être assujetti aux genres et aux nombres, est entièrement séparé et indépendant du reste de la phrase. C. Gracchus a employé une semblable locution dans le discours qui a pour titre, *De Quintus Popilius à l'égard des assemblées*, dans lequel on lit : *Je crois que mes ennemis diront cela ( hoc dicturum )*. Dans ce cas il dit *inimicos dicturum*, et non *dicturos*. N'est-il pas évident qu'on trouve ici dans Gracchus, *dicturum*, par la même raison qu'on trouve dans Cicéron *futurum*? De même, dans le grec, on trouve des mots de tout genre et de tout nombre, placés de la sorte indistinctement, comme ποιήσειν, ἔσεσθαι, λέξειν, (15) et autres semblables, sans que pour cela on soupçonne le moindre défaut d'attention. Il ajouta aussi que dans la troisième annale de Cl. Quadrigarius, on trouvait cette phrase : *Que pendant que ceux-ci succomberaient, les troupes des ennemis se trouveraient occupées ( occupatas futurum ) en cet endroit*. Dans la dix-huitième annale du même Quadrigarius,

*rum.* In duodevicesimo annali ejusdem Quadrigarii principium libri sic scriptum : *Si pro tua bonitate, et nostra voluntate tibi valetudo suppetit; est quod speremus deos bonis bene facturum.* Item in Valerii Antiatis quarto et vicesimo simili modo scriptum : *Si hœ res divinœ factœ riteque perlitatœ essent, haruspices dixerunt omnia ex sententia processurum esse.* Plautus etiam in Casina, cum de puella loqueretur, *occisurum* dixit, non *occisuram*, his verbis,

*Etiamne habet Casina gladium? Habet, sed duos,*
*Quibus, altero te occisurum ait, altero villicum.*

Item Laberius in Gemellis.

*Non putavi,* inquit, *hoc eam facturum.*

Non ergo isti omnes solœcismus quid esset ignoraverunt. Sed et Gracchus, *dicturum*; et Quadrigarius, *futurum*, et *benefacturum*; et Plautus, *occisurum*; et Antias, *processurum*; et Laberius, *facturum*, indefinito modo dixerunt. Qui modus neque in numeros, neque in personas, neque in genera, neque in tempora distrahitur, sed omnia isthæc una eademque declinatione complectitur. Sicuti M. Cicero dixit, *futurum*, non virili genere neque neutro (solœcismus enim foret plane), sed verbo usus est ab omni necessitate generum absoluto. Idem autem

le livre commence ainsi : *Si vous conservez une santé telle que le méritent vos vertus, et qui réponde aux vœux que nous formons pour votre conservation, nous avons lieu d'espérer que les dieux favoriseront* (deos benefacturum) *les gens de bien.* On trouve aussi dans le vingt-quatrième livre de Valérius Antias, un passage semblable : *Les aruspices dirent que si, dans cette circonstance, les sacrifices étaient offerts comme il convenait, et que si les cérémonies religieuses étaient exactement observées, on obtiendrait les plus heureux succès* (omnia ex sententia processurum esse). De même Plaute, en parlant d'une jeune fille, dit *occisurum*, et non *occisuram*, dans la pièce intitulée Casina, où il s'exprime ainsi :

*Casina a donc une épée ? Elle en a bien deux, une avec laquelle elle dit qu'elle vous tuera* (occisurum), *et l'autre avec laquelle elle dit qu'elle tuera le fermier.*

Laberius dit de la même manière dans les Jumeaux :

*Je n'ai pas cru qu'elle le ferait* (facturum).

On ne peut cependant pas supposer que tous ces auteurs ignorassent ce que c'était qu'un solécisme. Nous voyons néanmoins que Gracchus a employé *dicturum*; Quadrigarius, *futurum* et *benefacturum*; Plaute, *occisurum*; Antias, *processurum*; et Laberius, *facturum*, d'une manière indéfinie. Cette locution ne dépend ni du temps, ni du genre, ni du nombre, ni de la personne; mais elle comprend tout cela dans une seule et même déclinaison. Cicéron, en se servant de *futurum*, ne l'a employé ni comme étant masculin ni comme étant neutre (d'où il résulterait évidemment un solécisme); mais il s'en est servi comme d'un mot nécessairement indépendant de tout genre. Le même assurait encore avoir vu dans le discours de Cicé-

ille amicus noster in ejusdem M. Tullii Ciceronis oratione, quæ est de imperio Cn. Pompeii, ita scriptum esse a Cicerone dicebat, atque ipse ita lectitabat: *Quum vestros portus, atque eos portus, quibus vitam ac spiritum ducitis, in prædonum fuisse potestatem sciatis.* Neque solœcismum esse aiebat, *in potestatem fuisse*, ut vulgus semidoctum putat, sed ratione dictum certa et proba contendebat, quâ et Græci ita uterentur: et Plautus verborum latinorum conservator elegantissimus in Amphitryone dixit: *Numero mihi in mentem fuit.* Non, ut dici solitum est, *in mente*. Sed enim præter Plautum, cujus ille in præsenti exemplo usus est, multam nos quoque apud veteres scriptores locutionum talium copiam offendimus; atque his vulgo annotamentis inspersimus. Ut rationem autem istam missam faciamus et auctoritates: sonus tamen et positura ipsa verborum satis declarant, id potius ἐπιμελείᾳ τῶν λέξεων modulamentis orationis M. Tullii convenisse, ut, quoniam utrumvis dici latine posset, *potestatem* dicere mallet, non *potestate*. Illud enim sic compositum jucundius ad aurem complexiusque; insuavius hoc imperfectiusque est; si modo ita explorata aure homo sit, non surda nec jacenti: sicuti est hercle quod, *explicavit*; dicere maluit, quam *explicuit*: quod esse jam usitatius cœperat. Verba sunt hæc ipsius ex oratione, quam de imperio Cn. Pompeii habuit. *Testis est Sicilia, quam multis undique cinctam periculis non terrore belli, sed consilii celeritate explicavit.*

ron pour la loi Manilia, un passage qu'il récitait ainsi: *En apprenant que vos ports, que ces ports auxquels vous devez l'existence, se sont trouvés au pouvoir de brigands (in potestatem fuisse)*; et il ne trouvait point, disait-il, de solécisme dans *in potestatem fuisse*, comme la plupart des demi-savans s'imaginent qu'il y en a un; mais il soutenait au contraire que cette locution était exacte et bonne, en ce qu'elle était imitée des Grecs. Et Plaute, ce grand observateur des plus élégantes locutions latines, a dit dans son Amphitryon: *Il me vint fort à propos à l'esprit (in mentem)*, ce qui s'écarte de l'usage, *in mente*. Mais indépendamment de Plaute, dont il cita cet exemple, nous rencontrons dans les écrivains anciens une infinité de locutions de cette espèce; et j'ai cru devoir en citer différens exemples dans le cours de ces observations. Mais toutes raisons et toutes autorités à part, l'élégance et l'harmonie elles-mêmes font assez connaître que dans ce cas cela convenait mieux à Cicéron, quant au choix des expressions et quant au nombre oratoire; en sorte qu'il préférerait *potestatem* à *potestate*, quoiqu'on pût dire l'un et l'autre sans s'écarter des règles de la langue latine. Car avec une lettre de plus, ce mot est plus doux et plus agréable à l'oreille, au lieu qu'avec une lettre de moins, il a quelque chose de plus dur et de plus désagréable, pour peu qu'on ait l'oreille délicate. Il a aussi, par exemple, préféré dire *explicavit*, au lieu d'*explicuit*, en ce qu'il commençait déjà à être plus usité alors. Voici les propres paroles de cet orateur, tirées du discours pour la loi Manilia: *Témoin la Sicile, qu'il délivra (explicavit) des nombreux périls qui l'environnaient de toutes parts, non par la terreur des armes, mais par la promptitude de ses déterminations.* S'il se fût servi d'*explicuit*, la

At si, *explicuit*, diceret, imperfecto et debili numero verborum sonus clauderetur.

---

## CAPUT VIII.

*Historia, in libris Sotionis philosophi reperta, super Laide meretrice et Demosthene rhetore.*

Sotion ex peripatetica disciplina haud sane ignobilis vir fuit. Is librum multæ variæque historiæ refertum composuit; eumque inscripsit, Κέρας Ἀμαλθείας. Ea vox hoc ferme valet, tanquam si dicas, *cornucopiæ*. In eo libro super Demosthene rhetore et Laide meretrice historia hæc scripta est. Lais, inquit, Corinthia ob elegantiam venustatemque formæ grandem pecuniam demerebat: conventusque ad eam ditiorum hominum ex omni Græcia celebres erant, neque admittebatur, nisi qui dabat quod poposcerat. Poscebat autem illa nimium quantum. Hinc ait natum esse illud frequens apud Græcos dictum adagium: οὐ παντὸς ἀνδρὸς ἐς Κόρινθον ἐσθ᾽ ὁ πλοῦς. Quod frustra iret Corinthum ad Laidem qui non quiret dare quod posceretur. Ad hanc ille Demosthenes clanculum adit; et, ut sibi sui copiam faceret, petit. At Lais μυρίας δραχμὰς ἢ τάλαντον poposcit. Hoc facit numi nostratis denariorum decem millia. Tali petulantia mulieris atque pecuniæ magnitudine ictus expavidusque Demosthenes avertit; et discedens: Ego, inquit, pœnitere tanti

phrase eût été terminée par un mot qui lui aurait beaucoup fait perdre de son harmonie.

---

## CHAPITRE VIII.

Trait rapporté dans les écrits du philosophe Sotion, sur la courtisane Laïs et le rhéteur Démosthène.

Sotion, un des plus célèbres péripatéticiens, a composé un livre de mélanges littéraires, intitulé *la Corne d'Amalthée*; ce qui revient à peu près à ce que nous appelons *la corne d'abondance*. On y trouve cette anecdote sur le rhéteur Démosthène et la courtisane Laïs. Cette femme, dit-il, la plus belle et la plus élégante de son temps, se faisait un immense revenu du commerce de ses charmes : les hommes les plus opulens de la Grèce venaient en foule chez la belle Corinthienne [16]; mais on n'était admis qu'en finançant, et Laïs mettait les jouissances à un prix excessif. C'est de là, dit-il, qu'est venu ce proverbe si connu parmi les Grecs : *Il n'est pas donné à tout le monde de naviguer vers Corinthe* [17]. Car c'était en vain qu'on allait à Corinthe trouver Laïs, si l'on n'était en état de fournir la somme qu'elle demandait. Démosthène fut tenté de rendre visite secrètement à la belle courtisane. Il arrive, et sollicite ses faveurs. Laïs demande *dix mille drachmes* [18], ce qui fait dix mille deniers romains. Démosthène surpris du ton de cette femme, et plus épouvanté encore de la grandeur de la somme, la quitte brusquement, en disant : Je ne veux pas acheter si cher un repentir.

non emo. Sed Græca ipsa, quæ fertur dixisse, lepidiora sunt, οὐκ ὠνᾶμαι, inquit, μυρίων δραχμῶν μεταμέλειαν.

## CAPUT IX.

Qui modus fuerit, quis ordo disciplinæ pythagoricæ; quantumque temporis imperatum observatumque sit dicendi simul ac tacendi.

Ordo atque ratio Pythagoræ, ac deinceps familiæ successionis ejus, recipiendi instituendique discipulos hujuscemodi fuisse traditur. Jam a principio adolescentes, qui sese ad discendum obtulerant, ἐφυσιογνωμόνει. Id verbum significat mores naturasque hominum, conjectatione quadam de oris et vultus ingenio, deque totius corporis filo atque habitu, sciscitari. Eum, qui exploratus ab eo idoneusque fuerat inventus, recipi in disciplinam statim jubebat, quin et tempus certum statuebat, ut tacerent; non in omnes idem, sed aliud aliis tempus pro existimato captu solertiæ. Is autem qui tacebat, quæ dicebantur ab aliis, audiebat; neque percunctari, si parum intellexerat, neque commentari, quæ audierat, fas erat. Sed non minus quisquam tacuit quam biennium. Hi prorsus appellabantur intra tempus tacendi audiendi-

Mais le texte grec est plus expressif : *Je n'achète pas un repentir dix mille drachmes.*

## CHAPITRE IX.

### En quoi consistait la discipline de l'école de Pythagore : dans quel temps on pouvait parler, et combien de temps l'on était astreint à un rigoureux silence.

Nous apprenons des anciennes traditions que Pythagore (19), et tous les philosophes qui présidèrent après lui son école, ne s'écartèrent jamais de l'ordre suivant, tant pour la réception de leurs disciples que pour la manière de les instruire. D'abord on examinait le récipiendaire selon les principes de la physionologie ; c'est-à-dire, qu'on cherchait à démêler quelque indication de ses talens et de ses mœurs dans le caractère de sa figure, dans l'air de son visage, dans sa configuration et dans toutes ses manières. Si cet examen lui était favorable, et qu'on lui reconnût les qualités requises, il était admis sur-le-champ, et on lui prescrivait un certain temps pendant lequel il devait garder le silence : mais ce temps n'était pas le même pour tous ; le plus ou le moins de capacité reconnue, en abrégeait ou en augmentait la durée. Jusqu'à ce que la défense fût levée, le nouveau candidat pouvait assister aux exercices publics de la secte ; mais il ne lui était permis de faire aucune question, pas même sur les endroits qu'il n'aurait pas compris ; encore moins de mêler ses dissertations à celles des autres. Cette première épreuve ne dura jamais moins de deux ans, et ceux qui y étaient

que ἀκουστικοί. Ast ubi res didicerant rerum omnium difficillimas, tacere audireque; atque esse jam cœperant silentio eruditi, cui erat nomen ἐχεμυθία: tum verba facere et quærere, quæque audissent scribere, et quæ ipsi opinarentur expromere potestas erat. Hi dicebantur in eo tempore μαθηματικοί; ab his scilicet artibus, quas jam discere atque meditari inceptaverant: quoniam Geometriam et Gnomonicam, Musicam, ceterasque item disciplinas altiores μαθήματα veteres Græci appellabant. Vulgus autem, quos gentilitio vocabulo Chaldæos dicere oportet, mathematicos dicit. Exinde his scientiæ studiis ornati ad perspicienda mundi opera et principia naturæ procedebant: ac tunc denique nominabantur φυσικοί. Hæc eadem super Pythagora noster Taurus cum dixisset: Nunc autem, inquit, isti, qui repente pedibus illotis ad philosophos devertunt, non est hoc satis, quod sunt omnino ἀθεώρητοι, ἄμουσοι, ἀγεωμέτρητοι; sed legem etiam dant, qua philosophari discant. Alius ait; hoc me primum doce. Item alius; hoc volo, inquit, discere, istud nolo. Hic a symposio Platonis incipere gestit propter Alcibiadis comessationem, ille a Phædro propter Lysiæ orationem. Est etiam, inquit, pro Jupiter! qui Platonem legere postulet, non vitæ ornandæ, sed linguæ orationisque co-

soumis se nommaient *auditeurs*. Mais quand l'adepte était suffisamment exercé à l'art si difficile de se taire et d'écouter; et que, formé par ce long silence, il quittait la classe des taciturnes, alors il pouvait librement parler, interroger, écrire ce qu'il avait entendu, et manifester ses opinions. Parvenu à ce degré, il prenait le nom de *disciple*, à cause des sciences qu'il avait déjà commencé d'étudier et d'approfondir. Car l'ancienne Grèce appelait *disciplines* toutes les hautes connaissances, comme la géométrie, la gnomonique et la musique. Ces *disciples* sont les mêmes hommes que parmi nous le vulgaire désigne sous le nom de *Mathématiciens*, et qu'il serait plus naturel de faire connaître sous celui de *Chaldéens*, du nom du pays ou prirent naissance les arts qu'ils cultivent. Enfin le jeune philosophe, l'esprit orné de toutes ces connaissances, étudiait les merveilles de la nature, et les principes de ses opérations; et cette dernière classe se nommait celle des *Physiciens*. Taurus, après avoir tracé ce tableau de l'école pythagoricienne, s'écriait avec douleur : Oui! de nos jours, la philosophie voit de jeunes téméraires, de parfaits ignorans, à qui la contemplation, l'étude et la géométrie n'ont pas donné la première teinture des sciences, pénétrer sans respect dans son sanctuaire auguste, y donner la loi, et prescrire aux maîtres la méthode qu'ils veulent embrasser. L'un dit avec hardiesse : voilà ce que je veux qu'on m'enseigne d'abord; l'autre, c'est cela que je veux apprendre, et non ceci. Celui-ci brûle de commencer par le dialogue de Platon, pour y voir la peinture des excès d'Alcibiade : celui-là par son Phèdre, pour y admirer l'éloquence de Lysias. Ne s'en trouve-t-il pas, grands dieux ! qui cherchent dans

mendæ gratia, nec ut modestior fiat, sed ut lepidior. Hæc Taurus dicere solitus novitios philosophorum sectatores cum veteribus pythagoricis pensitans. Sed id quoque non prætereundum est, quod omnes simul, qui a Pythagora in cohortem illam disciplinarum recepti erant, quod quisque familiæ pecuniæque habebat, in medium dabant; et coibatur societas inseparabilis, tanquam illud fuerit antiquum consortium, quod re erat atque verbo appellabatur κοινόβιον.

## CAPUT X.

### Quibus verbis compellaverit Favorinus philosophus adolescentem casce nimis et vetuste loquentem.

Favorinus philosophus adolescenti veterum verborum cupidissimo et plerasque voces nimis priscas et ignotissimas in quotidianis communibusque sermonibus expromenti : Curius, inquit, et Fabricius, et Coruncanus antiquissimi viri nostri, et his antiquiores Horatii illi trigemini plane ac dilucide cum suis fabulati sunt; neque Auruncorum, aut Sicanorum, aut Pelasgorum, qui primi incoluisse Italiam dicuntur, sed ætatis suæ verbis locuti sunt. Tu autem, proinde quasi cum matre Evandri nunc loquare, sermone ab hinc multis annis jam desito uteris,

les écrits de Platon, non pas des principes de morale et de bonne conduite, mais les ornemens du style et les grâces de l'élocution ? C'est de cette manière que Taurus avait coutume de comparer les jeunes sectateurs de la philosophie, avec les anciens disciples de Pythagore. Il n'est pas inutile de remarquer également, que tous ceux qui étaient reçus dans son école, mettaient en commun leurs possessions et leurs revenus. Cette union des disciples formait une société indissoluble, qui était l'image et la réalité de cette antique communauté de biens et de vie, dont celle-ci portait le nom touchant et vénérable.

## CHAPITRE X.

### Paroles du philosophe Favorin à un jeune homme qui affectait le langage antique.

Le philosophe Favorin impatienté d'entendre un jeune homme, fastueux amateur du vieux langage, farcir tous ses discours de termes antiques et inconnus, lui adressa ces paroles : Curius, Fabricius et Coruncanus, ces premiers héros de la république, et dans des temps plus éloignés encore, les Horaces, ces trois illustres frères, s'entretenaient clairement et intelligiblement avec leurs concitoyens; ils ne parlaient point le langage des Arunciens, des Sicaniens, et des Grecs (*) qu'on dit avoir habité les premiers l'Italie, mais celui de leur temps; mais vous, comme si vous conversiez avec la mère du vieil Évandre (**), vous affectez de n'employer que les termes des siècles passés.

quod scire atque intelligere neminem vis, quæ dicas. Nonne, homo inepte, ut quod vis abunde consequaris, taceres? Sed antiquitatem tibi placere ais, quod honesta et bona et sobria et modesta sit. Vive ergo moribus præteritis; loquere verbis præsentibus: atque id, quod a C. Cæsare excellentis ingenii ac prudentiæ viro, in primo de Analogia libro, scriptum est, habe semper in memoria atque in pectore, ut tanquam scopulum, sic fugias inauditum atque insolens verbum.

## CAPUT XI.

Quod Thucydides historiæ scriptor inclytus Lacedæmonios in acie non tuba sed tibiis esse usos dicit: verbaque ejus super ea re posita: quodque Herodotus Halyatten regem fidicinas in procinctu habuisse tradit: atque inibi quædam notata de Gracchi fistula concionatoria.

Auctor Historiæ Græcæ gravissimus Thucydides Lacedæmonios summos bellatores, non cornuum tubarumve signis, sed tibiarum modulis in præliis usos esse refert; non prorsus ex aliquo ritu religionum, neque rei divinæ gratia, neque etiam ut excitarentur atque evibrarentur animi, quod cornua et litui moliuntur; sed contra, ut moderatiores modulatiores-

Serait-ce pour n'être ni entendu ni compris que vous vous laisseriez posséder par cette manie? Insensé, taisez-vous, vous atteindrez bien plus sûrement votre but. Mais, direz-vous, j'admire l'antiquité dont l'honnêteté, la frugalité et la modestie me touchent infiniment. En ce cas, formez vos mœurs sur celles de l'antiquité; mais parlez le langage de nos jours, et gravez profondément dans votre esprit l'avis que donne, au premier livre de son analogie, C. César, un des plus brillans génies et un des écrivains les plus sensés que Rome ait produits : fuyez une expression choquante et surannée, comme on fait à l'aspect d'un écueil.

## CHAPITRE XI.

*Que les Lacédémoniens, au rapport de Thucydide, n'engageaient point le combat au son de la trompette, mais au son de la flûte. Paroles de cet historien célèbre, à ce sujet. Que, selon Hérodote, le roi Halyatte se faisait accompagner de joueurs d'instrumens, en allant à la guerre. Sur ce que Gracchus recevait le ton d'une flûte, lorsqu'il haranguait le peuple.*

L<small>E</small> grave Thucydide rapporte, dans son Histoire de la Grèce, que dans les combats, la belliqueuse Lacédémone ne cherchait point à réveiller le courage du soldat par le bruit impétueux des clairons ou des trompettes, et qu'alors elle ne lui faisait entendre que les accords doux et harmonieux de la flûte. Ce n'était point pour observer un rit sacré, ni pour remplir aucune cérémonie religieuse. Elle croyait pouvoir régler avec plus de facilité l'ardeur et l'impétuosité des combattans, lorsqu'au lieu d'avoir le

que fierent; quod tibicinis numeris temperatur. Nihil adeo in congrediendis hostibus atque in principiis præliorum ad salutem virtutemque aptius rati; quam si permulcti sonis mitioribus non immodice ferocirent. Cum procinctæ igitur classes erant, et instructæ acies, cœptumque in hostem progredi: tibicines inter exercitum positi canere inceptabant. Ea ibi præcentione tranquilla et delectabili atque adeo venerabili, ad quandam quasi militaris musicæ disciplinam vis et impetus militum, ne sparsi dispalatique proruerent, cohibebatur. Sed ipsius illius egregii scriptoris uti verbis libet, quæ et dignitate et fide graviora sunt: καὶ μετὰ ταυτα ἡ ξύνοδος ἦν. Ἀργεῖοι μὲν καὶ οἱ ξύμμαχοι ἐντόνως καὶ ὀργῇ χωροῦντες; Λακεδαιμόνιοι δὲ βραδέως καὶ ὑπὸ αὐλητῶν πολλῶν, νόμῳ ἐγκαθεστώτων. οὐ τοῦ θείου χάριν, ἀλλ᾽ ἵνα ὁμαλῶς μετὰ ῥυθμοῦ βαίνοντες προσέλθοιεν, καὶ μὴ διασπασθείη αὐτοῖς ἡ τάξις. ὅπερ φιλεῖ μεγάλα στρατόπεδα ποιεῖν ἐν ταῖς προσόδοις. Cretenses quoque in prælia ingredi solitos memoriæ datum est præcinente ac præmoderante cithara gressibus. Halyattes autem rex terræ Lydiæ, more atque luxu barbarico præditus, cum bellum Milesiis faceret, ut Herodotus in historiis tradit, concinentes fistulatores et fidicines, atque feminas etiam tibicinas in exercitu atque in procinctu habuit, lasci-

tympan ébranlé par le retentissement aigu de l'airain, ils marchaient à l'ennemi l'oreille pleine des modulations touchantes de la flûte. Sparte était persuadée qu'au commencement de l'action, et pendant le premier choc, rien n'est plus propre à ménager la vie et les forces du guerrier, que lorsque, adouci par des sons mélodieux, il ne se livre pas tout entier à sa fureur martiale. Au moment donc où la flotte était en ordre de bataille, ou quand l'armée était prête à donner, les joueurs de flûte, répandus dans les différens corps, remplissaient l'air d'accords paisibles, agréables, majestueux; espèce de musique belliqueuse, qui donnait le ton à une tactique imposante, modérait l'ardeur des soldats, et les empêchait d'attaquer en désordre. Mais pour donner plus de poids à ce récit, je transcris le passage de l'illustre historien. *On donne le signal; les Argiens et leurs alliés s'élancent avec une terrible impétuosité. Les bataillons de Sparte, au contraire, s'ébranlent plus froidement, ils règlent leur marche sur le son lent et paisible des instrumens distribués selon la coutume dans leur armée, non par un rit religieux, mais afin que, s'avançant d'un pas égal, les rangs toujours serrés, ils puissent tomber sur l'ennemi avec tout le poids de l'armée.* On dit aussi que les Crétois avaient coutume de marcher au combat au son de la harpe. Hérodote rapporte dans ses histoires, que Halyatte, roi de Lydie (\*\*), prince adonné à la vie efféminée et au luxe des barbares, faisant la guerre aux Milésiens, paraissait au milieu de son armée, environné d'une troupe d'hommes et de femmes qui jouaient de la flûte et des plus doux instrumens; cortége honteux et digne de figurer dans les orgies voluptueuses. Homère

vientium delicias conviviorum. Sed enim Achæos Homerus pugnam indipisci ait non fidicularum tibiarumque concentu, sed mentium animorumque conspiratu tacito nitibundos.

Οἱ δ᾽ ἄρ᾽ ἴσαν σιγῇ μένεα πνείοντες Ἀχαιοί,
Ἐν θυμῷ μεμαῶτες ἀλεξέμεναι ἀλλήλοισιν.

Quid ille vult ardentissimus clamor militum Romanorum, quem in congressibus præliorum fieri solitum scriptores annalium memoravere? Contrane institutum fiebat antiquæ disciplinæ? Utrumque probabile. Nam tum etiam gradu clementi et silentio est opus, cum ad hostem itur in conspectu longinquo procul distantem. Cum vero prope ad manus ventum est, tum jam e propinquo hostis et impetu propulsandus et clamore terrendus est? Ecce autem pro tibicina Laconica, tibiæ quoque illius concionatoriæ in mentem venit, quam C. Graccho cum populo agenti præisse ac præmonstrasse modulos ferunt. Sed nequaquam sic est, ut a vulgo dicitur, canere tibia solitum; qui pone eum loquentem staret, variisque modis tum demulcere animum actionemque ejus, tum intendere. Quid enim foret ista re ineptius, si, ut planipedi saltanti, ita Graccho concionanti numeros et modos et frequentamenta quædam varia tibicen incineret? Sed qui hoc compertius memoriæ tradiderunt, stetisse in circumstantibus dicunt occultius, qui fistula brevi sensim graviusculum sonum inspiraret ad deprimendum se-

point les Achéens s'avançant au combat, non pas au son des chalumeaux et des flûtes, mais gardant un silence farouche, dans une union redoutable d'esprits et de courages.

*Ils marchaient*, dit-il, *sans prononcer un seul mot, respirant l'ardeur de la guerre, déterminés à se défendre les uns les autres.*

Que penser donc des clameurs affreuses que poussaient nos légions dans les combats, comme l'assurent les annalistes romains? Cet usage était-il contraire à l'ancienne discipline? Je crois qu'il faut distinguer les circonstances. Il est bon que, loin de l'ennemi, l'armée marche en silence et dans la plus grande tranquillité; mais lorsqu'il s'agit d'en venir aux mains, n'est-il pas plus à propos d'effrayer l'ennemi par de grands cris, et de le charger avec toute l'impétuosité possible? Les flûtes guerrières de Lacédémone me rappellent celles dont on rapporte que Gracchus recevait le ton, lorsqu'il haranguait le peuple. Mais il faut bien se garder de croire, avec le vulgaire, que le musicien, caché derrière lui, en variant ses accords, pût animer ou adoucir l'éloquence et le geste du fameux tribun. Quelle ineptie ne serait-ce pas, en effet, de penser qu'un instrument réglât les tons et les inflexions de voix d'un orateur, comme il règle les sauts et les danses d'un histrion! Mais ceux qui ont mieux vu, et écrit plus sûrement, disent seulement qu'il faisait cacher à ses côtés un homme avec une flûte courte, dont le son lent et grave l'avertissait de réprimer et de modérer les éclats de sa voix; car je ne crois pas que la véhémence naturelle de Gracchus ait eu besoin, pour s'enflammer, du secours d'un mécanisme pareil. Cependant, selon Cicéron, ce musicien

dandumque impetum vocis ejus. Effervescente namque impulsu et instinctu extraneo naturalis illa Gracchi vehementia indiguisse non, opinor, existimanda est. Marcus tamen Cicero fistulatorem istum utrique rei adhibitum esse a Graccho putat; ut sonis tum placidis tum citatis aut demissam jacentemque orationem ejus erigeret, aut ferocientem sævientemque cohiberet. Verba ipsius Ciceronis apposui. *Itaque idem Gracchus, quod potes audire, Catule, ex Licinio cliente tuo litterato homine, quem servum sibi habuit ille ad manum, cum eburnea solitus est habere fistula, qui staret post ipsum occulte cum concionaretur, peritum hominem; qui inflaret celeriter eum sonum, qui illum aut remissum excitaret, aut a contentione revocaret.* Morem autem illum ingrediendi ad tibicinum modulos prælii institutum esse a Lacedæmoniis Aristoteles in libris Problematum scripsit; quo manifestior fieret exploratiorque militum securitas et alacritas. Nam diffidentiæ, inquit, et timori cum ingressione hujuscemodi minime convenit: et moesti atque formidantes ab hac tam intrepida ac tam decora incedendi modulatione alieni sunt. Verba pauca Aristotelis super ea re apposui: διὰ τί ἐπειδὰν πολεμεῖν μέλλωσι, πρὸς αὐλὸν ἐμβαίνωσιν; ἵνα τοὺς δειλοὺς ἀσχημονοῦντας γινώσκωσιν.

était à Gracchus d'une double utilité; car il prétend que les modulations douces et languissantes de la flûte servaient à tempérer l'ardeur trop impétueuse de l'éloquence du tribun, et que les sons bruyans et rapides le faisaient penser à lui donner du nerf et de la chaleur. Voici les paroles de cet orateur célèbre : *Vous pouvez, mon cher Catulus, l'apprendre de Licinius votre client, homme lettré, qui fut autrefois secrétaire de Gracchus; il vous dira que son maître avait coutume de faire cacher derrière lui un musicien habile avec une flûte d'ivoire, dont les variations, combinées à propos, étaient tout à coup le signal d'animer son éloquence, ou d'en modérer les transports.* Pour en revenir aux Lacédémoniens, Aristote, dans son livre des Problèmes, dit que la raison pour laquelle ils plaçaient des joueurs de flûte à la tête des armées, était pour faire paraître dans tout leur éclat l'assurance et l'ardeur des soldats; car, ajoute-t-il, le défaut de courage et la frayeur s'allient mal avec une pareille manière de marcher à l'ennemi, et il est certain que, dans la marche intrépide et fière qui a lieu pendant ces tranquilles accords, on remarque aisément le lâche dont l'âme timide ne peut soutenir l'idée du combat. Voici le peu de mots d'Aristote à ce sujet. *Vous demandez pourquoi cette république envoyait ses soldats aux batailles au son de la flûte? c'était pour distinguer l'âme basse et timide d'avec le guerrier plein d'ardeur et d'intrépidité.*

## CAPUT XII.

*Virgo Vestæ quid ætatis, ex quali familia, et quo ritu quibusque cærimoniis et religionibus, et quo nomine a Pontifice Maximo capiatur: et quo statim jure esse incipiat simulatque capta est, quodque, ut Labeo dicit, nec illa intestato cuiquam, nec ei intestatæ quisquam jure hæres est.*

Qui de Vestali virgine capienda scripserunt, quorum diligentissime scripsit Labeo Antistius, minorem quam annos VI. majorem quam annos X. natam negaverunt capi fas esse. Item quæ non sit patrima et matrima: item, quæ lingua debili sensuve aurium deminuta, aliave qua corporis labe insignita sit: item quæ ipsa aut cujus pater emancipatus sit; etiam si vivo patre in avi potestate sit: item cujus parentes alter ambove servitutem servierunt, aut in negotiis sordidis diversantur. Sed eam, cujus soror ad id sacerdotium lecta sit, excusationem mereri aiunt: item cujus pater flamen, aut augur, aut xv-vir sacris faciundis, aut qui vii-vir Epulonum aut Salius est. Sponsæ quoque pontificis et tibicinis sacrorum filiæ vacatio a sacerdotio isto tribui solet.

## CHAPITRE XII.

Quel âge doit avoir, et de quelle famille doit être une jeune fille, pour être reçue vestale ; rit et cérémonies religieuses de cette réception ; nom que le grand pontife donne à la récipiendaire, en la saisissant selon l'usage. Droits et prérogatives d'une vestale, aussitôt qu'elle est revêtue de cette dignité. Que, d'après Labéon, elle ne peut hériter d'un citoyen qui meurt sans testament, de même que personne ne peut prétendre à la succession d'une vestale qui n'a point fait ses dispositions testamentaires.

Tous les auteurs qui parlent des cérémonies observées à la consécration des vestales, entre autres, Labéon Antistius, un de ceux qui ont traité cette matière avec le plus de soin, disent que, pour entrer dans cet ordre, il était nécessaire que la jeune personne eût atteint l'âge de six ans, et qu'elle n'eût point passé celui de dix ; qu'elle eût encore son père et sa mère ; qu'elle n'éprouvât aucune incommodité ni du côté de la parole, ni du côté de l'ouïe, et qu'elle ne fût affligée d'aucune infirmité dans toutes les autres parties du corps. Il fallait que son père, ou elle-même, n'eussent point été émancipés, quand même, du vivant de son père, elle eût été au pouvoir de son aïeul. La servitude, l'affranchissement et l'exercice d'une profession déshonorante chez son père et sa mère, ou seulement chez l'un des deux, l'excluaient pour jamais de la dignité de vestale. On prétend que celle dont la sœur avait été admise au nombre des vestales, ne pouvait point aspirer à ce sacerdoce. La fille d'un pontife, d'un augure, d'un quindécemvir, pré-

Præterea Capito Ateius scriptum reliquit, neque ejus legendam filiam, qui domicilium in Italia non haberet, et excusandam ejus qui liberos treis haberet. Virgo autem Vestalis simul est capta atque in atrium Vestæ deducta et pontificibus tradita; eo statim tempore sine emancipatione ac sine capitis minutione e patris potestate exit, et jus testamenti faciundi adipiscitur. De more autem rituque capiundæ virginis litteræ quidem antiquiores non exstant, nisi quæ capta prima est a Numa rege esse captam. Sed Papiam legem invenimus; qua cavetur, ut pontificis maximi arbitratu virgines e populo viginti legantur: sortitioque in concione ex eo numero fiat; et, cujus virginis ducta erit, ut eam pontifex maximus capiat, eaque Vestæ fiat. Sed ea sortitio ex lege Papia non necessaria nunc videri solet. Nam, si quis honesto loco natus adeat Pont. max. atque offerat ad sacerdotium filiam suam, cujus duntaxat salvis religionum observationibus ratio haberi possit, gratia Papiæ legis per senatum fit. Capi autem virgo propterea dici videtur, quia pontificis maximi manu prehensa ab eo parente, in cujus potestate est, veluti bello capta abducitur. In libro primo Fabii Pictoris, quæ verba pontificem maximum dicere oporteat, cum virginem capit, scriptum est. Ea verba hæc sunt, SACERDOTEM

posé à la garde et à l'ouverture des livres divins(²³), on d'un septemvir, chargé du soin des festins sacrés, ou d'un salien(²⁴), était exclue du temple de Vesta. On excluait également l'épouse d'un prêtre, ou la fille d'un musicien des sacrifices. Capiton Atéius ajoute qu'on ne pouvait choisir une jeune personne dont le père n'avait point de domicile en Italie, ou dont le père avait trois enfans. Dès qu'une vestale est initiée, qu'elle a touché le seuil du temple de la déesse, et qu'elle est livrée aux pontifes, elle sort de la puissance paternelle et acquiert le droit de tester, sans aucune espèce d'émancipation, et sans aucun changement d'état. Les anciens écrits ne nous ont point transmis les rites usités à la prise d'une vestale; ils ne parlent que de celle qui fut enlevée par Numa. Mais nous avons la loi Papia qui ordonne qu'on prenne, au choix du grand pontife, vingt filles parmi la jeunesse de Rome, qu'on assemble les comices, et qu'en leur présence le sort désigne une d'entre elles; qu'à l'instant le pontife la saisisse et la consacre à Vesta. Il ne paraît plus nécessaire, de nos jours, de recourir à l'usage prescrit par la loi Papia : car lorsqu'un citoyen d'une naissance honnête offre sa fille au grand pontife, pour la consacrer au culte de Vesta, et qu'elle remplit toutes les conditions prescrites par les rites sacrés, on l'admet comme si elle avait été élue d'après cette loi. On dit prendre une vestale, parce que le grand pontife met la main sur elle, et l'arrache à ses parens, au pouvoir desquels elle est soumise, comme on enlève une captive les armes à la main. Fabius Pictor cite, dans son premier livre, la formule que prononçait le grand pontife à l'inauguration d'une vestale (²⁵). La voici : AMATA, JE TE PRENDS

VESTALEM. QUÆ. SACRA. FACIAT. QUÆ. IOUS. SIET. SACERDOTEM. VESTALEM. FACERE. PRO. POPOLO. ROMANO. QUIRITIBUS. Q. UTEI. QUOD. OPTUMA. LEGE. FIAT. ITA. TE. AMATA. CAPIO. Plerique autem capi virginem solam debere dici putant. Sed flamines quoque Diales, item pontifices et augures capi dicebantur. L. Sylla rerum gestarum libro XI. ita scripsit: *P. Cornelius, cui primum cognomen Syllæ impositum est, flamen Dialis captus.* M. Cato de Lusitanis, cum Ser. Galbam accusavit, eum dicit jus pontificium discere noluisse. *Ego me nunc volo jus pontificium optime scire. Jam ne ea causa pontifex capiar? Si volo augurium optime tenere, et quis me ob eam rem augurem capiat?* Præterea in commentariis Labeonis, quæ ad duodecim tabulas composuit, ita scriptum est: *Virgo Vestalis neque hæres est cuiquam intestato, neque intestatæ quisquam: sed bona ejus in publicum redigi aiunt.* Id quo jure fiat, quæritur. Amata inter capiendum a Pont. Max. appellatur, quoniam, quæ prima capta est, hoc fuisse nomine traditum est.

POUR ÊTRE VESTALE, POUR AVOIR SOIN DES CHOSES SACRÉES, ET, EN TA QUALITÉ ET TON DROIT DE VESTALE, VEILLER SUR L'EMPIRE ET LE PEUPLE ROMAIN : QUE CELA S'ACCOMPLISSE SELON LES LOIS DIVINES, ET QUE TOUT SOIT DANS LA PROSPÉRITÉ. Beaucoup pensent que le mot prendre ne doit se dire que par rapport aux vestales. Cependant ce même mot prendre se disait à l'inauguration des prêtres de Jupiter, des pontifes et des augures. L. Sylla, dans le onzième livre de son histoire, dit positivement : *On prit P. Cornélius, qui porta le premier le surnom de Sylla, et on le créa prêtre de Jupiter.* M. Caton, dans son discours sur les Lusitaniens, en accusant Galba, lui reproche de n'avoir point voulu se faire instruire des droits pontificaux. *Quant à moi, dit-il, je veux m'instruire à fond du droit des pontifes : est-ce pour qu'on me prenne sur-le-champ pour remplir cette dignité ? Comme si je sais le droit augural, viendra-t-on à cause de cela me prendre pour être augure ?* Dans les commentaires de Labéon, sur la loi des Douze Tables(\*), on lit aussi ces paroles : *Une vestale ne peut hériter d'un citoyen quelconque qui meurt sans testament, et personne n'a droit à la succession d'une vestale qui n'a pas testé ; elle retourne à la république.* On ne sait pas bien la raison de cette loi. Le pontife, en saisissant la jeune fille, se sert de cette expression Amata, parce qu'on assure que celle qui la première fut enlevée à sa famille, portait ce nom.

## CAPUT XIII.

*Quæsitum in philosophia quidnam foret in recepto mandato rectius, id ne omnino facere quod mandatum est, an nonnunquam etiam contra, si id speres ei, qui mandavit, utilius fore: superque ea quæstione expositæ diversæ sententiæ.*

In officiis capiendis, censendis, judicandisque, quæ Græce καθήκοντα philosophi appellant, quæri solet an negotio tibi dato et quid omnino faceres definito, contra quid facere debeas, si eo facto videri possit res eventura prosperius, exque utilitate ejus, qui id tibi negotium mandavit. Anceps quæstio et in utramque partem a prudentibus viris arbitrata est. Sunt enim non pauci qui sententiam suam una in parte defixerint, et, re semel statuta deliberataque ab eo, cujus negotium id pontificiumque esset, nequaquam putaverint contra dictum ejus esse faciendum, etiamsi repentinus aliquis casus rem commodius agi posse polliceretur; ne, si spes fefellisset, culpa imparientiæ et pœna indeprecabilis subeunda esset: si res forte melius vertisset; diis quidem gratia habenda, sed exemplum tamen intromissum videretur, quo bene consulta consilia religione mandati soluta corrumperentur. Alii existimaverunt incommoda prius, quæ metuenda essent si res gesta aliter foret quam imperatum est, cum emolumento spei pensitanda esse: et, si ea leviora minoraque; utilitas autem contra gravior et amplior spe quantum po-

## CHAPITRE XIII.

Sur cette question agitée parmi les philosophes : s'il est mieux d'exécuter ponctuellement les ordres dont on est chargé, ou de s'en écarter lorsque l'on croit qu'il y va de l'intérêt de celui dont on les a reçus. Diverses opinions à ce sujet.

On a coutume de former une question sur la manière d'interpréter les ordres que l'on reçoit, et que les philosophes appellent en grec καθήκοντα. On demande si, ayant été chargé d'une commission dont tous les détails sont clairement expliqués, on doit s'écarter du plan qui a été prescrit, si l'on voit qu'alors le projet réussira plus sûrement, et qu'il en reviendra plus d'avantages à celui qui vous a chargé de son exécution ? Question épineuse et sur laquelle les hommes les plus éclairés ne sont pas d'accord. Plusieurs tranchent la difficulté et décident nettement, que dès qu'une personne revêtue de l'autorité s'arrête à quelque dessein, et qu'elle en intime l'ordre, il n'est jamais permis de le transgresser, quand même un événement imprévu promettrait l'infaillibilité du succès. Car, disent-ils, si l'on vient à échouer, on se rend coupable du crime de désobéissance, et l'on mérite de subir la peine établie par les lois ; si au contraire le succès favorise l'imprudence, il faut, à la vérité, rendre grâce aux dieux ; mais il en résulte néanmoins un exemple dangereux qui entraînerait tous les jours l'inobservation des commandemens les plus sages et les plus utiles. D'autres pensent qu'avant d'enfreindre les ordres que l'on a reçus, on doit peser attentivement les inconvéniens qui peuvent résulter si l'on ne

test firma ostenderetur: tum posse adversum mandata fieri censuerunt; ne oblata divinitus rei bene gerendæ occasio amitteretur. Neque timendum exemplum non parendi crediderunt, si rationes hujuscemodi duntaxat non adessent. Cumprimis autem respiciendum putaverunt ingenium naturamque illius, cuja res præceptumque esset; ne ferox, durus, indomitus, inexorabilisque sit; qualia fuerunt Posthumiana imperia et Manliana. Nam si tali præceptori ratio reddenda sit; nihil faciendum esse monuerunt aliter, quam præceptum est. Instructius deliberatiusque fore arbitramur theorematium hoc de mandatis hujuscemodi obsequendis, si exemplum quoque P. Crassi Muciani clari ac inlustris viri apposuerimus. Is Crassus a Sempronio Asellione et plerisque aliis Historiæ Romanæ scriptoribus traditur quinque habuisse rerum bonarum maxima et præcipua; quod esset ditissimus, quod nobilissimus, quod eloquentissimus, quod jurisconsultissimus, quod pontifex maximus. Is, cum in consulatu obtineret Asiam provinciam, et circumsidere oppugnareque Leucas oppidum pararet; opusque esset firma atque procera trabe, qui arietem faceret quo muros ejus oppidi quateret: scripsit ad magistrum ἀρχιτέκτονα Elæatensium sociorum amicorumque populi romani, ut ex malis duobus, quos apud eos vidisset, uter major esset, eum mittendum curaret: tum magister ἀρχιτέκτων, comperto quamobrem malum desideraret, non, uti jussus erat majorem, sed, quem esse magis

réussit pas, avec les avantages que promet le succès. Lorsque ceux-ci l'emportent de beaucoup et que les autres ne sont pas considérables, surtout quand on a toutes les raisons possibles d'espérer ; dans ce cas, les hommes de cette opinion croyent qu'on peut violer les ordres dont on est chargé, pour ne point perdre l'occasion favorable que le ciel daigne offrir, que l'exemple de la désobéissance est tolérable en pareille circonstance. Ils ajoutent cependant que dans cette occurrence, il est bon de se rappeler le caractère et le naturel de celui dont on reçoit les ordres, de peur de choquer un homme dur, féroce, inexorable, tels que furent les Posthumius et les Manlius. Car si c'est à de pareils hommes qu'on doit rendre compte, il faut avoir grand soin de ne s'écarter en rien de ce qu'ils ont prescrit. Je crois que pour répandre plus de jour et d'intérêt sur cette matière, il est bon de rapporter ici le trait de C. Crassus Mucianus (27), cet homme si connu dans les annales romaines. Sempronius Asellion et la plupart des historiens romains disent que ce Crassus avait reçu cinq grandes faveurs de la fortune, savoir : des richesses immenses, une naissance très-distinguée, le talent de l'éloquence, une profonde connaissance du droit, et enfin l'honneur du souverain pontificat. Ayant obtenu pendant son consulat le gouvernement de l'Asie, il résolut de faire le siége de Leuca (28). Ayant besoin à cet effet d'une poutre assez forte pour en faire un bélier, il écrivit à l'*ingénieur* d'Élée (29), ville alliée de la république, de lui envoyer le plus grand des deux mâts qu'il avait vus dans ses murs. L'ingénieur ayant compris ce que Crassus voulait en faire, n'envoya point le grand, comme il en avait reçu l'ordre, mais le plus petit, qui lui paraissait le plus propre à faire un bélier, et

idoneum aptioremque faciendo arieti facilioremque portatu existimabat, minorem misit. Crassus eum vocari jussit; et cum interrogasset cur non quem jusserat misisset, causis rationibusque quas dictitabat spretis, vestimenta detrahi imperavit, virgisque multum cecidit; corrumpi atque dissolvi officium omne imperantis ratus, si quis ad id, quod facere jussus est, non obsequio debito, sed consilio non desiderato respondeat.

## CAPUT XIV.

Quid dixerit feceritque C. Fabricius magna vir gloria magnisque rebus gestis, sed familiae pecuniaeque inops; cum ei Samnites tanquam indigenti grave aurum donarent.

Julius Hyginus, in libro de vita rebusque illustrium virorum sexto, legatos dicit a Samnitibus ad C. Fabricium imperatorem populi romani venisse; et memoratis multis magnisque rebus, quae bene ac benivole post redditam pacem Samnitibus fecisset, obtulisse dono grandem pecuniam; orasseque uti acciperet utereturque : atque id facere Samnites dixisse, quod viderent multa ad splendorem domus atque victus defieri; neque pro magnitudine dignitateque lautum paratum esse : tum Fabricium planas manus ab auribus ad oculos, et infra deinceps ad nares, et ad os et ad gulam, atque inde porro ad ventrem imum deduxisse; et legatis ita respon-

qui était d'un transport moins difficile. Crassus le fait venir, lui demande pourquoi il n'a point envoyé celui des deux qu'il avait demandé, et sans égard pour ses raisons, il le fait dépouiller et frapper de verges; persuadé que c'était anéantir l'autorité des supérieurs, que de souffrir que les inférieurs exécutassent arbitrairement, et non à la lettre, les ordres dont ils étaient chargés.

## CHAPITRE XIV.

Ce que C. Fabricius, célèbre par ses glorieux exploits, mais né dans l'indigence, répondit aux Samnites, qui, frappés de sa pauvreté, lui offraient une somme d'or considérable.

Julius Hyginus, dans le sixième livre des hommes illustres, rapporte que des ambassadeurs samnites (30) vinrent trouver C. Fabricius, alors général des Romains, et qu'après lui avoir rappelé ses exploits brillans, les marques de bienveillance et les services que leur nation avait reçus de lui depuis la paix, ils lui offrirent une somme considérable, en le priant de la regarder comme le témoignage de leur reconnaissance, et de vouloir bien s'en servir. Nous osons, dirent les Samnites, offrir à Fabricius un don de cette espèce, parce qu'il nous paraît que ce logement, cette manière de vivre et le train de cette maison, ne sont pas dignes d'un aussi grand homme, et qu'il lui manque bien des choses pour soutenir l'éclat de sa dignité. A ces mots, Fabricius portant ses mains sur ses

disse; dum illis omnibus membris, quæ attigisset, obsistere atque imperare posset, nunquam quicquam defuturum : propterea pecuniam, qua nihil sibi esset usus, ab iis, quibus eam sciret usui esse, non accipere.

## CAPUT XV.

Quam importunum vitium sit plerumque odii futilis inanisque loquacitas, et quam multis in locis a principibus utriusque linguæ viris detestatione justa culpata sit.

Qui sunt leves et futiles et importuni locutores, quique nullo rerum pondere innixi verbis humidis et lapsantibus diffluunt; eorum orationem bene existimatum est in ore nasci non in pectore. Linguam autem debere aiunt non esse liberam nec vagam, sed vinclis de pectore imo ac de corde aptis moveri et quasi gubernari. Sed enim videas quosdam sic scatere verbis sine ullo judicii negotio cum securitate multa et profunda, ut loquentes plerumque videantur loqui sese nescire. Ulyssem contra Homerus virum sapienti facundia præditum, vocem mittere ait non ex ore sed ex pectore : quo scilicet non ad sonum magis habitumque vocis quam ad sententiarum pe-

oreilles, ensuite sur ses yeux, sur son nez, sur son front, sur sa bouche, enfin sur toutes les parties de son corps, répond aux ambassadeurs : Tant que je pourrai commander à tous ces membres que je viens de toucher, je n'éprouverai aucun besoin ; c'est pourquoi je m'abstiendrai de recevoir des mains de ceux auxquels je sais qu'il peut servir, cet argent qui me serait inutile.

## CHAPITRE XV.

Combien l'habitude de parler beaucoup, sans sujet, est un défaut insupportable ; justes reproches faits en une infinité d'endroits aux grands parleurs, par les principaux auteurs grecs et latins.

L'on peut dire, avec vérité, que l'homme léger, futile et grand parleur, qui, sans jamais s'arrêter à rien de solide, fait retentir un vain bruit de mots inutiles, profère des paroles qui naissent sur les lèvres, mais auxquelles le cœur n'a aucune part. Le sage dit que la langue ne doit point se prêter inconsidérément à une foule de mots vides de sens, mais qu'elle ne doit jamais être que l'organe des réflexions de l'âme, qui doit en régler l'impétuosité naturelle. Cependant on trouve des personnes qui ont tellement la manie de parler, qu'elles parlent continuellement sans le moindre bon sens, et néanmoins avec une aisance et une sécurité qui font douter si elles savent elles-mêmes qu'elles ne font que parler. Homère, au contraire, en traçant le portrait d'Ulysse, dit que ce prince, qui avait autant de sagesse que d'éloquence, ne parlait jamais de la bouche, mais du cœur ; c'est-à-dire qu'il faisait beaucoup moins d'attention à prononcer des

nitus conceptarum altitudinem pertineret : petulantiaeque verborum coercendae vallum esse oppositum dentium luculente dixit : ut loquendi temeritas non cordis tantum custodia atque vigilia cohibeatur, sed et quibusdam quasi excubiis in ore positis saepiatur. Homerica, de quibus supra dixi, haec sunt,

Ἀλλ' ὅτε δὴ ῥ' ὄπα τε μεγάλην ἐκ ςήθεος ἵει.
Τέκνον ἐμόν, ποῖόν σε ἔπος φύγεν ἕρκος ὀδόντων;

M. Tullii quoque verba posui, quibus stultam et inanem dicendi copiam graviter et vere detestatus est. *Dummodo*, inquit, *hoc constet, neque infantiam ejus qui rem norit, sed eam explicare dicendo non queat, neque inscitiam illius cui res non suppetat verba non desint, esse laudanda. Quorum si alterum sit optandum : malim equidem indisertam prudentiam, quam stultam loquacitatem.* Item in libro de Oratore primo verba haec posuit. *Quid enim est tam furiosum quam verborum vel optimorum atque ornatissimorum sonitus inanis nulla subjecta sententia nec scientia?* Cumprimis autem M. Cato atrocissimus hujuscemodi vitii insectator est. Namque in oratione quae inscripta est, SI. SE. COELIUS. TRIB. PLEB. APPELLASSET, *Nunquam*, inquit, *tacet, quem morbus tenet loquendi, tanquam veternosum bibendi atque dormiendi. Quod si non conveniant, tamen convocari jubet. Ita est cupidus orationis, ut conducat, qui*

mots, qu'à donner du poids et de l'énergie à ses paroles. Le même poëte dit aussi fort bien, que les dents sont la barrière que la nature oppose à l'impétuosité de la langue, afin que non-seulement elle soit enchaînée par l'attention et la vigilance du cœur, mais qu'elle soit encore arrêtée par ces espèces de gardes placées dans la bouche. Voici comment s'exprime Homère :

*Mais quand il eut prononcé ces paroles inconsidérées : ô mon fils, quelle parole s'est échappée du rempart de tes dents !*

Je citerai aussi un passage de Cicéron, par lequel cet orateur prouve combien il détestait les gens qui ont la fureur de parler toujours sans rien dire : *Il est certain, dit-il, que l'on ne doit pas faire plus de cas de celui qui parle beaucoup de ce qu'il ne sait point, que de celui qui sait, mais qui ne peut se faire comprendre, lorsqu'il veut nous entretenir de ce dont il est instruit. Pour moi, si j'avais à choisir l'un des deux, je préférerais certainement le timide embarras du second à l'impudente loquacité du premier.* Dans son premier livre de l'Orateur, on trouve également ces mots : *Quelle manie, quelle démence comparables à celles de l'orateur, qui sans s'attacher jamais aux idées utiles et solides, ne s'efforce que de produire ce vain bruit qui résulte de la combinaison des mots les plus choisis et les plus harmonieux !* Mais, il n'est point d'ennemi plus déclaré de ce défaut, que M. Caton, qui, dans son discours intitulé si Coelius se fut nommé tribun du peuple, s'exprime ainsi : *Jamais l'homme que possède la fureur de parler, ne gardera le silence : semblable à l'hydropique qui boit et qui dort sans cesse. Manque-t-on à se rendre à son invitation, pour venir l'entendre ? il est si empressé de parler qu'il ira louer un auditoire et*

auscultet. *Itaque auditis non auscultatis tanquam pharmacopolam. Nam ejus verba audiuntur: verum ei se nemo committit, si æger est.* Idem Cato in eadem oratione eidem M. Cœlio trib. pl. vilitatem opprobrans non loquendi tantum, verumetiam tacendi, *Frusto,* inquit, *panis conduci potest vel uti taceat vel uti loquatur.* Neque non merito Homerus unum ex omnibus Thersiten, ἀμετροεπῆ, ἀκριτόμυθον appellat: modo verba illius multa, et ἄκοσμα strepentium sine modo graculorum similia esse dicit. Quid enim est aliud ἀμετροεπής ἐκολώα? Eupolidis quoque versus de id genus hominibus consignatissimo factus est. λαλεῖν ἄριςος, ἀδυνατώτατος λέγειν. Quod Sallustius noster imitari volens, *loquax,* inquit, *magis quam facundus.* Quapropter Hesiodus poetarum prudentissimus linguam non vulgandam sed recondendam esse dicit proinde ut thesaurum: ejusque esse in promendo gratiam plurimam, si modesta et parca et modulata sit.

Γλώσσης τοι θησαυρὸς ἐν ἀνθρώποισιν ἄριςος
Φειδωλῆς. πλείςη δέ χάρις κατὰ μέτρον ἰούσης.

Epicharmium quoque illud non inscite se habet,

Οὐ λέγειν δεινός, ἀλλὰ σιγᾶν ἀδύνατος.

Ex quo profecto hoc sumptum est;

*Qui cum loqui non posset, tacere non poterat.*

Favorinum ego audivi dicere versus istos Euripidi,

payer pour être écouté. S'il vous surprend et que vous ne puissiez lui échapper, vous vous comportez comme à l'égard d'un empyrique, que l'on feint d'écouter, mais à qui l'on ne voudrait pas confier le soin de sa guérison. Caton, dans la même harangue contre M. Cœlius, tribun du peuple, lui reproche la bassesse d'âme qu'il fait paraître dans son silence et dans ses discours, en ces mots : *Avec un morceau de pain on peut t'ouvrir ou te fermer la bouche.* C'est pour cette raison qu'Homère applique particulièrement à Thersite (**) les noms d'imprudent parleur et de discoureur téméraire; et que, rappelant ses discours diffus et sans grâce, il dit qu'ils imitent le bruit des geais attroupés, car que signifie autre chose, ἀμετροεπής ἐκολώα ? Voici également, sur ce genre d'hommes, un vers d'Eupolide fort remarquable : *Excellent pour parler*, dit ce poëte, *et le premier homme du monde pour ne rien dire.* C'est ce que Salluste a voulu imiter, en disant *plus parleur qu'éloquent.* Hésiode, le plus prudent des poëtes, dit que la langue ne doit point s'échapper facilement, mais que, comme un trésor précieux, on doit la tenir cachée; que rien ne lui donne plus de grâce, que lorsque la modestie, la retenue et la modération la dirigent et la gouvernent. Voici comment il s'exprime :

*La langue qui sait se captiver est le trésor le plus précieux des hommes; elle a beaucoup de grâce, lorsqu'elle ne parle qu'à propos.*

Épicharmius a fort bien dit aussi :

*Très-peu propre à parler, mais incapable de se taire.*

D'où l'on a pris, je crois, le trait suivant :

*Qui ne pouvant parler, ne pouvait se taire.*

J'ai entendu Favorin dire que ces vers d'Euripide :

Ἀχαλίνων ϛομάτων,
Ἀνόμου τε ἀφροσύνης
Τὸ τέλος δυςυχία.

Non de iis tantum factos accipi debere, qui impia aut illicita dicerent; sed vel maxime de hominibus quoque posse dici stulta et immodica blaterantibus; quorum lingua tam prodiga infrænisque sit, ut fluat semper æstuetque colluvione verborum teterrima: quod genus homines a Græcis significantissimo vocabulo λάλοις appellatos. Valerium Probum grammaticum illustrem ex familiari ejus docto viro compori Sallustianum illud, *Satis eloquentiæ, sapientiæ parum*, brevi antequam vita decederet, sic legere cœpisse, et sic a Sallustio relictum affirmasse; *Satis loquentiæ, sapientiæ parum*. Quod *loquentia* novatori verborum Sallustio maxime congrueret; *eloquentia* cum insipientia minime conveniret. Hujuscemodi autem loquacitatem verborumque turbam magnitudine inani vastam facetissimus poeta Aristophanes insignibus vocabulis denotavit in his versibus.

Ἄνθρωπον ἀγριοποιὸν, αὐθαδόϛομον,
Ἔχοντ' ἀχάλινον, ἀκρατὲς, ἀπύλωτον ϛόμα,
Ἀπεριλάλητον, κομποφακελορρήμονα.

Neque minus insigniter veteres quoque nostri hoc genus homines in verba projectos locutuleios, et blaterones, et lingulacas dixerunt.

*Le malheur attend l'homme qui ne sait pas mettre un frein à sa langue,*

ne devaient pas s'entendre seulement de ceux qui souillent leur bouche par des paroles sacriléges ou licencieuses; mais que l'on doit les appliquer surtout à ces bavards impudens, qui n'ont à la bouche que des inutilités; dont la langue est si prodigue et si effrénée, que semblable à un gouffre impur, elle ne répand au dehors que des torrens de paroles vides et insensées; sorte d'hommes que les Grecs désignent par le mot très-expressif λάλοις (*grand parleur*). Un des amis de Valérius Probus m'a dit que, quelque temps avant sa mort, cet illustre grammairien l'avait assuré que Salluste ayant dit d'abord, *satis eloquentiæ, sapientiæ parum* (beaucoup d'éloquence et peu de sagesse) corrigea cette phrase, et mit, *satis loquentiæ, sapientiæ parum* (beaucoup de babil et peu de sagesse). *Loquentia* conviendrait très-bien à Salluste, novateur de mots; au lieu qu'*eloquentia* ne cadrerait point avec l'idée, *et peu de sagesse*. Je vais terminer en rapportant le trait d'Aristophane contre les bavards éternels, qui enflent continuellement leurs discours d'une multitude de paroles inutiles. Voici la manière piquante dont cet excellent comique s'exprime à ce sujet dans ce petit nombre de vers:

*Un homme grossier, brutal dans son langage, un braillard furieux, emporté, une bouche sans portes, d'où s'échappe un grand bruit de paroles vaines.*

Nos ancêtres n'ont pas plus épargné les grands discoureurs, qu'ils ont désignés sous les noms de *locutuleius*, *blatero* et *linguacula*.

## CAPUT XVI.

*Quod verba isthæc Quadrigarii ex Annali tertio, ibi mille hominum occiditur, non licentia, neque de poetarum figura, sed ratione certa et proba grammaticæ disciplinæ dicta sunt.*

QUADRIGARIUS in tertio Annalium ita scripsit : *Ibi occiditur mille hominum. Occiditur,* inquit, non *occiduntur.* Item Lucilius in tertio Satirarum,

*Ad portam mille, a porta est sex inde Salernum :*

*Mille,* inquit, *est,* non *mille sunt.* Varro in octavodecimo Humanarum : *Ad Romuli initium plus mille et centum annorum est.* M. Cato in I. Originum. *Inde est ferme mille passuum.* M. Cicero in sexta in Antonium : *Itane? Janus medius in L. Antonii clientela est? Qui unquam in illo Jano inventus est, qui L. Antonio mille nummum ferret expensum?* In his atque multis aliis, *mille,* numero singulari dictum est. Neque hoc, ut quidam putant, vetustati concessum est, aut per figurarum concinnitatem admissum est: sed sic videtur ratio poscere. *Mille* enim non pro eo ponitur, quod græce χίλιοι dicitur, sed quod χιλιάς. Et sicuti una

## CHAPITRE XVI.

*Que cette locution qui se trouve dans le troisième livre des Annales de Quadrigarius : Là, mille hommes sont tués (occiditur), n'est point une licence, ni une imitation des poètes; mais qu'elle est fondée sur des règles sûres et des principes certains de grammaire.*

On lit dans le troisième livre des Annales de Quadrigarius : *Là, mille hommes sont tués (occiditur).* Il met ici *occiditur* au lieu de *occiduntur*. De même Lucile, dans sa troisième satire, dit :

*De là à la porte, il y a mille pas (mille est); ensuite, de la porte à Salerno* (3°), *il y a six mille pas (est sex)."*

Il dit *mille est*, pour *mille sunt*. Et Varron, dans son dix-huitième livre des Choses humaines, s'exprime ainsi : *La naissance de Romulus remonte à plus de onze cents ans (plus mille et centum annorum est).* On voit dans le premier livre des Origines de M. Caton : *De là, il y a presque mille pas (est mille);* et dans la sixième Philippique de Cicéron : *Comment! la rue de Janus serait sous la protection de Lucius Antonius? Eh! qui jamais dans cette rue voudrait lui prêter seulement cent livres (nummum)?* Dans ces endroits et dans beaucoup d'autres écrits *mille* se prend au singulier. Cela n'est point l'effet d'un ancien usage, comme quelques-uns le pensent, ni une licence admise pour l'agrément du style; mais on peut en expliquer la raison de la sorte : *mille* ne répond point ici ou χίλιοι des Grecs, mais à χιλιάς; et de même que l'on dit *una* χιλιάς *(un mille)*,

χιλιάς et duæ χιλιάδες; ita *unum mille* et *duo millia* certa atque directa ratione dicitur. Quamobrem id quoque recte et probabiliter dici solitum, *mille denariûm in arca est*, et, *mille equitum in exercitu est*. Lucilius autem, præter quod supra posui, alio quoque in loco id manifestius demonstrat. Nam in libro quintodecimo ita dicit:

*Hunc milli passûm qui vicerit atque duobus,*
*Campanus sonipes subcursor nullus sequetur*
*Majore spatio; ac diversus videbitur ire.*

Item alio in libro nono:

*Tu milli nummûm potes uno quærere centum.*

*Milli passûm* dixit, pro *mille passibus*, et, *uno milli nummûm*, pro, *unis mille nummis*; aperteque ostendit *mille* et vocabulum esse, et singulari numero dici, ejusque plurativum esse, *millia*, et casum etiam capere ablativum; neque ceteros casus, requiri oportere, cum sint alia pleraque vocabula quæ in singulos tantum casus, quædam etiam quæ in nullum declinentur. Quapropter nihil jam dubium est, quin M. Cicero in oratione, quam scripsit pro Milone, ita scriptum reliquerit: *Ante fundum Clodii quo in fundo, propter insanas illas substructiones, facile mille hominum versabatur valentium*: non, *versabantur*. Quod in libris minus accurate scriptis est. Alia enim ratione, *mille hominum*, alia, *mille homines*, dicendum est.

et *duæ χιλιάδες* (*deux mille*), on peut dire aussi, d'une manière exacte et correcte, *unum mille* (*un mille*), et *duo millia* (*deux mille*). C'est pourquoi il y a donc de l'exactitude et de la vraisemblance dans cette manière ordinaire de dire : *Il y a mille deniers* (*mille denarium*) *dans le coffre, et il y a mille cavaliers* (*mille equitum*) *à l'armée*. Lucile, outre ce que nous en avons cité précédemment, prouve cela d'une manière plus évidente dans un autre endroit; car dans son quinzième livre il s'exprime ainsi :

*Aucun coursier de Campanie galopant après celui qui aura gagné sur lui trois mille pas* (*mille passûm*), *ce qui est le plus grand intervalle, non-seulement ne pourra l'atteindre, mais même ne paraîtra pas aller sur ses traces.*

Et ailleurs, dans son neuvième livre :

*Avec mille écus* (*milli nummûm uno*), *vous pouvez vous en procurer cent mille.*

Il met ici *milli passûm*, au lieu de *mille passibus*; et *uno milli nummûm*, au lieu de *unis mille nummis*. Il prouve donc évidemment que *mille* est un mot singulier dont *millia* est le pluriel, et que ce mot peut se mettre à l'ablatif. Quant aux autres cas, la plupart de ces mots n'en prennent que quelques-uns; d'autres même sont tout-à-fait indéclinables. C'est pourquoi il n'y a aucun doute que Cicéron, dans son discours pour Milon, ne nous ait laissé lui-même cette phrase écrite ainsi : *A côté d'une terre de Clodius, d'une terre où il y avait alors, à cause des folies qu'il y faisait en bâtimens, peut-être mille ouvriers* (*mille hominum versabatur*) *forts et robustes*. *Versabatur* au lieu de *versabantur*. Cela ne se trouve cependant que dans les livres écrits avec peu de soin, car on ne doit pas dire indifféremment *mille hominum* et *mille homines*.

## CAPUT XVII.

Quanta cum animi æquitate toleraverit Socrates uxoris ingenium intractabile: atque inibi quid M. Varro in quadam Satira de officio mariti scripserit.

Xantippe Socratis philosophi uxor, morosa admodum fuisse fertur, et jurgiosa: irarumque et molestiarum muliebrium, per diem perque noctem satagebat. Has ejus intemperies in maritum Alcibiades demiratus, interrogavit Socratem, quænam ratio esset cur mulierem tam acerbam domo non exigeret. Quoniam, inquit Socrates, cum illam domi talem perpetior, insuesco et exerceor, ut ceterorum quoque foris petulantiam et injuriam facilius feram. Secundum hanc sententiam quoque Varro in satira Menippea, quam de officio mariti scripsit: *Vitium*, inquit, *uxoris aut tollendum, aut ferendum est. Qui tollit vitium, uxorem commodiorem præstat. Qui fert, sese meliorem facit.* Hæc verba Varronis, *tollere*, et, *ferre*, lepide quidem composita sunt: sed, *tollere*, apparet dictum pro, *corrigere*. Id etiam apparet ejusmodi vitium uxoris, si corrigi non possit, ferendum esse Varronem censuisse; quod ferri scilicet a viro honeste potest. Vitia enim flagitiis leviora sunt.

# CHAPITRE XVII.

*Avec quelle constance Socrate supporta l'humeur acariâtre de son épouse. Ce que M. Varron, dans une satire, a dit sur le devoir d'un mari.*

On rapporte que Xanthippe, épouse du philosophe Socrate, était d'un caractère tout-à-fait difficile et querelleur; qu'elle ne faisait jour et nuit que chercher les occasions de se mettre en colère, et de prodiguer tous les chagrins qu'une femme peut causer. Alcibiade (33), témoin de ses emportemens continuels envers son mari, demanda un jour à Socrate pourquoi il ne chassait pas de sa maison cette furie. Mon ami, répondit celui-ci, en souffrant ainsi les vivacités de ma femme, je forme et j'habitue mon caractère à la patience, et j'apprends à supporter plus facilement les brusqueries et les injures du dehors. C'est en se rappelant ce mot de Socrate, que Varron, dans sa satire Ménippée (34), sur le devoir d'un mari, a dit : *Il faut ou corriger les défauts d'une épouse, ou les supporter. Celui qui parvient à les corriger, en fait une société plus agréable; celui qui les supporte, travaille à sa propre perfection.* Ces mots de Varron, *corriger* (tollere) et *supporter* (ferre), se trouvent placés ici avec beaucoup de grâce, à la vérité; mais il paraît cependant que *tollere* s'y trouve mis pour *corrigere*, puisqu'il est évident que Varron a pensé que si l'on ne pouvait *corriger* dans une épouse un défaut de cette espèce, il fallait se résoudre à le *supporter*, ce qu'un mari peut faire sans honte; car les défauts sont plus supportables que les vices.

## CAPUT XVIII.

Quod M. Varro in quartodecimo Humanarum, L. Ælium magistrum suum περὶ ἐτυμολογίας disserentem falsa reprehenderit: quodque idem Varro in eodem libro furis ἔτυμον dicit falsum.

In quartodecimo Humanarum libro M. Varro doctissimum tunc civitatis hominem L. Ælium errasse ostendit, quod vocabulum græcum vetus traductum in linguam romanam, proinde atque si primitus latine fictum esset, resolverit in voces latinas ratione etymologica falsa. Verba ipsa super ea re Varronis posuimus. *In quo L. Ælius noster literis ornatissimus memoria nostra erravit aliquotiens. Nam aliquot verborum antiquorum græcorum, perinde atque essent propria nostra, reddidit causas falsas. Non enim leporem dicimus, ut ait, quod est levipes: sed quod est vocabulum antiquum græcum. Multa enim vetera illorum ignorantur, quod, pro iis, aliis nunc vocabulis utantur; et illorum esse plerique ignorent græcum, quod nunc nominant ἕλληνα; puteum, quod vocant φρέαρ; leporem, quod λαγωὸν dicunt. In quo non modo Ælii ingenium non reprehendo; sed industriam laudo.*

## CHAPITRE XVIII.

*Que M. Varron, dans son quatorzième livre des Choses humaines, reproche à L. Ælius, son maître, de s'être trompé sur l'étymologie de plusieurs mots; que le même Varron, dans le même livre, donne une fausse étymologie au mot* fur.

M. Varron, dans son quatorzième livre des Choses humaines, remarque très-judicieusement que L. Ælius, un des savans les plus distingués de Rome, s'était trompé sur l'étymologie d'un ancien mot grec, adopté dans la langue latine, et dont il prétendait trouver la racine dans la langue latine même, comme s'il en fût originairement dérivé. Voici comment Varron s'exprime à ce sujet. *C'est là la source de l'erreur dans laquelle L. Ælius, cet homme si célèbre par ses connaissances littéraires, est tombé quelquefois. Pour n'avoir pas su que plusieurs mots latins étaient originairement grecs, il en présente des étymologies fausses. Il dit, par exemple: nous appelons un lièvre* lepus, *non parce que cet animal est léger à la course,* levipes; *mais parce que c'est un ancien mot emprunté du grec. On ne connaît plus en effet un grand nombre de ces anciens mots, en ce que de nouveaux leur ont succédé; et souvent on est loin d'être éclairé sur les véritables étymologies grecques. Ainsi la plupart des grammairiens ignorent que ce qu'ils appellent* grecus *(grec) répond à* ἕλληνα; *ce qu'ils appellent* puteus *(un puits) à* φρέαρ; *et ce qu'ils appellent* lepus *(un lièvre) à* λαγωόν. *Je suis très-éloigné, en cela, de chercher à nuire à la réputation d'Ælius; au contraire, je rends justice à son intelligence et à son esprit;*

*Successum enim fortuna, experientiam laus sequitur.* Hæc Varro in primore libro scripsit de ratione vocabulorum scitissime, de usu utriusque linguæ peritissime, de ipso Ælio clementissime. Sed in posteriore ejus libri parte dicit, *furem* ex eo dictum, quod veteres Romani furvum atrum appellaverint; et fures per noctem, quæ atra sit, facilius furentur. Nonne sic videtur Varro de fure errasse, tanquam Ælius de lepore? Nam quod a Græcis nunc κλέπτης dicitur, antiquiore græca lingua, φώρ, est dictum. Hinc per affinitatem literarum, qui φώρ græce, latine fur est. Sed ea res fugeritne tunc Varronis memoriam; an contra aptius et cohærentius putarit furem a furvo, id est, nigro appellari; in hac re de viro tam excellentis doctrinæ non meum judicium est.

## CAPUT XIX.

Historia super libris Sibyllinis, ac de Tarquinio Superbo rege.

In antiquis annalibus memoria super libris Sibyllinis hæc prodita est. Anus hospita atque incognita ad Tarquinium Superbum regem adiit, novem libros ferens, quos esse dicebat divina oracula; eos velle venundare. Tarquinius pretium percunctatus est.

mais vous connaissez le proverbe : le hasard nous rend heureux (35), et l'expérience seule peut nous couvrir de gloire. Telle est la savante critique de Varron dans son premier livre des Sources étymologiques; il y fait paraître autant d'égards et d'honnêteté pour Ælius, que de connaissances dans les principes des deux langues. Vers la fin de cet ouvrage, il dit que *fur* ( un voleur ) vient de ce que les anciens Romains se servaient du mot *furvum* pour désigner un objet sombre et noir, et que ce terme avait été consacré pour exprimer des brigands, qui font plus aisément leurs coups pendant les nuits obscures. Mais ne peut-on pas appliquer ici à Varron le reproche qu'il vient de faire à L. Ælius ? Car ce que les Grecs appellent actuellement κλέπτης ( un voleur ), leurs ancêtres le nommaient φώς, et par l'affinité des lettres, les Latins ont formé le mot *fur* du grec φώς. Varron ignorait-il cette étymologie, ou pensait-il qu'il était plus naturel et plus pittoresque de trouver la racine de *fur* dans *furvum* ( noir )? Je n'ose prononcer dans ce cas, surtout en parlant d'un homme d'une aussi profonde érudition.

## CHAPITRE XIX.

Trait d'histoire sur les livres Sibyllins et sur le roi Tarquin le Superbe.

Dans les Annales de l'antiquité, on trouve sur les livres Sibyllins les particularités suivantes. Une vieille femme (36), étrangère et inconnue, vint présenter à Tarquin le Superbe neuf volumes qu'elle assurait être un recueil précieux d'oracles, et elle proposa au roi de les acheter. Tarquin s'in-

Mulier nimium immensum poposcit. Rex, quasi anus ætate desiperet, derisit. Tum illa foculum coram cum igni apposuit; et treis libros ex novem deussit : et, ecquid reliquos sex eodem pretio emere vellet, regem interrogavit. Sed enim Tarquinius id multo risit magis; dixitque anum jam proculdubio delirare, mulier ibidem statim treis libros alios exussit; atque idipsum denuo placide interrogavit an treis reliquos eodem pretio emat. Tarquinius ore jam serio atque attentiore animo fit : eam constantiam confidentiamque non insuper habendam intelligit : libros treis reliquos mercatur nihilo minore pretio quam quod erat petitum pro omnibus. Sed eam mulierem tunc a Tarquinio digressam postea nusquam loci visam constitit. Libri tres in sacrarium conditi Sibyllini appellati. Ad eos, quasi ad oraculum, xv. viri adeunt, cum dii immortales publice consulendi sunt.

---

## CAPUT XX.

*Quid geometræ dicant schemata, quibusque omnia ista latinis vocabulis appellentur.*

FIGURARUM, quæ σχήματα geometræ appellant, genera sunt duo; planum et solidum. Hæc ipsi vocant ἐπίπεδον καὶ ϛερεόν. *Planum* est, quod in duas parteis solum lineas habet, qua latum est et qua longum : qualia sunt triquetra et quadrata, quæ in area fiunt,

ferme du prix, et, le trouvant exorbitant, se moque de l'étrangère comme d'une vieille radoteuse. Alors celle-ci fait apporter du feu, y jette trois de ses volumes, et demande au roi s'il veut donner des six autres la même somme qu'elle avait fixée pour le tout. Cette question excite un nouvel éclat de rire de la part de Tarquin, qui lui répète qu'apparemment elle est en délire. La vieille en brûle aussitôt trois autres, et s'offre tranquillement à donner le reste pour le premier prix. Pour le coup, Tarquin plus attentif, et singulièrement étonné de l'air assuré de cette femme, au lieu de continuer à se moquer d'elle, lui fit donner pour les trois derniers volumes la somme qu'elle avait demandée d'abord pour toute la collection. La vieille, au sortir du palais, disparut, et jamais on n'en entendit parler depuis ce moment. Les trois volumes renfermés dans un lieu sacré, furent appelés livres Sibyllins. Lorsqu'il est question de consulter les dieux immortels, pour la cause publique, quinze citoyens choisis vont les feuilleter avec le respect et la confiance qui conduisent aux pieds des oracles [17].

## CHAPITRE XX.

Ce que les géomètres appellent figures. Noms latins des figures de géométrie.

Les géomètres distinguent deux sortes de figures, le plan et le solide, qu'ils appellent ἐπίπεδον et ϛερεόν, définissant les figures en général sous le nom de σχήματα. Le plan est l'espace borné par les deux espèces de lignes qui marquent la longueur et la largeur, comme les triangles et les carrés,

sine altitudine. *Solidum* est, quando non longitudines modo et latitudines planas numeri linearum efficiunt, sed etiam extollunt altitudinem : quales sunt ferme motae trianguli, quas pyramidas appellant; vel qualia sunt quadrata undique, quae κύβοι illi, nos quadrantalia dicimus. κύβος enim est figura ex omni latere quadrata : *quales sunt*, inquit M. Varro, *tesserae, quibus in alveolo luditur; ex quo ipsae quoque appellatae* κύβοι. In numeris etiam similiter κύβος dicitur, cum omne latus ejusdem numeri aequaliter in sese solvitur; sicuti fit cum ter terna ducuntur : atque idem ipse numerus triplicatur. Hujus numeri cubum Pythagoras vim habere lunaris circuli dixit : quod et luna orbem suum lustret septem et viginti diebus; qui numerus ternio, qui graece dicitur τριάς, tantundem officiat in cubo. *Linea* autem a nostris dicitur, quam γραμμὴν Graeci vocant. Eam M. Varro ita definit. *Linea est*, inquit, *longitudo quaedam sine latitudine et altitudine*. Euclides autem brevius, praetermissa altitudine, γραμμή inquit, est μῆκος ἀπλατές. Quod exprimere uno latino verbo non queas, nisi audeas dicere *illatabile*.

qui présentent une surface plane, sans profondeur. Le solide est formé par des lignes qui, entre les deux dimensions dont nous venons de parler, expriment encore la profondeur ou l'élévation, à peu près comme le haut des triangles, qui forme ce qu'on nomme des pyramides, ou comme ces figures carrées en tout sens, que les Grecs appellent κύβοις, et que nous nommons *quadrantalia* (des cubes); car cette figure présente un carré dans chacun de ses côtés. *Tels sont*, dit M. Varron, *les dés* ([19]) *avec lesquels on joue sur une table destinée à cet usage; d'où ils ont pris quelquefois le nom de cubes*. Dans le calcul on se sert aussi du terme *cube*, et on l'applique à un nombre lorsqu'après l'avoir multiplié par lui-même, on multiplie encore le produit par le même nombre ; par exemple, trois fois trois font neuf, et trois fois neuf font vingt-sept. Pythagore prétend que le cube de ce nombre exprime le cours de la lune, parce que cet astre l'achève dans l'espace de vingt-sept jours, ce qui est le cube de trois; en grec τριάς. Nous appelons ligne, ce que les Grecs nomment γραμμὴν. M. Varron définit la ligne, *une certaine longueur sans largeur ni profondeur*. Euclide, plus concis, la définit μῆκος, ἀπλατές; ce que l'on ne peut rendre en latin que par le mot *illatabile* (qui n'a point de largeur).

## CAPUT XXI.

Quod Julius Hyginus affirmatissime contenderit legisse se librum P. Virgilii domesticum, in quo scriptum esset : *et ora Tristia tentantum sensu torquebit amaror*, non , quod vulgus legeret; *sensu torquebit amaro*.

Versus istos ex Georgicis Virgilii plerique omnes sic legunt :

*At sapor indicium faciet manifestus : et ora*
*Tristia tentantum sensu torquebit amaro.*

Hyginus autem non hercle ignobilis grammaticus, in commentariis, quae in Virgilium fecit, confirmat et perseverat non hoc a Virgilio relictum : sed quod ipse invenerit in libro, qui fuerit ex domo atque familia Virgilii,

*et ora*
*Tristia tentantum sensu torquebit amaror.*

neque id soli Hygino, sed doctis quibusdam etiam viris complacitum. Quoniam videtur absurde dici, *sapor sensu amaro torquet*; cum ipse, inquiunt, sapor sensus sit, non alium in semetipso sensum habeat : ac proinde sit quasi dicatur, *sensus sensu amaro torquet*. Sed enim cum Favorinus Hygini commentarium legisset, atque ei statim displicita esset insolentia et insuavitas illius, *sensu torquebit amaro*, risit, et, Jovem lapidem, inquit, quod sanctissimum jusjurandum est habitum, paratus sum ego jurare Virgilium hoc nunquam scripsisse. Sed

## CHAPITRE XXI.

*Que Julius Hyginus assure positivement avoir lu dans un manuscrit domestique de Virgile : et ora Tristia tentantum sensu torquebit amaror ; au lieu de sensu torquebit amaro, que l'on a coutume de lire.*

Presque tous les littérateurs ont coutume de lire de la manière suivante, ces vers du second livre des Géorgiques :
*La saveur de cette eau vous fera connaître la qualité de la terre; car les sels qu'elle aura entraînés vous laisseront long-temps dans la bouche une amertume désagréable (sensu torquebit amaro).*
Hyginus, que l'on peut compter au nombre des grammairiens les plus distingués, prétend dans ses commentaires sur Virgile, et soutient même fortement, que ce n'est point là le texte du poëte, mais que pour le restituer dans sa pureté originale, il faudrait mettre, ainsi qu'il a lu dans un exemplaire de la maison même et de la famille de Virgile : *sensu torquebit amaror*. Hyginus n'est pas le seul de son sentiment, et il est appuyé de celui de plusieurs savans qui pensent que c'est une absurdité de dire *sapor sensu amaro torquet*; car, continuent-ils, la saveur (*sapor*) n'étant autre chose que la sensation (*sensus*), elle ne peut avoir en elle-même de sensation étrangère. Cet endroit de Virgile se réduirait donc à ceci, *sensus sensu amaro torquet*. Cependant Favorin, ayant lu le commentaire d'Hyginus, se récria aussitôt sur la dureté et la nouveauté de l'expression *amaror*, en disant : Je suis prêt à jurer par la pierre de Jupiter (20), le

Hyginum ego dicere verum arbitror. Non enim primus finxit hoc verbum Virgilius insolenter : sed in carminibus Lucretii inventum est : nec est aspernatus auctoritatem poetae ingenio et facundia praecellentis. Verba ex quarto Lucretii haec sunt,

*dilutaque contra*
*Cum tuimur misceri absynthia, tangit amaror.*

Non verba autem sola, sed versus prope totos et locos quoque Lucretii plurimos sectatum esse Virgilium videmus.

## CAPUT XXII.

*An qui causas defendit, recte latineque dicat superesse se ei, quod defendit; et, superesse, proprie quid sit.*

Irroboravit inveteravitque falsa atque aliena verbi significatio ejus, quod dicitur, *hic illi superest*; cum dicendum est, *advocatum esse quem cuipiam*, causamque ejus defendere. Atque id dicitur, non in compitis tantum neque in plebe vulgaria, sed in foro, in comitio, apud tribunalia. Qui integre autem locuti sunt, magnam partem, *superesse*, ita

plus saint et le plus inviolable des sermens, que jamais Virgile n'a employé un terme aussi barbare. Pour moi, je pense que Hyginus a raison ; car Virgile n'est pas le premier qui ait écrit *amaror*. Lucrèce avait donné l'exemple, et l'auteur des Géorgiques a cru qu'il pouvait le recevoir d'un poëte aussi célèbre par son esprit que par son éloquence. Lucrèce dit au quatrième livre de son poëme :

*Au contraire, lorsque nous voyons l'absinthe imbibée se mêler, l'amertume se fait sentir (* tangit amaror *).*

Je remarque en passant, que Virgile n'a pas seulement emprunté quelques expressions de Lucrèce, mais qu'assez souvent il n'a fait aucune difficulté de s'approprier des vers, et même des tableaux entiers de ce poëte.

---

## CHAPITRE XXII.

Si un avocat peut dire d'une manière conforme aux règles de la langue latine, *superesse se ei*, en parlant de la cause qu'il défend : quelle est, à proprement parler, la signification de *superesse*.

Le temps et l'usage ont fait respecter et ont donné plus de poids à la mauvaise et fausse signification qu'on attribue à cette manière si usitée de s'exprimer, *hic illi superest*, lorsqu'on devrait dire, *advocatum esse quem cuipiam*, pour signifier qu'un avocat est chargé de défendre la cause de quelqu'un. Ce n'est pas seulement parmi le peuple qu'on entend parler ainsi, mais dans le forum, aux comices et dans les tribunaux. Ceux qui ont parlé la langue latine dans toute sa pureté, ont pour l'ordinaire pris *superesse* dans le sens

dixerunt, ut eo verbo significarent superfluere et supervacare atque esse supra necessarium modum. Itaque M. Varro in Satira, quæ inscripta est, *Nescis quid vesper serus vehat*, *superfuisse* dicit immodice et intempestive fuisse. Verba ex eo libro hæc sunt. *In convivio legi nec omnia debent, et ea potissimum quæ simul sunt βιωφελῆ, et delectent potos : ut id quoque videatur non defuisse magis quam superfuisse.* Memini ego prætoris docti hominis tribunali me forte assistere, atque ibi advocatum non incelebrem sic postulare, ut extra causam diceret, remque, quæ agebatur, non attingeret. Tunc prætorem ei, cuja res erat, dixisse, advocatum eum non habere : et cum is, qui verba faciebat, reclamasset : ego illi V. Cl. supersum : respondisse prætorem festiviter ; tu plane superes, non ades. M. autem Cicero in libro, qui inscriptus est de Jure civili in artem redigendo, verba hæc posuit. *Nec vero scientia juris majoribus suis Q. Ælius Tubero defuit, doctrina etiam superfuit.* In quo loco, *superfuit*, significare videtur, *supra fuit et præstitit*, superavitque majores suos doctrina sua superfluenti, tum et nimis abundanti. Disciplinas enim Tubero stoicas et dialecticas percalluerat. In libro quoque de Rep. secundo idipsum verbum Ciceronis non temere transeundum. Verba ex eo libro hæc sunt : *Non gravarer, Læli, nisi et hos velle putarem, et ipse cuperem te quoque aliquam partem hujus nostri sermonis attingere : præsertim*

de surabonder, être superflu, être de reste. C'est pourquoi M. Varron, dans la satire qui a pour titre, *Vous ne savez pas ce que le soir vous prépare* (40), s'est servi de *superfuisse*, pour signifier être de trop, ou hors de saison. Voici ses propres expressions : *Dans un festin, l'on ne doit point s'empresser d'ôter de dessus la table les mets et le vin, afin que ces choses paraissent moins s'être trouvées en trop petite quantité qu'en trop grande abondance (superesse)*. Je me souviens moi-même que, me trouvant au tribunal d'un préteur fort instruit, un avocat assez célèbre demandait qu'il passât outre, et qu'il ne s'arrêtât point à la question dont il s'agissait. Le préteur ayant alors dit au client qu'il n'avait point d'avocat, le défenseur réclama contre cette observation, en ces mots : Très-illustre magistrat, la partie à laquelle vous adressez la parole, a un avocat; me voici (*supersum*). Alors le préteur lui répondit en plaisantant : Vous voici assurément... de trop (41). Cicéron, dans le livre qui a pour titre, de la Manière de réduire en pratique le droit civil, s'exprime ainsi : *Non-seulement Q. Ælius Tubéron ne fut pas moins instruit dans le droit civil, que ses ancêtres, mais encore il l'emporta (superfuit) sur eux par sa science*. Il est aisé de voir qu'en cet endroit, *superfuit* tient la place de *supra fuit* et de *præstitit*, et signifie qu'il surpassa ses ancêtres par l'étendue de ses connaissances et la profondeur de son érudition. Il possédait en effet très-bien la doctrine des stoïciens, et la dialectique. Il ne faut point non plus omettre un endroit semblable, qui se trouve dans le second livre de la République du même Cicéron. Voici le passage : *Je n'éprouverais point d'embarras, Lælius, si je n'étais persuadé que telle est leur volonté, et si je ne désirais que vous connussiez aussi quelque partie de ce discours,*

*cum heri ipse dixeris, te nobis etiam superfuturum. Verum, si id quidem fieri non potest; ne desis omnes te rogamus.* Exquisite igitur et comperte Julius Paulus dicebat, homo in nostra memoria doctissimus, *superesse* non simplici ratione dici tam latine, quam Graece: graecos περιεῖναι in utramque partem ponere; vel quod supervacaneum esset ac non necessarium, vel quod abundans nimis et affluens et exsuperans. Sic quoque nostros veteres *superesse* alias dixisse, pro superfluenti et supervacuo, neque admodum necessario, ita ut supra posuimus Varronem dicere: alias ita, ut Cicero dixit, pro eo quod copia quidem et facultate ceteris anteiret, supra modum tamen et largius prolixiusque flueret, quam esset satis. Qui dicit ergo se *superesse* ei, quem defendit, nihil istorum vult dicere: sed nescio quid aliud indictum inscitumque dicit. At ne Virgilii quidem poterit auctoritate uti, qui in Georgicis ita scripsit:

*Primus ego in patriam mecum, modo vita supersit.*

hoc enim in loco Virgilius ἀκυροτέρῳ verbo usus videtur; quod *supersit* dixit pro longinquius diutiusque adsit. Illud contra ejusdem Virgilii est aliquanto probabilius:

*Florentisque secant herbas, fluviosque ministrant,*
*Farraque; ne blando nequeant superesse labori.*

significat enim supra laborem esse, neque opprimi a labore. An autem *superesse* dixerint veteres pro

surtout après avoir dit vous-même hier que vous l'emporteriez (*superfuturum*) même sur nous : mais, si cela ne se peut, nous vous supplions tous de ne pas au moins nous abandonner. Julius Paulus que nous savons avoir été un homme très-instruit, disait avec autant de grâce que de vérité, que *superesse* ne se prenait pas dans un seul sens, tant en latin qu'en grec, et que les Grecs entendaient également par περιεῖναι, ou ce qui est inutile et ce dont on peut se passer, ou la superfluité, la trop grande quantité et la trop grande abondance. De même, les anciens écrivains ont pris *superesse* tantôt pour exprimer ce qui est superflu, inutile ou qui n'est point absolument nécessaire, comme nous l'avons vu précédemment dans le passage que nous avons cité de Varron; tantôt, comme l'a dit Cicéron, pour signifier ce qui surpasse beaucoup les autres choses, mais en offrant des excès. Or, celui qui dit, en parlant de celui qu'il défend, *se superesse ei*, n'entend *superesse* d'aucune de ces manières; mais il le prend dans je ne sais quel autre sens inusité et inconnu. On ne peut pas se prévaloir en cela de l'autorité de Virgile, qui a dit dans ses Géorgiques :

Daigne le ciel m'accorder assez de jours (*modo vita supersit*), je veux amener le premier avec moi dans ma patrie.

Car en cet endroit, Virgile ne paraît point s'être servi tout-à-fait de l'expression propre, en employant *supersit* pour signifier la prolongation et la durée suffisantes. Voici au contraire un autre endroit du même poète, dans lequel *superesse* est pris dans un sens plus rapproché de sa vraie signification :

On fauche pour lui l'herbe tendre, on sert l'eau dont il s'abreuve, on apporte devant lui des grains, afin qu'il puisse suffire (*superesse*) à un si doux travail.

Ici *superesse* signifie suffire au travail, et non être accablé

restare et perficiendæ rei deesse quærebamus. Nam Sallustius in significatione ista non *superesse* sed *superare* dicit. Verba ejus in Jugurtha hæc sunt: *Is plerumque seorsum a rege exercitum ductare, et omnis res exsequi solitus erat, quæ Jugurthæ fesso aut majoribus astricto superaverant.* Sed invenimus in tertio Ennii Annalium in hoc versu,

*Inde sibi memorat unum superesse laborem,*

id est, reliquum esse et restare. Quod quidem divise pronuntiandum est; ut non una pars orationis esse videatur, sed duæ. Cicero autem in secunda Antonianarum, quod est reliquum, non *superesse*, sed, *restare* dicit. Præter hæc, *superesse*, invenimus dictum pro superstitem esse. Ita enim scriptum est in libro epistolarum M. Ciceronis ad Plancum, in epistola Asinii Pollionis ad Ciceronem verbis his: *Nam neque deesse reip. volo, neque superesse.* Per quod significat, si respublica emoriatur et pereat, nolle se vivere. In Plauti autem Asinaria manifestius idipsum scriptum est in iis versibus, qui sunt ejus comœdiæ primi:

*Sicut tuum vis unicum gnatum tuæ*
*Superesse vitæ sospitem et superstitem.*

Cavenda igitur est non improprietas solum verbis,

par le travail. On désirerait savoir également si les anciens prenaient *superesse* dans le sens de rester en chemin, ne point parvenir à l'accomplissement d'une chose. Car, dans ce cas, Salluste ne se sert point de *superesse*, mais de *superare*. Voici comment il s'exprime dans l'histoire de la guerre de Jugurtha : *Souvent le roi lui donnait le commandement d'une armée, et il avait coutume d'expédier toutes les affaires qui surchargeaient ( superaverant ) Jugurtha fatigué, ou livré à des occupations plus pressantes.* Mais nous trouvons dans ce vers du troisième livre des Annales d'Ennius,

*Ensuite il se souvient qu'il reste ( superesse ) encore un travail ;*

*Superesse* pris dans le sens de rester, être de reste. Il faut, par exemple, prononcer ce mot séparément, en sorte qu'on y trouve non une seule partie du discours, mais deux. Cicéron, dans sa seconde Philippique, pour exprimer ce qui reste, se sert de *restare* et non de *superesse*. On trouve aussi *superesse* pris pour signifier survivre à quelqu'un. Dans le recueil des lettres de M. Cicéron à Plancus, on trouve dans une qu'Asinius Pollion adresse à Cicéron, ces mots : *Car je ne veux ni manquer à la république, ni lui survivre ( superesse ).* Exprimant par là que si la république se trouvait jamais anéantie, il voulait périr avec elle. On trouve encore quelque chose de plus fort dans ce sens, dans les premiers vers de l'Asinaire de Plaute, que voici :

*Comme vous désirez que votre fils unique vous survive ( superesse ) et parcoure encore après vous une longue et heureuse carrière.*

Il faut donc non-seulement éviter l'impropriété des termes, mais encore prendre garde à ne point s'en servir de manière à causer un funeste présage : ce qui a lieu si quel-

sed etiam pravitas ominis; si quis senior advocatus adolescenti se superesse dicat.

---

## CAPUT XXIII.

*Quis fuerit Papirius Prætextatus; quavo istius causa cognomenti sit: historiaque ista omnis super eodem Papirio cognitu jucunda.*

Historia de Papirio Prætextato dicta scriptaque est a M. Catone in oratione, qua usus est ad milites contra Galbam, cum multa quidem venustate atque luce atque munditia verborum. Ea Catonis verba huic prorsus commentario indidissem, si libri copia fuisset id temporis cum hæc dictavi. Quod si non virtutes dignitatesque verborum, sed rem ipsam scire quæris, ferme ad hunc modum est. Mos antea senatoribus Romæ fuit in curiam, cum prætextatis filiis introire. Cum in senatu res major quæpiam consultata, eaque in diem posterum prolata est; placuitque ut hanc rem, super qua tractavissent, ne quis enuntiaret prius quam decreta esset: mater Papirii pueri, qui cum parente suo in curia fuerat, percunctatur filium quidnam in senatu patres egissent. Puer respondit tacendum esse; neque id dici licere. Mulier fit audiendi cupidior. Secretum rei et silentium deberi puer affirmans animum ejus ad inquirendum everberat. Quærit igitur compressius violentiusque. Tum puer, matre urgente, lepidi

qu'un plus âgé dit, en parlant d'un jeune homme qu'il est chargé de défendre, *ea superesse ei*.

## CHAPITRE XXIII.

### Quel était Papirius Prétextatus ; d'où lui vient ce surnom. Histoire intéressante de ce jeune homme, à ce sujet.

M. Caton cita l'histoire de Papirius Prétextatus (42) dans le discours qu'il adressa à l'armée contre Galba (43) ; et depuis, ce fameux républicain l'a écrite avec autant de pureté que d'élégance et de clarté. J'ornerais ces commentaires des paroles de l'auteur, si à ce moment j'avais son ouvrage. Au reste, si c'est moins la force et la dignité du style qu'on désire, que le trait d'histoire en lui-même, le voici. Les sénateurs avaient coutume autrefois, à Rome, d'entrer dans le sénat avec ceux de leurs enfans qui étaient revêtus de la robe prétexte. Lorsqu'on avait délibéré sur une affaire importante, et que la décision en avait été remise au jour suivant, il était expressément défendu d'en parler avant que les pères conscrits eussent porté le décret. Un jour que le jeune Papirius avait accompagné son père au sénat, sa mère le prend en particulier et lui demande ce que les sénateurs avaient délibéré. Le jeune homme s'excuse sur ce qu'il ne lui est pas permis de révéler ce dont il a été témoin. Cette réponse ne fait qu'augmenter la curiosité de la dame, qui le presse de nouveau de parler ; mais le jeune homme, au lieu de la satisfaire, l'excite encore en se défendant sur ce qu'il est obligé de garder inviolablement le secret.

atque festivi mendacii consilium capit. Actum in senatu dixit, utrum videretur utilius magisque e republica esse, unusne ut duas uxores haberet, an ut una apud duos nupta esset. Hoc illa ut audivit: animo compavescit; domo trepidans egreditur; ad cæteras matronas defert quod audierat. Perveniunt ad senatum postera die matrumfamilias caterva; lacrymantes atque obsecrantes orant una potius ut duobus nupta fieret, quam ut uni duæ. Senatores ingredientes in curiam, quæ illa mulierum intemperies, et quid sibi postulatio isthæc vellet, mirabantur. Puer Papirius in medium curiæ progressus, quid mater audire institisset, quid ipse matri dixisset, rem, sicuti fuerat, denarrat. Senatus fidem atque ingenium pueri deosculatus consultum facit, uti posthac pueri cum patribus in curiam ne introeant, nisi ille unus Papirius : eique puero postea cognomentum, honoris gratia, inditum Prætextatus, ob loquendi tacendique in ætate prætextata prudentiam.

Ce silence rend la mère plus obstinée et plus pressante. Enfin, le jeune Papirius voyant que ses instances redoublaient toujours, a recours à une ruse fort ingénieuse et fort plaisante : il dit qu'on avait mis en délibération, dans le sénat, lequel était le plus utile et le plus conforme aux intérêts de la république, qu'une femme fût mariée à deux hommes, ou qu'un homme épousât deux femmes. A ces mots, la mère interdite, sort en tremblant de sa maison ; elle court chez les dames de sa connaissance, et leur apprend cette importante nouvelle. Le lendemain, une troupe de dames éplorées entrent en tumulte dans le sénat, et se jettent aux pieds des sénateurs, en s'écriant : Plutôt, plutôt mille fois être unies à deux hommes ! que de voir un homme partager son lit entre deux femmes. Les sénateurs étonnés ne comprenaient rien à tout ce vacarme, et encore moins à la prière qu'on leur faisait. Le jeune Papirius alors s'avançant au milieu de la salle, raconte ce qu'il avait eu à souffrir des instances de sa mère, et la manière adroite dont il les avait éludées. L'auguste compagnie, charmée de la présence d'esprit du jeune citoyen, et touchée de sa fidélité à garder le secret des délibérations, ordonna que désormais, de tous les adolescens, Papirius seul pourrait entrer au lieu de l'assemblée des sénateurs ; et le surnom de Prétextatus fut la récompense dont la république honora cette prudence singulière, dans un âge si tendre, de savoir parler et se taire à propos.

## CAPUT XXIV.

Tria epigrammata trium veterum poetarum, Nævii, Plauti, Pacuvii, quæ facta ab ipsis, sepulcris ipsorum incisa sunt.

Trium poetarum illustrium epigrammata, Cn. Nævii, M. Plauti, M. Pacuvii, quæ ipsi fecerunt et incidenda suo sepulcro reliquerunt, nobilitatis eorum gratia et venustatis, scribenda in his commentariis esse duxi. Epigramma Nævii plenum superbiæ Campanæ: quod testimonium esse justum potuisset, nisi ab ipso dictum esset:

*Mortalis immortalis flere si foret fas:*
*Flerent divæ Camœnæ Næviom poetam.*
*Itaque postquam est Orchio traditus thesauro,*
*Oblitei sunt Romæ loquier Latina lingua.*

Epigramma Plauti; quod dubitassemus an Plauti foret, nisi a M. Varrone positum fuisset in libro de poetis primo:

*Postquam morte datu'st Plautus: comœdia luget;*
*Scena est deserta: dein Risus, Ludu', Iocusque,*
*Et Numeri, Innumeri simul omnes collacrumarunt.*

Epigramma Pacuvii verecundissimum et purissimum, dignumque ejus elegantissima gravitate.

*Adolescens, tametsi properas, hoc te saxum rogat,*
*Vtei ad se aspicias: deinde quod scriptu'st legas.*
*Hic sunt poetæ Marcei Pacuviei sita*
*Ossa. Hoc volebam nescius ne esses. Vale.*

## CHAPITRE XXIV.

*Trois épigrammes de trois anciens poëtes, Nævius, Plaute et Pacuvius, qui ont servi d'épitaphes à leurs auteurs.*

Cn. Nævius, M. Plaute et M. Pacuvius, trois poëtes célèbres, ont composé des épigrammes qui devaient servir d'épitaphes à leur tombeau. L'élégance et la beauté de ces épigrammes m'ont engagé à les insérer dans ces commentaires. Le ton de la première se ressent de l'orgueil des poëtes de Campanie, et l'éloge qu'elle renferme pourrait être applaudi, si l'amour-propre ne l'avait pas dicté à Nævius (44).

*Si, au séjour de l'immortalité, les divinités pouvaient pleurer un mortel, les Muses arroseraient de leurs larmes la cendre de Nævius : depuis que les Parques ont enrichi l'Élysée de son ombre, on a oublié la langue latine à Rome.*

Si M. Varron, dans son premier livre des poëtes, n'attribuait à Plaute l'épitaphe suivante, on aurait peine à croire qu'elle fût de ce poëte.

*Depuis que Plaute a été frappé de la mort, Thalie est en pleurs, le théâtre est désert, les Ris, les Jeux, la Prose et la Poésie pleurent également sur son tombeau.*

L'inscription de Pacuvius respire la modestie, la pureté, l'élégance, et surtout cette douceur charmante qui caractérisait son cœur.

*Quelque pressé que tu sois, jeune voyageur, suspens ta course; ce marbre t'appelle, lis : Ici reposent les os du poëte Marcus Pacuvius; c'est ce que je voulais t'apprendre. Adieu.*

## CAPUT XXV.

*Quibus verbis M. Varro Inducias definierit: quæsitumque inibi curiosius, quænam ratio sit vocabuli Induciarum.*

Duobus modis M. Varro in libro Humanarum, qui est *de bello et pace*, *Induciæ* quid sint definit. *Induciæ*, inquit, *sunt pax castrensis paucorum dierum.* Item alio in loco, *Induciæ*, inquit, *sunt belli feriæ*. Sed lepidæ magis atque jucundæ brevitatis utraque definitio quam plena aut proba esse videtur. Nam neque pax est induciæ, bellum enim manet, pugna cessat. Neque in solis castris neque paucorum tantum dierum induciæ sunt. Quid enim dicemus, si induciis in mensium aliquot factis, in oppida ex castris concedatur? Nonne tum quoque induciæ sunt? Aut rursus quid esse id dicemus, quod in primo Annali Quadrigarii scriptum est: C. Pontium Samnitem a dictatore romano sex horarum inducias postulasse, si induciæ paucorum tantum dierum appellandæ sunt? Belli autem ferias festive magis dixit quam aperte atque definite. Græci autem significantius consignantiusque cessationem istam pugnæ pactitiam ἐκεχειρίαν dixerunt, exempta una litera sonitus vastioris, et subjuncta lenioris. Nam quod eo tempore non pugnatur et manus

## CHAPITRE XXV.

En quels termes M. Varron définit *Induciæ* (une trêve). Recherches curieuses sur l'étymologie de ce mot.

M. Varron, dans celui de ses livres des Choses humaines qui traite de la paix et de la guerre, donne deux définitions du terme *induciæ* (trêve). *Induciæ*, dit-il, *signifie une paix qui s'établit pour quelques jours entre deux camps ennemis*; et ailleurs, *induciæ consistent dans les féries de la guerre*. Il me semble que ces deux définitions renferment plus d'esprit et d'agrément que d'exactitude et de vérité; car la trêve n'est point une paix, puisque la guerre subsiste toujours, quoique l'on ne combatte pas : de plus, la trêve ne s'établit pas seulement dans les camps, et souvent elle dure plusieurs jours. Refusera-t-on en effet le nom de trêve à la convention de deux généraux qui, s'accordant à mettre bas les armes pendant plusieurs mois, laissent leurs soldats quitter leurs camps et se retirer dans une ville voisine ? D'ailleurs, que dira-t-on à cet égard quand on aura jeté les yeux sur le premier livre des Annales de Quadrigarius, dans lequel on lit que le dictateur de Rome pria C. Pontius, général des Samnites, de lui accorder une trêve de six heures, si l'on ne doit donner ce nom qu'à une cessation d'hostilités de peu de jours ? Quant à l'autre définition, *la trêve est la férie de la guerre*, on peut dire que Varron a voulu plutôt faire une jolie phrase, que donner une explication claire et exacte. L'expression dont les Grecs se servent pour désigner un armistice, est bien plus exacte et bien plus juste; ils l'ap-

cohibeantur, ἐκεχειρίαν appellarunt. Sed profecto non id fuit Varroni negotium, ut inducias superstitiose definiret, et legibus rationibusque omnibus definitionum inserviret. Satis enim visum est ejusmodi facere demonstrationem. Quod genus Græci τύπους magis et ὑπογραφὰς, quam ὁρισμοὺς vocant. Induciarum autem vocabulum qua sit ratione factum jam diu est quod quærimus. Sed ex multis quæ jam audivimus vel legimus, probabilius id quod dicam videtur. *Inducias* sic dictas arbitramur, quasi tu dicas *inde uti jam*. Pactum induciarum hujusmodi est, ut in diem certum non pugnetur, nihilque incommodi detur, sed ex eo die postea uti jam omnia belli jure agantur. Quod dicitur dies certus præfinitus, pactumque sit, ut ante eum diem ne pugnetur, atque is dies ubi venit inde uti jam pugnetur: iccirco ex iis, quibus dixi, vocibus, quasi per quendam coitum et copulam nomen induciarum connexum est. Aurelius autem Opilius, in primo librorum quos Musarum inscripsit: *Induciæ*, inquit, *dicuntur, cum hostes inter sese utrinque utroque alter ad alterum impune et sine pugna ineunt. Inde adeo*, inquit, *nomen esse factum videtur, quasi initus atque introitus.* Hoc ab Aurelio scriptum propterea non præterii; ne cui harum Noctium æmulo eo tantum nomine elegantius id videretur, tanquam id nos originem verbi requirentes fugisset.

pellent ἐκεχειρία (*cessation de mains*), en plaçant d'abord un K au lieu d'un X. C'est par ce mot qu'ils expriment une interruption momentanée de combattre. Au reste, il paraît que le but de Varron n'était pas de donner une explication complète du terme *induciæ*, ni de s'asservir scrupuleusement à toutes les règles des définitions strictes et rigoureuses. Il lui a paru suffisant de s'attacher en passant à cette espèce de démonstration que les Grecs appellent *formes* et *descriptions*. On cherche aussi depuis long-temps l'étymologie du mot *induciæ* : je vais rapporter celle qui m'a paru la plus vraisemblable, parmi celles que j'ai lues ou entendu citer. Je crois qu'*induciæ* revient à ces trois mots, *inde uti jam* (après ce jour comme auparavant); car le pacte de trêve que concluent deux armées se réduit à convenir qu'on ne combattra point, et qu'on ne cherchera point à se nuire jusqu'à un certain jour; mais qu'après ce jour, on reprendra les armes, et que tout se passera selon les lois de la guerre comme auparavant, *inde uti jam*; et de ces trois mots liés ensemble on a formé le seul terme *induciæ*. Aurélius Opilius, dans son premier livre des Muses, s'exprime ainsi : *La trêve se dit, lorsque les soldats de deux armées ennemies vont librement se voir les uns les autres, et qu'on entre réciproquement dans les deux camps sans combattre. Il semble que le mot induciæ ait été formé d'initus et d'introitus (aller et entrer).* J'ai eu soin de ne point omettre ce passage d'Aurélius, de peur que quelques personnes malintentionnées contre ces Nuits Attiques, ne publiassent que, voulant rapporter toutes les manières dont on a défini la trêve militaire, j'ai ignoré la définition d'Aurélius Opilius.

## CAPUT XXVI.

*Quem in modum mihi Taurus philosophus responderit percunctanti an sapiens irasceretur.*

INTERROGAVI in diatriba Taurum an sapiens irasceretur. Dabat enim saepe post quotidianas lectiones quaerendi quod quis vellet potestatem. Is cum graviter et copiose de morbo affectuve irae disseruisset, quae et in veterum libris et in ipsis commentariis exposita sunt; convertit ad me, qui interrogaveram, et: Haec ego, inquit, super irascendo sentio. Sed et quid Plutarchus noster vir doctissimus ac prudentissimus senserit, non ab re est, ut id quoque audias. Plutarchus, inquit, servo suo nequam homini et contumaci, sed libris disputationibusque philosophiae aures imbutas habenti, tunicam detrahi, ob nescio quod delictum, caedique eum loro jussit. Coeperat verberari, obloquebatur non meruisse ut vapulet; nihil mali, nihil sceleris admisisse. Postremo vociferari inter vapulandum incipit: neque jam querimonias aut gemitus ejulatusque facere, sed verba seria et objurgatoria: Non ita esse Plutarchum ut diceret; philosophum irasci turpe esse; saepe eum de malo iracundiae edissertavisse; librum quoque περὶ ἀοργησίας pulcherrimum conscripsisse; iis omnibus, quae in eo libro scripta sunt, nequaquam convenire, quod provolutus effususque in iram plurimis

## CHAPITRE XXVI.

Réponse que me fit le philosophe Taurus, un jour que je lui demandais si le sage se mettait en colère.

Je profitai un jour de la liberté que Taurus laissait à ses disciples de l'interroger à la fin de ses leçons, pour lui faire cette question : Le sage se met-il en colère ? Le philosophe nous exposa d'abord fort au long tout ce que les anciens moralistes et leurs commentateurs avaient écrit sur cette maladie de l'âme, et discuta leurs raisonnemens dans un sens infini; puis se tournant vers moi qui avais fait la question : Voilà, dit-il, ce que je pense sur cette passion. Mais il est bon que je vous fasse connaître aussi ce que notre sage et savant Plutarque a pensé là-dessus. Plutarque avait un esclave méchant et raisonneur, qui, à force de lire et d'entendre son maître, avait le cerveau rempli d'idées philosophiques. Condamné au fouet pour je ne sais quelle faute : Je n'ai rien fait, s'écriait-il en murmurant; quel crime peut-on me reprocher qui mérite un pareil traitement? Las enfin de crier et de s'emporter, il prit le parti de moraliser sous les courroies. Il se mit donc à dire que la conduite de Plutarque différait bien de ses discours; qu'il était honteux de voir un sage céder à la colère, surtout après avoir fait sentir dans ses écrits toute l'indécence de l'homme qui ne sait pas maîtriser la fougue de ses sens. Quel contraste ajoutait-il, quel contraste déshonorant avec votre divin traité, que de faire couvrir de plaies un malheureux dans un violent accès de fureur? D'où juges-tu, misérable, lui ré-

se plagis multaret. Tum Plutarchus lente et leniter: Quid autem, inquit, verbero, nunc ego tibi irasci videor? ex vultune meo, an ex voce, an ex colore, an etiam ex verbis correptum esse me ira intelligis? Mihi quidem neque oculi opinor truces sunt, neque os turbidum; neque immaniter clamo; neque in spumam ruboremve effervesco; neque pudenda dico aut pœnitenda; neque omnino trepido ira et gestio. Hæc enim omnia, si ignoras, signa esse irarum solent. Et simul ad eum, qui cædebat, conversus, interim, inquit, dum ego atque hic disputamus, hoc tu age. Summa autem totius sententiæ Tauri hæc fuit. Non idem esse existimavit ἀοργησίαν καὶ ἀναλγησίαν; aliudque esse non iracundum animum, aliud ἀνάλγητον καὶ ἀναίσθητον. Nam aliorum omnium, quos Latini philosophi affectus vel affectiones, Græci πάθη appellant; ita hujus quoque motus animi, qui cum est ulciscendi causa sævior, ira dicitur, non privationem esse utilem censuit, quam Græci τέρησιν dicunt; sed mediocritatem, quam μετριότητα illi appellant.

pondit Plutarque, avec autant de gravité que de sang-froid, d'où juges-tu donc que je suis en colère? Mon air, ma voix, mon teint, mes paroles sont-elles l'expression de l'emportement? Je n'ai, je pense, ni le regard effaré, ni le visage enflammé; je ne pousse point de cris affreux; mon sang ne se gonfle pas dans mes veines, et ma bouche n'écume point de fureur; je ne tiens point de propos dont j'aie à rougir ou à me repentir; l'on ne remarque pas en moi des mouvemens brusques ou des tremblemens convulsifs : car, si tu l'ignores, voilà les marques certaines de la colère. Puis se tournant vers l'esclave qui exécutait ses ordres, il lui dit : Tandis que ton camarade philosophe avec moi, continue à faire ton devoir. D'où vous voyez, reprit Taurus, la différence essentielle qu'il y a entre ne point se fâcher et tout souffrir stupidement; entre un caractère violent qu'une étincelle enflamme, et un cœur apathique, que rien n'affecte et n'émeut. Car parmi les différentes agitations de l'esprit que les philosophes latins appellent *affectus* ou *affectiones*, et les Grecs πάθη, on voit que ce mouvement de l'âme qui, lorsque le désir de la vengeance le rend plus violent, s'appelle colère, n'a point été regardé par le philosophe comme devant être entièrement banni, de cette privation que les Grecs appellent στέρησις, mais seulement modéré, de cette modération qu'ils appellent μετριότης.

# REMARQUES

## SUR

## LE LIVRE PREMIER.

1. 1. *Des Jeux établis à Pise.* La ville de Pise, ou d'Olympie, une des plus considérables du Péloponèse, était le rendez-vous général des Grecs pour la célébration des Jeux Olympiques en l'honneur de Jupiter Olympien : aussi ce pays était-il regardé comme une terre particulièrement consacrée à ce dieu. Ceux mêmes qui osaient y commettre des hostilités, passaient pour s'être rendus coupables d'un attentat sacrilége. Cependant l'Élide fut souvent désolée par les Lacédémoniens et les autres peuples voisins. Les Jeux Olympiques étaient une espèce d'école ou les assaillans faisaient un essai de leur courage et de leur adresse; chacun y disputait le prix à l'envi. Cette noble émulation entretenait dans les Grecs ce génie martial que la douceur d'une longue paix et les délices du climat auraient sans doute amolli. L'ardeur des concurrens se ranimait encore davantage à la vue des couronnes et des prérogatives qu'on réservait aux vainqueurs. Ces exercices, qui présentaient aux yeux des spectateurs une image guerrière, étaient, pour ceux qui remportaient la palme, le prélude de ce qu'ils devaient faire dans les combats; et les honneurs attachés à l'industrie ou à la bravoure des combattans réveillaient en eux le désir de mériter la gloire destinée aux conquérans. Aussi les éloges des antagonistes victorieux faisaient-ils dans la Grèce un des principaux objets de la poésie lyrique. Les poëtes consacraient leurs veilles et leurs chants à l'honneur de ces héros. On avait même soin de transmettre sur le bronze leurs traits et leur figure,

pour perpétuer aux siècles futurs le souvenir de leurs victoires. Les statues, les inscriptions, les archives publiques, immortalisaient les noms de ceux qui s'étaient signalés dans la carrière, sans parler des distinctions glorieuses dont ils jouissaient pendant toute leur vie.

2. *Id. Près du temple de Jupiter Olympien.* La statue du dieu de ce temple si fameux, chef-d'œuvre du célèbre Phidias, était le morceau le plus achevé, le plus superbe et le plus singulier qu'ait eu l'antiquité en ce genre. Il résulte de la description détaillée que Pausanias a faite de cette pièce et du temple, que cette statue était colossale. L'or et l'ivoire en étaient la matière. Elle soutenait de la main droite une Victoire, et tenait de la main gauche un sceptre surmonté d'un aigle. La chaussure de Jupiter, le manteau dont on l'avait revêtu, étaient d'or. Le trône sur lequel il était assis brillait de pierreries distribuées sur un fond d'or, d'ivoire et d'ébène : les pieds du trône posaient sur des lions d'or ; à l'opposite de chaque pied on voyait quatre Victoires, en attitude de danseuses, et deux autres placées sur chaque pied. Sur le dais massif qui couvrait la statue, sur le piédestal qui la portait, sur une cloison peu élevée qui empêchait d'en approcher de trop près, on apercevait ou en peinture, ou en relief, les principales divinités et les plus grands événemens de la Fable. Cette masse formait un groupe de plus de quatre-vingts figures, sans compter celles dont le dessous du trône dérobait l'aspect au public. Le simple déplacement d'une pièce de cette nature devenait impraticable. Memmius, chargé par Caligula de l'envoyer à Rome, se mit en devoir d'exécuter ses ordres. Il assembla les architectes et les mécaniciens d'un pays qui en fournissait au reste de l'univers. Les artistes consultés, déclarèrent qu'on ne pouvait la remuer sans la briser. Il paraît que Memmius ne se rendit point à cette décision ; car les ouvriers furent commandés pour la déplacer ; et il y eut un vaisseau préparé pour le transport. Mais la superstition mêla ses illusions aux vrais obstacles : le tonnerre, en tombant, mit le feu au vaisseau qui en fut consumé. Toutes les fois que les ouvriers, pour travailler, approchaient de la statue, ils entendaient, disaient-ils, de grands éclats de rire, dont Jupiter, selon eux, pouvait seul être l'auteur.

§. II. *Hérode Atticus.* Tibérius Claudius Atticus Hérode naquit à Marathon, ce lieu si connu par la victoire de Miltiade. Doué des plus heureuses dispositions, il surpassa bientôt les plus grands maîtres de son siècle. Il tourna sa principale attention vers le talent de la parole, qui était l'objet de l'ambition des savans de son temps. Il prit des leçons de tous ceux qui avaient une réputation supérieure. Formé par eux, Hérode, qui se livrait tout entier au travail, acquit bientôt une très-grande célébrité. Étant encore fort jeune, il fut député à l'empereur Adrien, qui était pour lors en Pannonie, et il le harangua. On ignore quel était le sujet de sa députation; mais on sait que le jeune orateur, étonné sans doute par la présence de l'empereur, resta court; ce qui lui causa tant de chagrin, qu'il fut sur le point d'aller se jeter dans le Danube. Cependant il continua de s'exercer à l'éloquence, et il acquit insensiblement l'assurance nécessaire pour parler en public. Hérode était non-seulement célèbre dans la Grèce, mais il avait aussi une grande réputation à Rome, où il s'était transporté, et où il exerçait avec beaucoup de succès le talent de faire des harangues sur-le-champ. L'empereur Tite-Antonin, le regardant comme l'homme le plus éloquent de son siècle, le nomma maître d'éloquence de Marc-Aurèle et de Lucius Vérus, ses deux fils adoptifs, qui, dans la suite, furent tous deux empereurs en même temps. L'honneur qu'il eut de contribuer à l'éducation de ces deux princes, le conduisit à la plus haute fortune. Il fut consul l'an cent quarante-trois de notre ère, avec C. Bellicius Torquatus. Hérode passa la fin de sa vie à Marathon, où il mourut de consomption, à l'âge de soixante-seize ans. Il avait ordonné à ses affranchis de l'enterrer dans le lieu où il était mort; mais la nouvelle de son trépas étant venue à Athènes, les Athéniens envoyèrent chercher son corps. Le lit mortuaire était précédé de la jeunesse de la ville, qui chantait ses louanges en pleurant et en témoignant les regrets les plus vifs d'avoir perdu un si grand homme. On lui rendit les derniers devoirs dans le Panathénaïque, et on lui fit cette épitaphe : *Ci-gît Hérode, fils d'Atticus, né à Marathon, dont la réputation s'étend par tout le monde.* Hérode jouit toute sa vie de la réputation

de l'homme le plus éloquent de son siècle. Rufus de Périnthe, célèbre rhéteur, l'appelait la *langue des Grecs et le roi de la parole*. Son style était plus doux que fort ; il était très-figuré, clair, varié et rempli de maximes qui prouvaient qu'il était aussi philosophe qu'orateur. On prétend que des anciens orateurs, celui qu'il prit pour modèle fut Critias. On ne peut pas se livrer à l'étude avec plus d'ardeur qu'il ne le fit pendant toute sa vie : il travaillait dès qu'il ne dormait point, et même pendant ses repas. Il avait laissé des dissertations philosophiques, qui prouvaient, dit Suidas, la grandeur de son esprit et la sublimité de son âme.

4. *Id. Le vent m'a poussé de Troie chez les Cicones*. Adage par lequel les Grecs exprimaient que quelqu'un était tombé dans une situation fort mauvaise, les Cicones étant des peuples de la Thrace renommés à cause de leur férocité. Hérode Atticus veut donc signifier ici que comme ceux-là sont très à plaindre qu'une tempête a poussés de Troie vers le pays des Cicones, de même il n'est pas d'hommes qui deviennent plus dignes de mépris que ceux qui ne professent qu'en apparence la doctrine des stoïciens.

5. *Id. Hellanicus*. Historien qui mourut vers le temps de la guerre du Péloponèse. Il était de Mitylène.

6. *Id. Diogène, Chrysippe, Cléanthe*. Le premier de ces trois philosophes est trop connu pour entrer à son sujet dans aucun détail. Voyez, quant au second, la notice alphabétique qui se trouve à la fin de cet ouvrage ; et quant au troisième, mes remarques sur le traité de la Nature des Dieux.

7. III. *Chilon de Lacédémone*. Chilon, l'un des sept sages de la Grèce, éphore de Sparte, vers l'an cinq cent cinquante-six avant Jésus-Christ, répondit à quelqu'un qui lui demandait ce qu'il y avait de plus difficile : *Taire un secret, bien employer son temps, et supporter les injures*. Il avait coutume de dire que, comme les pierres de touche servent à éprouver l'or, de même l'or, répandu parmi les hommes, était la pierre de touche des gens de bien et des méchans. Périandre lui ayant écrit qu'il allait se mettre à la tête d'une armée, et

qu'il était près de sortir de son pays pour entrer dans le pays ennemi, il lui répondit qu'il se mît en sûreté chez lui au lieu d'aller troubler les autres, et qu'un tyran devait se croire heureux lorsqu'il ne finissait ses jours ni par le fer ni par le poison. C'est lui qui fit graver en lettres d'or cette maxime au temple de Delphes : *Connais-toi toi-même, et ne désire rien de trop avantageux.* On dit qu'il mourut à Olympie, en embrassant son fils qui avait remporté le prix du ceste.

8. *Id. Mais l'Orateur romain ne dit point quelles bornes doit avoir cette complaisance, etc.* Cette dissertation sur les bornes de l'amitié prouve la grande idée que les anciens avaient d'une des vertus les plus précieuses à l'humanité. Les poëtes, les orateurs, les historiens et les philosophes ont immortalisé dans leurs ouvrages les traits célèbres en ce genre, tel que celui dont Syracuse fut témoin. Deux philosophes de la secte de Pythagore, Damon et Pythias, s'étaient unis entre eux par les liens d'une amitié si étroite et si constante, qu'ils étaient disposés à mourir l'un pour l'autre. Denys l'ancien, tyran de Syracuse, condamna Damon à la mort. L'infortuné supplia le prince de lui permettre d'aller quelques jours dans sa famille, pour régler ses affaires, promettant de revenir. Denys y consentit, à condition que Pythias resterait caution de son retour. Ce généreux ami se rendit volontiers dans la prison publique. Tout le monde, et le tyran surtout, attendait avec impatience l'issue d'un événement aussi extraordinaire qu'incertain. Le jour approchait ; on blâmait la folie d'un garant téméraire ; on plaignait son aveugle tendresse. Cependant on apprêtait les instrumens du supplice. Déjà le peuple s'assemblait en foule ; déjà on se préparait à conduire l'innocent Pythias à la mort. Tout à coup Damon arrive, et délivre son ami. Tout Syracuse étonné pousse des cris, et demande la grâce du criminel. Le tyran la lui accorde sans peine ; et touché d'une fidélité si grande, il les prie de le recevoir en tiers d'une union si belle.

9. *Id. Avant que Théognis fût au monde.* Proverbe usité chez les Romains pour signifier une chose très-ancienne. Théognis, poëte

fort ancien, était natif de Mégare en Sicile. Il florissait, selon Eusèbe, vers la cinquante-huitième olympiade.

10. IV. *Antonius Julianus.* Ce Julianus était contemporain d'Aulu-Gelle. Il suivit à Rome les leçons de Crassetius, qui y avait ouvert une école de grammaire. ( *V.* liv. 19, chap. IX. )

11. V. *Jusqu'à l'appeler Donyse.* On pouvait avec d'autant plus de justesse donner à Hortensius le nom de cette danseuse, que chaque danse des anciens consistait principalement dans le mouvement des bras et la variation des attitudes dans la mesure que commandait la musique. Cicéron rapporte dans son livre des orateurs illustres, que Sextus Titus avait des gestes si réglés et si multipliés, qu'on copia sur le théâtre ses mouvemens, d'où l'on forma une danse qui portait son nom.

12. VI. *La Censure.* Cette magistrature fut instituée l'an de Rome trois cent dix. Les fonctions des censeurs avaient pour objet le maintien de la discipline et des bonnes mœurs. Leur pouvoir égalait leur sévérité; ils avaient le droit de noter d'infamie un citoyen, de destituer un sénateur et d'ôter à un chevalier son cheval et son anneau, quand ceux-ci avaient tenu une conduite répréhensible. Les censeurs, seulement au nombre de deux, étaient élus tous les cinq ans, et on les prenait ordinairement parmi les personnages consulaires.

13. *Id. Titus Castricius.* Castricius enseigna la rhétorique à Rome, sous le règne d'Adrien. Il fut un des maîtres d'Aulu-Gelle.

14. VII. *Un solécisme.* ( *V.* liv. 5, chap. XX. )

15. *Id.* Ποιήσειν, ἔσεσθαι, λέξειν. Ces trois mots grecs répondaient aux trois mots latins *facturum* (devant faire), *futurum* (devant être), et *dicturum* (devant dire).

16. VIII. *Chez la belle Corinthienne.* Laïs habitait Corinthe; mais elle était née en Sicile.

17. *Id. Corinthe.* Cette ville, située à l'extrémité de l'isthme qui porte le même nom, et qui sépare la mer Égée de la mer Ionienne

jouissait, par la facilité de son commerce, des richesses de l'Asie et de l'Europe. La délicatesse, la magnificence et la débauche, compagnes ordinaires de l'abondance, s'introduisirent bientôt parmi les habitans, et leur ville ne tarda pas à être regardée par les Grecs comme le séjour de la volupté. L'histoire nous apprend que les Corinthiens portèrent la dissolution et l'amour des femmes à un tel excès, qu'ils consacrèrent les plus monstrueuses infamies, sous les dehors de la religion. Ils ne rougirent pas d'employer dans leurs fêtes et dans les cérémonies publiques, le ministère des courtisanes. Ils avaient même des formules de prières pour intéresser le ciel dans leurs débauches. Les vœux qu'ils adressaient à leurs divinités, se bornaient souvent à leur promettre d'augmenter le nombre des femmes publiques. De tels débordemens donnèrent lieu à l'expression *corinthiar*, pour désigner un libertinage outré.

18. *Id. Dix mille drachmes.* La monnaie des Grecs consistait en drachmes, en mines et en talens. La drachme attique, qui était la centième partie de la mine, avait à peu près la valeur du denier romain, qui lui-même avait celle de quatre sesterces, ou de dix de nos sous. La somme de dix mille drachmes, demandée par Laïs, pouvait donc équivaloir à cinq mille francs de notre monnaie.

19. IX. *Pythagore.* C'était de tous les philosophes celui dont les opinions étaient le plus respectées par ses disciples.

20. X. *Des Arunciens, des Sicaniens et des Grecs.* Les Arunciens habitaient cette partie de l'Italie, située entre la Campanie et le pays des Volsques, que l'on appelait Ausonie. Les Sicaniens étaient les anciens habitans de la Sicile. Les Pélasgiens étaient une colonie de Thessaliens et d'Épirotes, qui, en Italie, se confondit avec les Aborigènes, environ huit cents ans avant Jésus-Christ.

21. *Id. Evandre*, un des plus anciens rois de l'Italie, partit de l'Arcadie pour venir s'y établir, après en avoir chassé les Aborigènes, ses anciens possesseurs. Il fonda la ville de Pallantée, tandis

que Lamie régnait dans une autre partie de l'Italie, soixante ans avant la destruction de Troie.

22. XI. *Alliate, roi de Lydie*, père du fameux Crésus. Étant en guerre avec le roi des Mèdes, une éclipse de soleil, survenue au commencement d'une bataille, étonna si fort les deux armées, qu'elles se retirèrent pour faire la paix. Alliate mourut quatre cent cinquante-sept ans avant J.-C.

23. XII. *D'un quindécemvir préposé à la garde et à l'ouverture des livres divins.* Tarquin, en achetant les livres Sibyllins, les fit déposer dans un coffre de pierre au temple de Jupiter Capitolin. Il nomma des décemvirs dont l'office était d'aller les consulter lorsqu'on en avait besoin. L'an de Rome trois cent quatre-vingt-huit, on créa des décemvirs pour le même emploi. Enfin Sylla fit instituer un collége composé de quinze citoyens, sous le nom de Quindécemvirs, à qui la garde de ces fameux écrits fut confiée. Leur sacerdoce dura jusqu'au règne de Théodose.

24. Id. *Ou d'un septemvir chargé des festins sacrés, ou d'un salien.* Les septemvirs épulons étaient les ministres subalternes des sacrifices, que les pontifes romains chargeaient des soins du festin qui accompagnait les jeux publics et solennels. Le nombre des dieux était si grand à Rome, que les pontifes n'auraient pu prendre sur eux ce pénible emploi. Il y avait originairement trois épulons, qui ordonnaient le banquet sacré qu'on offrait à Jupiter dans les grandes cérémonies. Le nombre en fut porté dans la suite jusqu'à sept; César les augmenta jusqu'à dix. Pendant ces solennités, on plaçait les statues des dieux sur de riches coussins, posés sur des lits magnifiques, et on les servait comme s'ils eussent mangé. Cette dernière cérémonie s'appelait *Lectisternium*. Les saliens, au nombre de douze, étaient des prêtres de Mars institués par Numa-Pompilius.

25. Id. *A l'inauguration d'une vestale*. Malgré la sainteté du ministère des vestales et l'étroite obligation de garder la chasteté, on les voyait dans Rome avec des habits élégans et des coiffures très-re-

cherchées. Quelques-unes même s'oublièrent jusqu'à composer des vers tendres et passionnés.

26. *Id. La loi des douze tables.* Après que les décrets des rois eurent été annulés, le peuple romain demeura environ l'espace de vingt ans sans lois fixes; mais l'an de Rome trois cent trois, les décemvirs ayant été envoyés en Grèce pour recueillir les meilleures lois de ce pays, ces magistrats les inscrivirent sur dix tables d'airain; et comme le recueil des lois que renfermaient ces dix tables se trouvait être insuffisant, l'année suivante on en ajouta deux autres.

27. XIII. *P. Crassus Mucianus.* Publius Crassus, fils de Mucius, orateur célèbre, vivait du temps de Cicéron. Parvenu au consulat, et chargé de la conquête de Pergame, il eut grand soin de piller et d'augmenter ses richesses des dépouilles des vaincus, qu'il estimait bien plus que ses victoires. Il reprenait la route de Rome avec ses trésors, lorsque Aristonicus, qu'il avait défait, lui dressa une embuscade entre Élée et Myrine, dans un passage étroit, où le consul ne put s'étendre. L'armée se débande, et le consul enveloppé par un escadron de Thraces, fut conduit en triomphe vers le camp du vainqueur. Pendant la route, Crassus réfléchit sur l'opprobre de son sort et sur la honte qui en rejaillissait sur la république. Un consul, un souverain pontife, devenu l'esclave d'Aristonicus, quel sujet de désespoir pour le fier Romain, qui, désarmé, ne pouvait se donner la mort! Il n'avait à la main qu'une baguette pour conduire le cheval qu'il montait. Dans un transport de rage, il en frappe au visage le soldat qui le suivait de plus près, et lui crève un œil. Le Thrace furieux met l'épée à la main, en perce le consul et l'étend mort. Sa tête fut portée au camp ennemi, et son corps fut honorablement inhumé à Myrine.

28. *Id. Leuca.* Pline et Méla placent la ville de Leuca près du golfe de Smyrne, sur les bords du fleuve Hermus.

29. *Id. Elée.* Cette ville se trouvait située entre l'Étolie et la grande Mysie, en sorte qu'on peut l'attribuer indifféremment à ces

deux provinces. Elle était arrosée par le fleuve Caïque, selon Strabon.

30. XIV. *Des ambassadeurs samnites.* Les Samnites habitaient cette partie de l'Italie, appelée aujourd'hui l'Abruzze, et qui fait partie du royaume de Naples.

31. XV. *Thersite.* Personnage renommé chez les Grecs à cause de son extrême laideur, et qui, s'étant permis d'injurier Achille, en fut tué d'un coup de poing.

32. XVI. *Salerno.* Ville d'Italie, dans la Campanie.

33. XVII. *Alcibiade.* Philosophe, ami de Socrate, que Platon fait parler dans ses dialogues.

34. *Id. Dans sa satire Ménippée.* Varron publia une satire amère, à l'imitation de Ménippe, philosophe *cynique*, dont on avait alors des lettres pleines de railleries très-piquantes. (*V.* Liv. II, remarq. 18.)

35. XVIII. *Le hasard nous rend heureux.* Voici le sens de ce proverbe : Celui qui, cherchant l'étymologie de ces mots, la trouvera, sera heureux ; mais celui qui, après bien des efforts, ne la trouvera pas, n'en méritera pas moins d'être loué.

36. XIX. *Une vieille femme.* Il y eut en différents temps des femmes qui se firent passer pour avoir le don de prédire l'avenir, et qui portèrent le nom de sibylles. Sans chercher à en déterminer le nombre, il suffit de savoir que par ce nom les anciens désignaient des femmes qui, sans être prêtresses ni attachées à aucun oracle particulier, annonçaient l'avenir et se disaient inspirées. La fameuse sibylle de Cumes en Italie, rendait quelquefois ses oracles de vive voix, après avoir demeuré quelque temps sur son trépied, où elle entrait en fureur ; d'autres fois elle écrivait ses réponses sur des feuilles d'arbre qu'elle arrangeait à l'entrée de sa caverne, et il falloit être assez prompt pour les prendre dans l'ordre où elle les avait laissées ; car si le vent ou quelque accident les dérangeait, il n'était pas possible de tirer d'elle aucune réponse. Il est certain que les Romains avaient

pour la plupart des sibylles presque autant de respect que pour leurs oracles; ils les croyaient d'une nature qui tenait le milieu entre les dieux et les mortels. La sibylle Érythrée se disait tantôt tante, tantôt sœur, tantôt femme d'Apollon. Après avoir passé sa vie à Claros, à Délos, à Samos, à Delphes, elle vint mourir dans la Troade. Pausanias nous a conservé son épitaphe, dont voici le sens:

« Je suis cette sibylle qu'Apollon voulut avoir pour interprète de ses oracles, autrefois vierge éloquente, maintenant muette sous ce marbre, et condamnée à un affreux silence éternel. Cependant, par la faveur du Dieu, toute morte que je suis, je jouis de la douce société de Mercure et des nymphes mes compagnes.

37. *Id. Avec le respect et la confiance qui conduisent aux pieds des oracles.* Le dessein d'éluder quelques-uns des oracles fâcheux qu'on croyait lire dans les écrits de la sibylle, occasiona quelquefois des cruautés indignes de la part d'un peuple aussi sage et aussi éclairé que le peuple romain. Les magistrats destinés à consulter ces livres, ayant vu que les Gaulois et les Grecs s'empareraient de la ville, on imagina que, pour détourner l'effet de la prédiction, il fallait enterrer vifs dans la place publique, un homme et une femme de chacune de ces deux nations, et leur faire prendre possession de la ville.

38. XX. *Les dés.* Les Romains avaient des dés d'or et d'ivoire, qu'ils remuaient comme les nôtres, dans un cornet, avant de les jeter. On en jetait trois à la fois. Le coup le plus heureux était d'amener les trois six, et le plus malheureux d'amener les trois as. On gagnait en présentant sur les dés plus de points que son adversaire. Le jeu des dés était le principal amusement des enfans chez les Grecs, et la plus commune récréation des vieillards chez les Romains.

39. XXI. *Je suis prêt à jurer par la pierre de Jupiter.* Cette espèce de jurement rappelle l'ancienne manière de contracter. Sextus Pompilius rapporte qu'alors les contractans, prêts à jurer sur les autels de Jupiter, tenaient chacun à la main une pierre, en disant: « Si, le sachant, je trompe, que Jupiter, en conservant la ville

et le Capitole, me jette hors de mes possessions comme je jette cette pierre ! »

40. XXII. *Vous ne savez pas ce que le soir vous prépare.* Le sens de ces paroles est : « Vous ignorez ce que l'avenir vous réserve. »

41. *Id. De trop.* Il est absolument impossible de reproduire dans notre langue le jeu de mots qui se trouve dans le texte, et dont toute la finesse consiste dans la manière dont les verbes *superes* et *ades* s'y trouvent employés.

42. XXIII. *Prætextatus.* La jeune noblesse portait à Rome une longue robe, garnie à ses extrémités de bandes de pourpre : cette robe s'appelait en langue romaine *prætexta*. Les filles la portaient jusqu'au moment de leur mariage, et les garçons jusqu'à l'âge de dix-sept ans, époque à laquelle ils prenaient la robe virile, appelée *pura* et *libera*. Les principaux ministres de la religion, et les magistrats, portaient la robe prétexte comme une marque de leur dignité.

43. *Id. Contre Galba.* Le préteur Sergius Galba ayant fait massacrer les Lusitaniens, malgré la parole qu'il leur avait donnée de leur conserver la vie, T. Libon, tribun du peuple, voulut faire porter une loi pour le faire punir ; Caton appuya le tribun de toute la force de son éloquence.

44. XXIV. *Si l'amour-propre ne l'avait pas dicté à Nævius.* Les habitans de la Campanie, et surtout les poëtes de ce pays, étaient renommés à Rome pour leurs fanfaronnades. C'étaient les Gascons de l'Italie.

# LIBER SECUNDUS.

### CAPUT I.

*Quo genere solitus sit philosophus Socrates exercere patientiam corporis, deque ejusdem viri patientia.*

Inter labores voluntarios et exercitia corporis, ad fortuitas patientiæ vices firmandi, id quoque accepimus Socratem facere insuevisse. Stare solitus Socrates dicitur, pertinaci statu, perdius atque pernox a summo lucis ortu ad solem alterum orientem, inconnivens, immobilis iisdem in vestigiis, et ore atque oculis eumdem in locum directis cogitabundus, tanquam quodam secessu mentis atque animi facto a corpore. Quam rem cum Favorinus, de fortitudine ejus viri ut pluraque disserens, attigisset, πολλάκις, inquit, ἐξ ἡλίου εἰς ἥλιον ἐξήκει ἀςραβέςερος τῶν πρέμνων. Temperantia quoque eum fuisse tanta traditum est, ut omnia fere vitæ suæ tempora valetudine inoffensa vixerit. In illius etiam pestilentiæ vastitate, quæ in bello Peloponnesiaco, in primis ipsam Atheniensium civitatem internecino genere morbi depopulata est, is parcendi moderandique rationibus dicitur et a voluptatum labe cavisse, et salubritates corporis retinuisse; ut nequaquam fuerit communi omnium cladi obnoxius.

# LIVRE SECOND.

## CHAPITRE I.

*De quelle manière Socrate avait coutume d'exercer son corps à la patience. Constance admirable de ce philosophe.*

Parmi les travaux et les exercices volontaires auxquels on assujettit le corps pour le former à la patience, j'ai entendu citer cette coutume singulière de Socrate. On dit que ce philosophe avait l'habitude de se tenir constamment un jour et une nuit entière dans la même attitude, c'est-à-dire, depuis le point du jour jusqu'au retour de l'aurore, les paupières immobiles, les pieds posés toujours à la même place, le visage et les yeux fixés au même endroit, dans la posture d'un homme qui médite profondément, et que son corps paraissait aussi roide et aussi insensible que si l'âme en eût été séparée. Favorin, entre autres choses qu'il nous racontait, disait, en parlant de la force d'âme de ce sage : *Oui, Socrate se tenait souvent, d'un soleil à l'autre, plus droit que le corps des arbres.* On assure aussi que Socrate était si tempérant et si réglé, que jamais il n'éprouva la plus légère maladie. Bien plus, pendant la guerre du Péloponèse (\*), tandis que la peste ravageait la Grèce, et surtout Athènes, Socrate, dit-on, au milieu de la contagion, respirait la salubrité; prodige qui fut attribué à la sévérité de son régime, et à son éloignement des voluptés.

## CAPUT II.

*Quæ ratio observatioque officiorum esse debeat inter patres filios-
que in discumbendo sedendoque, atque in id genus rebus domi
forisque, si filii magistratus sunt et patres privati: superque ea
re Tauri philosophi dissertatio, et exemplum ex Historia Romana petitum.*

Ad philosophum Taurum Athenas, visendi cognos-
cendique ejus gratia, venerat V. CL. præses Cretæ
provinciæ; et cum eo simul ejusdem præsidis pater.
Taurus, sectatoribus commodum dimissis, sedebat
pro cubiculi sui foribus, et cum assistentibus nobis
sermocinabatur. Introivit provinciæ præses, et cum
eo pater. Assurrexit placide Taurus; et post mutuam
salutationem resedit. Allata mox una sella est, quæ
in promptu erat: atque dum aliæ promebantur, apposita est. Invitavit Taurus patrem præsidis ut se-
deret. Atque ille ait: Sedeat hic potius, qui populi
romani magistratus est. Absque præjudicio, inquit
Taurus, tu interea sede, dum inspicimus quærimus-
que utrum conveniat, tene potius sedere qui pater es,
an filium qui magistratus est. Et, cum pater asse-
disset, appositumque esset aliud filio quoque ejus
sedile, verba super ea re Taurus facit cum summa,
di boni! honorum atque officiorum perpensatione.
Eorum verborum sententia hæc fuit. In publicis locis
atque muneribus atque actionibus patrum jura cum

## CHAPITRE II.

*Quels procédés doivent observer à l'égard l'un de l'autre un père et un fils, lorsqu'il s'agit de se placer à table ou de s'asseoir, et dans d'autres circonstances semblables, tant chez eux qu'au dehors, si le fils est magistrat et que le père ne soit qu'un particulier. Dissertation du philosophe Taurus à ce sujet, et exemple tiré de l'Histoire Romaine.*

Taurus, après une de ses leçons, s'entretenait familièrement avec nous à l'entrée de sa maison, lorsque nous aperçumes le proconsul de l'île de Crète (\*), qui, accompagné de son père, personnage distingué, venait visiter le philosophe, et lier connaissance avec lui. Ils arrivent l'un et l'autre ; Taurus se lève tranquillement, reçoit le salut, le rend et s'assied. On approche un siége qui se trouve sous la main, et pendant qu'on en va chercher d'autres, Taurus invite le père du proconsul à s'asseoir. Moi, répondit celui-ci, que je m'asseye pendant qu'un gouverneur romain est debout ! Soit fait sans préjudice de la dignité, répondit le philosophe ; croyez-moi, finissons toute contestation sur la préséance, et asseyez-vous. Le père s'étant enfin assis, et le siége pour son fils étant arrivé, Taurus prit de là occasion d'examiner les honneurs et les déférences que les pères et les enfans se doivent réciproquement. Si dans ce moment les dieux eussent tenu la balance, je ne crois pas qu'ils eussent prononcé avec plus de discernement, de lumières et d'équité. Voici le précis de sa dissertation. Lorsqu'un fils paraît dans les assemblées publiques ; dans l'exercice des charges, dans les fonctions de la magistrature, le droit inaliénable de la paternité doit céder en quelque sorte,

filiorum qui in magistratu sunt, potestatibus collata interquiescere paululum et connivere. Sed cum extra rempub. in domestica re atque vita sedeatur, ambuletur, in convivio quoque familiari discumbatur; tum inter filium magistratum et patrem privatum publicos honores cessare; naturales et genuinos exoriri. Hoc igitur, inquit, quod ad me venistis, quod colloquimur nunc, quod de officiis disceptamus; privata actio est. Itaque utere apud me iis honoribus prius, quibus domi quoque vestræ te uti priorem decet. Hæc atque alia in eandem sententiam Taurus graviter simul et comiter disseruit. Quid autem super hujuscemodi patris atque filii officio apud Claudium legerimus, non ab re visum est ut adscriberemus. Posuimus igitur verba ipsa Quadrigarii ex Annali ejus sexto transcripta. *Deinde facti consules Sempronius Gracchus iterum, Q. Fabius Maximus filius ejus, qui priore anno erat consul. Ei consuli pater proconsul obviam in equo vehens venit. Neque descendere voluit, quod pater erat; et quod inter eos sciebant maxima concordia convenire, lictores non ausi sunt descendere jubere. Ubi juxta venit; tum consul ait: Descendere jube. Quod postea quam lictor ille, qui apparebat, cito intellexit, Maximum proconsulem descendere jussit. Fabius imperio paret: et filium collaudavit, cum imperium, quod populi esset, retineret.*

et s'éclipser un moment; mais dans tout ce qui se passe hors de la république, dans tout ce qui appartient aux différentes circonstances de la vie privée, cercles, promenades, repas, plaisirs; alors les droits de la magistrature disparaissent, et le père reprend ceux que le sang et la nature lui assurent incontestablement. Or, la visite dont vous m'honorez, notre conversation, notre discussion sur les procédés et les convenances, appartiennent à la vie privée. Jouissez donc chez moi, ô vous, père d'un proconsul, des droits et de la préséance dont vous jouiriez chez vous! Taurus ajouta encore plusieurs autres réflexions dans le même sens, en conservant toujours un ton à la fois grave et aimable. Je crois devoir rapporter ici ce que j'ai lu dans Claudius, sur ces convenances que doivent garder entre eux un père et un fils; voici comment il s'exprime au sixième livre de ses Annales. *Ensuite Rome eut successivement pour consuls Sempronius Gracchus, et Fabius Maximus, fils de celui qui avait rempli cette dignité l'année précédente. Le père, qui était proconsul, s'étant présenté un jour à cheval devant son fils revêtu de la dignité consulaire, crut que l'autorité paternelle le dispensait de descendre; et comme les licteurs* (¹), *connaissaient la parfaite intelligence qui régnait entre le père et le fils, ils n'osèrent ordonner à ce dernier de mettre pied à terre. Mais quand il fut plus près, le consul ayant fait signe au licteur qui était de service, de faire son devoir, celui-ci le comprit et ordonna au proconsul Maximus de descendre : le proconsul obéit, et félicite son fils d'avoir soutenu la dignité d'une magistrature qu'il tenait du peuple.*

## CAPUT III.

*Qua ratione verbis quibusdam vocabulisque veteres immiserint, h, literæ spiritum.*

H LITERAM sive illam spiritum magis quam literam dici oportet, inserebant eam veteres nostri plerisque vocibus verborum firmandis roborandisque, ut sonus earum esset viridior vegetiorque. Atque id videntur fecisse studio et exemplo linguæ atticæ. Satis enim notum est Atticos *Ιχθὺν*, *ἴρον*, multa itidem alia, citra morem gentium Græciæ ceterarum, inspirantis primæ literæ dixisse. Sic lachrymas, sic sepulchrum, sic ahenum, sic vehemens, sic inchoare, sic helluari, sic hallucinari, sic honera, sic honustum dixerunt. In his enim verbis omnibus literæ seu spiritus istius nulla ratio visa est, nisi ut firmitas et vigor vocis, quasi quibusdam nervis additis, intenderetur. Sed quoniam, *aheni*, quoque exemplo usi sumus, venit nobis in memoriam Fidum Optatum multi nominis Romæ grammaticum ostendisse mihi librum Æneidos secundum mirandæ vetustatis, emptum in sigillariis xx aureis, quem ipsius Virgilii fuisse credebat; in quo duo isti versus cum ita scripti forent:

*Vestibulum ante ipsum primoque in limine Pyrrhus*
*Exultat telis et luce coruscus aena:*

## CHAPITRE III.

*Pour quelle raison les anciens ont inséré la lettre h dans différens mots.*

Les auteurs anciens avaient coutume, pour donner à la plupart des mots plus de force, de vigueur et de son, d'y insérer la lettre *h*, qui, à proprement parler, est plutôt une aspiration, qu'un caractère alphabétique. Ils paraissent en cela s'être modelés sur le génie de la langue d'Athènes; car tout le monde sait que l'Attique, contre l'usage du reste de la Grèce, prononçait ces deux mots Ιχθὺν, ἴρον (poisson, sacré), et plusieurs autres, en aspirant la première de leurs lettres. C'est d'après cela que nos ancêtres écrivaient *sepulchrum* (sépulcre), *lachrymæ* (larmes), *ahenum* (d'airain), *vehemens* (véhément), *inchoare* (ébaucher), *honestum* (honnête), *helluari* (dévorer), *hallucinari* (se tromper), *honera* (fardeaux), *honustum* (chargé). Or, il est visible qu'en ajoutant cette lettre, ils n'avaient d'autre intention que de donner du corps et de l'éclat à toutes ces expressions. A propos d'*ahenum*, je me rappelle que Fidus Optatus, grammairien fort célèbre à Rome, me fit voir un jour un manuscrit, vénérable par son antiquité, qui passait pour être l'original même de Virgile, et qui avait été acheté vingt nummes d'or (4) pendant les saturnales. On y remarquait d'abord ces deux vers, écrits de cette manière :

*Devant la porte et sur le seuil même du palais, Pyrrhus se signale par sa bouillante audace et par l'éclat étincelant de son armure d'airain ( luce coruscus aena )*

additam supra vidimus, *h*, literam, et, *ahena*, factum. Sic in illo quoque Virgilii versu in optimis libris scriptum invenimus:

*Aut foliis undam tepidi despumat aheni.*

---

## CAPUT IV.

Quam ob causam Gabius Bassus genus quoddam judicii divinationem appellari scripsit : et quam alii causam esse ejusdem vocabuli dixerint.

Cum de constituendo accusatore quæritur, judiciumque super ea re redditur, cuinam potissimum ex duobus pluribusve accusatio subscriptiove in reum permittatur; ea res atque judicum cognitio, *divinatio*, appellatur. Id vocabulum quam ob causam ita factum sit quæri solet. Gabius Bassus in tertio librorum quos de Origine vocabulorum composuit : *Divinatio*, inquit, *judicium appellatur; quoniam divinare quodammodo judicem oporteat, quam sententiam sese ferre par sit*. Nimis quidem est in verbis Gabii Bassi ratio imperfecta, vel magis inops et jejuna. Sed videtur eum significare velle, iccirco dici *divinationem;* quod in aliis quidem causis judex ea quæ didicit, quæque argumentis vel testibus demonstrata sunt, sequi solet : in hac autem re, cum eligendus accusator est, parva admodum et exilia

Dans les autres exemplaires du même poëte, nous trouvons une *h*, et nous lisons *ahena*. De même, dans les exemplaires les plus authentiques des Géorgiques, on lit ce vers, écrit ainsi :

*Ou bien avec des feuillages, elle écume le vin nouveau qui bouillonne dans l'airain (aheni).*

## CHAPITRE IV.

Ce qui a donné lieu à Gabius Bassus d'appeler *Divination* un certain genre de jugement. Origine que d'autres attribuent à ce mot.

Au barreau, la *divination* est ce choix que fait un juge entre plusieurs citoyens qui se présentent pour la souscription, ou pour l'accusation, dans le cas où il s'agit de nommer un accusateur. On a coutume de demander l'étymologie de ce terme. Gabius Bassus, dans son troisième livre de l'Origine des mots, dit que cette espèce de jugement s'appelle *divination* : parce qu'il faut en quelque sorte que le juge devine alors quelle sentence il doit porter. Cette étymologie paraît hasardée, et la raison qui l'appuie, très-faible. Il semble que cet auteur ait voulu dire que ce jugement s'appelait *divination* [5], parce que, dans les autres causes, le juge se détermine d'après ses connaissances, d'après la force des preuves, ou la déposition des témoins : mais lorsqu'il est question de désigner un accusateur, le juge n'a que de très-faibles raisons pour fonder son choix ; et c'est pour cela qu'on dit qu'il est réduit à deviner quel est le plus propre à remplir la qualité d'accusateur. Voilà ce que dit Bassus. D'autres jurisconsultes

sunt, quibus moveri judex possit; et propterea, quinam magis ad accusandum idoneus sit quasi divinandum est. Hoc Bassus. Sed alii quidem *divinationem* esse appellatam putant, quoniam cum accusator et reus duæ res quasi cognatæ conjunctæque sint, neque utra sine altera constare possit; in hoc tamen genere causæ reus quidem jam est, sed accusator nondum est; et iccirco, quod adhuc usque deest et latet, divinatione supplendum est, quisnam sit accusator futurus.

## CAPUT V.

Quam lepide designateque dixerit Favorinus philosophus, quid intersit inter Platonis et Lysiæ orationem.

FAVORINUS de Lysia et Platone solitus est dicere, Si ex Platonis, inquit, oratione verbum aliquod demas mutesve, atque id commodissime facias: de elegantia tantum detraxeris. Si ex Lysiæ; de sententia.

## CAPUT VI.

Quibus verbis ignaviter et abjecte Virgilius usus esse dicatur; et quid iis, qui id improbé dicunt, respondeatur.

NONNULLI grammatici ætatis superioris, in quibus

raisonnent différemment sur la *divination* légale. L'accusateur et l'accusé, disent-ils, sont deux choses essentiellement relatives, et qui ne peuvent subsister l'une sans l'autre; cependant, l'espèce de cause dont il s'agit, suppose l'accusé, sans qu'il paraisse d'accusateur; c'est pourquoi la divination supplée à ce qui manque.

## CHAPITRE V.

*Avec quelle grâce et quelle justesse le philosophe Favorin fait le parallèle de l'éloquence de Platon et de celle de Lysias.*

Favorin avait coutume de dire de Lysias et de Platon : Si vous retranchez d'une harangue de celui-ci quelque morceau, ou que vous le changiez adroitement, vous n'avez touché qu'à l'élégance du discours. Le moindre changement dans celle de Lysias ([6]) altère le poids de l'éloquence et la substance même des choses.

## CHAPITRE VI.

*Critique et apologie de quelques expressions de Virgile.*

Quelques grammairiens du dernier siècle, dont on vante

est Cornutus Annæus, haud sane indocti neque ignobiles, qui commentaria in Virgilium composuerunt, reprehendunt quasi incuriose et abjecte verbum positum in his versibus:

*Candida succinctam latrantibus inguina monstris*
*Dulichias vexasse rates, et gurgite in alto*
*Ah! timidos nautas canibus lacerasse marinis.*

*Vexasse* enim putant verbum esse leve et tenuis ac parvi incommodi; nec tantæ atrocitati congruere, cum homines repente a bellua immanissima rapti laniatique sint. Item aliud hujuscemodi reprehendunt.

*Quis aut Eurysthea durum*
*Aut illaudati nescit Busiridis aras?*

*Illaudati* parum idoneum esse verbum dicunt; neque id satis esse ad faciendam scelerati hominis detestationem: qui quod hospites omnium gentium immolare solitus fuit, non laude indignus, sed detestatione execrationeque totius generis humani dignus esset. Item aliud verbum culpaverunt:

*Per tunicam squallentem auro latus haurit apertum.*

tanquam si non convenerit dicere, *auro squallentem*: quoniam nitoribus splendoribusque auri squalloris illuvies sit contraria. Sed de verbo, *vexasse*, ita responderi posse credo. *Vexasse* grave verbum est; factumque ab eo videtur, quod est, *vehere*. In quo inest jam vis quædam alieni arbitrii. Non enim sui potens est, qui vehitur. *Vexare* autem, quod ex eo

l'érudition, et qui nous ont laissé des commentaires sur Virgile, parmi lesquels on distingue Cornutus Annœus, prétendent que, dans les vers suivans, le poëte s'est servi d'une expression commune et impropre :

*Scylla* (?), *les flancs ceints de monstres aboyans, brisant contre les rochers les vaisseaux ( vexasse rates ) du sage Ulysse, et faisant dévorer dans les flots, par sa chienne marine, les matelots tremblans.*

*Vexasse*, disent-ils, est un trait sans force, sans vigueur, et qui ne peint que très-faiblement l'atrocité d'un monstre, qui, dans sa rage, enlève des hommes et les déchire. De même dans ces vers :

*Qui ne connaît l'impérieux Eurysthée, et les autels sanglans de l'exécrable ( illaudati ) Busiris ?*

*Illaudati* leur paraît un terme très-impropre, et qui est loin de peindre toute l'horreur que doit inspirer un monstre tel que Busiris. Ils trouvent qu'on ne doit point se borner à regarder seulement comme indigne de louanges (*illaudatus*) le tyran accoutumé à faire périr les étrangers de toutes les nations qui arrivaient dans ses états, mais qu'on doit le considérer comme digne de l'exécration de tout le genre humain. Dans cet autre vers encore :

*Le fer meurtrier pénètre dans son flanc, à travers sa tunique couverte d'or ( per tunicam squallentem auro );*

ils regardent comme déplacé le mot *squallentem*, dont la signification est très-opposée à l'éclat et à la magnificence d'un habit sur lequel l'or éclate. Pour moi, il me semble qu'on pourrait répondre d'abord, par rapport à *vexasse*, que ce mot est une expression pleine de vigueur, formée, selon toute apparence, du verbe *vehere* (tirer). Ce verbe indique déjà par lui-même une force étrangère, qui fait mouvoir à son gré

inclinatum est, vi atque motu proculdubio vastiore est. Nam qui fertur et raptatur atque huc atque illuc distrahitur; is vexari proprie dicitur. Sicuti *taxare* pressius crebriusque est, quam *tangere*; unde proculdubio id inclinatum est : et *jactare* multo fusius largiusque est, quam *jacere*; unde id verbum traductum est : et *quassare*, quam *quatere* gravius violentiusque est. Non igitur quia vulgo dici solet vexatum esse quem fumo aut vento aut pulvere, propterea debet vis vera atque natura verbi deperire: quæ a veteribus, qui proprie atque signate locuti sunt, ita ut decuit conservata est. M. Catonis verba sunt ex oratione, quam de Achæis scripsit : *Cumque Hannibal terram Italiam laceraret atque vexaret. Vexatam* Italiam dixit Cato ab Hannibale, quando nullum calamitatis aut sævitiæ aut immanitatis genus reperiri queat, quod in eo tempore Italia non perpessa sit. M. Tullius IV in Verrem. *Quæ ab isto sic spoliata atque direpta est, ut non ab hoste aliquo, qui tamen in bello religionem et consuetudinis jura retineret, sed ut a barbaris prædonibus vexata esse videatur.* De *illaudato* autem duo videntur responderi posse. Unum est ejusmodi. Nemo quisquam tam efflictis est moribus, quin faciat, aut dicat nonnunquam aliquid quod laudari

quelque chose ; car ce qui est *tiré* n'est pas libre de ses mouvemens. Or *vexare*, dérivé de *vehere*, ajoute encore, pour la force et le mouvement, à l'expression de sa racine ; car on dit, à proprement parler, *vexari*, pour exprimer l'agitation d'un corps qui, jouet d'une force supérieure, est poussé, repoussé et ballotté en tout sens. Ainsi dans les verbes suivans, *taxare* (toucher), *tangere* (manier), *jactare* (jeter), *jacere* (lancer), *quassare* (agiter), *quatere* (secouer), où le premier est dérivé du second, la signification est toujours plus vive, plus forte et plus étendue. Pour juger du sens naturel et de l'énergie propre du verbe *vexare*, il ne faut pas s'en rapporter à l'emploi que l'on en fait communément lorsqu'on dit *vexatum fumo, vento aut pulvere* (tourmenté par la fumée, le vent ou la poussière). Il faut pour cela s'en rapporter aux anciens auteurs, dans les ouvrages desquels sont consignées la valeur et la propriété des mots. M. Caton, dans son discours relatif aux Achéens, s'exprime ainsi : *Et lorsqu'Annibal déchirait (laceraret), et ravageait (vexaret) l'Italie.* Ici Caton dit : *vexatam Italiam ab Annibale* (l'Italie saccagée par Annibal); et certainement il n'y a pas une seule espèce de calamité, de cruauté et de barbarie dont la malheureuse Italie n'ait été accablée alors. Cicéron dit aussi dans sa quatrième harangue contre Verrès : *Ses rapines et ses vols en Sicile ont été si multipliés, Sénateurs, qu'en jetant les yeux sur cette province, on dirait, non pas qu'elle a été la proie d'un ennemi qui, au milieu des horreurs de la guerre, respecterait les droits de la religion et ceux des lois; mais qu'elle a été saccagée (vexata) par des barbares et par des brigands.* Quant au mot *illaudatus*, on peut, ce me semble, répondre deux choses. La première ; qu'il n'est point d'homme, quelque perdu de mœurs qu'on le suppose, qui

queat. Unde hic antiquissimus versus vice proverbii celebratus est,

Πολλάκι γὰρ καὶ μωρὸς ἀνὴρ μάλα καίριον εἶπεν.

Sed enim qui omni in re atque omni tempore laude omni vacat, is illaudatus est; isque omnium pessimus deterrimusque est. Sicuti omnis culpae privatio inculpatum facit. Inculpatus autem instar est absolutae virtutis; illaudatus igitur quoque finis est extremae malitiae. Itaque Homerus non virtutibus appellandis, sed vitiis detrahendis laudare ampliter solet. Hoc enim est:

ἤυδα μάντις ἀμύμων.
τώδ᾽ ὐκ ἄκοντε πετέσθην.

et item illud:

Ενθ᾽ ὐκ ἂν βρίζοντα ἴδοις Αγαμέμνονα δῖον,
Οὐ δὲ καταπτώσσοντ᾽, οὐδ᾽ ὐκ ἐθέλοντα μάχεσθαι.

Epicurus quoque simili modo maximam voluptatem detractionem privationemque omnis doloris definivit his verbis : ὅρος τῦ μεγέθους τῶν ἡδονῶν, ἡ παντὸς τῦ ἀλγοῦντος ὑπεξαίρεσις. Eadem ratione idem Virgilius *inamabilem* dixit Stygiam paludem. Nam sicut *illaudatum* κατὰ laudis ςέρησιν, ita *inamabilem*, κατὰ amoris ςέρησιν detestatus est. Altero modo *illaudatus* ita defenditur. *Laudare* significat prisca lingua nominare

ne dise ou ne fasse, au moins quelquefois, des choses auxquelles on ne peut refuser quelques louanges. De là cet ancien vers grec passé en proverbe :

*Souvent un fat dit des choses très-utiles.*

Mais quelqu'un qui ne mérite de louanges dans aucune circonstance de sa conduite, ni dans aucun temps, peut bien être appelé *illaudatus*, et c'est de tous les hommes le plus méchant et le plus détestable : de même que l'absence de toute espèce de faute constitue la véritable innocence. Car si le mot *inculpatus* exprime la vertu par excellence, *illaudatus* désigne tout ce que la scélératesse peut produire de plus exécrable. Ainsi, quand Homère veut tracer quelque portrait honorable, il a coutume, non pas de vanter les vertus de ses héros, mais de célébrer l'horreur qu'ils ont du crime. On lit dans ce poète fameux :

*Ainsi parla le devin irréprochable. Les guerriers volaient au combat non pas malgré eux.*

Puis :

*Alors, vous eussiez vu Agamemnon qui ne dormait pas, dont le cœur n'était point abattu, et qui ne voulait point ne point combattre.*

C'est en suivant la même méthode, qu'Épicure établit sa définition de la volupté, en ces mots : *Le dernier terme de la volupté, c'est la privation de toute douleur.* C'est par la même raison que Virgile, en parlant du Styx, l'appelle *inamabilis* (qui n'est point aimable) : car de même que par *illaudatus*, le poëte désigne un homme indigne de toute louange, de même par *inamabilis*, qui exprime la privation de toute amabilité, il exprime un fleuve dont le souvenir n'inspire que de l'horreur. La seconde chose que l'on pourrait répondre en faveur d'*illaudatus*, c'est que, dans

appellareque. Sic in actionibus civilibus auctor laudari dicitur, quod est nominari. *Illaudatus* enim est quasi *illaudabilis*; qui neque mentione aut memoria ulla dignus neque unquam nominandus est. Sicuti quondam a communi concilio Asiæ decretum est, uti nomen ejus, qui templum Dianæ Ephesiæ incenderat, ne quis ullo in tempore nominaret. Tertium restat ex iis, quæ reprehensa sunt, quod *tunicam squallentem auro* dixit. Id autem significat copiam densitatemque auri in squamarum speciem intexti. Squallere enim dictum est a squamarum crebritate asperitateque; quæ in serpentium pisciumque coriis visuntur. Quam rem et alii, et hic quidem poeta locis aliquot demonstrat:

*Quem pellis*, inquit, *ahenis*
*In plumam squamis auro conserta tegebat.*

Et alio loco,

*Jamque adeo rutilum thoraca indutus ahenis*
*Horrebat squamis.*

Accius in Pelopidis ita scribit;

*Ejus serpentis squamæ squallido auro et purpura prætexta.*

Quicquid igitur nimis inculcatum obsitumque aliqua re erat, ut incuteret visentibus facie nova horrorem, id *squallere* dicebatur. Sic in corporibus incultis

les premiers temps de la langue latine, le verbe *laudare* signifiait nommer, appeler. Ainsi, pour désigner un citoyen dont il a été fait mention dans les actions civiles, au lieu de *nominari*, on se sert de *laudari*. Dans ce sens, *illaudatus* ( qui n'a pas été nommé ) signifie la même chose qu'*illaudabilis* ( qui ne doit pas être nommé ), c'est-à-dire, un homme dont on ne doit faire aucune mention, et qui n'est pas même digne d'être nommé : à peu près comme les états de l'Asie, qui portèrent autrefois un décret pour défendre de prononcer jamais le nom du malheureux qui avait mis le feu au temple de Diane. Reste à examiner la phrase, *tunicam squallentem auro*. Elle ne signifie pas, comme on le reproche à Virgile, une tunique souillée d'or, mais un habit où l'or est prodigué, et les lames recouvertes les unes sur les autres en forme d'écailles : car le verbe *squallere* marque proprement cette suite et cette aspérité d'écailles qui couvrent le corps des serpens et des poissons. On peut le voir dans plusieurs endroits de Virgile et de quelques autres poètes. On lit dans Virgile :

*Il était revêtu d'une peau ornée de lames d'airain, disposées en forme de plumes et garnies d'or ( pellis ahenis in plumam squamis auro conserta ).*

Et dans un autre endroit :

*Déjà il avait pris cette cuirasse brillante, couverte d'écailles d'airain ( thoraca ahenis squamis conserta ).*

Accius, dans sa tragédie des Pélopides, dit :

*Les écailles de ce serpent réfléchissaient l'éclat de l'or et de la pourpre ( squamæ squallido auro et purpura prætextæ ).*

On disait donc *squallere*, en parlant de toutes les choses qui étaient tellement couvertes et chargées, que leur nouvel aspect inspirait de l'horreur. Ainsi on appelle *squallor*,

squamosisque alta congeries sordium squallor appellatur; cujus significationis multo assiduoque usu totum id verbum ita contaminatum est, ut jam squallor de re alia nulla, quam de solis inquinamentis dici cœperit.

## CAPUT VII.

De officio erga patres liberorum: deque ea re ex philosophiæ libris, in quibus scriptum quæsitumque est, an semper omnibusque patris jussis obsequendum sit.

Quæri solitum est in philosophorum disceptationibus, an semper inque omnibus jussis patri parendum sit. Super ea re Græci nostrique, qui de officiis scripserunt, tres sententias esse quæ spectandæ considerandæque sint, tradiderunt; easque subtilissime dijudicaverunt. Earum una est; omnibus quæ pater imperat, parendum. Altera est; in quibusdam parendum, quibusdam non obsequendum. Tertia est; nihil necessum esse patri obsequi et parere. Hæc sententia, quoniam primore adspectu nimis infamis est, super ea prius quæ dicta sunt dicemus. Aut recte, inquiunt, imperat pater aut perperam. Si recte imperat; non quia imperat parendum, sed, quoniam id fieri jus est, faciendum est. Si perperam; nequaquam scilicet faciendum quod fieri non oportet. Deinde ita concludunt. Nunquam est igitur patri pa-

cet amas épais de fange et de limon qui souille les écailles des animaux immondes. L'usage fréquent de ce terme appliqué à cette signification particulière, l'a tellement corrompu, pour ainsi dire, que l'on a fini par le destiner uniquement à exprimer des ordures et des saletés.

## CHAPITRE VII.

*Des devoirs des enfans envers leurs pères. Ce que les philosophes ont dit, à ce sujet, dans leurs ouvrages où l'on trouve agitée cette question : Si l'on doit toujours obéir aux ordres d'un père, quels qu'ils puissent être.*

On a souvent agité, parmi les philosophes, cette importante question : Si toujours, et en toute occasion, les enfans sont obligés d'exécuter les ordres d'un père ? En recueillant les différentes opinions des Grecs et des Latins qui ont écrit sur cette matière, nous en trouvons trois, entre autres, particulièrement dignes d'attention et de remarque, et qu'ils ont pesées avec beaucoup de sagacité. La première est, qu'il faut toujours obéir à un père dans tout ce qu'il commande; la seconde, qu'il faut distinguer les circonstances où l'on doit obéir, et celles où l'on ne le doit point; la troisième, qu'il n'est aucun cas dans lequel un enfant soit obligé d'obéir à son père. Comme cette dernière opinion offre à la première idée quelque chose de révoltant, il convient de la développer d'abord dans le sens de ses sectateurs. Ce qu'un père commande, disent-ils, est bon ou mauvais. Si ce qu'il ordonne est juste, on est obligé de le faire, non parce qu'il l'ordonne, mais parce que c'est un devoir. Si au contraire

rendum, quæ imperat. Sed neque istam sententiam probari accepimus. Argutiola quippe hæc, sicuti mox ostendemus, frivola et inanis est. Neque autem illa, quam primo in loco diximus, vera et proba videri potest: omnia esse, quæ pater jusserit, parendum. Quid enim? si proditionem patriæ, si matris necem, si alia quædam imperarit turpia aut impia. Media igitur sententia optima atque tutissima visa est; quædam esse parendum, quædam non obsequendum. Sed ea tamen, quæ obsequi non oportet, leniter et verecunde ac sine detestatione nimia sineque opprobratione acerba reprehensionis declinanda sensim et relinquenda esse dicunt, quam respuenda. Conclusio vero illa qua colligitur, sicuti supradictum est, nihil patri parendum, imperfecta est; refutarique ac dilui sic potest. Omnia, quæ in rebus humanis fiunt, sicut docti censuerunt, aut honesta sunt, aut turpia. Quæ sua vi recta aut honesta sunt, ut fidem colere, ut patriam defendere, ut amicos diligere, ea fieri oportet sive imperet pater sive non imperet. Sed quæ his contraria quæque turpia et omnino iniqua sunt; ea ne si imperet quidem. Quæ vero in medio sunt, et a Græcis tum ἀδιάφορα, tum μέσα appellantur, ut in militiam ire, rus colere, honores capessere, causas

ce qu'il commande est injuste, on ne doit point, pour lui obéir, exécuter ce que l'équité condamne. D'où ils tirent cette conclusion, qu'il n'y a jamais d'occasion où l'on doive déférer aux ordres d'un père. Raisonnement frivole, réprouvé de l'antiquité, et qui n'est qu'une vaine subtilité, comme nous le ferons voir dans peu. La première des trois opinions que nous avons citées, d'après laquelle on doit obéir aveuglément aux ordres d'un père, ne paraît point assez conforme à la prudence et à l'honnêteté. Quel désordre en effet, si un homme ordonne d'être traître envers la patrie, de tuer une mère, ou commande quelque chose d'impie ou d'infâme ! L'opinion qui tient le milieu entre ces deux extrémités, et d'après laquelle on doit obéir dans certaines occasions et ne point obéir dans d'autres, est certainement la plus raisonnable et la plus sûre. Mais dans les occasions où il n'est pas permis d'obéir, l'enfant, au lieu de faire éclater brusquement l'indignation qu'excite un commandement injuste, ou de se répandre en reproches amers, doit toujours se contenir dans les bornes du respect et de la modération ; il faut qu'il ait plutôt l'air d'éluder sagement les ordres d'un père, que de se roidir avec impudence et de lui résister en face. Quant à la conclusion sur laquelle on appuie l'assertion que jamais, comme il a été dit ci-dessus, l'on ne doit obéir aux ordres d'un père, elle est très-mal fondée, et l'on peut la réfuter aisément de cette manière. Toutes les actions de la vie sont, d'après la doctrine du sage, ou honnêtes ou honteuses. Celles qui de leur nature sont incontestablement bonnes, comme de garder sa parole, de défendre la patrie ou d'aimer ses amis, on doit s'y porter, soit qu'un père l'ordonne ou ne l'ordonne pas : mais celles qui sont évidemment injustes ou infâmes, il est certain,

defendere, uxorem ducere, uti jussum proficisci, uti accersitum venire; quoniam et hæc et his similia per sese ipsa neque honesta sunt neque turpia, sed, proinde ut a nobis aguntur, ita ipsis actionibus aut probanda fiunt aut reprehendenda: propterea in ejusmodi omnium rerum generibus patri parendum esse censent; veluti si uxorem ducere imperet, aut causas pro reis dicere. Quod enim utrumque in genere ipso per sese neque honestum neque turpe est; iccirco, si pater jubeat, obsequendum est. Quid enim? si imperet uxorem ducere infamem, propudiosam, criminosam; aut pro reo Catilina aliquo, aut Tubulo aut P. Clodio causam dicere. Non scilicet parendum. Quoniam accedente aliquo turpitudinis numero desinunt esse per sese hæc media atque indifferentia. Non ergo integra est propositio dicenda; aut honesta sunt quæ imperat pater, aut turpia: neque ὑγιὲς νόμιμον διεζευσμένον videri potest. Deest enim disjunctioni isti tertium; aut neque honesta sunt neque turpia. Quod si additur; potest ita concludi: nonnunquam est igitur patri parendum.

## CAPUT VIII.

*Quod parum æqua reprehensio Epicuri a Plutarcho peracta sit in syllogismi disciplina.*

Plutarchus secundo librorum, quos de Homero composuit, imperfecte atque præpostere atque in-

les ordres les plus absolus d'un père ne peuvent les autoriser. Quant à cette espèce d'actions qui tiennent le milieu entre celles dont nous venons de parler, et que les Grecs appellent *indifférentes* ou *moyennes*, comme aller à la guerre, cultiver son champ, parvenir aux honneurs, plaider, se marier, partir quand on est envoyé, revenir quand on est appelé; toutes ces choses n'empruntant leur mérite ou leur blâme que du motif intérieur qui détermine la volonté, il faut donc, concluent-ils, dans toutes ces circonstances, se rendre aux ordres d'un père; et puisque ce qu'il commande n'est en soi ni bon ni mauvais, son autorité doit jouir de toute l'étendue de ses droits. Quoi donc! si un père m'ordonne d'épouser une femme décriée, flétrie, déshonorée; de plaider pour un Catilina, un Tubulus, un P. Clodius (²), je devrais obéir?... Non. Ce poids d'iniquité ou d'infamie, ajouté à des circonstances indifférentes en elles-mêmes, détruit alors l'équilibre. Il ne faut donc pas avancer d'un ton absolu, que ce qu'un père ordonne est louable ou honteux. On doit sentir qu'il y a un milieu; car on doit ajouter: ou ce qu'il ordonne n'est ni louable ni honteux. Si l'on ajoute ceci, l'on peut tirer cette conclusion: qu'il est des circonstances où l'on doit obéir aux ordres d'un père.

## CHAPITRE VIII.

*Que Plutarque blâme avec peu de justesse, dans Epicure, la forme d'un syllogisme.*

Plutarque, dans le second de ses livres sur Homère, prétend qu'Épicure s'est servi d'un syllogisme vicieux, repré-

scite syllogismo esse usum Epicurum dicit; verbaque ipsa Epicuri ponit: ὁ θάνατος οὐδὲν πρὸς ἡμᾶς, τὸ δὲ διαλυθὲν ἀναισθητεῖ, τὸ δὲ ἀναισθητοῦν οὐδὲν πρὸς ἡμᾶς. Nam praetermisit, inquit, quod in prima parte sumere debuit: ὁ θάνατος ψυχῆς καὶ σώματος διάλυσις. Tum deinde eodem ipso, quod omiserat, quasi posito concessoque, ad confirmandum aliud, utitur. Progredi autem hic, inquit, syllogismus nisi illo prius posito, non potest. Vere hoc quidem Plutarchus de forma et ordine syllogismi scripsit. Nam si, ut in disciplinis traditur, ita colligere et ratiocinari velis; sic dici oportet: ὁ θάνατος ψυχῆς καὶ σώματος διάλυσις. τὸ δὲ διαλυθὲν ἀναισθητεῖ. τὸ δὲ ἀναισθητοῦν οὐδὲν πρὸς ἡμᾶς. Sed Epicurus cuicuimodi homo est, non inscitia videtur partem illam syllogismi praetermisisse. Neque id ei negotium fuit syllogismum tanquam in scholis philosophorum cum numeris omnibus et cum suis finibus dicere. Et profecto, quia separatio animi et corporis in morte evidens est, non est ratus necessariam esse ejus admonitionem, quod omnibus prorsus erat obvium. Sicuti etiam quod conclusionem syllogismi non in fine posuit, sed in principio. Nam id quoque non imperite factum quis non videt? Apud Platonem quoque multis in locis reperias syllogismos repudiato conversoque ordine isto, qui in docendo traditur, cum eleganti quadam reprehensionis contemtione positos esse.

hensible, et qui atteste un homme peu versé dans les règles de la dialectique. Voici les paroles mêmes d'Épicure : *La mort ne nous est rien ; car ce qui est dissous ne sent rien, et ce qui ne sent rien ne peut nous affecter.* Car, ajoute Plutarque, il a omis le premier membre de son raisonnement : *La mort est la dissolution de l'âme et du corps.* Et comme s'il l'avait mis en avant et qu'on le lui eût accordé, il s'en sert pour avancer et prouver autre chose ; et cependant le syllogisme ne peut avancer sans ces prémisses. Le caractère du syllogisme que Plutarque vient de tracer est très-vrai ; car si quelqu'un voulait raisonner sur le texte d'Épicure, d'après les règles de l'Académie, voici comment il devrait procéder. *La mort est la dissolution de l'âme et du corps ; or, ce qui est dissous ne sent rien, et ce qui ne sent rien ne peut nous affecter.* Mais, quoi qu'il en soit d'Épicure, il ne paraît pas que ce soit par ignorance qu'il a négligé le premier membre de son syllogisme. Son dessein n'était point d'établir un argument en forme et revêtu de tous ses accessoires, comme dans les écoles de la philosophie. En effet, puisqu'il est évident que la mort est la séparation de l'âme et du corps, Épicure n'a pas cru qu'il fût nécessaire de rappeler une vérité connue de tout le monde. Il ne faut pas lui faire un crime non plus d'avoir mis la conclusion en tête du syllogisme, tandis qu'elle devrait être à la fin ; car, qui pourrait ne pas s'apercevoir que cela n'a point été fait par ignorance ? Combien ne trouve-t-on pas de pareilles inversions dans les écrits de Platon, qui, dans ces occasions, préfère l'élégance du style à l'aridité philosophique ?

## CAPUT IX.

Quod Plutarchus evidenti calumnia verbum ab Epicuro dictum insectatus sit.

In eodem libro idem Plutarchus eundem Epicurum reprehendit, quod verbo usus sit parum proprio et alienae significationis. Ita enim scripsit Epicurus: ὅρος τῦ μεγέθους τῶν ἡδονῶν, ἡ παντὸς τῦ ἀλγοῦντος ὑπεξαίρεσις. Non, inquit, παντὸς τῦ ἀλγοῦντος, sed παντὸς τῦ ἀλγεινοῦ dicere oportuit. Detractio enim significanda est doloris, inquit, non dolentis. Nimis minute ac prope etiam subfrigide Plutarchus in Epicuro accusando λέξεις τηρεῖ. Has enim curas vocum verborumque elegantias non modo non sectatur Epicurus, sed etiam insectatur.

## CAPUT X.

Quid sint Favissae capitolinae; et quid super eo verbo M. Varro Servio Sulpicio quaerenti rescripserit.

Servius Sulpicius juris civilis auctor, vir bene literatus, scripsit ad M. Varronem, rogavitque ut rescriberet quid significaret verbum, quod in censoriis libris scriptum esset. Id erat verbum, *Favissae*

## CHAPITRE IX.

*Que Plutarque a condamné évidemment à tort une expression d'Épicure.*

Dans le même livre, Plutarque reproche encore à Épicure de s'être servi d'une expression impropre, et de ne l'avoir point employée dans sa vraie signification. Épicure a dit : *Le comble du bonheur de la vie consiste dans l'absence de toute souffrance* ( παντὸς τῦ αλγοῦντος ). Ce n'est point παντὸς τῦ αλγοῦντος, mais παντὸς τῦ αλγεινοῦ qu'il aurait dû mettre, dit Plutarque. Car, dit le même Plutarque, ce n'est point l'absence de celui qui souffre, mais l'absence de la douleur qu'il fallait exprimer ici. Mais Plutarque épluche ici les mots dans Épicure, d'une manière un peu trop minutieuse, pour ne pas dire un peu froide ; car Épicure, loin d'être partisan de ces sortes d'afféteries de mots et d'expressions, en est au contraire l'ennemi déclaré.

## CHAPITRE X.

*Ce que c'est que les caves du Capitole (Favissæ capitolinæ). Réponse de M. Varron à Servius Sulpicius qui désirait connaître le sens de ce mot.*

Servius Sulpicius, rédacteur du droit civil, et homme de lettres fort distingué, écrivit à M. Varron, et le pria de lui expliquer le sens d'un mot qu'il avait trouvé dans les livres des censeurs. Ce mot était, *Favissæ capitolinæ.* Je me

*capitolinæ.* Varro rescripsit, in memoria sibi esse, quod Q. Catulus curator restituendi Capitolii dixisset; voluisse se aream capitolinam deprimere, ut pluribus gradibus in ædem conscenderetur, suggestusque pro fastigii magnitudine altior fieret: sed facere id non quisse, quoniam favissæ impedissent. Id esse cellas quasdam et cisternas, quæ in area sub terra essent; ubi reponi solerent signa vetera, quæ ex eo templo collapsa essent, et alia quædam religiosa e donariis consecratis. At deinde eadem epistola negat quidem se in literis invenisse cur favissæ dictæ sint; sed Q. Valerium Soranum solitum dicere ait, quos thesauros græco nomine appellaremus, priscos Latinos *flavissas* dixisse, quod in eos non rude æs argentumque, sed flata signataque pecunia conderetur. Conjectare igitur se detractam esse ex eo verbo secundam literam, et *favissas* esse dictas cellas quasdam et specus, quibus æditui capitolini uterentur ad custodiendum res veteres religiosas.

## CAPUT XI.

### De Siccio Dentato egregio bellatore multa memoratu digna.

L. Siccium Dentatum, qui trib. plebi fuit, Sp. Tarpeio A. Haterio consulibus, scriptum est in libris annalibus plus quam credi debeat, strenuum

rappelle, lui répondit Varron, que P. Catulus, chargé des réparations du Capitole (9), voulut en faire baisser le terrain, afin de multiplier les degrés qui conduisaient au temple, et de donner plus d'élévation à la tribune aux harangues; mais que les *fosses* empêchèrent l'exécution de ce dessein. Varron ajoute que ces *fosses* étaient des espèces de caves ou de citernes creusées sous le temple de Jupiter, où l'on avait coutume de déposer les images des dieux que la vétusté avait abattues, et quelques offrandes sacrées. Mais il assure, dans la même lettre, qu'il n'a trouvé nulle part l'étymologie du nom *favissa*, donné à ces cavités souterraines; que cependant Q. Valérius Soranus avait coutume de dire que ce que l'on appelle aujourd'hui du grec *thesauros*, les anciens Latins le désignaient par le mot *flavissa*, parce qu'on y cachait non pas des monnaies d'argent ou d'airain brut, mais des pièces de métal fondu et frappées au coin de l'État (*flata signataque pecunia*); d'où il conjecturait que le retranchement de la seconde lettre du mot latin *flavissa* avait produit le terme *favissa*, qu'on avait affecté à des caves ou des antres pratiqués sous terre, dans lesquels les gardiens du trésor de Jupiter Capitolin cachaient les monumens anciens qui avaient servi à son culte.

## CHAPITRE XI.

### Éloge de la valeur de Siccius Dentatus.

Les Annales de l'antiquité rapportent de Siccius Dentatus, tribun du peuple sous le consulat de Sp. Tarpéius et d'A. Hatérius, des traits d'héroïsme militaire presque in-

bellatorem fuisse; nomenque ei factum ob ingentem fortitudinem; appellatumque esse Achillem Romanum. Is pugnasse in hostem dicitur centum et xx præliis; cicatricem aversam nullam, adversas quinque et xl. tulisse; coronis esse donatus aureis octo, obsidionali una, muralibus tribus, civicis xiv; torquibus tribus et lxxx; armillis plus centum lx; hastis duodeviginti. Phaleris item donatus est quinquies viciesque. Populi militaria dona habuit multijuga; in his provocatoria pleraque. Triumphavit cum imperatoribus suis triumphos novem.

## CAPUT XII.

Considerata perpensaque lex quædam Solonis, speciem habens primorem iniquæ injustæque legis, sed ad usum emolumentumque salubritatis penitus reperta.

In legibus Solonis illis antiquissimis, quæ Athenis axibus ligneis incisæ sunt, quasque latas ab eo Athenienses, ut sempiternæ manerent, poenis et religionibus sanxerant, legem esse Aristoteles refert scriptam ad hanc sententiam. Si ob discordiam dissensionemque seditio atque discessio populi in duas partes fieret, et ob eam causam irritatis animis utrinque arma caperentur, pugnareturque: tum qui, in eo tempore in eoque casu civilis discordiæ, non alterutræ parti sese adjunxerit, sed solitarius

croyables, qui lui acquirent la réputation d'un des plus braves guerriers, et le surnom flatteur d'Achille romain. Il se trouva, dit-on, à cent vingt batailles, et y reçut quarante-cinq blessures, toutes très-honorables. Huit couronnes d'or, une obsidionale, trois murales, quatorze civiques, quatre-vingt-trois colliers, plus de cent soixante bracelets, dix-huit javelots, vingt-cinq ornemens de chevaux furent les monumens et le prix de ses services. Le peuple lui adjugea plusieurs dons militaires, la plupart pour récompenser le succès des combats singuliers auxquels il avait provoqué l'ennemi. Neuf fois la présence de ce soldat intrépide décora le triomphe des généraux sous lesquels il avait porté les armes.

## CHAPITRE XII.

Examen d'une des lois de Solon, qui, quoiqu'elle paraisse d'abord peu d'accord avec la justice, ne laisse pas néanmoins de paraître ensuite très-sage et très-salutaire.

Dans le recueil des lois antiques de Solon (10), qu'Athènes fit graver sur des tables de bois, et dont les Athéniens fondèrent la stabilité sur la religion des sermens et la terreur de l'animadversion publique, Aristote en remarque une dont voici le sens. S'il arrive que l'esprit de discorde et de dissension cause quelque sédition parmi le peuple, et qu'il le divise en deux partis qui, n'écoutant que l'emportement et la fureur, courent aux armes et en viennent aux mains; si, dans cette fermentation générale, quelque citoyen refuse de se joindre à une des deux factions, et de prendre part

separatusque a communi malo civitatis secesserit, is domo, patria, fortunisque omnibus careto; exul extorrisque esto. Cum hanc legem Solonis singulari sapientia præditi legissemus; tenuit nos gravis quædam in principio admiratio, requirentes quam ob causam dignos esse poena existimaverit, qui se procul a seditione et civili pugna removissent. Tum, qui penitus atque alte usum ac sententiam legis inspexerat, non ad augendam sed ad desinendam seditionem legem hanc esse dicebat. Et res prorsum se sic habet. Nam si boni omnes, qui in principio coercendæ seditioni impares fuerint populumque partitum et amentem non deterruerint, ad alterutram partem divisi sese adjunxerint: tum eveniet, ut cum socii partis seorsum utriusque fuerint, eæque partes ab iis ut majoris auctoritatis viris temperari ac regi cœperint, concordia per eos potissimum restitui conciliarique possit; dum et suos apud quos sunt regunt atque mitificant, et adversarios sanatos magis cupiunt quam perditos. Hoc idem Favorinus philosophus inter fratres quoque aut amicos dissidentes oportere fieri censebat; ut, qui in medio sunt utriusque partis benevoli, si in concordia annitenda parum auctoritatis quasi ambigui amici habuerint, tum alteri in alteram partem discedant; ac per id meritum viam sibi ad utriusque concordiam mœniant. Nunc autem pleraque, inquit, pars utriusque amici, quasi probe faciant, duo litigantes destituunt et reliqunt; deduntque eos advocatis

aux troubles civils, qu'il soit chassé de sa maison, de sa patrie, de toutes ses possessions, et qu'il soit exilé aux extrémités de la terre. Ce point d'institution civile nous surprit étrangement dans un législateur aussi sage; nous fûmes long-temps à comprendre quelle punition pouvait mériter un citoyen qui refuse de marcher sous les étendards de la révolte, et de souiller ses mains du sang de ses compatriotes. Un d'entre nous qui, en approfondissant la maxime de Solon, en avait saisi l'esprit, nous prouva que cette loi tendait à étouffer plutôt qu'à fomenter la révolte, et tel était son raisonnement. Les citoyens vertueux voyant leurs efforts inutiles pour calmer la multitude, et ne pouvant ramener les esprits aigris, se partagent, entrent dans chaque parti; alors il arrive que, chacun de son côté feignant d'épouser vivement la querelle d'une faction, et ces emportés déférant le commandement à des hommes de poids et d'autorité, ceux-ci les ramèneront insensiblement aux voies de douceur et de conciliation, puisqu'ils ne cherchent qu'à apaiser ceux de leur parti, et à faire tomber les armes des mains de leurs adversaires, au lieu de chercher à les perdre. Le philosophe Favorin voulait que cette loi publique d'Athènes devînt aussi celle des frères ou des amis que la discorde avait partagés; car alors, disait-il, si ceux qui sont demeurés de sang-froid, et qui sont bien venus des deux partis, voient que leur médiation ne ramènera pas la paix, qu'ils se partagent, qu'ils se rangent de chaque côté, que chacun adoucisse celui qu'il a choisi; bientôt, par leurs soins, l'amitié et la concorde renaîtront dans tous les cœurs. Maxime de prudence et de paix, s'écriait Favorin, que tu es oubliée de nos jours! Deux citoyens sont sur le point de plaider; les amis communs croient bien faire de les

malevolis aut avaris, qui lites animasque eorum inflamment, aut odii studio aut lucri.

## CAPUT XIII.

*Liberos* in multitudinis numero etiam unum filium filiamve veteres dixisse.

Antiqui oratores, historiæque aut carminum scriptores, etiam unum filium filiamve *liberos* multitudinis numero appellarunt. Id quoque nos cum in complurium veterum libris scriptum aliquotiens adverterimus, nunc quoque in libro Sempronii Asellionis rerum gestarum quinto, ita positum esse offendimus. Is Asellio sub P. Scipione Africano tribunus militum ad Numantiam fuit; resque eas, quibus gerendis ipse interfuit, conscripsit. Ejus verba de Tiberio Graccho tribuno plebi, quo in tempore interfectus in Capitolio est, hæc sunt: *Nam Gracchus domo cum proficisceretur: nunquam minus terna aut quaterna milia hominum sequebantur.* Atque inde infra de eodem Graccho ita scripsit: *Orare cœpit, ut se defenderent liberosque suos: eum, quem virilis sexus tum in eo tempore habebat, produci jussit, populoque commendavit prope flens.*

abandonner et de ne se mêler de rien ; ils les livrent à des plaideurs fourbes ou avares qui échauffent la querelle et attisent l'incendie, pour éterniser la haine des cliens et faire par-là une plus ample moisson.

## CHAPITRE XIII.

### Que les anciens se sont servis du pluriel *liberi*, pour désigner un seul enfant, fils ou fille.

Les anciens orateurs, historiens ou poëtes, ont dit *liberi* au pluriel, en parlant d'un seul enfant de l'un ou de l'autre sexe. J'ai fait cette remarque en parcourant une infinité d'ouvrages des siècles précédens, et j'ai trouvé la même expression dans le cinquième livre des mémoires de Sempronius Asellion. Cet Asellion, tribun militaire au siége de Numance, sous les ordres de Scipion l'Africain, a rédigé par écrit tous les événemens de guerre qui se sont passés sous ses yeux, et auxquels il a eu part. Voici ce qu'il dit de Tibérius Gracchus (¹¹), tribun du peuple, au moment où il fut mis à mort au Capitole : *Car Gracchus, en partant de sa maison, n'avait jamais à sa suite moins de trois ou quatre mille citoyens.* Ensuite il ajoute à l'égard du même Gracchus : *Il se mit à supplier le peuple de le défendre lui et ses enfans ( liberos ) : alors ayant fait venir le seul fils qu'il eût en ce temps, il le présenta au peuple qui l'environnait et le lui recommanda, les larmes aux yeux.*

## CAPUT XIV.

Quod M. Cato in libro, qui inscriptus est, CONTRA TIBERIUM EXSULEM, *stitisses vadimonium*, per, *i*, literam dicit, non, *stetisses*: ejusque verbi ratio reddita.

In libro vetere M. Catonis qui inscribitur, CONTRA TIBERIUM EXSULEM, scriptum quidem sic erat: *Quid si vadimonium capite obvoluto stitisses?* Recte ille *stitisses* scripsit: sed falsi et audaces emendatores, *e*, scripto per libros, *stetisses*, fecerunt, tanquam *stitisses* vanum et nihili verbum esset. Quin potius ipsi nequam et nihil sunt, qui ignorant, *stitisses*, dictum a Catone, quoniam *sisteretur vadimonium*, non *staretur*.

## CAPUT XV.

Quod antiquitus ætati senectæ potissimum habiti sunt ampli honores; et cur postea ad maritos et patres idem isti honores delati sint: atque ibi quædam de capite legis Juliæ septimo.

Apud antiquissimos Romanorum neque generi neque pecuniæ præstantior honos tribui quam ætati solitus: majoresque natu a minoribus colebantur, ad deûm prope et parentum vicem: atque in omni loco in-

## CHAPITRE XIV.

Que M. Caton, dans son livre qui a pour titre, CONTRE TIBÈRE EXILÉ, a bien mis *stitisses vadimonium*, et non pas *stetisses*. Explication de ce mot.

Dans l'ancien livre de M. Caton, qui a pour titre, CONTRE TIBÈRE EXILÉ, on lisait ce passage : *Quoi ! si vous aviez comparu devant le tribunal ( vadimonium stitisses ) la tête couverte ?* Caton, en mettant *stitisses*, s'est servi du mot convenable ; et c'est à tort que dans quelques éditions on a changé l'*i* en *e*, et qu'on a substitué *stetisses* à *stitisses*, comme si ce dernier verbe était en cet endroit un mot vide de sens. On doit bien plutôt regarder comme des ignorans ceux qui ne savent point que si Caton s'est servi dans ce cas de *stitisses*, c'est qu'on disait, en parlant du jour auquel un homme était tenu de comparaître en justice, *sisteretur vadimonium*, et non *staretur*.

## CHAPITRE XV.

Honneurs que les premiers Romains rendaient à la vieillesse ; pourquoi ils ont accordé ensuite les mêmes honneurs aux maris et aux pères ; ce qu'on lit à ce sujet dans le chapitre septième de la loi Julia.

Chez les anciens Romains, on décernait les premiers honneurs à l'âge, préférablement à la noblesse et à l'opulence : les jeunes gens avaient pour les vieillards une vénération presque égale à celle qu'ils avaient pour les dieux et pour

que omni specie honoris priores potioresque habiti. A convivio quoque, ut scriptum est in antiquitatibus, seniores a minoribus domum deducebantur : cumque morem accepisse Romanos a Lacedæmoniis traditum est ; apud quos, Lycurgi legibus, major rerum omnium honos majori ætati habebatur. Sed postquam soboles civitati necessaria visa est; et ad prolem populi frequentandam præmiis atque invitamentis usus fuit : tum antelati, quibusdam in rebus, qui uxorem quique liberos haberent, senioribus neque liberos neque uxores habentibus. Sic capite septimo legis Juliæ priori ex consulibus fasces sumendi potestas fit; non qui pluris annos natus est, sed qui pluris liberos quam collega aut in sua potestate habet aut bello amisit. Sed si par utrique numerus liberorum est; maritus, aut qui in numero maritorum est, præfertur. Si vero ambo et mariti et patres totidem liberorum sunt : tum ille pristinus honos instauratur; et qui major natu est, prior fasces sumit. Super his autem qui aut cælibes ambo sunt, aut parem numerum filiorum habent, aut mariti sunt et liberos non habent, nihil scriptum in lege de ætate est. Solitos tamen audio, qui lege potiores essent, fasces primi mensis collegis concedere aut longe ætate prioribus, aut nobilioribus multo, aut secundum consulatum ineuntibus.

leurs parens. Dans tous les lieux, dans toutes les occasions, la vieillesse jouissait des premières et des plus grandes marques de respect et de déférence. Nous voyons, dans le tableau des mœurs antiques, qu'au sortir des repas, les jeunes gens reconduisaient les vieillards jusque chez eux, et que les Romains avaient emprunté cette coutume des Lacédémoniens, chez lesquels Lycurgue avait établi une loi qui attribuait tous les honneurs à la dignité de l'âge. Mais quand on eut compris combien la population était essentielle à la prospérité de la république, et que l'État eut proposé des récompenses à la fécondité; alors le citoyen époux et père était préféré, en certaines occasions, au vieillard sans femme et sans postérité. Ainsi le chapitre septième de la loi Julia ([12]) adjuge le droit des premiers faisceaux ([13]), non pas à celui des deux consuls qui est le plus avancé en âge, mais à celui qui a donné plus de fils à l'État, soit qu'ils fassent encore l'espérance de sa maison, soit qu'ils aient péri dans les combats. Le nombre des enfans étant égal de part et d'autre, celui qui est actuellement marié ou qui l'a été, a le plus souvent le pas sur son collègue. S'il arrive qu'entre les deux consuls il n'y ait aucune différence entre le nombre des épouses et celui des enfans, le plus ancien a l'avantage, et l'honneur de se faire précéder le premier par les licteurs, lui est décerné par la nature. Mais la loi n'adjuge rien à l'âge dans le cas où il arriverait que les deux consuls fussent célibataires, qu'ils possédassent le même nombre d'enfans, ou qu'ils fussent mariés sans avoir de postérité. J'ai cependant entendu dire que ceux à qui le droit décerne l'honneur des faisceaux du premier mois, le cédaient à un collègue plus ancien, consul pour la seconde fois, ou d'une origine plus illustre que la leur.

## CAPUT XVI.

*Quod Cæsellius Vindex a Sulpicio Apollinari reprehensus est in sensus Virgiliani enarratione.*

Virgilii versus sunt e libro sexto:

*Ille, vides? pura juvenis qui nititur hasta*
*Proxima sorte tenet lucis loca: primus ad auras*
*Æthereas Italo commistus sanguine surget*
*Sylvius, Albanum nomen, tua posthuma proles;*
*Quem tibi longævo serum Lavinia conjux*
*Educet sylvis regem regumque parentem.*
*Unde genus Longa nostrum dominabitur Alba.*

Videbantur hæc nequaquam convenire:

*Tua posthuma proles,*

et,

*Quem tibi longævo serum Lavinia conjux*
*Educet sylvis regem.*

Nam si hic Sylvius, ut in omnium ferme annalium monumentis scriptum est, post mortem patris natus est, ob eamque causam prænomen ei posthumo fuit: qua ratione subjectum est?

*Quem tibi longævo serum Lavinia conjux*
*Educet sylvis.*

Hæc enim verba significare videri possunt, Ænea vivo ac jam sene, natum ei Sylvium et educatum. Itaque hanc sententiam esse verborum istorum Cæsellius opinatus in commentario lectionum antiquarum: *Posthuma*, inquit, *proles, non eum significat qui patre mortuo, sed qui postremo loco natus est. Sicuti Sylvius, qui Ænea jam sene*

## CHAPITRE XVI.

*Reproches faits par Sulpice Apollinaire à Cæcellius Vindex, sur l'interprétation d'un passage de Virgile.*

Dans le sixième livre de Virgile, on lit les vers suivans : *Voyez ce jeune prince appuyé sur un sceptre; le sort l'a placé le plus voisin de la vie : il naîtra le premier du sang Ausonien, mêlé avec le nôtre; il sera votre fils : mais quand il verra la lumière, vous l'aurez perdue. Lavinie, votre épouse, élevera dans les forêts le fruit trop tardif de votre vieillesse, Sylvius ( ainsi le nommeront les Albains ), roi et père de tous ces rois de notre sang qui régneront dans Albe la Longue ( tua posthuma proles ; quem tibi longævo serum Lavinia conjux educet sylvis regem, etc. )*

Quelques-uns prétendent trouver de la contrariété dans cet endroit: *Tua posthuma proles ; quem tibi longævo serum Lavinia conjux educet sylvis regem ;* car si ce Sylvius, disent-ils, comme l'attestent tous les monumens historiques, n'a vu le jour qu'après la mort de son père, ce qui lui a fait donner le nom de posthume, pourquoi le poëte ajoute-t-il ? *Quem tibi longævo serum Lavinia conjux educet sylvis.* Ces paroles peuvent faire croire qu'Énée (14), dans sa vieillesse, a vu naître Sylvius, et qu'il l'a élevé. Cæcellius est de ce dernier sentiment, comme il s'en explique dans son commentaire sur les anciens écrits, où il dit: *On appelle posthume, non pas l'enfant qui naît après la mort de son père, mais celui qui vient au monde le dernier; comme Sylvius, à qui Énée donna le jour dans un âge très-avancé.* Cependant il ne s'appuie de l'autorité d'aucun historien.

*tardo seroque partu est editus.* Sed hujus historiæ auctorem nullum idoneum nominat. Sylvium autem post Æneæ mortem, sicuti diximus, natum multi tradiderunt. Iccirco Apollinaris Sulpicius inter cetera in quibus Cæsellium reprehendit, hoc quoque ejus quasi erratum animadvertit : errorisque istius hanc esse causam dixit, quod scriptum ita sit : *Quem tibi longævo. Longævo*, inquit, non *seni* ( significatio enim esset contra historiæ fidem ), sed in longum jam ævum perpetuum recepto immortalique facto. Anchises enim, qui hæc dicit ad filium, sciebat eum, cum hominum vita discessisset, immortalem atque indigetem futurum, et longo perpetuoque ævo potiturum. Hoc sane Apollinaris arguto. Sed aliud tamen est longum ævum, aliud perpetuum. Neque dii longævi appellantur, sed immortales.

## CAPUT XVII.

*Cujusmodi naturam esse quarumdam præpositionum M. Cicero animadverterit : disceptatumque ibi super eo ipso, quod Cicero observaverat.*

Observate curioseque animadvertit M. Tullius *in* et *con* præpositiones verbis aut vocabulis præpositas tunc produci atque protendi, cum literæ sequeren-

Toutefois, plusieurs écrivains placent, comme nous l'avons déjà dit, la naissance de Sylvius après la mort d'Énée. C'est pour cette raison qu'entre plusieurs erreurs qu'Apollinaire Sulpice relève dans Cæsellius, il s'arrête particulièrement à celle que je viens de rapporter; et il ajoute que ces mots, *quem tibi longævo*, mal entendus, en ont été la source. *Longævo*, dit Apollinaire, n'est point synonyme de *seni*; il ne désigne point un homme accablé de vieillesse, puisque le poëte n'aurait pu l'appliquer à Énée qu'en contredisant tous les monumens historiques : mais l'on s'en sert pour désigner l'homme à qui ses exploits et ses rares vertus ont acquis l'immortalité. Anchise, en effet, qui dans ces vers adresse la parole à son fils, savait qu'au sortir de cette vie Énée serait placé au rang des immortels, et qu'il jouirait d'une vie nouvelle et sans fin. L'interprétation d'Apollinaire est certainement très-ingénieuse ; mais on ne peut s'empêcher de convenir qu'il y a une grande différence entre une longue vie, *longum ævum*, et une vie éternelle, *perpetuum*. Aussi, en parlant des dieux, on les appelle, non pas *longævi*, mais *immortales*.

## CHAPITRE XVII.

Sous quel rapport Cicéron a considéré la nature de quelques prépositions. Dissertation sur les observations du même à cet égard.

Cicéron remarque avec autant d'exactitude que d'attention, que les prépositions *in* et *con*, jointes à des noms ou à des verbes, sont longues devant une *s* ou une *f*, et que partout

tur, quæ primæ sunt in *sapiente* atque *felice*; in aliis autem omnibus correpte pronunciari. Verba Ciceronis hæc sunt : *Quid vero hoc elegantius, quod non fit natura sed quodam instituto. Indoctus dicimus brevi prima litera ; insanus producta : inhumanus brevi, infelix longa. Et, ne multis, quibus in verbis eæ primæ literæ sunt, quæ in sapiente atque felice, producte dicuntur; in ceteris vero omnibus breviter. Itemque composuit, concrepuit, confecit. Consule veritatem; reprehendet : refer ad auris; probabunt. Quære cur ita. Se dicent juvari. Voluptati autem aurium morigerari debet oratio.* Manifesta quidem ratio suavitatis est in his vocibus, de quibus Cicero locutus est. Sed quid dicemus de præpositione, *pro?* quæ, cum produci et corripi soleat, observationem hanc tamen M. Tullii aspernata est. Non enim semper producitur cum sequitur ea litera, quæ prima est in verbo *felix :* quam Cicero hanc habere vim significat, ut propter eam rem, *in* et *con* præpositiones producantur. Nam *proficisci*, et *profundere*, et *profugere*, et *profanum*, et *profestum* correpte dicimus ; *proferre* autem, et *profligare*, et *proficens* producte. Cur igitur ea litera, quam Cicero productionis causam facere observavit, non in omnibus

ailleurs elles sont brèves. Voici ses propres paroles : *Quoi de plus délicat en effet, que ce qui est fondé, non sur l'habitude de la quantité, mais sur certaines règles qui tiennent à l'harmonie de la prononciation ? Nous prononçons i bref, dans* indoctus *(ignorant), et long dans* insanus *(insensé); bref dans* inhumanus *(inhumain), et long dans* infelix *(malheureux). En un mot, la prononciation de la première syllabe est longue dans les mots qui commencent leur seconde syllabe par les lettres* s *ou* f*, mais elle est brève dans tous les autres ; comme dans* composuit *(il a composé),* concrepuit *(il a ralenti),* confecit *(il a terminé). Consultons la quantité, cette prononciation ne sera pas exacte; consultons l'oreille, elle sera juste. La raison de cela ? C'est que l'oreille se trouve flattée. Or on doit, dans le discours, chercher à flatter l'oreille.* Il est certain que l'on trouve beaucoup de grâce et d'harmonie dans ces mots dont parle Cicéron, en les prononçant de la sorte. Mais que dire de la préposition *pro*, qui, malgré ce qu'il dit, ne laisse pas de se trouver tantôt longue et tantôt brève (¹⁵)? Car il faut observer que cette préposition n'est pas toujours longue devant une *f*, quoique Cicéron attribue à cette lettre la propriété de rendre longues les prépositions *in* et *con* qui la précèdent. En effet, nous faisons pro bref dans *proficisci* (partir), *profundere* (répandre), *profugere* (s'échapper), *profanum* (profane), *profestum* (ouvrable); et long dans *proferre* (faire sortir), *profligare* (terrasser), *proficere* (profiter). Pourquoi cette lettre, à qui Cicéron attribue la propriété de rendre longues les prépositions qui se trouvent devant elle, ne conserve-t-elle point dans tous les cas semblables cette même propriété, qui lui est attribuée pour donner à la prononciation plus de correction ou de grâce ?

consimilibus eamdem vim aut rationis aut suavitatis tenet : sed aliam vocem produci facit, aliam corripi? Neque vero, *con*, particula tum solum producitur, cum ea litera, de qua Cicero dicit, insequitur. Nam et Cato et Sallustius, *fœnoribus*, inquiunt, *coopertus est*. Præterea *coligatus* et *conexus* producte dicuntur. Sed tamen videri potest in iis, quæ posui, ob eam causam particula hæc produci, quoniam eliditur ex ea, *n*, litera. Nam detrimentum literæ productione syllabæ compensatur. Quod quidem etiam in eo servatur quod est, *cogo*. Neque repugnat quod, *coegi*, correpte dicimus. Non enim salva συναιρέσει dicitur a verbo, quod est, *cogo*.

## CAPUT XVIII.

Quod Phædon socraticus servus fuit, quodque item alii complusculi servitutem servierunt.

Phædon elidensis ex cohorte illa socratica fuit; Socratique et Platoni per fuit familiaris. Ejus nomini Plato illum librum divinum de immortalitate animæ dedit. Is Phædon servus fuit forma atque ingenio liberali, et, ut quidam scripserunt, a lenone domino puer ad merendum coactus. Eum Cebes socraticus, hortante Socrate, emisse dicitur, habuisseque in philosophiæ disciplinis. Atque is postea phi-

et pourquoi rend-elle longue dans un mot telle syllabe qu'elle rend brève dans un autre? D'ailleurs, il est reconnu que *con* n'est pas long seulement devant cette lettre que cite Cicéron; car, et Caton, et Salluste, ont dit : Il s'est trouvé accablé de dettes ( *coopertus* ). De plus, dans *coligatus* ( lié ), et *connexus* (connexion), nous trouvons que la première syllabe se prononce longue. Il peut se faire, toutefois, que dans les mots que nous venons de citer, la préposition devienne longue à cause de l'élision qu'il s'y fait de la lettre *n*. Car, dans une syllabe, la quantité longue tient lieu d'une lettre qu'on a supprimée. Le verbe *cogo* ( je force ), nous en fournit une preuve ; et nous ne trouvons point pour cela ridicule de prononcer la même syllabe brève dans *coegi* ( j'ai forcé ), en ce qu'il ne se forme pas régulièrement de *cogo*.

## CHAPITRE XVIII.

*Que Phædon, disciple de Socrate, était né dans l'esclavage. Que plusieurs autres philosophes ont vécu aussi dans un état de servitude.*

Phædon ([16]), né en Élide, fut disciple de Socrate; il jouit de l'intimité de ce philosophe et de celle de Platon, au point que ce dernier donna son nom pour titre à son livre divin de l'immortalité de l'âme. Phædon, né dans l'esclavage, avec de la bonne mine et de l'élévation dans l'esprit, fut forcé dans sa jeunesse, au rapport de quelques écrivains, de se prêter aux desseins infâmes d'un maître débauché. On ajoute que Socrate engagea Cébès ([17]), son disciple, à l'acheter, et à lui

losophus illustris fuit : sermonesque ejus de Socrate admodum elegantes leguntur. Alii quoque non pauci servi fuerunt qui post philosophi clari exstiterunt. Ex quibus ille Menippus fuit, cujus libros M. Varro in satiris æmulatus est : quas alii cynicas, ipse appellat Menippeas. Sed et Theophrasti peripatetici servus Pompolus, et Zenonis stoici servus, qui Perseus vocatus est, et Epicuri, cui nomen Mys fuit, philosophi non incelebres vixerunt. Diogenes etiam cynicus servitutem servivit ; sed is ex libertate, in servitutem venum ierat : quem cum emere vellet Xeniades corinthius, et quid is artificii novisset percunctatus : Novi, inquit Diogenes, hominibus liberis imperare. Tum Xeniades responsum ejus demiratus, emit et manumisit ; filiosque suos ei tradens : Accipe, inquit, liberos meos, quibus imperes. De Epicteto autem philosopho nobili, quod is quoque servus fuit, recentior est memoria, quam ut scribi quasi obliteratum debuerit. Ejus Epicteti etiam de se scripti duo versus feruntur ; ex quibus latenter intelligas non omnes omnimodis diis exosos esse, qui in hac vita cum ærumnarum varietate luctantur : sed esse arcanas causas, ad quas paucorum potuit pervenire curiositas.

Δοῦλος Ἐπίκτητος γενόμην, καὶ σώματι πηρὸς,
Καὶ πενίην Ἶρος, καὶ φίλος ἀθανάτοις.

enseigner les élémens de la philosophie. L'élève devint bientôt un philosophe illustre, et ses commentaires sur Socrate respirent une élégance charmante. Il s'est trouvé bien d'autres hommes qui, du sein de l'esclavage, sont devenus d'illustres philosophes. Tel est, par exemple, ce fameux Ménippe ([18]), dont M. Varron s'est efforcé d'imiter les écrits dans ses satires, que les uns appellent *cyniques*, et qu'il a intitulées *ménippées*. Tels sont encore Pompolus, esclave de Théophraste, ce fameux péripatéticien ; Persé, qui le fut de Zénon, et Mys d'Épicure, qui tous ont été des philosophes distingués. Diogène le cynique aussi, né de parens libres, vécut quelque temps dans la servitude. Téniades de Corinthe, qui voulait l'acheter, lui ayant demandé ce qu'il savait faire : Commander à des hommes libres, répondit fièrement Diogène. Le Corinthien, frappé de cette réponse, l'achète, lui rend la liberté, et lui confie l'éducation de ses enfans, en lui disant : Voilà des êtres libres à qui tu peux commander. On sait qu'Épictète, illustre philosophe, naquit dans l'esclavage : ce fait est trop récent pour qu'il soit nécessaire d'en retracer la mémoire. On cite deux vers qu'il a faits sur lui-même, dans lesquels ce philosophe donne finement à entendre que l'homme qui, sur la terre, lutte perpétuellement contre l'infortune, n'est pas pour cela l'objet de la haine des dieux ; mais que dans le ciel, il est des mystères secrets, que peu de personnes peuvent comprendre. Voici ces vers d'Épictète :

*Épictète naquit dans l'esclavage, boiteux, aussi pauvre qu'Irus, et cependant chéri des immortels.*

## CAPUT XIX.

*Rescire verbum quid sit, et quam habeat veram atque propriam significationem.*

V ERBUM *rescire,* observavimus vim habere propriam quamdam, non ex communi significatione ceterorum verborum, quibus eadem præpositio, *re,* imponitur: neque ut, *rescribere, relegere, restituere,* dicimus; itidem, *rescire.* Nam qui factum aliquod occultius aut inopinatum insperatumque cognoscit, is dicitur proprie *rescire.* Cur autem in hoc uno verbo, *re,* particula hujus sententiæ vim habeat, equidem adhuc quæro. Aliter enim dictum esse, *rescivi,* aut, *rescire,* apud eos, qui diligenter locuti sunt, nondum invenimus, quam super his rebus, quæ aut occulto consilio latuerint, aut contra spem opinionemve usu venerint. Quanquam ipsum *scire* de omnibus communiter rebus dicatur vel adversis vel prosperis vel exspectatis. Nævius in Triphallo ita scripsit:

> *Si unquam quicquam filium rescivero*
> *Argentum amoris causa sumpse mutuum:*
> *Extemplo illo te ducam, ubi non despuas.*

Claudius Quadrigarius in primo Annali: *Ea Lucani ubi resciverunt, sibi per fallacias verba data esse.* Idem Quadrigarius in eodem libro in re tristi et inopinata verbo isto ita utitur: *Id ubi resciverunt*

## CHAPITRE XIX.

*Ce que c'est que le mot* rescire, *et quelle est sa signification vraie et propre.*

J'ai remarqué que ce mot *rescire* avait une certaine force toute particulière, et qui n'a rien de commun avec celle des autres verbes, auxquels on ajoute la particule *re*, comme *rescribere* (récrire), *relegere* (relire), *restituere* (rétablir). *Rescire* se dit proprement lorsqu'on parle d'une personne qui découvre un secret, ou qui apprend une nouvelle surprenante, et à laquelle elle ne s'attendait pas. Mais pourquoi cette particule *re* ne donne-t-elle tant d'énergie qu'à ce mot ? J'avoue que jusqu'ici je n'ai rien trouvé de satisfaisant là-dessus. Je puis seulement assurer que je ne me suis point aperçu qu'aucun ancien auteur se soit servi de *rescire* dans un autre sens que celui de la découverte des desseins cachés ou des événemens inattendus, et même opposés à l'attente des hommes, quoique *scire* se dise communément pour désigner la connaissance des succès bons ou mauvais, auxquels on a lieu de s'attendre. Nævius, dans son Triphallus ([19]), s'exprime ainsi :

*Si jamais j'apprends (*rescivero*) que, pour l'intérêt de ses amours, mon fils ait emprunté quelque argent, je te ferai mettre dans un endroit où tu ne pourras point cracher* ([20]).

On voit dans le premier livre des Annales de Claudius Quadrigarius : *Dès que les Lucaniens* ([21]) *eurent découvert* (*resciverint*) *qu'on les avait trompés par de belles paroles.* — Le même Quadrigarius dit encore dans le même livre,

*propinqui obsidum, quos Pontio traditos supra demonstravimus: eorum parentes cum propinquis capillo passo in viam provolarunt.* M. Cato in quarto Originum: *Deinde Dictator jubet postridie magistrum equitum arcessi. Mittam te, si vis, cum equitibus. Sero est, inquit magister equitum: jam rescivere.*

## CAPUT XX.

Quæ vulgo dicuntur *vivaria*; id vocabulum veteres non dixisse; et quid pro eo P. Scipio in oratione ad populum, quid postea M. Varro in libris de Re rustica dixerit usurpatum.

VIVARIA, quæ nunc dicuntur sæpta quædam loca, in quibus feræ vivæ pascuntur, M. Varro in libro de Re rustica tertio dicit *leporaria* appellari. Verba Varronis subjeci: *Villaticæ pastionis genera sunt tria, ornithones, leporaria, piscinæ. Nunc ornithones dico omnium alitum, quæ intra parietes villæ solent pasci. Leporaria te accipere volo, non ea quæ tritavi nostri dicebant, ubi soli lepores sint, sed omnia sæpta afficta ædificia villæ quæ sunt, et habent inclusa animalia quæ pascuntur.* Is

en rapportant un événement triste et inattendu : *Aussitôt que les parens des otages livrés à Pontius, comme nous l'avons dit plus haut, eurent appris (resciverunt) le traitement qu'on leur préparait, on les vit accourir sur la route les cheveux en désordre.* M. Caton, au quatrième livre de ses Origines, dit : *Le lendemain, le dictateur fit venir le général de la cavalerie, et lui offrit de la détacher avec ses escadrons. Il est trop tard, répondit celui-ci, les ennemis sont instruits (jam rescivere).*

## CHAPITRE XX.

Que pour exprimer ce que l'on entend par *vivaria*, les anciens ne se servaient point de ce mot. De quelle expression P. Scipion, dans son discours au peuple, et ensuite M. Varron dans son ouvrage qui traite de l'Agriculture, se sont servis à la place de celle-ci.

Les Parcs (ou lieux fermés dans lesquels on nourrit des bêtes fauves), que l'on appelle aujourd'hui *vivaria*, M. Varron, dans son troisième livre de l'Agriculture, dit qu'on doit les appeler *leporaria*. Voici comment il explique la chose : *On distingue à la campagne trois sortes d'endroits où l'on nourrit des animaux, savoir : les volières (ornithones), les parcs (leporaria), et les viviers (piscinæ). Les volières (ornithones) se disent de toutes les volatiles que l'on a coutume de nourrir dans l'enclos d'une métairie. Par les parcs (leporaria) on ne doit pas entendre ce qu'entendaient par-là nos ancêtres, c'est-à-dire, des endroits où l'on nourrit seulement des lièvres, mais toute espèce de bâtiment ou de lieu fer-*

item infra in eodem libro ita scribit: *Cum emisti fundum Tusculanum a M. Pisone: in leporario apri fuere multi. Vivaria* autem quæ nunc vulgus dicit, sunt quos παραδείσους Græci appellant: quæ autem *leporaria* Varro dicit, haud usquam memini apud vetustiores scriptum. Sed quod apud Scipionem omnium ætatis suæ purissimo locutum legimus *roboraria*; aliquot Romæ doctos viros dicere audivi id significare, quod nos *vivaria* dicimus: appellataque esse a tabulis roboreis, quibus sæpta essent: quod genus sæptorum vidimus in Italia locis plerisque. Verba ex oratione ejus contra Claudium Asellum quinta hæc sunt: *Ubi agros optime cultos et villas expolitissimas vidisset; in his regionibus excelsissimo locorum murum statuere aiebat: inde corrigere viam, aliis per vineas medias, aliis per roborarium atque piscinam, aliis per villam.* Lacus vero et stagna, quæ piscibus vivis coercentur clausa, suo atque proprio nomine *piscinas* nominaverunt. *Apiaria* quoque vulgus dicit loca, in quibus siti sint alvei apum: sed neminem eorum ferme, qui incorrupte locuti sunt, aut scripsisse memini aut dixisse. Marcus autem Varro de re rustica tertio μελισσῶνες, inquit, *ita facere oportet, quæ quidam mellaria*

mé et palissadé, attenant à une métairie, dans lequel on tient renfermés des animaux que l'on y nourrit. Il dit aussi plus bas, dans le même livre : *Lorsque vous achetâtes de M. Pison la terre de Tusculum* (\*\*), *il se trouvait dans le parc* (in leporario) *un grand nombre de sangliers.* Ce qu'on appelle communément aujourd'hui *vivaria*, n'est autre chose que ce que les Grecs appellent παραδείσοις (des vergers) : mais ce que Varron appelle *leporaria*, je ne me souviens point de l'avoir jamais vu exprimé par ce mot dans des auteurs plus anciens que lui. Je tiens de quelques savans de Rome que ce que nous appelons *vivaria*, est la même chose que ce que nous trouvons exprimé par *roboraria* dans Scipion, qui parlait de son temps la langue latine plus purement que qui que ce fût; et que ce nom venait des palissades en chêne qui environnaient ces espèces de parcs, tels qu'on en voit de nos jours dans une infinité d'endroits de l'Italie. Voici comme il s'exprime dans sa cinquième harangue contre Clodius Asellus : *Quand il eut vu ces champs si bien cultivés, et ces superbes métairies, il trouva qu'il fallait faire construire un mur à l'endroit le plus élevé de ces lieux, et qu'il fallait rendre la route plus droite, en ouvrant des chemins au travers des vignobles, au travers du parc* (roborarium) *et du vivier, et au travers de l'enclos du manoir.* On appelle, à proprement parler, *piscinæ* (viviers) les étangs et réservoirs bien fermés dans lesquels on conserve et l'on nourrit du poisson. On appelle aussi communément *apiaria*, les lieux où l'on met les ruches des abeilles; mais, autant que je puis m'en souvenir, presque aucun de ceux qui ont parlé correctement latin, n'ont fait usage de cette expression, ni dans la conversation, ni dans leurs écrits. M. Varron, dans son troisième livre de l'Agriculture, dit : *Il faut entendre par*

*appellant.* Sed hoc verbum, quo Varro usus est, græcum est. Nam μελισσῶνες ita dicuntur, ut ἀμπελῶνες et δαφνῶνες.

## CAPUT XXI.

Super eo sidere, quod Græci ἄμαξαν, nos *septentriones* vocamus: eo de utriusque vocabuli ratione et origine.

Ab Ægina in Piræum complusculi earumdem disciplinarum sectatores græci romanique homines eadem in navi tramittebamus. Nox fuit, et clemens mare, et anni æstas, cœlumque liquide serenum; sedebamus ergo in puppi simul universi, et lucentia sidera considerabamus. Tum quispiam ex iis, qui eodem in numero græcas res eruditi erant, quid ἄμαξα esset, quid ἄρκτος, quid βοώτης, et quænam major ἄρκτος, et quæ minor, cur ita appellata, et quam in partem procedentis noctis spatio moverentur; et quamobrem Homerus solam eam non occidere dicat, cum et quædam alia non occidant; scite ista omnia ac perite disserebat. Hic ego ad nostros juvenes convertor, et: Quid, inquam, vos opici dicitis mihi? Quare quod ἄμαξαν Græci vocant, nos *septentriones* vocamus? Non enim satis est, quod septem stellas videmus: sed quid hoc totum, quod *septentriones* dicimus,

μελισσῶνες, ce que quelques-uns entendent par mellaria (lieu où les abeilles font leur miel); mais ce mot, dont Varron s'est servi, est un mot grec, et l'on dit μελισσῶνες (mellaria), comme ἀμπελῶνες (des vignobles) et δαφνῶνες (des bois de lauriers).

## CHAPITRE XXI.

Sur cette constellation que les Grecs nomment ἄμαξαν (le Chariot), et que les Latins appellent *septentriones*. Explication de l'étymologie de ces deux mots.

Je faisais voile des côtes de l'île d'Égine (*), au port de Pirée (*4), avec plusieurs jeunes gens grecs et romains, tous attachés aux mêmes écoles : c'était pendant la nuit et dans la belle saison; la mer était calme et le ciel très-serein. Rassemblés sur la poupe, nous nous occupions à considérer la splendeur des astres, lorsqu'un des voyageurs, versé dans les arts de la Grèce, ouvrit une dissertation astronomique savante et fort exacte. Il nous fit distinguer les constellations du Chariot, de la grande et de la petite Ourse; il nous expliqua l'étymologie de leurs noms; nous apprîmes à connaître la route qu'elles suivent dans le ciel, et pourquoi Homère dit que l'Ourse seule ne se couche point, tandis qu'elle a cela de commun avec quelques autres étoiles. Quand il eut fini, me tournant vers mes compatriotes : Et vous, jeunes ignorans, leur dis-je, m'expliquerez-vous, à votre tour, pourquoi nous appelons *septentriones*, la constellation que les Grecs nomment *Chariot*? Il ne suffit pas de me répondre que c'est parce qu'on aperçoit la réunion

significet, scire, inquam, id prolixius volo. Tum quispiam ex iis, qui se ad literas memoriasque veteres dediderant : *Vulgus*, inquit, *grammaticorum septentriones a solo numero stellarum dictum putat. Triones* enim per sese nihil significare aiunt, sed vocabuli esse supplementum; sicut in eo quod *quinquatrus* dicimus, quod quinque ab idibus dierum numerus sit; *atrus* nihil significet. Sed ego quidem cum L. Ælio et M. Varrone sentio, qui *triones* rustico certo vocabulo boves appellatos scribunt, quasi quosdam *terriones*, hoc est arandæ colendæque terræ idoneos. Itaque hoc sidus, quod a figura posituraque ipsa, quia simile plaustri videtur, antiqui Græcorum ἅμαξαν dixerunt, nostri quoque veteres a bubus junctis *septentriones* appellarunt : id est, a septem stellis, ex quibus quasi juncti *triones* figurantur. Præter hanc, inquit, opinionem, id quoque Varro addit, dubitare sese an propterea magis hæ septem stellæ *triones* appellatæ sint, quia ita sunt sitæ; ut ternæ stellæ proximæ quæque inter sese faciant trigona, id est, triquetras figuras. Ex his duabus rationibus, quas ille dixit, quod posterius est, subtilius elegantiusque visum est. Intuentibus enim nobis in illud ita propemodum res erat, ut ea forma esse triquetra videretur.

de sept étoiles; je veux encore que l'on m'explique clairement toutes les différentes significations que l'on attribue dans notre langue au mot *septentriones*. La plupart des grammairiens, répondit un de nos compagnons, qui s'était appliqué à la connaissance des choses anciennes, croient que le mot *septentriones* ne doit son origine qu'au nombre des étoiles qu'il exprime. *Triones*, disent-ils, ne signifie rien par lui-même; ce n'est que le supplément d'un mot; de même que dans le terme *quinquatrus* (\*5), fait pour marquer le cinquième jour depuis les Ides, *atrus* n'a aucune signification. Pour moi, je pense avec L. Ælius et M. Varron, que *triones* est un mot que nos anciens colons avaient formé dans les campagnes pour désigner des bœufs, c'est-à-dire, des animaux propres à cultiver la terre, comme s'ils eussent voulu dire *terriones*. De là il est résulté que cette constellation, nommée par les Grecs *Chariot*, parce que dans le ciel elle en présente la forme, fut nommée par nos ancêtres *septentriones*, à cause des sept étoiles qui semblent représenter des bœufs attachés à un joug. Varron, continua-t-il, après avoir rapporté cette opinion, avoue néanmoins qu'il doute si l'on ne doit pas plutôt rapporter l'étymologie du mot *septentriones*, aux figures triangulaires que forment ensemble trois de ces étoiles les plus voisines les unes des autres. Des deux sentimens que l'on vient de voir, le dernier me paraît plus approfondi et plus vraisemblable. En effet, nous jetâmes les yeux vers le septentrion, et nous aperçûmes que la forme de la constellation était triangulaire.

## CAPUT XXII.

*De vento Iapyge, deque aliorum ventorum vocabulis regionibusque accepta e Favorini sermonibus.*

Apud mensam Favorini in convivio familiari legi solitum erat aut vetus carmen melici poetæ, aut historia partim græcæ linguæ, alias latinæ. Legebatur ergo tunc tibi in carmine latino Ἰάπυξ ventus. Quæsitum est quis hic ventus, et quibus ex locis spiraret, et quæ tam infrequentis vocabuli ratio esset: atque etiam petebamus, ut super ceterorum nominibus regionibusque ipse nos docere vellet, quia vulgo neque de appellationibus eorum, neque de finibus, neque de numero conveniret. Tum Favorinus ita fabulatus est: Satis, inquit, notum est, limites regionesque esse cœli quatuor, *exortum, occasum, meridiem, septentrionem. Exortus* et *occasus* mobilia et varia sunt. *Meridies, septentrionesque* statu perpetuo stant et manent. Oritur enim sol non indidem semper; sed aut *æquinoctialis oriens* dicitur, cum in circulo currit, qui appellatur ἰσονύκτιος aut ἰσημερινός, aut *solstitialis,* aut *brumalis:* quæ sunt θεριναὶ τροπαὶ καὶ χειμεριναί. Item cadit sol non in eundem semper locum. Fit enim similiter *occasus* ejus aut *æquinoctialis,* aut, *solstitialis,* aut *brumalis.* Qui ventus igitur ab oriente verno, id est, æquinoctiali venit,

## CHAPITRE XXII.

Récit d'une dissertation de Favorin, sur le vent d'occident *(Iapix)*, ainsi que sur le nom et les régions de plusieurs autres vents.

On avait coutume chez Favorin, au sortir de table, de mêler aux entretiens familiers la lecture de quelque ancien poète lyrique ou de quelques fragmens d'histoire grecque et latine. Nous trouvâmes un jour, dans un poëme écrit en latin, le *vent Iapix*. On demanda aussitôt quel était ce vent, d'où il soufflait, et quelle pouvait être l'origine d'un terme aussi rare. On pria en même temps notre hôte de nous instruire sur les différens noms des autres vents, et sur les régions où ils exercent leur empire; car leurs noms, ajouta-t-on, leur nombre et les parties du globe sur lesquelles ils règnent, ont été jusqu'à présent un sujet de discussion. Tout le monde sait, répondit Favorin, qu'il y a dans le ciel quatre points ou régions différentes; le levant, le couchant, le midi et le septentrion. Les deux dernières sont fixes et ne varient jamais; il n'en est pas de même des deux premières; car le soleil, à son lever, ne monte pas toujours sur le même point de l'horizon : mais son orient s'appelle *orient d'équinoxe*, lorsque le flambeau du monde parcourt le cercle que les Grecs appellent ἰσονύκτιος ou ἰσημερινός, et *orient de solstice* d'été ou d'hiver, par où l'on désigne les changemens qui surviennent dans la durée du jour, à chacune de ces saisons. Le soleil ne termine pas non plus son cours au même point du ciel, et pour marquer les variations de son couchant, on a consacré les mêmes termes que ceux dont j'ai

nominatur *Eurus* ficto vocabulo, ut isti ἐτυμολογικοί aiunt; ἀπὸ τῆς ἕω ῥέων. Is alio quoque a Græcis nomine ἀπηλιώτης, a romanis nauticis *Subsolanus* cognominatur. Sed qui ab æstiva et solstitiali orientis meta venit, latine *Aquilo*, *Boreas* græce dicitur. Eumque propterea quidam dicunt ab Homero αἰθρηγενέτην appellatum: *Boream* autem putant dictum ἀπὸ τῆς βοῆς; quoniam sit violenti flatus et sonori. Tertium ventum, qui ab oriente hiberno spirat, *Vulturnum* Romani vocant. Eum plerique Græci mixto nomine, quod inter *Notum* et *Eurum* sit, εὐρόνοτον appellant. Hi sunt igitur tres venti orientales; *Aquilo*, *Vulturnus*, *Eurus*. Quorum medius *Eurus est*. His oppositi et contrarii sunt alii tres occidui; *Caurus* quem solent Græci ἀργέστην vocare. Is adversus Aquilonem flat. Item alter *Favonius*, qui græce vocatur ζέφυρος. Is adversus *Eurum* flat. Tertius *Africus*, qui græce vocatur λίψ. Is adversus *Vulturnum* flat. Eæ duæ regiones cæli *orientis occidentisque* inter sese adversæ sex habere ventos videntur. Meridies autem, quoniam certo atque fixo limite est, unum meridionalem ventum habet. Is latine Auster, græce νότος nominatur, quoniam est nebulosus atque humectus. Νοτὶς enim græce *humor* nominatur. *Septentriones* autem habent ob eandem causam unum. Is objectus directusque in Austrum latine *Septentrionarius*, græce ἀπαρκτίας appellatus. Ex his octo ventis alii quatuor detrahunt ventos; atque id facere se dicunt Homero auctore, qui solos quatuor ventos no-

parlé pour son orient. Le vent qui vient de son orient équinoxial ou du printemps, s'appelle *Eurus* ( l'est ), d'un mot formé, disent les étymologistes, de ceux-ci: *ab aurora fluens* ( qui souffle de l'aurore ). Les Grecs le nomment ἀπηλιώτης, et les navigateurs romains, *subsolanus*. Le vent qui s'élève de l'orient d'été, se nomme en latin *Aquilon*, et en grec *Borée*; c'est pourquoi, selon quelques-uns, Homère le désigne sous le nom de *sorein* (10) : on croit que l'étymologie de ce mot vient de ἀπὸ τῆς βοῆς ( mugissement ), parce que ce vent souffle avec violence et avec bruit. Les Romains appellent *Vulturne* le troisième vent qui souffle de l'orient d'hiver ; la Grèce le connaît sous le nom de εὐρόνοτον, parce qu'il souffle entre *Eurus* ( l'est ) et *Notus* ( le sud.) Les trois vents de l'orient sont donc l'*Aquilon*, le *Vulturne* et l'*Eurus*; et l'*Eurus* est au milieu des deux autres. A ceux-ci, sont opposés trois autres vents qui partent de l'occident, *Caurus* ( le nord-ouest ) que les Grecs ont coutume d'appeler ἀργεστής, et qui souffle contre l'*Aquilon*; *Favonius* ( le Zéphire ), en grec ζέφυρος, qui souffle contre l'*Eurus*; *Africus* ( l'Africain ) que les Grecs nomment λίψ, et qui souffle contre le *Vulturne*. Les deux régions mobiles du ciel ont donc entre elles six vents. Celle du midi qui n'est point sujette aux mêmes variations, n'en a qu'un seul. Les Latins l'appellent *Auster* ( le sud ), et les Grecs νότος, parce qu'il amène la pluie ; car le terme νοτίς signifie de l'eau. Par la même raison, le septentrion n'a qu'un seul vent qui est opposé à celui du midi : les Latins le nomment *septentrional*, et les Grecs ἀπαρκτίας. Au lieu de ces huit vents, il se trouve des gens qui n'en comptent que quatre, qu'ils font partir des quatre régions célestes désignées plus haut, sans y admettre aucune des divisions précédemment mar-

verit, *Eurum*, *Austrum*, *Aquilonem*, *Favonium*. Versus Homeri sunt :

Σὺν δ' εὖρός τ' ἔπεσε, ζέφυρός τε, νότος τε δυσαὴς,
Καὶ βορέης αἰθρηγενέτης μέγα κῦμα κυλίνδων.

A quatuor cœli partibus, quas quasi primas nominavimus, oriente scilicet atque occidente latioribus atque simplicibus: non tripertitis. Partim autem sunt, qui pro octo duodecim faciunt; inter hos, quatuor, in media loca inserentes, cum meridie septentriones; eadem ratione, qua secundi quatuor intersiti sunt inter primores duos apud orientem occidentemque. Sunt porro alia quædam nomina quasi peculiarium ventorum; quæ incolæ in suis quisque regionibus fecerunt, aut ex locorum vocabulis in quibus colunt, aut ex aliqua causa, quæ ad faciendum vocabulum acciderat. Nostri namque Galli ventum ex sua terra flantem, quem sævissimum patiuntur, *Circium* appellant, a turbine, opinor, ejus ac vertigine : Iapyga ex ipsius Apuliæ ora proficiscentem, eodem et ipsi nomine *Iapygem* dicunt. Eum esse propemodum *Caurum* existimo ; nam et est occidentalis, et videtur adversus *Eurum* flare. Itaque Virgilius Cleopatram e navali prælio in Ægyptum fugientem vento Iapyge ferri ait. Equum quoque Apulum eodem, quo ventum vocabulo, *Iapygem* appellavit. Est etiam ventus nomine *Cæcias*; quem Aristoteles ita flare dicit ut nubes non procul propellat, sed ut ad sese vocet, ex quo versum istum proverbialem factum ait :

quées. Ils se fondent sur Homère qui, disent-ils, ne fait mention que de ces quatre vents, l'*Eurus*, l'*Auster*, l'*Aquilon* et le *Favonius*, comme on peut le voir par ces vers :

*Tout à coup l'Eurus tombe sur la mer avec Zéphire, et le souffle violent du midi, et le serein Borée qui bouleversait les flots.*

Plusieurs en admettent jusqu'à douze, parce qu'ils en placent quatre autres dans les régions du septentrion et du midi. On sait aussi que chaque pays a ses termes particuliers pour désigner les vents qui règnent sur lui; termes formés par les habitans, ou bien du nom des lieux où ils demeurent, ou bien de quelque autre cause qui a influé sur ces dénominations particulières. Les Gaulois, mes compatriotes, appellent *Circius* ( la bise ), ce vent piquant et glacé qui souffle dans leur pays, pour peindre sans doute sa violence et l'impétuosité de ses tourbillons. Les Apuliens donnent le nom d'*Iapyx* (²) au vent qui s'élève de leur contrée. Je crois que c'est celui que nous nommons *Caurus*, car il est occidental et paraît souffler contre l'*Eurus*. C'est pourquoi Virgile dit que l'*Iapyx* poussait les vaisseaux de Cléopâtre, lorsqu'après la perte du combat naval, elle fuyait en Égypte. Il donne aussi, comme à ce vent, le nom d'*Iapyx* à un cheval calabrois. Aristote parle d'un vent appelé *Cæcias* ( le nord-est ), qui, selon ce philosophe, au lieu de chasser les nuages, paraît les attirer doucement à lui; ce qui a donné, dit-il, lieu à ce proverbe :

κακὰ

Ἐφ᾽ ἑαυτὸν ἕλκων ὡς ὁ Καικίας νέφος.

Præter hos autem, quos dixi, sunt alii plurifariam venti commenticii suæ quisque regionis indigenæ; ut est Horatianus quoque ille *Atabulus*; quos ipse quoque exsecuturus fui : addidissemque eos, qui *Etesiæ* et *Prodromi* appellantur, qui certo tempore anni cùm canis oritur ex alia atque alia parte cæli spirant; rationesque omnium vocabulorum, quia plus paulo adhibi, effudissem : nisi multa jam prorsus omnibus vobis reticentibus verba fecissem, quasi fieret a me ἀκρόασις ἐπιδεικτική. In convivio autem frequenti loqui solum unum neque honestum est, inquit, neque commodum. Hæc nobis Favorinus in eo, quo dixi, tempore apud mensam suam summa cum elegantia verborum totiusque sermonis comitate atque gratia denarravit. Sed quod ait ventum, qui ex terra Gallia flaret, *Circium* appellari; M. Cato tertio libro Originum eum ventum *Cercium* dicit non *Circium*. Nam cum de Hispanis scriberet, qui citra Hiberum colunt, verba hæc posuit : *Sunt in his regionibus ferrariæ, argenti fodinæ pulcherrimæ, mons ex sale mero magnus; quantum demas, tantum adcrescit. Ventus Cercius, cùm loquare, buccam implet; armatum hominem, plaustrum oneratum percellit.* Quod supra autem dixi Etesias ex alia atque alia cæli parte flare; haud scio an secutus opinionem multorum temere dixerim. P. Nigidii in secundo librorum, quos de vento composuit,

*Il attire à lui tous les maux, comme Cœcias les nuages.*
Outre ces différens vents dont nous venons de parler, il y en a encore un grand nombre qui sont connus des différens peuples qui les ont désignés par quelque terme particulier ; tel est celui qu'Horace appelle *Atabulus* ; tels sont encore ceux qu'on nomme *Etesiæ* et *Prodromi*, qui, au temps de la canicule, soufflent de différentes parties du ciel. Peut-être m'occuperais-je en ce moment à vous en faire l'énumération, et à vous en marquer les espèces, les noms et les étymologies, s'il n'y avait pas assez long-temps que je tiens la parole, et qu'il ne fût pas temps de vous la rendre, pour ne pas avoir l'air de faire un étalage d'érudition ; car dans un entretien familier, il n'est ni convenable ni bienséant de parler continuellement sans laisser aux autres la liberté de converser à leur tour. Ainsi s'expliqua, à table, Favorin, avec cette élégance, cette politesse et ces grâces qui lui étaient propres. Quant au vent qui souffle des Gaules et qu'il appelait *Circius*, M. Caton, au troisième livre de ses Origines, l'appelle *Cercius* ; car en parlant des Espagnols qui habitent au-delà de l'Ebre, il s'exprime ainsi : *On trouve, dans ce pays, des mines de fer et des mines d'argent très-abondantes, et une montagne considérable de sel, dans laquelle on en voit reparaître du nouveau, à mesure qu'on en ôte. Le vent Cercius, quand on parle, vous emplit aussitôt la bouche : il est si violent qu'il renverse un homme couvert de ses armes, et une voiture chargée.* J'ignore si, quoiqu'en suivant une opinion assez généralement répandue, je n'aurai pas avancé quelque chose de trop hasardé, lorsque j'ai dit plus haut que le vent appelé *Etesiæ* soufflait de différentes parties du ciel. On lit dans le second livre de P. Nigidius, sur le vent : *L'Etésie et l'Auster soufflent*

verba hæc sunt : *Etesiæ et Austri anniversarii secundo sole flant.* Considerandum igitur est quid sit *secundo sole.*

## CAPUT XXIII.

Consultatio dijudicatioque locorum facta ex comœdia Menandri et Cæcilii, quæ *Plocium* inscripta est.

Comœdias lectitamus nostrorum poetarum sumtas ac versas de Græcis, Menandro ac Posidippo aut Apollodoro aut Alexide et quibusdam item aliis comicis. Atqui cum legimus eas, nihil sane displicent, quin lepidæ quoque et venuste scriptæ videntur, prorsus ut melius posse fieri nihil censeas. At enim si conferas et componas græca ipsa, unde illa venerunt, ac singula considerate atque apte junctis et alternis lectionibus committas : oppido quam jacere atque sordere incipiunt, quæ latina sunt, ita græcarum, quas æmulari nequiverunt, facetiis atque luminibus obsolescunt. Nuper adeo usus hujus rei nobis venit. Cæcilii Plocium legebamus : haudquaquam mihi et qui aderant displicebat. Libitum est Menandri quoque Plocium legere, a quo istam comœdiam verterat. Sed enim postquam in manus Menander venit : a principio statim ; di boni ! quantum stupere atque frigere, quantumque mutare a Menandro Cæcilius visus est ! Diomedis hercle arma et Glauci non dispari magis pretio existimata sunt. Accesserat dehinc

chaque année suivant le cours du soleil. Il est bon d'examiner ce qu'il entend par *suivant le cours du soleil* (*¹⁹*).

---

## CHAPITRE XXIII.

Comparaison de quelques endroits d'une comédie de Ménandre et de Cœcilius, intitulée Plocius.

Souvent je m'amuse à lire les comédies que nos poëtes ont composées d'après celles de Ménandre, de Posidippe, d'Apollodore, d'Alexis et de plusieurs autres comiques grecs, et dans lesquelles on trouve différens morceaux traduits de ces grands modèles. On ne peut disconvenir que cette lecture ne fasse beaucoup de plaisir, et l'on voit que ces auteurs ont su répandre dans leurs ouvrages cet assaisonnement de grâces et d'enjouement qui caractérise la Muse qui les inspira, au point qu'on serait tenté d'assurer qu'il n'est pas possible de faire mieux. Mais rapprochez ces copies des originaux, prenez la peine de comparer attentivement le texte avec l'imitation : quel étonnement, quel dégoût et quel ennui succèdent aux premiers sentimens d'admiration! Comme toute la gloire des imitateurs latins disparaît devant la naïveté, l'élégance et les saillies des chefs-d'œuvre de la Grèce! Nous eûmes occasion dernièrement d'en faire une expérience frappante. Nous lisions le Plocius de Cœcilius, qui me faisait beaucoup de plaisir ainsi qu'aux personnes qui assistaient à cette lecture, lorsqu'il nous prit envie de comparer cette pièce au Plocius de Ménandre dont elle était l'imitation. Mais à peine eut-on commencé cette

lectio ad eum locum, in quo maritus senex super uxore divite atque deformi querebatur, quod ancillam suam, non inscito puellam ministerio et facie non inliberali, coactus erat venundare suspectam uxori quasi pellicem : nihil dicam ego quantum differat versus utriusque eximius : sit satis aliis ad judicium faciendum exponi. Menander sic :

Κᾀ' ἀμφοτέραν ἵν' ἐπίκληρος ἦ μέλλειν καθευδήσειν
Κατεργάσασα μέγα καὶ περιβόητον ἔργον,
Ἐκ τῆς οἰκίας ἐξέβαλε τὴν λυποῦσαν, ἣν βύλετο.
Ἵν' ἐπιβλέπωσι πάντες εἰς τὸ Κρωβύλης πρόσωπον;
Ἦ γ' εὐγνώσος εἶχέ με γυνὴ δέσποινα,
Καὶ τὴν ὄψιν ὧν ἐκτήσατο ὄνος ἐν πιθήκοις.
Τί τὸ λεγόμενον ἐστί· δὴ τοῦτο σιωπᾶν βύλομαι
Τὴν νύκτα τὴν πολλῶν κακῶν ἀρχηγόν.
Οἴμοι Κρωβύλην λαβεῖν ἐμὲ, καὶ δέκα τάλαντα;
Γύναιον ὅσα πηχέως. Εἶτ' ἐστὶ τὸ φρύαγμα
Εἴπως ἀνυπόστατον. Διὰ τὸν Ὀλύμπιον,
Καὶ Ἀθηνᾶν, οὐδαμῶς παιδισχάριον, θεραπευτικὴν δὲ
Λόγου τάχιον, ἀπαγέσθω δέ τις ἢ ἄρ' ἀντεισαγάγοι.

Cæcilius autem sic :

SENEX. *Is demum miser est, qui ærumnam suam nequit Occultare.* MA. *Fere ita me uxor forma et factis facit. Si taceam; tamen indicium est. Quæ, nisi dotem, omnia*

dernière, ciel! combien Cæcilius parut froid, lourd et trivial! Combien il fut jugé au-dessous de Ménandre! Et tout le monde convint qu'il y avait autant de différence entre les deux comiques, qu'entre les armes de Diomède et celles de Glaucus. Nous nous arrêtâmes particulièrement à l'endroit où un vieillard se plaint de ce que son épouse, laide, mais fort riche, vient de l'obliger à vendre une jeune esclave, jolie, faite au service, qu'elle soupçonnait servir aux plaisirs de son mari. Je ne m'arrêterai point à faire remarquer en détail la différence des vers des deux auteurs; il suffit de les mettre sous les yeux du lecteur, et de le laisser juger. Voici comment s'exprime Ménandre :

*En vérité, ma riche épouse doit dormir bien profondément, après la grande et mémorable expédition qu'elle vient de faire : elle est enfin parvenue à accabler de chagrin et à chasser de la maison cette jeune personne, afin que tous les yeux n'ayant plus de distraction, se portent uniquement sur le beau visage et les grâces de ma Cléobule, la plus charmante des épouses. Te voilà bien, pauvre mari, comme l'âne au milieu des singes* [20]. *En effet, le meilleur parti est de dévorer mon chagrin et de me contenter de maudire cette nuit qui me comble de douleur. Malheureux! pourquoi ai-je épousé cette Cléobule et ses dix talens! Une femme haute d'une coudée! et cependant dont le luxe et la somptuosité sont intolérables. Par Jupiter Olympien et par Minerve, n'y aura-t-il personne qui, au moment même que je parle, reçoive cette pauvre esclave et me la ramène?*

Écoutons maintenant Cæcilius :

UN VIEILLARD. *On est en vérité bien malheureux quand on ne peut cacher aux autres son chagrin.*

LE MARI. *C'est mon épouse qui, par sa conduite et ses*

*Quæ nolis, habet. Qui sapit, de me discet : qui, quasi*
*Ad hostes captus: libere servio, salva urbe atque arce.*
*Quæ mihi quicquid placet, eo privat. Tu viń me servatum?*
*Dum ejus mortem inhio : egomet vivo mortuus*
*Inter vivos. Ea me clam se, cum mea ancilla ait*
*Consuetum ; id me arguit : ita plorando, orando,*
*Instando atque objurgando me obtudit, uti eam*
*Venundarem : nunc credo inter suas æqualis*
*Et cognatas sermonem serit. Quæ vostrum fuit*
*Integra ætatula, quæ hoc iidem a viro*
*Impetrarit suo, quod ego anus modo*
*Effeci, pellice ut meum privarem virum ?*
*Hæc erunt concilia hodie. Differor sermone miser.*

Præter venustatem autem rerum atque verborum in duobus libris nequaquam parem, in hoc equidem soleo animum attendere, quod quæ Menander præclare et apposite et facete scripsit, ea Cæcilius nequaquam potuit, ne quidem conatus est, enarrare; sed quasi minime probanda prætermisit; et alia nescio quæ mimica inculcavit, et illud Menandri de

charmes, m'a réduit à l'état où vous me voyez. J'ai beau me taire, ma douleur me trahit et paraît malgré moi. La dot exceptée, ma femme a tout ce qu'elle ne devrait point avoir. Que les sages s'instruisent à mon exemple! Semblable à un prisonnier au milieu des ennemis, je suis toujours prêt à obéir, quoique la ville et la citadelle soient en sûreté. Ma femme me prive de tous mes plaisirs : puis-je supporter encore long-temps un semblable esclavage? Pendant que je suis à lui désirer la mort, je me vois réduit à vivre moi-même comme un mort au milieu des vivans. Elle prétend qu'en son absence, je me suis permis des familiarités avec cette jeune esclave; elle m'en accuse : elle m'a tant fatigué par ses larmes, ses instances et ses reproches, que j'ai été obligé de consentir qu'on la vende. Il me semble l'entendre s'entretenir sur mon compte avec ses parentes et ses connaissances, et leur dire : Quelle est celle d'entre vous qui, dans la fleur de la jeunesse, eût pu se flatter d'amener un époux au point où je viens de réduire le mien, moi, sur le retour de l'âge, en l'obligeant de renoncer à sa concubine? Voilà ce qui va faire le sujet de leurs entretiens; et moi, pauvre malheureux! il faut me résoudre à me voir déchiré par ces méchantes langues.

Il n'est point question, je pense, de faire ici la comparaison des grâces et de l'élégance du style des deux comiques; le Grec aurait sur le Latin un avantage trop marqué : mais on doit remarquer avec moi que Cæcilius, non-seulement ne réussit point à reproduire sur la scène ces détails piquans que Ménandre sait amener avec autant de goût que d'esprit, et sur lesquels il répand le sel à pleines mains, mais qu'il n'essaie pas même de s'y arrêter, et qu'il les abandonne comme indignes de plaire. Il a, je ne sais pourquoi,

vita hominum media sumtum simplex et verum et delectabile, nescio quo pacto, omisit. Idem enim ille maritus senex cum altero sene vicino colloquens et uxoris locupletis superbiam deprecans haec ait:

Ἔχω δ' ἐπίκληρον, Λαμία, οὐκ εἴρηκά σοι
Τοῦτ'; οὐχί. κυρίαν τῆς οἰκίας, καὶ τῶν ἀγρῶν.
Καὶ πάντων ἀντ' ἐκείνης ἔχομεν ἀφ' ὅλων χαλεπῶν
Χαλεπώτατον, ἅπασι δ' ἀργαλέα ἐστὶν οὐκ ἐμοὶ μόνῳ,
Τιῷ, πολὺ μᾶλλον θυγατρί. πρᾶγμα ἄμαχον λέγεις,
Εὖ οἶδα.

Caecilius vero hoc in loco ridiculus magis quam personae isti, quam tractabat, aptus atque conveniens videri maluit. Sic enim haec corrupit;

SE. *Sed tua morosa-ne uxor quaeso est?* MA. *Quam? rogas?*
SE. *Qui tandem?* MA. *Taedet mentionis quae mihi,*
*Ubi domum adveni ac sedi, extemplo savium*
*Dat jejuna anima.* SE. *Nihil peccat de savio;*

préféré substituer des farces et des bouffonneries à ces images simples, naïves et intéressantes, prises dans la nature même et dans le commerce ordinaire des hommes, que l'on trouve dans Ménandre. Voyez les vers que ce dernier met dans la bouche d'un autre vieillard qui se plaint, à son voisin, des hauteurs d'une épouse fort riche, en ces termes :

Premier vieillard. *Oui, sans doute, mon ami, mon épouse m'a apporté une dot très-considérable; ne vous l'ai-je pas dit ?*

Second vieillard. *Non; mais je sais que c'est d'elle que vous tenez vos possessions de la ville et de la campagne.*

Premier vieillard. *Oui, j'ai reçu tout cela pour la recevoir elle-même; et voilà le plus grand de mes malheurs. C'est une furie domestique, qui fait souffrir du matin au soir, non-seulement son mari, mais son fils, et beaucoup plus sa fille.*

Second vieillard. *Vous m'apprenez là des choses incroyables.*

Premier vieillard. *Cela n'est que trop vrai.*

Cæcilius, en cet endroit, a mieux aimé paraître ridicule, que de prêter à ses personnages le ton et le langage qui convenaient à leur caractère. Voici comment il s'exprime :

Un vieillard. *Mais dites-moi, je vous prie, mon ami, votre femme vous fait-elle enrager ?*

Le mari. *Pouvez-vous me faire une pareille question ?*

Le vieillard. *Mais encore ?*

Le mari. *J'ai honte, en vérité, de vous parler d'une épouse qui, à mon retour à la maison, s'empresse, en m'embrassant, de m'infecter de son haleine corrompue.*

Le vieillard. *Ne voyez-vous pas que c'est pour vous*

*Ut devomas velit quod foris potaveris.*

Quid de illo quoque loco in utraque comœdia posito existimari debeat manifestum est. Cujus loci hæc ferme sententia. Filia hominis pauperis in pervigilio vitiata est. Ea res clam patre fuit : et habebatur pro virgine. Ex eo vitio gravida mensibus exactis parturit. Servus bonæ frugi, cum pro foribus domus staret et propinquare partum herili filiæ atque omnino vitium esse oblatum ignoraret, gemitum et ploratum audit puellæ in puerperio enitentis : timet, irascitur, suspicatur, miseretur, dolet. Hi omnes motus ejus affectionesque animi in græca quidem comœdia mirabiliter acres et illustres : apud Cæcilium autem pigra hæc omnia et a rerum dignitate atque gratia vacua sunt. Post, ubi idem servus percunctando quod acciderat repperit, has apud Menandrum voces facit :

Ὦ τρὶς κακοδαίμων ὅστις ὢν πένης γαμεῖ,
Καὶ παιδοποιεῖ. ὡς ἀλόγιστος ἔσθ᾽ ἀνήρ,
Ὅς μήτε φυλακὴν τῶν ἀναγκαίων ἔχει,
Εἰ μήτε ἀνατειχίσῃ εἰς τὰ κοινὰ τῦ βίου,
Επαμφιέσθαι δύναται τῦτο χρήμασιν,
Ἀλλ᾽ ἐν ἀνακατακύπλῳ καὶ ταλαιπώρῳ βίῳ
Χειμαζόμενος, ζητῶν μὲν, ἀνιαρὸν δ᾽ ἔχων τὸ μέρος,
Ἀπάντων ἀγαθῶν οὐ δυνάμενος.
Ὑπὲρ γὰρ ἑνὸς ἀλγῶν, ἅπαντας νουθετῶ.

Ad horum autem sinceritatem veritatemque verbo-

rendre service qu'elle vient vous embrasser ainsi ? Elle veut vous faire restituer de la sorte, le vin que vous avez bu hors de chez vous.

Autre comparaison entre les deux comiques, prise dans une de leurs pièces dont voici le sujet. La fille d'un homme pauvre s'est abandonnée une nuit entière à son amant ; le père, qui n'en a point été instruit, s'imagine que sa fille conserve toujours son honneur : enfin, le terme de la grossesse expiré, les douleurs de l'enfantement se font sentir. Un esclave de bonnes mœurs qui est devant la porte, ne sachant pas que la fille de son maître va accoucher, et que le crime est en évidence, écoute et entend les pleurs et les cris de la jeune personne en travail. La crainte, la colère, le soupçon, la compassion et la douleur l'agitent tour à tour. Chez le comique grec, tous ces divers sentimens et ces différens mouvemens de l'âme sont peints avec une énergie et une force singulières. Cette peinture vive et frappante dégénère, chez le comique latin, en une image froide, sans grâce et sans dignité. L'esclave, informé de l'aventure, s'exprime ainsi dans Ménandre :

Oh ! qu'il est à plaindre, celui qui privé des dons de la fortune, se marie et donne le jour à des enfans ! Qu'il est dépourvu de raison, l'homme qui n'a aucun secours dans sa misère, et qui ne réussit pas à amasser de quoi subvenir aux besoins de la vie ! Le riche, avec ses trésors, peut couvrir toutes ses fautes et suffire à tout. Mais, que peut faire un misérable nu, accablé de tout le poids du malheur, qui lutte contre les besoins toujours renaissans, ne recueille que des peines et manque de tout ? Je parle ici de mon maître ; mais qu'il serve d'exemple à tous.

Voyons maintenant si Cæcilius retrace la pureté du style

rum an adspiraverit Caecilius consideremus; versus sunt hi Caecilii trunca quaedam ex Menandro dicentis, et consarcinantis verba tragici tumoris:

*Is demum infortunatus est homo*
*Pauper, qui educit in egestate liberos :*
*Fortuna et res est ut continuo pareat.*
*Nam opulento famam facile occultat factio.*

Itaque, ut supra dixi, cum haec Caecilii verba seorsum lego : neutiquam videntur ingrata ignavaque : cum autem graeca comparo et contendo : non puto Caecilium sequi debuisse, quod assequi nequiret.

## CAPUT XXIV.

De vetere parsimonia, deque antiquis legibus sumptuariis.

PARSIMONIA apud veteres Romanos et victus atque coenarum tenuitas non domestica solum observatione ac disciplina, sed publica quoque animadversione legumque complurium sanctionibus custodita est. Legi adeo nuper in Capitonis Atei conjectaneis senatus decretum vetus C. Fannio et M. Valerio Messala Coss. factum, in quo jubentur principes civitatis, qui ludis Megalensibus antiquo ritu mutuitarent, id est, mutua inter sese convivia agitarent, jurare apud consules verbis conceptis non amplius in singulas coenas sumtus esse facturos, quam centenos vicenosque aeris, praeter olus et far et vinum ; neque vino alie-

et la vérité des traits de son modèle. Voici ses paroles, dans lesquelles l'on retrouve le mélange insipide de quelques images de Ménandre avec le style ampoulé du cothurne :

*Il est bien malheureux, l'homme pauvre qui élève ses enfans dans l'indigence : sa condition est de ramper toujours, tandis que l'opulent couvre de ses richesses l'opprobre de sa conduite.*

Ainsi donc, comme j'en ai déjà fait l'observation, en lisant séparément ces vers de Cæcilius, on n'en remarque point la faiblesse et la froideur : mais qu'on les compare à l'original grec, on conviendra que Cæcilius a eu grand tort de choisir pour modèle un homme à la hauteur duquel il n'avait pas la force de s'élever.

## CHAPITRE XXIV.

### De l'ancienne frugalité, et des anciennes lois somptuaires.

CHEZ les anciens Romains, non-seulement les mœurs domestiques portaient à la frugalité des repas, mais encore l'animadversion publique et la sanction des lois en étaient les garans incorruptibles. J'ai lu dernièrement, dans les écrits de Capiton Atéius, un ancien décret du sénat, porté sous le consulat de C. Fannius et de M. Valérius Messala [30], qui ordonne que les principaux de la ville, qui, d'après un ancien usage, se régalaient tour à tour aux jeux mégalésiens [31], feraient serment devant les consuls, selon la formule statuée à cet égard, que, dans chaque repas, ils ne dépenseraient pas plus de cent vingt as, sans y comprendre les légumes, la farine et le vin ; qu'on n'y boirait aucuns

nigena sed patrio usuros; neque argenti in convivio plus pondo, quam libras centum illaturos. Sed post id senatusconsultum lex Fannia lata est, quæ ludis romanis, item ludis plebeis et saturnalibus et aliis quibusdam diebus, in singulos dies centenos æris insumi concessit, decemque aliis diebus in singulis mensibus tricenos; cæteris autem omnibus diebus denos. Hanc Lucilius poeta legem signat, cum dicit:

*Fannii centussisque misellos.*

In quo erraverunt quidam commentariorum in Lucilium scriptores, quod putaverunt Fannia lege perpetuos in omne dierum genus centenos æris statutos. Centum enim æris Fannius constituit, sicuti supra dixi, festis quibusdam diebus; eosque ipsos dies nominavit. Aliorum autem dierum omnium in singulos dies sumtus inclusit intra æris alias tricenos, alias denos. Lex deinde Licinia rogata est; quæ cum certis diebus, sicuti Fannia, centenos æris impendi permisisset, nuptiis ducenos indulsit; cæterisque diebus statuit æris tricenos; cum et carnis aridæ et salsamenti certa pondera in singulos dies constituerit; si quicquam esset natum e terra, vite, arbore, promisce atque indefinite largita est. Hujus legis Lævius poeta meminit in Erotopægniis. Verba Lævii hæc sunt, quibus significat hoedum, qui ad epulas fuit allatus, dimissum, cœnamque ita, ut lex Licinia sanxisset, pomis oleribusque instructam:

*Lex Licinia, inquit, introducitur:*
*Lux liquida hœdo redditur.*

vins étrangers, mais d'Italie, et que tout le festin ne se monterait pas à plus de cent livres d'argent. Après ce sénatus-consulte, parut la loi Fannia, qui, aux jeux romains, plébéiens, saturnaux (31) et dans quelques autres occasions, permit de dépenser, chaque jour, cent as ; trente, dix jours dans chaque mois, et dix, chaque autre jour. Le poëte Lucile fait allusion à cette loi, lorsqu'il dit :

*Misérable, d'être réduit par Fannius à ne dépenser que cent as !*

Certains commentateurs de Lucile se sont trompés lorsqu'ils se sont fondés sur ce passage pour croire que la loi Fannia (32) permettait de dépenser chaque jour cent as. Car Fannius n'autorise la dépense de cette somme, comme il vient d'être dit plus haut, qu'à certains jours de fête qu'il a soin de désigner : la dépense pour les autres jours est fixée tantôt à trente as, tantôt à dix seulement. On porta ensuite la loi Licinia (34) qui, outre la dépense de cent as qu'elle permettait à certains jours, comme la loi Fannia, accordait encore celle de deux cents pour les festins de noce, et fixait à trente celle de tous les autres jours ; et après avoir réglé la quantité de livres de viande salée ou fumée que chaque famille pouvait consommer, elle laissait toute liberté sur les fruits que chacun recueillait de ses terres, de ses vignes et de ses plants. Lævius, faisant mention de cette loi dans son recueil galant, dit qu'un chevreau qu'on avait apporté pour un festin, fut renvoyé, et que, d'après les termes de la loi Licinia, des fruits et des légumes composèrent tout le régal ; voici ses expressions :

*On produit la loi Licinia, et la vie est rendue au chevreau.*

Lucilius quoque legis istius meminit in his verbis: *Legem vitemus Licini.* Postea L. Sylla dictator, cum legibus istis situ atque senio obliteratis plerique in patrimoniis amplis helluarentur, et familiam pecuniamque suam prandiorum gurgitibus proluissent, legem ad populum tulit, qua cautum est ut kalendis, idibus, nonisque, diebus ludorum et feriis quibusdam sollemnibus sestertios tricenos in coenam insumere jus potestasque esset; cœteris autem aliis diebus omnibus non amplius ternos. Præter has leges, Æmiliam quoque legem invenimus, qua lege non sumtus cœnarum, sed ciborum genus et modus præfinitus est. Lex deinde Antia præter sumtum æris id etiam sanxit, ut, qui magistratus esset magistratumve capturus esset, ne quo ad cœnam nisi ad certas personas itaret. Postremo lex Julia ad populum pervenit Cæsare Augusto imperante : qua profestis quidem diebus ducenti finiuntur; kalendis, idibus, nonis, et aliis quibusdam festivis trecenti; nuptiis autem et repotiis ʜs. mille. Esse etiam dicit Capito Ateius edictum, divi-ne Augusti an Tiberii Cæsaris non satis commemini; quo edicto per dierum varias sollemnitates a trecentis sestertiis adusque duo millia sumtus cœnarum propagatus est; ut his saltem finibus luxuriæ effervescentis æstus coerceretur.

Lucile en touche aussi un mot, lorsqu'il dit : *Passons sur la loi de Licinius*. Le temps et la désuétude ayant presque fait oublier tous ces sages réglemens ([35]), et le luxe outré de la table, comme un gouffre immense, ayant absorbé les plus riches patrimoines des uns et tous les revenus des autres, le dictateur Sylla fit publier dans Rome une défense expresse de dépenser, aux jours ordinaires, plus de trois sesterces au souper ; en permettant de pousser jusqu'à trente les frais de ceux qu'on se donnait aux calendes, aux ides, aux nones ([36]), dans les temps des jeux et à certaines solennités. Outre ces lois, on trouve aussi la loi Æmilia ([37]), qui regarde moins le taux de la dépense des tables, que le genre des alimens et la manière de les assaisonner. Ensuite la loi Antia, outre l'article des sommes, déterminait les seules classes de citoyens ([38]) chez lesquels les candidats de la magistrature, ou ceux qui étaient revêtus de quelque autorité publique, pouvaient manger. Enfin, Auguste parvenu à l'empire, publia la loi Julia qui réglait la dépense journalière à deux cents sesterces, trois cents pour les calendes, les ides, les nones et différens jours de fête ; mille pour les jours des noces et autant pour le lendemain. Capiton Atéius parle d'un édit qu'il attribue, je ne me souviens plus si c'est à Auguste ou bien à Tibère, qui de trois cents sesterces porte à mille la dépense des jours solennels, afin de mettre du moins un frein quelconque à cette fureur du luxe de la table qui ne gardait plus aucune mesure ([39]).

## CAPUT XXV.

Quid Græci ἀναλογίαν, quid contra ἀνωμαλίαν vocent.

In latino sermone sicut in græco, alii ἀναλογίαν sequendam putaverunt, alii ἀνωμαλίαν. Αναλογία est similium similis declinatio quam quidam latine proportionem vocant. Ανωμαλία est inæqualitas declinationum consuetudinem sequens. Duo autem græci grammatici illustres, Aristarchus et Crates summa ope, ille ἀναλογίαν, hic ἀνωμαλίαν defensitavit. M. Varronis ad Ciceronem de Lingua latina liber octavus nullam esse observationem similium docet. Itaque in omnibus pæne verbis consuetudinem dominari ostendit. *Sicuti cum dicimus*, inquit, *lupus lupi, probus probi, et lepus leporis; item paro paravi, lavo lavi, pungo pupugi, tundo tutudi, et pingo pinxi. Cumque*, inquit, *a cœno et prandeo et poto, et cœnatus sum, et pransus sum, et potus sum dicamus; et ab adstringor tamen et extergeor et lavor, adstrinxi et extersi et lavi dicimus. Item cum dica-*

## CHAPITRE XXV.

*Ce que les Grecs appellent ἀναλογίαν, ce qu'au contraire ils appellent ἀνωμαλίαν.*

En latin comme en grec, les uns prétendent que l'on doit dire ἀναλογίαν, et les autres, que l'on doit dire ἀνωμαλίαν. Ce dernier terme exprime l'égale déclinaison de deux mots semblables, ce que quelques-uns appellent en latin *proportionem*; et le premier indique une différence de déclinaison fondée sur l'usage. Deux célèbres grammairiens grecs, Aristarque et Cratès, ont tenu fortement, le premier, pour ἀναλογίαν, et le second pour ἀνωμαλίαν. M. Varron, dans son huitième livre de la Langue latine, à Cicéron, observe que l'on ne tient point à cette règle, et démontre que dans presque tous les mots, c'est l'usage qui domine. Voici comment il s'exprime : *Comme nous disons lupus* ( le loup ), *lupi* ( du loup ), *probus* ( honnête ), *probi* ( de l'honnête ), *et lepus* ( le lièvre ), *leporis* ( du lièvre ); *de même nous disons, paro* ( je prépare ), *paravi* ( j'ai préparé ), *lavo* ( je lave ), *lavi* ( j'ai lavé ), *pungo* ( je pique ), *pupugi* ( j'ai piqué ), *tundo* ( je bats ), *tutudi* ( j'ai battu ), *et pingo* ( je peins ), *pinxi* ( j'ai peint ). *Si*, ajoute-t-il, *de cœno* ( je soupe ), *de prandeo* ( je dîne ), *et de poto* ( je bois ), *nous disons cœnatus sum* ( j'ai soupé ), *pransus sum* ( j'ai dîné ), *et potus sum* ( j'ai bu ); *cependant des présens adstringor* ( je serre ), *extergeor* ( j'essuie ) *et lavor* ( je lave ), *nous formons les parfaits, adstrinxi* ( j'ai serré ), *extersi* ( j'ai essuyé ), *et lavi* ( j'ai lavé ). *Si de*

mus ab Osco, Tusco, Græco, osce, tusce, græce; a Gallo tamen et a Mauro, gallice et maurice dicimus. Item a probus probe, a doctus docte; sed a rarus non dicitur raro, sed alii raro dicunt, alii rarenter. Idem M. Varro in eodem libro : *Sentior*, inquit, *nemo dicit, et id per se nihil est; assentior tamen fere omnes dicunt. Sisenna unus assentio in senatu dicebat; et cum postea multi secuti; neque tamen vincere consuetudinem potuerunt.* Sed idem Varro in aliis libris multa pro ἀναλογίᾳ tuenda scripsit. Sunt igitur hi tanquam loci quidam communes contra ἀναλογίαν dicere, et item rursus pro ἀναλογίᾳ.

## CAPUT XXVI.

Sermones M. Frontonis et Favorini philosophi de generibus colorum, vocabulisque eorum græcis et latinis : atque inibi color spadix cujusmodi sit.

Favorinus philosophus, cum ad M. Frontonem consularem pedibus ægrum viseret, voluit me quoque

Osco ( Osque ), Tusco ( Toscan ), Græco ( Grec ), nous disons osce ( dans la langue des Osques ), tusce ( en langue étrusque ), græce ( en langue grecque ); cependant de *Gallo* (Gaulois), et de *Mauro* ( Maure ), nous disons *gallice* ( à la manière des Gaulois ), et *maurice* ( à la façon des Maures ). De même encore, quoique de *probus* ( probe ), *doctus* ( savant ), nous disions *probe* ( honnêtement ), *docte* ( savamment ); cependant, de *rarus* ( rare ), on ne dit point *rare* ( rarement ), mais les uns disent *raro*, et les autres, *rarenter*. Le même M. Varron dit encore dans le même livre : *Personne ne dit sentior* ( je consens ), et cela ne signifie rien en soi; presque tout le monde dit *assentior*. Sisenna était le seul qui dît *assentio* dans le sénat : beaucoup d'autres après suivirent son exemple, mais ne purent cependant vaincre l'usage. Toutefois, le même Varron dit, en d'autres endroits, beaucoup de choses en faveur d'ἀναλογία. On ne doit donc regarder que comme des espèces de lieux communs, tout ce qu'on dit pour ou contre la signification de ce mot.

## CHAPITRE XXVI.

Dissertation de M. Fronton et du philosophe Favorin sur les différens genres des couleurs et sur les diverses étymologies grecques et latines de leurs noms. Ce que c'est que la couleur appelée *Spadix*.

Un jour que le philosophe Favorin allait visiter M. Fronton (4°) qui était malade, il voulut que je l'accompagnasse.

ad eum secum ire. Ac deinde, cum ibi apud Frontonem plerisque viris doctis præsentibus sermones de coloribus vocabulisque eorum agitarentur, quod multiplex colorum facies, appellationes autem incertæ et exiguæ forent: Plura sunt, inquit Favorinus, in sensibus oculorum quam in verbis vocibusque colorum discrimina: nam, ut alias eorum concinnitates omittamus, simplices isti et rufi et virides colores singula quidem vocabula, multas autem species differentes habent. Atque eam vocum inopiam in lingua magis latina video, quam in græca. Quippe qui rufus color, a rubore quidem appellatus est: sed cum aliter rubeat ignis, aliter sanguis, aliter ostrum, aliter crocum; has singulas rufi varietates latina oratio singulis propriisque vocabulis non demonstrat, omniaque ista significat una ruboris appellatione: cum tamen ex ipsis rebus vocabula colorum mutuetur; et igneum aliquid dicit et flammeum et sanguineum et croceum et ostrinum et aureum. Russus enim color et ruber nihil a vocabulo rufi differunt; neque proprietates ejus omnes declarant, ξανθός δέ καὶ πυῤῥὸς καὶ ἐρυθρὸς καὶ φοινικός: sed habere quasdam distantias coloris rufi videntur vel augentes eum, vel remittentes, vel mista quadam specie temperantes. Tum Fronto ad

Nous trouvâmes chez l'illustre consulaire plusieurs personnages recommandables par leur érudition. La conversation tomba sur les couleurs et sur leurs différens noms. L'on s'étonnait qu'étant aussi multipliées et aussi différentes qu'elles le sont, la langue latine ne fournît qu'un très-petit nombre de termes, la plupart assez vagues, pour en désigner toutes les espèces. En effet, dit Favorin, l'œil en découvre infiniment plus que la langue n'en peut différencier ; car, sans faire ici mention de cette multitude de teintes douces et charmantes qui n'ont point de nom, combien de différentes espèces de gradations dans les couleurs les plus simples que l'on désigne toutes par le rouge et le vert ! Au reste, cette pénurie de termes est bien plus sensible dans la langue latine que dans la langue grecque. Dans la première, l'expression rouge a été formée du terme rougeur : mais comme cette langue n'a point cette variété de termes propres à exprimer les différentes nuances du rouge de feu, de celui du sang, de la pourpre ou du safran, elle les comprend toutes et les réunit sous l'expression générale de rouge, tandis qu'elle a coutume de former les noms des couleurs, de la chose même qui les représente, et qu'elle dit que telle chose est couleur de feu, de flamme, de sang, de safran, de pourpre et d'or. Car les mots *russus* et *ruber* ne signifient autre chose que du rouge, et sont bien éloignés d'exprimer ses différentes espèces désignées dans la langue grecque, *le jaune foncé*, *la couleur de feu*, *le rouge ardent et le phénicien*, qui toutes, à la vérité, participent du rouge, mais qui l'enflamment, l'adoucissent ou bien en tempèrent la vivacité par le mélange des teintes. Fronton alors prenant la parole, répondit à Favorin : Nous ne contestons pas à la langue grecque, dans laquelle vous paraissez très-versé,

Favorinum: Non inficias, inquit, imus, quin lingua græca, quam tu videre legisse, prolixior fusiorque sit, quam nostra. Sed in iis tamen coloribus, quibus modo dixisti, designandis, non proinde inopes sumus, ut tibi videmur. Non enim hæc sunt sola vocabula rufum colorem demonstrantia, quæ tu modo dixisti, *russus, et ruber:* sed alia quoque habemus plura, quam quæ producta abs te græca sunt. Fulvus enim et flavus et rubidus et phœniceus et rutilus et luteus et spadix appellationes sunt rufi coloris, aut acuentes eum quasi incendentes, aut cum colore viridi miscentes, aut nigro infuscantes, aut virenti sensim albo illuminantes. Nam phœniceus, quem tu græce φοινικοῦν dixisti, noster est, et rutilus, et spadix phœnicei συνώνυμος, qui factus græce noster est, exuberantiam splendoremque significat ruboris; quales sunt fructus palmæ arboris non admodum sole incocti, unde spadicis et phœnicei nomen est. Spadica enim Dorici vocant avulsum e palma termitem cum fructu. Fulvus autem videtur de rufo atque viridi mixtus, in aliis plus viridis, in aliis plus rufi habere : sicut poeta verborum diligentissimus, *fulvam aquilam* dicit et *iaspidem, fulvos galeros* et *fulvum aurum* et *arenam fulvam*, et *fulvum leonem*. Sic Q. En-

une abondance et une richesse dont la langue latine est dépourvue ; mais ne croyez pas cependant que, sur l'objet qui nous occupe, elle soit aussi pauvre que vous le pensez. Les mots *russus* et *rubor* ne sont pas les seuls qu'elle possède dans sa nomenclature des couleurs ; elle en a même en plus grand nombre que ceux que vous avez cités du grec. En effet, vous ne devez pas ignorer que les termes suivans, *fulvus*, *flavus*, *rubidus*, *phœniceus*, *rutilus*, *luteus*, *spadix*, sont autant d'expressions qui toutes sont consacrées à la description des différentes espèces de rouge, et qui annoncent les métamorphoses qu'opère dans la couleur primitive, l'éclat qui paraît l'enflammer ; le vert qui, s'unissant à elle, tempère sa vivacité ; le noir qui la rembrunit, et le blanc qui l'égaie et la rapproche du vert. Car *rutilus* et *spadix* ne désignent-ils pas, en latin, cette couleur phénicienne que vous appelez φοινικοῦν, d'un terme grec dérivé de cette langue, et qui exprime la splendeur du rouge le plus brillant, tel qu'il éclate sur les fruits du palmier avant leur parfaite maturité, et que l'on appelle indifféremment *spadix* ou *phœniceus* ? Les D...ns donnent le premier de ces deux noms au rameau de cet arbre, lorsqu'il en est arraché et qu'il est orné de son fruit. L'espèce de jaune désignée par *fulvus*, par... formée du mélange du rouge et du vert, de manière que l'une ou l'autre de ces deux couleurs domine toujours. Ainsi Virgile, si exact dans l'emploi des termes, se sert du mot *fulvus* pour peindre une aigle, du jaspe, des bonnets de peau, de l'or, du sable, un lion. Q. Ennius, dans ses Annales, dit aussi *ære fulvo* ( de l'airain jaune ). Le jaune ( *flavus* ), selon l'opinion commune, résulte de l'union du vert, du rouge et du blanc. Ainsi l'on dit *flaventes comæ* ( des cheveux

nius in Annalibus *ære fulvo* dixit. *Flavus* contra videtur ex viridi et rufo et albo concretus. Sic *flaventes comæ*, et, quod mirari quosdam video, *frondes olearum* a Virgilio dicuntur *flavæ*. Sic multo ante Pacuvius *aquam flavam* dixit, et *flavum pulverem*. Cujus versus, quoniam sunt jucundissimi, libens commemini :

> *Cedo tamen pedem lymphis flavis : flavum ut pulverem*
> *Manibus isdem, quibus Ulyssi sæpe permulsi, abluam;*
> *Lassitudinemque minuam manuum mollitudine.*

*Rubidus* autem est rufus atrore et nigrore multo mixtus. *Luteus* contra rufus color est dilucidior. Unde ejus quoque nomen esse factum videtur. Non ergo, inquit, mi Favorine, species rufi coloris plures apud Græcos, quam apud nos nominantur. Sed ne viridis quidem color pluribus ab illis, quam a nobis, vocabulis dicitur. Neque non potuit Virgilius, colorem equi significare viridem volens, cæruleum magis dicere equum quam glaucum : sed maluit verbo uti notiore græco quam inusitato latino. Nostris autem Latinis veteribus cæsia dicta est, quæ a Græcis γλαυκῶπις, ut Nigidius ait, de colore cæli, quasi cælia. Postquam hæc Fronto dixit ; tum Favorinus scientiam rerum uberem verborumque ejus elegantiam exosculatus : Absque te, inquit, uno forsitan lingua pro-

blonds ); et ce qui paraît surprendre plusieurs personnes, Virgile, en parlant des feuilles de l'olivier, leur applique l'épithète *flavæ*. Bien des années auparavant, Pacuvius avait donné cette même épithète à l'eau et à la poussière. Comme les vers de ce poëte m'ont paru charmans, je les mets sous les yeux du lecteur :

*Souffrez que je lave vos pieds dans de l'eau jaune ( lymphis flavis ), et que ces mains qui ont rendu souvent le même service au roi d'Ithaque, essuient la poussière jaune (flavum pulverem ) qui couvre les vôtres ; souffrez, qu'en les maniant doucement, je diminue vos fatigues.*

*Rubidus* exprime le rouge foncé dans lequel le noir domine d'une manière très-sensible. *Luteus*, au contraire, marque un rouge clair : ce qui a sans doute donné lieu à ce nom. Vous voyez donc, mon cher Favorin, continua Fronton, que les Grecs ne sont pas si riches que nous dans la description des différentes espèces de rouge. Je soutiens qu'il en est de même du vert. Virgile voulant exprimer la couleur d'un cheval vert, aurait pu se servir du mot *cœruleus* plutôt que de *glaucus* ; mais il a préféré le second, comme plus connu en grec, que le premier presque inusité en latin. Car les anciens Latins, pour peindre une personne avec des yeux bleus, appelés par les Grecs γλαυκῶπις, emploient le terme *cæsia*, qu'ils font dériver sans doute, dit Nigidius, du mot *cœlum* ( ciel ), à cause de la ressemblance de la couleur, comme s'ils eussent voulu dire *cœlia*. A ces mots, Favorin, charmé de l'étendue des connaissances du docte consulaire et de l'élégance de ses entretiens, ne put s'empêcher de lui dire : En vérité, avant de vous avoir entendu, j'avais cru la langue grecque infiniment plus abondante que la langue latine, sur l'objet de notre disser-

facto graeca longe anteisset; sed tu, mi Fronto, quod in versu Homerico est, id facis;

Καὶ νίκην ἐπ' ἀρετῇ ἀμφήριστον ἔθηκας.

Sed cum omnia libens audivi, quæ peritissime dixisti, tum maxime quod varietatem flavi coloris enarrasti; fecistique ut intelligerem verba illa ex Annali quartodecimo Ennii amœnissima, quæ minime intelligebam:

*Verrunt extemplo placide mare marmore flavo.*
*Cæruleum spumat mare conferta rate pulsum.*

Non enim videbatur cæruleum mare cum marmore flavo convenire. Sed cum sit, ita ut dixisti, flavus color viridi et albo mixtus, pulcherrime prorsus spumas virentis maris flavo marmore appellavit.

## CAPUT XXVII.

*Quid T. Castricius existimaverit super Sallustii verbis et Demosthenis; quibus alter Philippum descripsit, alter Sertorium.*

VERBA sunt hæc gravia atque illustria de rege Philippo Demosthenis: ἑώρων δ' αὐτὸν Φίλιππον, πρὸς ὃν ἡμῖν ὁ ἀγὼν ὑπὲρ ἀρχῆς καὶ δυναστείας, τὸν ὀφθαλμὸν

tation; mais, mon cher Fronton, vous me mettez dans le cas de rappeler ce vers d'Homère :

*Il aurait prévenu le combat, ou il aurait rendu la victoire douteuse.*

Je vous avoue que parmi les choses excellentes que vous avez dites, j'ai été frappé surtout de la manière dont vous avez établi les différentes nuances qu'on remarque dans la couleur jaune; vous m'avez enfin donné l'intelligence de cet endroit admirable du quatorzième livre des Annales d'Ennius, qui jusqu'à ce jour ne m'avait paru qu'une énigme; *Ils caressent aussitôt doucement la surface de la mer qui ressemble à du marbre verdâtre (marmore flavo); ses flots teints de cette couleur, écument sous les rames de cent vaisseaux.* Je ne pouvais accorder ensemble les deux épithètes *flavum* et *cœruleum*, que l'annaliste réunit et confond; mais d'après ce que vous venez de m'expliquer, je comprends que le jaune étant formé de son union avec le vert et le blanc, le poëte a très-heureusement désigné la couleur de la mer couverte d'écume, en la comparant à un marbre jaune.

## CHAPITRE XXVII.

Sentiment de T. Castricius, sur les portraits que Salluste et Démosthène ont faits, l'un de Philippe et l'autre de Sertorius.

Voici le portrait plein de noblesse et d'énergie, que Démosthène nous a laissé du roi Philippe : *Je voyais ce Philippe*, dit-il, *contre qui nous combattions pour la liberté de la Grèce et le salut de ses républiques, l'œil crevé,*

ἐκκεκομμένον, τὴν κλεῖν κατεαγότα, τὴν χεῖρα, τὸ σκέλος πεπηρωμένον, πᾶν ὅ, τι ἂν βυληθῇ μέρος ἡ τύχη τῦ σώματος παρελέσθαι, τῦτο προϊέμενον, ὥςε τὸ λοιπὸν μετὰ τιμῆς καὶ δόξης ζῆν. Hæc æmulari volens Sallustius de Sertorio duce in historiis ita scripsit : *Magna gloria tribunus militum in Hispania T. Didio imperatore, magno usu, bello Marsico, paratu militum et armorum fuit : multaque tum ductu ejus curata, primo per ignobilitatem, deinde per invidiam scriptorum celata sunt, quæ eminus facie sua ostentabat, aliquot advorsis cicatricibus et effosso oculo. Quo ille dehonestamento corporis maxime lætabatur: neque illis anxius, quia reliqua gloriosius retinebat.* De utriusque his verbis T. Castricius cum pensitaret : Nonne, inquit, ultra naturæ modum humanæ est dehonestamento corporis lætari? Siquidem lætitia dicitur exultatio quædam animi cum gaudio efferventiore rerum expetitarum. Quanto illud sincerius et humanis magis rationibus conveniens? πᾶν ὅ, τι ἂν βυληθῇ μέρος ἡ τύχη τῦ σώματος παρελέσθαι, τῦτο προϊέμενον. Quibus verbis, inquit, ostenditur Philippus non, ut Sertorius, corporis dehonestamento lætus, quod est, inquit, insolens et immodicum; sed, præ studio laudis et honoris, jac-

l'épaule brisée, la main affaiblie, la cuisse retirée, offrir avec une fermeté inaltérable tous ses membres aux coups du sort, satisfait de vivre pour l'honneur, et de se couronner des palmes de la victoire. Salluste, enchanté de la vigueur de ces traits, s'est efforcé de les reproduire dans le portrait qu'il fait de Sertorius en ces termes : *L'impéritie des premiers écrivains, et la jalousie de leurs successeurs, ont conspiré pour dérober aux regards de la postérité la gloire dont ce grand homme se couvrit en Espagne, où il servit en qualité de tribun militaire sous Didius, celle qu'il acquit dans la guerre contre les Marses, par sa grande expérience, sa célérité à rassembler les légions et à les armer, et par les divers commandemens qu'on lui confia dans des circonstances critiques pendant lesquelles il rendit les plus grands services à la république ébranlée. Mais ce que l'histoire avait oublié, mille cicatrices honorables qui couvraient le corps du héros, et un œil perdu en combattant, le publièrent d'une manière bien glorieuse. Sertorius, ravi que Mars l'eût ainsi défiguré, ne regrettait point ces pertes ; elles attestaient qu'il ne devait qu'à sa haute valeur la conservation de ce qui lui restait.* T. Castricius, en considérant attentivement la peinture de ces deux maîtres, demande s'il n'est point contre la nature de se réjouir de la mutilation de son corps : puisque, dit-il, la joie n'est qu'un tressaillement de l'âme, et une satisfaction vivement sentie de l'accomplissement de ses vœux ; qu'il est bien plus naturel et bien plus dans le sentiment de l'humanité de dire que *Philippe offrait tous ses membres aux coups du sort.* Ces paroles, ajoute-t-il, font entendre que Philippe ne se réjouissait pas, comme Sertorius, de sa déformation ; ce qui est invraisemblable et outré ; mais que ce roi était si fort tou-

turarum damnorumque corporis contemptor, qui singulos artus suos fortunæ producendos daret quæstu atque compendio gloriarum.

## CAPUT XXVIII.

*Non esse compertum cui deo rem divinam fieri oporteat, cùm terra movet.*

Quænam esse causa videatur, quamobrem terræmotus fiant, non modo his communibus hominum sensibus opinionibusque compertum non est; sed ne inter physicas quidem philosophias satis constitit ventorumne vi accidant specus hiatusque terræ subeuntium, an aquarum subter in terrarum cavis undantium fluctibus pulsibusque; ita uti videntur existimasse antiquissimi Græcorum, qui Neptunum ἐννοσίγαιον καὶ σεισίχθονα appellaverunt, an cujus aliæ rei causa alteriusve dei vi ac numine, nondum etiam, sicut diximus, pro certo creditum. Propterea veteres Romani, cum in omnibus aliis vitæ officiis, tum in constituendis religionibus atque in diis immortalibus animadvertendis castissimi cautissimique, ubi terram movisse senserant nuntiatumve erat, ferias ejus rei causa edicto imperabant; sed dei nomen, ita uti solet, cui servari ferias oporteret, statuere et edicere quiescebant; ne, alium pro alio nominando,

ché de l'éclat de l'honneur militaire, si flatté de pouvoir immortaliser son nom, qu'il comptait pour rien les mutilations auxquelles son corps était exposé, et qu'il était prêt à sacrifier tous ses membres pour mériter les lauriers de la gloire et les éloges de la postérité.

## CHAPITRE XXVIII.

*Que l'on ne connaît pas bien quelle divinité l'on doit invoquer pendant les tremblemens de terre.*

La recherche des causes qui produisent les tremblemens de terre, non-seulement a fait naître mille opinions diverses parmi les hommes, mais elle a encore partagé les écoles de la philosophie. Est-ce à la fermentation des eaux qui, resserrées dans les abîmes de la terre, s'y agitent et la tourmentent, qu'il faut attribuer ces phénomènes terribles? Ce dernier sentiment paraît avoir été celui des anciens Grecs, qui appelaient Neptune le *dieu qui ébranle la terre*. Enfin, quelque autre ressort ignoré, ou l'action de quelque divinité, ne sont-ils pas la cause des mouvemens terrestres? C'est dans ce doute que les anciens Romains, si exacts à régler tous les devoirs de la religion, si sages et si prudens lorsqu'il s'agissait de prescrire les rites sacrés et tout ce qui appartient au culte des immortels, que les anciens Romains, dis-je, mettaient sur-le-champ, par un édit, au nombre des jours solennels, celui où l'on avait été instruit ou frappé du plus léger tremblement de terre. Ils ne nommaient cependant ni le dieu ni la déesse à qui ce jour était consacré, comme c'était la coutume, de peur qu'en prenant une divinité pour une autre,

falsa religione populum alligarent. Eas ferias si quis polluisset, piaculoque ob hanc rem opus esset: hostiam, SI DEO, SI DEÆ. immolabat: idque ita ex decreto pontificum observatum esse M. Varro dicit: quoniam et qua vi et per quem deorum dearumve terra tremeret, incertum esset. Sed de lunæ motibus solisque defectibus; non minus in ejus rei causa reperienda sese exercuerunt. Quippe M. Cato vir in cognoscendis rebus multi studii, incerta tamen et incuriosa super ea re opinatus est. Verba Catonis ex Originum quarto hæc sunt: *Non libet scribere quod in tabula apud pontificem maximum est, quotiens annona cara, quotiens lunæ aut solis lumini caligo, aut quid obstiterit.* Usqueadeo parvifecit rationes veras solis et lunæ deficientium vel scire vel dicere.

## CAPUT XXIX.

### Apologus Æsopi Phrygis memoratu non inutilis.

Æsopus ille e Phrygia fabulator haud immerito sapiens existimatus est, cum, quæ utilia monitu suasuque erant, non severe, non imperiose præcepit et censuit, ut philosophis mos est; sed festivos delectabilesque apologos commentus, res salubriter ac prospicienter animadversas in mentes animosque hominum cum audiendi quadam illecebra induit. Velut hæc

le peuple ne se portât à un culte faux et supposé. Si quelqu'un violait la sainteté de ce jour, il était obligé d'offrir un sacrifice expiatoire AU DIEU ou bien A LA DÉESSE. M. Varron nous apprend que le collège des pontifes avait prescrit cet acte d'expiation, incertain quelle puissance, quel dieu ou quelle déesse, ébranlait la terre. L'esprit des savans ne s'est pas moins exercé sur la recherche des causes des éclipses de lune ou de soleil. M. Caton, ce profond scrutateur des phénomènes de la nature, n'a donné sur cette matière que des conjectures vagues et peu propres à satisfaire la curiosité. Voici comment il s'exprime au quatrième livre de ses Origines : *Je ne m'arrêterai point à copier ce qui est écrit sur le tableau chez le souverain sacrificateur, ni le prix du froment, ni le nombre et la cause des éclipses de lune ou de soleil.* Tant cet homme célèbre a dédaigné de découvrir ou d'apprendre le principe de ces phénomènes célestes.

## CHAPITRE XXIX.

### Apologue curieux d'Ésope le Phrygien.

Ésope le Phrygien, ce fabuliste célèbre, fut mis avec raison au nombre des sages les plus distingués. Ses fables, pleines de conseils et de leçons de la plus grande utilité, n'affectent point le ton sévère et impérieux de l'altière philosophie. L'apologue, entre ses mains, emprunte le langage des grâces et de la gaieté. C'est par ce charme séduisant qu'il s'insinue dans l'âme de ses lecteurs, et qu'il leur fait goûter les diverses peintures qu'il trace d'une main si sage et si judi-

ejus fabula de avicula nidulo lepido atque jucundo praemonet spem fiduciamque rerum, quas efficere quis possit, haud unquam in alio sed in semetipso habendam. Avicula, inquit, est parva, nomen est cassita, habitat nidulaturque in segetibus id ferme temporis, ut appetat messis pullis jam jam plumantibus. Ea cassita in sementes forte concesserat tempestiviores. Propterea frumentis flavescentibus pulli etiam tunc involucres erant. Cum igitur ipsa iret cibum pullis quaesitum : monet eos ut, si quid ibi rei novae fieret dicereturve, animadverterent : idque uti sibi, ubi redisset, nuntiarent. Dominus postea segetum illarum filium adolescentem vocat; et : Videsne, inquit, haec ematuruisse et manus jam postulare? Iccirco, die crastini, ubi primum diluculabit, fac amicos adeas, et roges veniant, operamque mutuam dent et messem hanc nobis adjuvent. Haec ubi ille dixit, discessit : atque, ubi rediit cassita, pulli trepiduli circumstrepere, orareque matrem ut statim jam properet, atque alium in locum sese adsportet. Nam dominus, inquiunt, misit qui amicos rogaret uti luce oriente veniant et metant : mater jubet eos a metu otiosos esse. Si enim dominus, inquit, messem ad amicos rejicit, crastino seges non metetur. Neque necesse est, hodie uti vos auferam : die igitur postero mater in pabulum volat. Dominus, quos rogaverat, opperitur : sol fervit : et fit nihil : et amici nulli erant. Tum ille rursum ad filium : Amici isti, inquit, magnam partem ces-

cieuse. Sa fable de l'alouette et de ses petits, écrite avec autant d'esprit que d'élégance, fait entendre que l'on doit moins attendre d'autrui que de soi-même le succès d'une affaire dans laquelle on peut agir. Il existe, dit-il, un petit oiseau qui se nomme alouette; il habite ordinairement dans les blés, et y fait son nid, de manière que ses petits commencent à se couvrir de plumes au temps de la moisson. L'alouette, dont il s'agit ici, avait choisi par hasard un champ dont la récolte précoce devait se faire un peu avant la saison accoutumée. Déjà l'on voyait flotter les épis dorés, et la petite famille était encore sans plumes. Un jour la mère partant pour chercher de la nourriture, avertit ses petits de bien remarquer ce qui arriverait ou se dirait de nouveau pendant son absence, de bien le retenir et de le lui raconter à son retour. Le maître du champ arrive, appelle son fils dans la fleur de la jeunesse, et lui dit : Tu vois que ces blés sont en pleine maturité et n'attendent que la faucille ; demain donc, dès le point du jour, va trouver nos amis, et les prie de venir nous aider à faire la moisson. Après avoir dit ces mots, il s'éloigne. Dès que la mère paraît, les petites alouettes tremblantes crient toutes à la fois, et la conjurent de déloger au plus vite, car le maître du champ a envoyé prier ses amis de venir au point du jour, pour faire la moisson. Soyez en paix, mes enfans, répond l'alouette ; si le maître se repose de ce travail sur ses amis, demain, ces épis seront encore sur pied. Il n'est donc point nécessaire que je vous ôte d'ici maintenant. Le lendemain, la mère retourna à la pâture. Le maître paraît, attend ceux qu'il avait fait appeler; le soleil devient plus ardent, le temps se passe, point d'amis. Mon fils, dit alors le père étonné, ces amis sur lesquels nous avions compté, sont des paresseux : que n'al-

satores sunt. Quam potius imus, et cognatos affinesque et vicinos nostros oramus ut assint cras tempori ad metendum? Itidem hoc pulli pavefacti matri nuntiant. Mater hortatur ut tum quoque sine metu ac sine curat sint : cognatos affinesque nullos ferme tam esse obsequibiles, ut ad laborem capessendum nihil contentur, et statim dicto obediant. Vos modo, inquit, advertite, si modo quid denuo dicetur. Alia luce orta avis in pastum profecta est. Cognati et affines operam quam dare rogati sunt supersedent. Ad postremum igitur dominus filio : Valeant, inquit, amici cum propinquis; afferes prima luce falces duas. Unam egomet mihi; et tu tibi capies alteram; et frumentum nosmetipsi manibus nostris cras metemus. Id ubi ex pullis dixisse dominum mater audivit: Tempus, inquit, est cedendi et abeundi, fiet nunc dubioprocul, quod futurum dixit. In ipso enim jam vertitur, cuja est res; non in alio, unde petitur; atque ita cassita nidum migravit. Seges a domino demessa est. Haec quidem est Æsopi fabula de amicorum et propinquorum levi et inani fiducia. Sed quid aliud sanctiores libri philosophorum monent, ut in nobis tantum ipsis nitamur; alia autem omnia, quae extra nos extraque nostrum animum sunt, neque pro nostris neque pro nobis ducamus. Hunc Æsopi apologum Q. Ennius in satyris scite admodum et venuste versibus quadratis composuit : quorum duo postremi isti sunt, quos habere cordi et memoriae operae pretium esse hercle puto :

lons-nous plutôt chez nos voisins, nos parens et nos alliés, les prier de se trouver ici demain à l'heure du travail? Les petits, aussi épouvantés que la veille, racontent ces paroles à la mère. Celle-ci les exhorte de nouveau à rester sans crainte et sans inquiétude : Il n'y a, leur dit-elle, ni parens, ni voisins assez complaisans pour se prêter sans délai au travail d'autrui, et pour venir aussitôt qu'on les appelle. Faites seulement bien attention à ce qui se dira de nouveau. Le lendemain, au point du jour, l'alouette va chercher la pâture; et malgré l'invitation, l'on ne voit arriver ni parens, ni voisins. Enfin, le père dit à son fils : Laissons ces amis et ces parens. Apporte ici, demain, deux faucilles, une pour moi, l'autre pour toi, et nous ferons nous-mêmes la moisson. Dès que les petits eurent rapporté à leur mère ces dernières paroles : Il est temps, mes enfans, dit-elle, il est temps de partir; car, à n'en pas douter, le maître fera ce qu'il a dit, puisqu'il ne compte pour l'exécution que sur lui-même, sans se reposer sur ceux qu'il a fait appeler. En achevant ces mots, l'alouette part, emporte son nid, et le maître vint moissonner son champ. Cette fable d'Ésope (42) fait voir combien l'on doit peu compter sur le secours des parens et des amis. Eh! que nous recommandent autre chose les maximes les plus sacrées de la philosophie, que de ne nous reposer que sur nos propres travaux, de compter pour absolument étranger tout ce qui est hors de nous et de notre propre cœur? Q. Ennius a mis, dans ses satires, cet apologue d'Ésope, en vers iambiques pleins de finesse et d'élégance. En voici deux qu'il est surtout bien essentiel, selon moi, d'avoir gravés au fond de l'âme :

*Hoc erit tibi argumentum semper in promtu situm :*
*Nequid exspectes amicos, quod tute agere possies.*

---

## CAPUT XXX.

Quid observatum sit in undarum motibus, qui in mari alio atque alio modo fiunt, austris flantibus aquilonibusque.

Hoc sæpenumero in undarum motu observatum est, quas aquilones venti, quique ex eadem cœli regione aer fluit, quasve faciunt in mari austri atque africi. Nam fluctus, qui flante aquilone maximi et crebrissimi excitantur, simul ac ventus posuit, sternuntur et conflaccescunt; et mox fluctus esse desinunt. At non idem fit flante austro vel africo : quibus jam nihil spirantibus undæ tamen factæ diutius tument, et a vento quidem jamdudum tranquillæ sunt; sed mare est etiam atque etiam undabundum. Ejus rei causa esse conjectatur quod venti a septentrionibus ex altiore cœli parte in mare incidentes deorsum in aquarum profunda quasi præcipites deferuntur, undasque faciunt non prorsus impulsas sed vi intus commotas. Quæ tantisper erutæ volvuntur, dum illius infusi desuper spiritus vis manet. Austri vero et africi ad meridianum orbis circulum atque ad

*Conserve précieusement cet axiome dans ta mémoire: N'attends jamais rien de tes amis, quand tu peux agir toi-même.*

## CHAPITRE XXX.

### Différence des effets de l'aquilon d'avec ceux du vent du midi sur les flots de la mer.

L'on a souvent remarqué une différence bien singulière dans l'agitation des flots de la mer, occasionée par le souffle de l'aquilon et des tourbillons qui partent de la même région, avec le mouvement qu'excite le vent du midi, et celui qui s'élève des côtes de l'Afrique. Ces montagnes d'eau que l'aquilon rassemble en grand nombre et qu'il élève jusqu'aux nues, dès que la tempête cesse, on les voit s'abattre, décroître, et la surface des ondes s'étendre et s'unir comme une glace : mais lorsque le souffle impétueux du vent d'Afrique ou de celui du midi bouleverse les mers, long-temps après qu'ils ont cessé leurs ravages, on aperçoit de la fermentation et du trouble dans les flots; l'orage a disparu, mais le courroux de la mer continue. On forme sur ce phénomène plusieurs conjectures ingénieuses. On croit que les vents qui s'échappent du septentrion et des plus hautes régions de l'air, pour tourmenter l'empire de Neptune, tombant, pour ainsi dire, jusqu'au plus profond de ses abîmes, n'ébranlent pas la masse; qu'ils se contentent d'en émouvoir l'intérieur, et d'imprimer aux flots une agitation momentanée, qui ne dure qu'autant que l'aquilon presse sur leur sein; au lieu que le vent d'Afrique et celui du midi qui souf-

partem axis infimam depressi, inferiores et humiles, per suprema æquoris euntes; protrudunt magis fluctus quam eruunt: et idcirco non desuper læsæ, sed propulsæ in adversum aquæ etiam desistente flatu retinent aliquantisper de pristino pulsu impetum: id autem ipsum, quod dicimus, ex illis quoque Homericis versibus, si quis non incuriose legat, adminiculari potest. Nam de Austri flatibus ita scripsit:

Ἔνθα νότος πόντοιο κλυδώνιον εἰς λᾶαν ὠθεῖ.

Contra autem de borea, quem aquilonem appellamus, alio dicit modo:

Καὶ βορέης αἰθρηγενέτης μέγα κῦμα κυλίνδων.

Ab aquilonibus enim, qui alti supernique sunt, fluctus excitatos quasi per prona volvi dicit: ab austris autem, iis qui humiliores sunt, majore vi quadam propelli sursum atque rursum subjici: id enim significat verbum λᾶαν ὠθεῖ; sicut in alio loco, λᾶαν ἄνω ὠθεῖ. Id quoque a peritissimis rerum philosophis observatum est, austris spirantibus mare fieri glaucum et cæruleum, aquilonibus obscurius atriusque: cujus rei causam, cum Aristotelis libros Problematum percerpsimus, notavi. *Cur austro spirante mare cæruleum fiat; aquilone obscurius atriusque? An propterea quod aquilo minus mare perturbat: omne autem, quod tranquillius est, atrum esse videtur?*

flent du cercle du méridien et de la partie inférieure de l'axe, s'arrêtent à la superficie de la mer, et, glissant sur les flots, les roulent plutôt qu'ils ne les soulèvent : c'est pourquoi n'étant pas pressés d'en haut, mais seulement poussés avec violence les uns contre les autres, les flots, lorsque le vent a cessé, conservent l'empreinte du mouvement qu'ils ont reçu. Le lecteur, attentif à ces vers d'Homère, y apercevra la confirmation de cette conjecture. C'est ainsi que le divin poëte peint le vent du midi :

*Quand l'auster pousse les vagues contre un rocher.*

Il présente une autre image en parlant de borée que nous nommons l'aquilon.

*Et borée, agitant les flots avec furie.*

Ainsi, dans un de ces tableaux, l'aquilon qui, du haut du ciel, exerce ses ravages, est représenté soulevant la mer émue jusqu'au fond de ses gouffres ; dans l'autre, le vent du midi qui s'élève des régions inférieures, paraît le tyran furieux des flots qu'il agite avec plus de force et qu'il anime les uns contre les autres. C'est le sens de ces paroles d'Homère : *S'élance contre un rocher*; et ailleurs : *se pousse contre le sommet d'un rocher.* Les plus savans philosophes ont aussi observé que quand l'auster domine sur les ondes, la mer paraît verdâtre ou d'un bleu foncé ; au lieu que sous l'empire de l'aquilon, les eaux se teignent d'un noir sombre et affreux. En parcourant le livre des Problèmes d'Aristote, j'ai trouvé que le philosophe touche un mot de cette différence. *Pourquoi, dit-il, quand l'auster souffle sur la mer, sa surface paraît-elle bleuâtre, et lorsque c'est l'aquilon, semble-t-elle d'une couleur plus sombre et plus noire ? Est-ce parce que l'aquilon bouleverse les flots avec moins de furie, et que tout ce qui est plus calme paraît sombre et ténébreux ?*

# REMARQUES

## SUR

## LE LIVRE SECOND.

1. I. *Pendant la guerre du Péloponèse.* Cette guerre célèbre commença la première année de la quatre-vingt-septième olympiade.

2. II. *Le proconsul de l'île de Crète.* Les proconsuls n'étaient pas proprement des magistrats, mais seulement des hommes munis de pouvoir; et lorsque le peuple avait donné sa voix, et qu'il y avait joint une loi, on disait qu'il avait le commandement. C'est pour cela qu'on ne prenait point les auspices avant leur nomination, et qu'on ne leur accordait pas facilement les honneurs d'un triomphe, surtout si c'étaient de simples particuliers envoyés dans les provinces. Cependant le contraire n'est pas sans exemple, puisque le grand Pompée triompha pour la seconde fois, n'étant encore que chevalier romain. Ces magistrats, comme il vient d'être dit, avaient dans les provinces le commandement et la puissance. Le commandement concernait les affaires de la guerre; la puissance donnait la juridiction, et le droit de connaître de toutes les affaires civiles. Peu de temps après leur arrivée dans la province qui leur était assignée, ils avaient coutume d'indiquer une assemblée du pays dans quelque ville, ou bien ils parcouraient eux-mêmes les villes de la province pour y rendre justice. Ils la rendaient conjointement avec les plus notables de la province, et ils jugeaient conformément aux lois que le général, conquérant du pays, lui avait imposées suivant l'avis de ses dix lieutenans, après l'avoir réduit en province romaine : car les Romains appelaient, à proprement parler, provinces, les pays

qu'ils avaient soumis hors de l'Italie par la force des armes, et dont ils confiaient l'administration, tantôt à des proconsuls, tantôt à des propréteurs et tantôt à des gouverneurs particuliers. Quelquefois aussi ils jugeaient suivant les ordonnances faites dans la suite à Rome, pour la province dont ils avaient reçu le gouvernement; ou bien conformément à ses propres édits, qui étaient le plus souvent tirés de l'édit du préteur de Rome.

3. *Id. Les licteurs.* Ils étaient ainsi appelés parce qu'ils liaient les coupables, ou bien parce que leurs haches étaient entourées de faisceaux. (*V.* la remarq. 13).

4. III. *Vingt nummes d'or.* Le numme d'or valait vingt-cinq deniers, ce qui fait un peu plus de douze de nos francs.

5. IV. *Il semble que cet auteur ait voulu dire que ce jugement s'appelait divination.* Lorsqu'il était question à Rome de citer un citoyen en justice, il se présentait plusieurs accusateurs, il intervenait un jugement qui décidait auquel l'accusation serait déférée, ce qu'on appelait *divination*; et les autres pouvaient souscrire à l'accusation, s'ils le jugeaient à propos. Ensuite, au jour marqué, la dénonciation se faisait devant le préteur, dans une certaine formule (par exemple: *Je dis que vous avez dépouillé les Siciliens, et je répète contre vous cent mille sesterces, en vertu de la loi*); mais il fallait auparavant que l'accusateur prêtât le serment de calomnie, c'est-à-dire, que ce n'était pas dans la vue de noircir l'accusé par une calomnie, qu'il allait le dénoncer. On laissait sa dénonciation entre les mains du préteur, sur un libelle signé de l'accusateur, qui contenait en détail toutes les circonstances de l'accusation. Le préteur fixait un jour auquel l'accusateur et l'accusé devaient se présenter; et ce jour était quelquefois le dixième et quelquefois le trentième; souvent, dans l'accusation de concussion, ce délai était plus long, parce qu'on ne pouvait faire venir des provinces les preuves, qu'après beaucoup de recherches. Les choses étant en cet état, l'accusé, avec ses amis et ses proches, prenait un habit de deuil, et tâchait de se faire des partisans. Le jour fixé étant arrivé, on faisait appeler par

un huissier les accusateurs, l'accusé et ses défenseurs : l'accusé qui ne se présentait pas, était condamné; ou si l'accusateur était défaillant, le nom de l'accusé était rayé des registres. Si les deux parties comparaissaient, on tirait au sort le nombre des juges que la loi prescrivait. Ils étaient pris parmi ceux qui avaient été choisis pour rendre la justice cette année-là.

6. V. *Lysias*, très-célèbre orateur grec, naquit à Syracuse la deuxième année de la quatre-vingtième olympiade, la quatre cent cinquante-neuvième avant Jésus-Christ, et fut mené à Athènes par Céphales, son père, qui l'y fit élever avec soin. Lysias s'acquit une réputation extraordinaire par ses harangues. Il forma des disciples dans le bel art de l'éloquence, par ses leçons et par ses écrits. Il parut à Athènes après Périclès, et retint la force de cet orateur, sans s'arrêter à la précision qui le caractérisait. Il joignit à cette force d'expression quelque chose de gracieux et de fleuri, de doux et de tendre, une noble simplicité, un beau naturel, et une exacte peinture des mœurs et des caractères. On peut juger de l'éloquence de Lysias par le premier discours de la première partie du Phèdre de Platon. Quintilien la comparait à un ruisseau pur et clair plutôt qu'à un fleuve majestueux. Lysias mourut dans un âge fort avancé, la troisième année de la cent-unième olympiade, la trois cent soixante-quatorzième avant Jésus-Christ. Nous avons de lui trente-quatre harangues, traduites par feu l'abbé Auger.

7. VI. *Scylla*. Il est bon d'observer que Virgile et Ovide confondent les deux Scylla, en attribuant à la fille de Nisus ce qui ne convient qu'à celle de Phorcus.

8. VII. *Un Catilina, un Tubulon, un P. Clodius*. Tout le monde connaît l'histoire de Catilina et de Clodius : quant à Tubulon, il fut préteur un peu avant Cicéron, et commit toutes sortes de scélératesses.

9. X. *Des réparations du Capitole*. Il y eut quatre Capitoles, construits à différentes époques.

## SUR LE LIV. II.

10. XII. *Solon.* Il cassa toutes les lois de Dracon, à l'exception de celle contre les meurtriers.

11. XIII. *Tiberius Gracchus.* Jamais homme ne naquit peut-être avec de plus grands talens pour s'illustrer lui-même, que l'aîné des Gracques; fécond en expédiens, prompt à concevoir et à se représenter les affaires dans tous les sens, un courage mâle, supérieur à la crainte, aux menaces et aux frayeurs vaines de la superstition, une éloquence vive, aisée et capable d'entraîner les esprits par la force de la persuasion: tous ces présens de la nature, et surtout le don de la parole, furent, dit un ancien orateur, comme une épée entre les mains d'un furieux. Gracchus en abusa, non pas pour soutenir une cause injuste, mais pour la conduire avec trop de violence, et pour la pousser sans ménagement. Il alla jusqu'à faire croire qu'il portait ses vues au-delà des intérêts du peuple, qu'il prétendait soulager. De là l'histoire a laissé de lui une idée de tyrannie, qu'il n'avait peut-être pas méritée.

12. XV. *La loi Julia.* Cette loi fut portée par l'empereur Auguste, l'an de Rome 736.

13. *Id. Le droit des premiers faisceaux.* Douze licteurs avec des faisceaux armés de haches, étaient la marque la plus honorable de la dignité consulaire. Au commencement, chaque consul avait douze faisceaux; mais, en vertu de la loi de Valérius Publicola, il n'y eut plus qu'un consul qui eût droit de les faire porter devant lui, et ils le faisaient alternativement pendant un mois. Il y eut néanmoins un temps où l'on prenait alternativement d'un jour à l'autre les faisceaux consulaires. Denys d'Halicarnasse rapporte que celui qui avait les faisceaux était maître de la république. Les licteurs marchaient devant le consul, un à un, sur une même ligne. De là vient que celui qui était le plus près du consul, était appelé le dernier licteur. Valérius Publicola retrancha les haches, du moins pour le dedans de la ville, et il ne les conserva que pour le dehors.

14. XVI. *Énée.* Les Romains l'honoraient sous le nom de Jupi-

TOME I. 17

ter indigète. On appelait indigètes ceux qui, après leur mort, avaient été mis au rang des dieux.

15. XVII. *Ne laisse pas de se trouver tantôt longue et tantôt brève.* Dans le même cas où les prépositions *in* et *con* ont toujours coutume d'être longues, c'est-à-dire, devant une *f*.

16. XVIII. *Phédon*, philosophe grec, natif d'Élée, fut enlevé par des corsaires et fut vendu à des marchands. Socrate, touché de sa physionomie douce et spirituelle, le racheta. Après la mort de son bienfaiteur, dont il reçut le dernier soupir, il se retira à Élée, et y devint le chef de la secte éléaque. Sa philosophie se bornait à la morale. Il vivait environ quatre cents ans avant Jésus-Christ, selon Strabon.

17. Id. *Cébès.* Philosophe thébain, disciple de Socrate, auteur, à ce qu'on a cru, du Tableau de la vie humaine, qui est un dialogue sur la naissance, la vie et la mort des hommes.

18. Id. *Ménippe*, philosophe cynique, de Phénicie, était esclave. Il racheta sa liberté, et devint citoyen de Thèbes et usurier. Ce métier, indigne d'un philosophe, lui attira des reproches si violens, qu'il se pendit de désespoir. Il avait composé treize livres de satires, qui ne sont pas parvenus jusqu'à nous.

19. XIX. *Triphallus.* Titre d'une pièce de Nævius; d'autres écrivent *Itiphalo.*

20. Id. *Je te ferai mettre dans un endroit où tu ne pourras point cracher.* Il y a lieu de croire que le maître qui parle à son esclave, le menace de le faire attacher au poteau destiné à la fustigation, et de lui faire serrer le cou, selon la coutume, de manière qu'il lui soit impossible de cracher.

21. Id. *Les Lucaniens*, peuples de l'Italie, appelés ensuite Brutiens. Ils habitaient le pays appelé aujourd'hui la Calabre.

22. XX. *La terre de Tusculum.* C'est la même qui appartint à Cicéron, et où il écrivit ses Tusculanes.

23. XXI. *L'île d'Égine.* Ile de la mer Égée, voisine du Péloponèse. Elle s'appelait plus anciennement OEnone.

24. *Id. Au port de Pirée.* Ce port de l'ancienne Athènes, si célèbre dans l'histoire militaire de cette république, pouvait, dit-on, contenir cinq cents vaisseaux.

25. *Id. Quinquatrus.* Il y avait en l'honneur de Minerve une fête appelée Quinquatrie. C'était la même que les Grecs appelaient Panathénées, ou simplement Athénées. Les petites Panathénées se célébraient tous les ans, et les grandes seulement de quatre ans en quatre ans. Des courses à pied et à cheval, des combats gymniques, des concours de musique ou de poésie, terminés par des processions, faisaient tout le fond de ces fêtes.

26. XXII. *Sous le nom de serein.* Homère, en l'appelant serein, ne prétend pas faire entendre qu'il souffle avec douceur; mais il veut dire qu'il dissipe les nuages et qu'il purifie le ciel.

27. *Id. Iapyx.* Ce vent était favorable à ceux qui s'embarquaient à Brindes pour le Levant.

28. *Id. Ce qu'il entend par, suivant le cours du soleil.* Comme on dit en parlant d'un vaisseau qui suit le cours d'un fleuve, qu'il va suivant le cours du fleuve; de même un vent qui ne souffle point contre le cours du soleil, est censé souffler suivant le cours du soleil.

29. XXIII. *Comme l'âne au milieu des singes.* Ce proverbe convient à un homme simple, qui se trouve avec des malins qui le raillent.

30. XXIV. *Sous le consulat de C. Fannius et de M. Valérius Messala.* C. Fannius et M. Valérius Messala obtinrent le consulat l'an de Rome 583.

31. *Id. Aux jeux mégalésiens.* Les jeux appelés mégalésiens se célébraient en l'honneur de la grande mère des dieux, pendant six jours, savoir du quatre au neuf d'avril. Dans ce temps-là les personnes de qualité s'envoyaient réciproquement des présens, et se ré-

galaient, comme le peuple faisait dans le temps des jeux en l'honneur de Cérès. On les appelait mégalésiens, du nom d'un des temples de la déesse près de Pessinunte en Paphlagonie, d'où son simulacre avait été apporté à Rome. Ils furent institués par M. Junius Brutus.

32. *Id. Aux jeux romains, plébéiens, saturnaux.* Les jeux romains ou les grands jeux étaient célébrés depuis le quatre septembre jusqu'au quatorze, en l'honneur des grands dieux; savoir, Jupiter, Junon, Minerve, pour le salut du peuple. Ils furent institués par les rois dans les premiers temps de Rome, et l'on ne doit pas les confondre avec les jeux mégalésiens. Les jeux plébéiens étaient célébrés dans le cirque le seize d'octobre, en mémoire, soit de la liberté recouvrée par l'expulsion des rois, soit de la réconciliation du peuple avec le sénat sur le mont Aventin. Les fêtes de Saturne, célébrées en Italie long-temps avant la fondation de Rome, avaient lieu au mois de décembre, et duraient sept jours. Tout alors ne respirait que le plaisir et la joie; chacun s'envoyait des présens, et l'on se régalait tour à tour. Un édit public faisait cesser tous les travaux. Tous les citoyens se retiraient sur le mont Aventin, comme pour y prendre l'air de la campagne. Il était permis aux esclaves de jouer contre leurs maîtres, et de leur dire tout ce qu'ils voulaient. Les maîtres les servaient à table, comme pour faire revivre l'âge d'or pendant lequel tous les hommes étaient égaux.

33. *Id. La loi Fannia.* Cette loi fut portée l'an 504 de la fondation de Rome.

34. *Id. La loi Licinia.* P. Licinius Crassus, auteur de cette loi, parvint au consulat l'an de Rome 647.

35. *Id. Le temps et la désuétude ayant presque fait oublier tous ces sages règlemens.* Les décrets de Fannius et de plusieurs autres législateurs multiplièrent les réfractaires, sans diminuer le désordre. Le torrent de la coutume, la contagion du mauvais exemple et l'impunité avaient prescrit contre la sévérité des édits. Au mépris des lois somptuaires, dit Macrobe, un particulier n'avait

pas honte de faire servir sur sa table un sanglier qui cachait dans ses flancs une multitude d'animaux comestibles de toute espèce; comme autrefois, ajoute-t-il, le cheval de Troie qui renfermait dans ses concavités une troupe de Grecs armés. De là le nom de *porc troien*, que l'on donnait à ces sangliers farcis de toutes sortes de viandes. Le dérèglement qui se perpétua, réveillait de temps en temps l'attention des tribuns ou des consuls ; ils déclamaient contre les profusions excessives, ils recouraient à la rigueur des lois et confirmaient les anciennes par de nouvelles; mais celles-ci n'étaient pas plus respectées que les premières.

36. *Id. Aux calendes, aux ides et aux nones.* Les calendes étaient le premier jour de chaque mois. Les ides étaient le quinzième jour des mois de mars, juillet, septembre et octobre, et le treizième des autres mois. Les nones tombaient le septième jour de chacun des quatre mois qui viennent d'être indiqués, et le cinquième des autres mois.

37. *Id. La loi Æmilia.* Æmilius Lépidus, auteur de cette loi, fut revêtu de la dignité consulaire avec Q. Luctatius Catulus, l'an de Rome 676.

38. *Id. Déterminait les seules classes de citoyens, etc.* On rapporte d'Antius, que de peur de contrevenir lui-même à sa loi, jamais depuis il ne mangea hors de chez lui.

39. *Id. Afin de mettre du moins un frein quelconque à cette fureur de la table qui ne gardait plus aucune mesure.* Les législateurs n'avaient laissé de ressource que dans les fruits, les herbages et les légumes, dont on permettait l'usage à souhait et sans restriction. Aussi les plus friands se crurent en droit de se permettre tous les raffinemens de la sensualité. Pour suppléer à la nature, ils empruntèrent les secours de l'art. Les maisons opulentes se firent honneur d'avoir à leurs gages des traiteurs habiles qui s'étudiaient à tromper les yeux, en déguisant de simples mets de légumes, sous différentes formes propres à flatter le goût par les assaisonnemens les plus exquis. Cicéron lui-même, dans une lettre adressée à Gallus, convient que

les Romains retrouvaient dans l'industrie des cuisiniers ce que les lois somptuaires avaient retranché.

40. XXVI. *M. Fronton.* M. Fronton, à la fois philosophe et rhéteur, fut élevé au consulat sous le règne de Trajan. Il eut pour disciples L. Varus et Marc-Aurèle, qui fit ériger une statue à son maître. Son éloquence n'était pas fleurie, mais elle était nette et majestueuse.

41. XXVIII. *Au dieu ou bien à la déesse.* Telle était la manière d'adresser les prières, quand on n'était pas certain quelle divinité l'on devait invoquer.

42. XXIX. *Cette fable d'Ésope.* On peut comparer la manière élégante de conter d'Aulu-Gelle qui nous a conservé cette fable, avec celle de La Fontaine qui l'a mise en vers de la manière suivante:

L'ALOUETTE ET SES PETITS, AVEC LE MAITRE D'UN CHAMP.

Ne t'attends qu'à toi seul : c'est un commun proverbe.
 Voici comme Ésope le mit
  En crédit.
  Les alouettes font leur nid
  Dans les blés quand ils sont en herbe.
  C'est-à-dire environ le temps
Que tout aime, et que tout pullule dans le monde,
  Monstres marins au fond de l'onde,
Tigres dans les forêts, alouettes aux champs.
  Une pourtant de ces dernières
Avait laissé passer la moitié d'un printemps
Sans goûter le plaisir des amours printanières:
A toute force enfin elle se résolut
D'imiter la nature et d'être mère encore.
Elle bâtit un nid, pond, couve, et fait éclore,
A la hâte : le tout alla du mieux qu'il put.
Les blés d'alentour mûrs, avant que la nitée
  Se trouvât assez forte encor
  Pour voler et prendre l'essor,
De mille soins divers l'alouette agitée
S'en va chercher pâture, avertit ses enfans
D'être toujours au guet et faire sentinelle.
  Si le possesseur de ces champs
Vient avecque son fils, comme il viendra, dit-elle,

Écoutez bien ; selon ce qu'il dira ,
  Chacun de nous décampera.
Sitôt que l'alouette eut quitté sa famille ,
Le possesseur du champ vient avecque son fils.
Ces blés sont mûrs, dit-il ; allez chez nos amis
Les prier que chacun, apportant sa faucille,
Nous vienne aider demain dès la pointe du jour.
  Notre alouette de retour
  Trouve en alarme sa couvée.
L'un commence : Il a dit que l'aurore levée,
L'on fît venir demain ses amis pour l'aider.
S'il n'a dit que cela, repartit l'alouette,
Rien ne nous presse encor de changer de retraite :
Mais c'est demain qu'il faut tout de bon écouter.
Cependant soyez gais : voilà de quoi manger.
Eux repus, tout s'endort, les petits et la mère.
L'aube du jour arrive, et d'amis point du tout.
L'alouette à l'essor, le maître s'en vient faire
  Sa ronde ainsi qu'à l'ordinaire.
Ces blés ne devraient pas, dit-il, être debout.
Nos amis ont grand tort, et tort qui se repose
Sur de tels paresseux à servir ainsi lents.
  Mon fils, allez chez nos parents
  Les prier de la même chose.
L'épouvante est au nid plus forte que jamais.
Il a dit ses parents, mère ! c'est à cette heure...
  Non, mes enfans, dormez en paix :
  Ne bougeons de notre demeure.
L'alouette eut raison, car personne ne vint.
Pour la troisième fois, le maître se souvint
De visiter ses blés. Notre erreur est extrême,
Dit-il, de nous attendre à d'autres gens que nous.
Il n'est meilleur ami ni parent que soi-même.
Retenez bien cela, mon fils : et savez-vous
Ce qu'il faut faire ? Il faut qu'avec notre famille
Nous prenions dès demain chacun une faucille ;
C'est là notre plus court ; et nous achèverons
  Notre moisson quand nous pourrons.
Dès-lors que le dessein fut su de l'alouette :
C'est à ce coup qu'il faut décamper, mes enfans !
  Et les petits, en même temps,
  Voletans, se culebutans
  Délogèrent tous sans trompette.

# LIBER TERTIUS.

## CAPUT I.

*Quæsitum ac tractatum quam ob causam Sallustius avaritiam dixerit non animum modo virilem sed corpus quoque ipsum effœminare.*

Hieme jam discedente apud balneas Sitias in area sub calido sole cum Favorino philosopho ambulabamus; atque ibi inter ambulandum legebatur Catilina Sallustii, quem in manu amici conspectum legi jusserat. Cumque hæc verba ex eo libro lecta essent: *Avaritia pecuniæ studium habet, quam nemo sapiens concupivit: ea quasi venenis malis imbuta corpus animumque virilem effœminat: semper infinita et insatiabilis est; neque copia neque inopia minuitur.* Tum Favorinus me adspiciens: Quo, inquit, pacto corpus hominis avaritia effœminat? Quid enim istuc sit, quod animum virilem ab ea effœminari dixit, videor ferme assequi. Sed, quonam modo corpus quoque hominis effœminet, nondum reperio. Et ego, inquam, longe jamdiu in eo ipso quærendo fui; ac, nisi tu occupasses, ultro te hoc rogassem. Vix ego hæc dixeram cunctabundus; atque inibi quispiam de sectatoribus Favorini, qui videbatur esse in literis

# LIVRE TROISIÈME.

## CHAPITRE I.

*Ce qui a fait dire à Salluste que l'avarice énerve non-seulement l'esprit, mais aussi le corps.*

Un jour que, sur la fin de l'hiver, nous nous promenions avec Favorin aux rayons du soleil, auprès des bains Sitiens(¹), ce philosophe aperçut entre les mains d'un de ses amis l'histoire de Catilina, écrite par Salluste, et il le pria d'en lire quelques passages pendant la promenade. Comme on en vint à cet endroit : *L'avarice n'a pour but que les richesses, dont le sage ne fit jamais l'objet de ses désirs. Pleine d'un venin pernicieux, elle énerve le corps et l'esprit le plus mâle; toujours insatiable et sans bornes, elle ne s'éteint ni par l'abondance, ni par la disette.* Comment, dit alors Favorin, en se tournant vers moi, l'avarice peut-elle énerver le corps ? Je comprends Salluste lorsqu'il dit qu'elle peut énerver la vigueur de l'esprit, mais j'ai peine à comprendre qu'elle puisse produire cet effet sur le corps. Je lui répondis que depuis long-temps le passage de Salluste m'avait surpris, et que s'il ne m'avait prévenu, j'allais le prier de me l'expliquer. A peine avais-je achevé ces mots, qu'un des disciples de Favorin, qui paraissait très-versé dans la littérature, prit la parole et dit : J'ai souvent entendu

veterator: Valerium, inquit, Probum audivi hoc dicere; usum esse Sallustium circumlocutione quadam poetica, et, cum dicere vellet hominem avaritia corrumpi, corpus et animum dixisse, quae duae res hominem demonstrarent. Namque homo ex anima et corpore est. Nunquam, inquit Favorinus, quod equidem scio, tam importuna tamque audaci argutia fuit noster Probus, ut Sallustium vel subtilissimum brevitatis artificem periphrasin poetarum facere diceret. Erat tum nobiscum in eodem ambulacro homo quispiam sane doctus. Is quoque a Favorino rogatus et quid haberet super ea re dicere, hujuscemodi verbis usus est. Quos, inquit, avaritia minuit et corrumpit, quique sese in quaerenda undique pecunia dediderunt, eos plerosque tali genere vitae occupatos videmus; ut, sicuti alia in his omnia prae pecunia, ita labor quoque virilis exercendique corporis studium relictui sit. Negotiis se plerumque umbraticis et sellulariis quaestibus intentos habent; in quibus omnis eorum vigor animi corporisque elanguescit, et, quod Sallustius ait, effoeminatur. Tum Favorinus legi denuo verba eadem Sallustii jubet; atque, ubi lecta sunt: Quid igitur, dicemus, inquit, quod multos videre est pecuniae cupidos, et eosdem cum corpore esse vegeto et valenti? Tum ille ita respondit non hercle inscite: Quisquis est, inquit, pecuniae cupiens, et corpore tamen est bene habito ac strenuo, aliarum quoque rerum vel studio vel exercitio eum teneri necessarium est; atque in sese colendo non

que Valérius Probus n'avait vu, dans cette peinture de l'avarice, qu'une périphrase poétique, et qu'à son avis, Salluste voulant dire que cette passion corrompait l'homme, avait désigné le corps et l'âme, qui effectivement sont les deux parties essentielles de l'homme. On ne parviendra jamais à me persuader, répondit Favorin, qu'un grammairien tel que Probus ait eu recours, pour expliquer cet endroit, à une subtilité aussi téméraire et aussi déplacée ; et je ne croirai jamais qu'il ait pu dire que Salluste, l'écrivain le plus exact et le plus concis, ait emprunté une périphrase de la poésie. En ce moment, Favorin se tourne vers un homme assez érudit, qui se promenait aussi avec nous, et lui demande ce qu'il pensait à ce sujet. Celui-ci répondit : Ceux que l'avarice affaiblit et corrompt, qui ne s'occupent qu'à amasser des richesses de toutes parts, mènent presque tous un genre de vie très-singulier ; l'amour de l'or leur fait abandonner tous les travaux, tous les exercices du corps, de même qu'ils négligent tous les autres avantages de la vie. Tranquillement assis au fond de leur maison, ils ne s'occupent dans l'ombre, que d'affaires qui les enrichissent sans leur donner de mouvement. Funeste inaction, qui abat toute la vigueur de l'esprit et du corps, et l'énerve, comme dit Salluste. Alors Favorin fit relire les paroles de l'historien, et dit à ce dernier commentateur : Mais que penser de certains avares très-avides d'argent, et que nous voyons jouir constamment d'une brillante santé ? Je soutiens, répondit celui-ci avec beaucoup de finesse, que l'avare qui jouit d'une santé pareille, a d'autres penchans qui l'engagent à se modérer, ou qui lui occasionent des exercices salutaires, et qu'un tel homme a bien soin de lui. Car si l'avarice seule s'empare de toutes les affections et de toutes les facultés de l'âme ; si elle

æque esse parcum. Nam si avaritia sola summa omnes hominis partes affectionesque occupet, et si ad incuriam usque corporis grassetur, ut per illam unam neque virtutis neque virium neque corporis neque animi cura assit: tum denique is vere dici potest effœminato esse et animo et corpore, qui neque sese neque aliud curet nisi pecuniam. Tum Favorinus: Aut hoc, inquit, quod dixisti, probabile est, aut Sallustius odio avaritiæ plus, quam potuit, eam criminatus est.

## CAPUT II.

Quemnam esse natalem diem M. Varro dicat eorum, qui ante noctis horam sextam postve eam nati sunt: atque inibi de temporibus terminisque dierum qui civiles nominantur, et usquequaque gentium varie observantur: et præterea quid Q. Mucius scripserit super ea muliere quam maritus non jure usurpavisset, quia rationem civilis anni non habuerit.

Quæri solitum est, qui noctis hora tertia quartave sive qua alia nati sunt, uter dies natalis haberi appellarique debeat, isne, quem nox ea consecuta est, an qui dies noctem consecutus est. M. Varro in libro Rerum humanarum, quem de diebus scripsit: *Homines*, inquit, *qui ex media nocte ad proximam mediam noctem in his horis viginti quatuor nati sunt, una die nati dicuntur.* Quibus verbis ita videtur dierum observationem divisisse, ut, qui post solem occasum ante mediam noctem natus sit, is ei

fait négliger le corps jusqu'à n'en prendre aucun soin, en sorte que sa vigueur et celle de l'esprit soient immolées à cette insatiable passion, ne peut-on pas dire que réduisant l'homme à ne plus soupirer qu'après l'argent, elle énerve son corps et son esprit? Favorin, frappé de ces dernières paroles, ne put s'empêcher de dire qu'il fallait y applaudir, ou convenir que Salluste, par haine de l'avarice, l'avait peinte plus odieuse encore qu'elle ne l'est en effet.

## CHAPITRE II.

*Quel est, selon M. Varron, le jour natal de ceux qui sont nés avant ou après la sixième heure de la nuit. De l'espace des jours appelés civils, et de leur différence dans les divers pays du monde. Ce que Q. Mucius a dit de cette femme que son mari n'avait pu obtenir par droit d'usurpation, parce qu'il ne s'était point conformé à l'usage prescrit pour remplir l'année civile.*

On a souvent agité cette question: Quel jour l'enfant qui est né à la troisième ou bien à la quatrième, ou bien à telle autre heure de la nuit que ce soit; quel jour, dis-je, cet enfant doit prendre pour son jour natal: si c'est celui qui précède la nuit de sa naissance, ou bien celui qui la suit? M. Varron, dans son livre des Choses humaines, qui traite de la division des jours, dit: *Les enfans qui naissent dans l'espace de vingt-quatre heures qui sépare la moitié d'une nuit d'avec la moitié de la nuit suivante, sont censés être nés le même jour.* Ce passage fait voir que Varron fixait la division des jours de

dies natalis sit, a quo die ea nox cœperit: contra vero, qui in sex noctis horis posterioribus nascatur, eo die videri natum qui post eam noctem diluxerit. Athenienses autem aliter observare idem Varro in eodem libro scripsit; eosque a sole occaso ad solem iterum occidentem omne id medium tempus unum diem esse dicere; Babylonios porro aliter; a sole enim exorto ad exortam ejusdem incipientem totum id spatium unus diei nomine appellare: multos vero in terra Umbria unum et eundem diem esse dicere a meridie ad insequentem meridiem. *Quod quidem, inquit, nimis absurdum est. Nam qui kalendis hora sexta natus est apud Umbros; dies ejus natalis videri debebit et kalendarum dimidiatus, et qui est post kalendas dies ante horam ejusdem dici sextam.* Populum autem romanum ita, uti Varro dixit, dies singulos annumerare a media nocte usque ad mediam proximam multis argumentis ostenditur. Sacra sunt romana partim diurna partim nocturna: sed ea, quæ inter noctem fiunt, diebus addicuntur non noctibus. Quæ igitur sex posterioribus noctis horis fiunt, eo die fieri dicuntur, qui proximus eam noctem illucescit. Ad hoc, ritus quoque et mos auspicandi eandem esse observationem docet. Nam magistratus, quando una die eis auspicandum est et id super quo auspicaverunt agendum, post mediam noctem auspicantur, et post meridiem sole magno; auspicatique esse et egisse ex eodem die dicuntur. Præterea tribuni plebei, quos nullum diem abesse Roma licet, cum

manière que l'enfant qui est né après le coucher du soleil, mais avant minuit, doit regarder comme son jour natal celui qui précède cette nuit; au lieu que s'il n'est venu au monde que dans les six dernières heures de cette nuit, il ne doit compter sa naissance que du jour suivant. Le même Varron ajoute dans le même livre, que les Athéniens comptaient le jour différemment. Chez eux, l'intervalle de temps qui s'écoule depuis le coucher du soleil jusqu'à son coucher du lendemain, était regardé comme un seul jour. Les Babyloniens, selon ce qu'il rapporte, comptaient encore autrement: ils appelaient un jour, l'espace de temps compris entre le lever du soleil et son lever du lendemain. Les Ombriens, dit-il encore, fixaient, pour la plupart, la durée du jour, d'un midi à l'autre. Le même écrivain a soin de remarquer: *Que cette manière de compter est on ne peut plus absurde, et que d'après un pareil calcul, celui qui aurait commencé à voir la lumière en Ombrie, aux calendes, à la sixième heure (à midi), serait né, moitié dans les calendes et moitié dans le jour qui les suit.* Beaucoup de choses prouvent, au rapport de Varron, que le peuple romain comptait les jours, du milieu de la nuit au milieu de la nuit suivante: ils avaient des sacrifices de jour et de nuit; ceux qui se célébraient pendant les ténèbres se rapportaient, non à cette nuit, mais au jour qui l'avait précédée; et ceux qu'on offrait après le milieu de la nuit, appartenaient au jour que le soleil allait éclairer. Les cérémonies et les rites de l'aruspication confirment cette vérité: car lorsque les magistrats députés à cet office doivent le remplir dans un jour, et qu'il s'agit de délibérer sur leurs observations, ils les commencent au milieu de la nuit et les continuent après midi, tant que le soleil est dans l'éclat de son cours; et alors, on dit qu'ils

post mediam noctem proficiscuntur et post primam facem ante mediam sequentem revertuntur, non dicuntur abfuisse unum diem; quando ante horam noctis sextam regressi parte aliqua illius in urbe Roma sunt. Quintum quoque Mucium jurisconsultum dicere solitum legi, non esse usurpatam mulierem, quæ kalend. jan. apud virum causa matrimonii esse cœpisset, et ante diem quartum kalendas januarias sequentis usurpatum isset. Non enim posse impleri trinoctium, quod abesse a viro usurpandi causa ex duodecim tabulis deberet: quoniam tertiæ noctis posterioris sex horæ alterius anni essent, qui inciperet ex kalendis. Isthæc autem omnia de dierum temporibus et finibus ad observationem disciplinamque juris antiqui pertinentia cum in libris veterum inveniremus; non dubitabamus quin Virgilius quoque idipsum ostenderit, non exposite atque aperte, sed, ut hominem decuit poeticas res agentem, recondita et quasi operta veteris ritus significatione.

*Torquet, inquit, medios nox humida cursus :*
*Et me sævus equis oriens afflavit anhelis.*

His enim versibus oblique, sicuti dixi, admonere voluit diem, quem Romani civilem appellaverunt, a sexta noctis hora oriri.

ont observé et prononcé dans la même journée. De plus, les tribuns du peuple qui, sous quelque prétexte que ce soit, ne peuvent s'absenter de Rome un jour entier, sont censés n'avoir point violé la loi, lorsque, sortis après minuit, ils rentrent dans la ville avant le milieu de la nuit suivante; il suffit absolument qu'ils soient dans quelque quartier de Rome, avant la sixième heure de la nuit. J'ai lu quelque part, que le jurisconsulte Mucius avait coutume de dire que les lois n'adjugeaient point à un citoyen la possession d'une femme qui, pour cause de mariage, avait demeuré avec cet homme depuis les calendes de janvier, et qui l'aurait quitté avant le quatrième jour des calendes du même mois de l'année suivante. Car, disait-il, elle ne peut, dans ce cas, s'être absentée trois nuits de la maison de cet homme : ce que la loi des douze tables requiert pour valider son usurpation (*); puisque la dernière nuit qu'on la suppose absente, il y a six heures qui appartiennent à l'année suivante qui commence aux calendes. Après avoir ainsi cherché dans les anciens mémoires, les différentes manières de déterminer les jours et les années, par rapport à la jurisprudence antique, je ne doutai point que Virgile n'en eût aussi parlé, non pas expressément, mais comme il convient à un poëte dont les chants font allusion aux mœurs des premiers âges, et en rappellent le souvenir sous des termes cachés et allégoriques.

*La nuit*, dit-il, *va finir sa carrière, et déjà, je sens l'haleine enflammée des chevaux du soleil prêt à éclairer l'horizon.*

Ces vers ne disent-ils pas indirectement, comme je l'ai déjà remarqué, que chez les Romains le jour civil commençait à la sixième heure ( ou bien à minuit ) ?

## CAPUT III.

*De noscendis explorandisque Plauti comœdiis, quoniam promiscue veræ atque falsæ nomine ejus inscriptæ feruntur: atque inibi quod Plautus in pistrino, et Nævius in carcere fabulas scriptitarint.*

Verum esse comperior, quod quosdam bene literatos homines dicere audivi, qui plerasque Plauti comœdias curiose atque contente lectitaverunt, non indicibus Ælii, nec Sedigiti, nec Claudii, nec Aurelii, nec Accii, nec Manilii super his fabulis, quæ dicuntur ambiguæ, credituros, sed ipsi Plauto moribusque ingenii atque linguæ ejus : hac enim judicii norma Varronem quoque esse usum videmus; nam præter illas unam et viginti, quæ Varronianæ vocantur; quas iccirco a ceteris segregavit quoniam dubiosæ non erant, sed consensu omnium Plauti esse censebantur; quasdam item alias probavit, adductus stilo atque facetia sermonis Plauto congruentis, easque jam nominibus aliorum occupatas Plauto vindicavit; sicuti istam quam nuperrime legebamus : 'cui est nomen, *Bœotia*. Nam cum in illis una et viginti non sit, et esse Aquilii dicatur : nihil tamen Varro

## CHAPITRE III.

*De la manière de connaître et de distinguer les comédies qui sont véritablement de Plaute d'avec celles qu'on lui attribue. Que Plaute écrivit ses comédies dans un moulin, et Nævius dans une prison.*

Je comprends combien avaient raison les gens de lettres que j'entendis dernièrement disserter sur la manière de discerner les comédies de Plaute d'avec l'insipide rapsodie des pièces que l'on fait courir sous son nom. Elle est simple, disent-ils, cette manière ; c'est de ne s'en rapporter jamais à certains traits caractéristiques qui, selon Ælius, Sédigitus, Claudius, Aurélius, Accius et Manilius (³), font reconnaître au premier coup d'œil l'alliage impur qu'on voudrait mêler aux richesses de Plaute ; mais de comparer ces pièces apocryphes à la touche, au style, à la manière et à la diction du poëte. C'est en suivant cette règle infaillible, que le docte Varron a donné l'édition complète des drames du comique latin. Après avoir placé d'abord dans cette précieuse collection les vingt-une pièces appelées Varroniennes, et que personne ne dispute à leur auteur, il en a recueilli encore quelques-unes qu'on attribuait à d'autres écrivains, et dont il a prouvé l'authenticité en les comparant aux saillies et à la tournure plaisante de la muse de Plaute. La comédie intitulée Béotie, que je lisais dernièrement, est une de celles que l'éditeur a fait restituer ; car quoiqu'elle ne se trouvât pas au nombre des vingt-une premières, et qu'elle passât

dubitavit quin Plauti foret ; neque alius quisquam non infrequens Plauti lector dubitaverit, si vel hos solos versus ex ea fabula cognoverit. Qui quoniam sunt, ut de illius more dicam, Plautinissimi, propterea et meminimus eos et adscripsimus. Parasitus ibi esuriens hæc dicit :

*Ut illum di perdant, primus qui horas repperit,*
*Quique adeo primus statuit hic solarium;*
*Qui mihi comminuit misero articulatim diem :*
*Nam me puero uterus erat solarium*
*Multo omnium istorum optumum et verissimum,*
*Ubi iste monebat esse, nisi cum nihil erat.*
*Nunc etiam quod est; non est, nisi soli lubet.*
*Itaque adeo jam oppletum est oppidum solariis.*
*Major pars populi aridi reptant fame.*

Favorinus quoque noster, cum Nervolariam Plauti legerem, quæ inter incertas est habita; et audisset ex ea comœdia versum hunc,

*Strateæ, scrupedæ, strativolæ, sordidæ :*

delectatus faceta verborum antiquitate meretricum vitia atque deformitates significantium : Vel unus hercle, inquit, hic versus Plauti esse hanc fabulam satis potest fidei fecisse. Nos quoque ipsi nuperrime cum legeremus *Fretum* ( nomen est id comœdiæ, quam Plauti esse quidam non putant,) haud quicquam dubitavimus quin Plauti foret, et omnium

pour être d'Aquilius (4), cependant Varron ne douta point qu'elle n'appartînt à Plaute ; et il n'est pas un seul lecteur, pour peu qu'il soit familiarisé avec ce poëte, qui n'y reconnaisse la touche et le génie de Plaute. Il suffit, pour s'en convaincre, de jeter les yeux sur les vers suivans, que j'ai cru devoir citer, en ce qu'on y retrouve entièrement Plaute lui-même. C'est un parasite qui parle (5) :

*Que le ciel confonde celui qui inventa la division des heures, et qui, plaçant le premier cadran* (6), *partagea, pour mon malheur, le jour en petites parties ! Dans ma jeunesse, je n'avais d'autre horloge que mon appétit, et c'est la meilleure et la plus vraie. Dès qu'elle m'avertissait, je mangeais, à moins que je n'eusse rien ; et maintenant, au milieu de l'abondance, on ne peut mettre la main au plat, que le soleil ne le permette. La ville est si pleine de ces maudits cadrans, qu'à présent la moitié du peuple meurt de faim.*

Une autre comédie de Plaute, intitulée Nervolaria, que je lisais dernièrement avec Favorin, fut long-temps disputée à son auteur. Un vers par lequel le poëte comique peint d'une manière fort plaisante, en style de l'antiquité, les défauts et la laideur des vieilles courtisanes, le fit s'écrier : Ce seul vers venge Plaute, et le fait connaître. Voici ce vers :

*Vieilles courtisanes, occupées de bagatelles, qui marchent avec peine, qui aiment leur lit, et qui sont très-malpropres.*

Moi-même, dernièrement, en lisant en particulier la comédie intitulée *Fretum*, qui est mise au nombre des pièces douteuses, je n'hésitai pas un moment à la reconnaître pour une des productions de Plaute, et une de celles qui se ressentent le plus de la touche de cet illustre comique, en ap-

maxime genuina. Ex qua duos hos versus exscripsimus, ut historiam quæreremus oraculi arietini.

.... *nunc illud est*
*Quod arietinum responsum magnis ludis dicitur :*
*Peribo si non fecero : si faxo, vapulabo.*

Marcus autem Varro in libro de comœdiis Plautinis primo, Accii verba hæc ponit : *Nam nec Gemini nec Leones, nec Condalium, nec Anus Plauti, nec Bis compressa, nec Bœotia unquam fuit, neque adeo* Ἄγροικος, *neque Commorientes : sed M. Aquilii.* In eodem libro Varronis id quoque scriptum est, Plautium fuisse quempiam poetam comœdiarum. Cujus quoniam fabulæ Plauti inscriptæ forent, acceptas esse quasi Plautinas, cum essent non a Plauto Plautinæ, sed a Plautio Plautianæ. Feruntur autem sub Plauti nomine comœdiæ circiter centum atque triginta. Sed homo eruditissimus L. Ælius quinque et viginti esse ejus solas existimavit. Non tamen dubium est, quin istæ et quæ scriptæ a Plauto non videntur, et nomini ejus addicuntur, veterum poetarum fuerint, et ab eo retractatæ et expolitæ sint; ac propterea resipiant dictum Plautinum. Sed enim Saturionem et Addictum et tertiam quandam, cujus nunc mihi nomen non suppetit, in pistrino eum scripsisse Varro et plerique alii memoriæ tradiderunt, cum pecunia omni, quam in operis artificum scenicorum pepererat, in mercationibus perdita inops Romam redisset; et ob quærendum victum ad circumagendas molas, quæ trusatiles appellantur, operam pistori locasset: sicuti

préciant ces vers, qui font allusion à l'histoire de l'oracle ariétin (?).

*Voici la réponse de l'oracle ariétin, que l'on cite dans les grands jeux : Je suis mort, si je le fais ; je suis rossé, si je ne le fais pas.*

Marcus Varron, au premier de ses livres sur les comédies de Plaute, rapporte ce passage d'Accius : *Les pièces que le public connaît sous les noms des Jumeaux, des Lions, de Condalium, de la Vieille de Plaute, du Viol réitéré, de Béotie, des Amis campagnards, et des Amis ne pouvant se survivre, appartiennent incontestablement au poëte Aquilius.* Varron rapporte dans le même livre qu'avant le célèbre Plaute, il existait à Rome un autre poëte, nommé Plautius, aussi auteur de comédies ; et parce que ses pièces portaient l'abrégé de son nom Plaut., elles ont été long-temps attribuées à Plaute. La nomenclature ordinaire et très-fautive des pièces de cet écrivain, annonce environ cent trente comédies ; mais le savant L. Ælius ne lui en attribue que vingt-cinq. Plusieurs littérateurs pensent néanmoins que la plupart de celles qu'on a mises sous le nom de Plaute, sont les ouvrages de poëtes plus anciens que lui, et qu'on les lui attribue, parce qu'il les a refondues ou corrigées, ce qui fait aussi qu'elles se ressentent de son style. Varron, et la plupart des écrivains de son temps, assurent que Plaute composa ses pièces intitulées Saturion et Addictus, et une autre dont je ne me rappelle pas le titre, dans un moulin, où il se trouva réduit à travailler après avoir perdu, dans le commerce, le fruit de ses représentations théâtrales ; car étant revenu à Rome avec les livrées de la misère, il fut obligé, pour vivre, de se louer à un boulanger, et de tourner la meule à force de bras. On rapporte aussi que Nævius écrivit ses deux pièces

de Nævio quoque accepimus fabulas eum in carcere duas scripsisse, Hariolum et Leontem; cum ob assiduam maledicentiam et probra in principes civitatis de græcorum poetarum more dicta, in vincula Romæ a triumviris conjectus esset. Unde post a tribunis plebei exemptus est, cum in iis, quas supra dixi, fabulis delicta sua et petulantias dictorum, quibus multos ante læserat, diluisset.

## CAPUT IV.

### Quod P. Africano et aliis tunc viris nobilibus ante ætatem senectam barbam et genas radere moris fuit.

In libris, quos de vita P. Scipionis Africani compositos legimus, scriptum esse animadvertimus P. Scipioni Pauli F. postquam de Poenis triumphaverat censorque fuerat, eidem diem dictum esse ad populum a Claudio Asello tribuno plebei cui equum in censura ademerat: eumque, cum esset reus, neque barbam desisse radi, neque non candida veste uti, neque fuisse cultu solito reorum. Sed, cum in eo tempore Scipionem minorem quadraginta annorum fuisse constaret, quod de barba rasa ita scriptum esset mirabamur. Comperimus autem ceteros quoque in isdem temporibus nobiles viros barbam in ejusmodi ætate rasitavisse: iccircoque plerasque imagines veterum non admodum senum, sed in medio ætatis ita factas videmus.

intitulées Hariolus et Léons, dans la prison, où les triumvirs le firent renfermer pour le punir de son insolente hardiesse, et des injures dont il ne cessait d'accabler dans ses pièces les chefs de la république, imitant en cela la coutume des anciens comiques grecs. Les tribuns du peuple lui firent rendre la liberté, après qu'il eut composé les deux comédies que je viens de citer, et dans lesquelles l'auteur corrigé s'était appliqué à réparer publiquement les traits injurieux qui avaient blessé tant de citoyens distingués.

## CHAPITRE IV.

*Que Scipion l'Africain et les hommes distingués de son temps étaient dans l'usage de se raser le tour du visage avant d'être parvenus à la vieillesse.*

Dans les mémoires sur la vie de Scipion l'Africain, j'ai lu que P. Scipion, fils de Paul, après son triomphe des Carthaginois et sa censure, fut appelé en jugement par Claudius Asellus, tribun du peuple, à qui, pendant l'exercice de sa censure, il avait ôté son cheval. Malgré cette citation juridique, Scipion ne voulut point laisser croître sa barbe, ni porter la robe noire, ni se conformer à la coutume prescrite pour l'extérieur des accusés. Comme je me souvenais qu'alors Scipion n'avait pas encore complété son huitième lustre, j'étais fort surpris qu'à cet âge il commençât à se raser; mais depuis, je me suis assuré que dans ce temps la noblesse romaine avait coutume de se faire couper la barbe; c'est pourquoi nous voyons les anciens, très-peu avancés en âge et presque au milieu de leur carrière, représentés sans barbe (⁸) dans leurs statues ou leurs portraits.

## CAPUT V.

Deliciarum vitium et mollities oculorum et corporis ab Arcesilao philosopho cuidam opprobrata acerbo simul et festiviter.

Plutarchus refert Arcesilaum philosophum vehementi verbo usum esse de quodam nimis delicato divite; qui incorruptus tamen et castus et perinteger dicebatur: nam cum vocem ejus infractam capillumque arte compositum et oculos ludibundos atque illecebræ voluptatisque plenos videret: Nihil interest, inquit, quibus membris cinædi sitis, posterioribus an prioribus.

## CAPUT VI.

De vi atque natura palmæ arboris; quod lignum ex ea ponderibus impositis renitatur.

Per hercle rem mirandam Aristoteles in septimo Problematum, et Plutarchus in octavo Symposiacorum dicit. Si super palmæ, inquit, arboris lignum magna pondera imponas, ac tam graviter urgeas oneresque ut magnitudo oneris sustineri non queat: non deorsum palma cedit nec intra flectitur: sed adversus pondus resurgit, et sursum nititur recurvaturque;

## CHAPITRE V.

*Reproche fait par le philosophe Arcésilas, d'une manière à la fois enjouée et mordante, à quelqu'un, sur son penchant pour la volupté et sur l'air de mollesse peint dans ses yeux et dans toute sa personne.*

Plutarque rapporte que le philosophe Arcésilas (9) adressa un jour un trait mordant et hardi à un riche, qui, quoiqu'il menât une vie très-efféminée, se disait néanmoins réservé, chaste et retenu. Car ayant remarqué le son grêle de sa voix, l'art qu'il mettait dans l'arrangement de sa chevelure, et l'air distrait, voluptueux et lascif qu'on lisait dans ses yeux : Peu importe, lui dit-il, par quelle partie du corps on offre l'air efféminé.

## CHAPITRE VI.

*Force et nature du palmier. Que le bois de cet arbre résiste à la pesanteur des corps dont on le charge.*

Aristote, dans le septième livre de ses Problèmes, et Plutarque dans le huitième livre de ses Symposiaques (10), nous racontent une chose vraiment surprenante et digne d'admiration. Si, dit-il, vous mettez sur le bois de palmier des corps très-lourds, et si vous le chargez à un tel point qu'il ne puisse résister à la pesanteur, ce bois ne plie point et ne cède point au poids qui le charge, mais, au contraire,

propterea, inquit Plutarchus, in certaminibus palmam signum esse placuit victoriæ; quoniam ingenium ejusmodi ligni est, ut urgentibus opprimentibusque non cedat.

## CAPUT VII.

*Historia ex Annalibus sumta de Q. Cædicio tribuno militum: verbaque ex Originibus M. Catonis apposita, quibus Cædicii virtutem cum Spartano Leonida æquiparat.*

Pulcrrum, dii boni! facinus græcarumque facundiarum magniloquentia condignum M. Cato in libris Originum de Q. Cædicio tribuno militum scriptum reliquit. Id profecto est ad hanc ferme sententiam: Imperator pœnus in terra Sicilia, bello karthaginiensi primo, obviam romano exercitui progreditur, collis locosque idoneos prior occupat: milites romani, uti res nata est, in locum insinuant fraudi et perniciei obnoxium. Tribunus ad consulem venit: ostendit exitium de loci importunitate et hostium circunstantia. Maturum censeo, inquit, si rem servare vis, faciundum, ut quadringentos aliquot milites ad verrucam illam (sic enim M. Cato locum editum asperumque appellat) ire jubeas; eamque uti occupent imperes horterisque: hostes profecto ubi id viderint; fortissimus quisque et promtissimus ad occursandum pugnandumque in eos prævertentur, unoque illo negotio sese alligabunt: atque illi omnes

il se soulève et se recourbe en s'élevant contre la pesanteur. C'est pourquoi, dit Plutarque, dans les combats, on a choisi la palme pour signe de la victoire, parce que la nature de ce bois est de résister à ce qui le foule et à ce qui le presse.

## CHAPITRE VII.

Extrait des Annales historiques, concernant le tribun militaire Q. Cædicius. Parallèle du courage de Cædicius et du spartiate Léonidas, tiré des Origines de M. Caton.

Ciel! quel trait sublime et digne de toute la pompe de l'éloquence des Grecs, que celui que M. Caton rapporte du tribun militaire Q. Cædicius, dans son livre des Origines. En voici à peu près la substance : Pendant la première guerre punique, le général carthaginois qui commandait en Sicile, s'avance contre l'armée romaine, parvient à s'emparer des hauteurs et des positions les plus avantageuses; les troupes romaines s'engagent inconsidérément dans un défilé, sans prendre garde que ce mouvement pouvait causer leur perte. Le tribun Cædicius va trouver le consul, lui fait observer le danger auquel se trouve exposée l'armée, resserrée dans un défilé fort étroit, et cernée par les ennemis. Le parti que vous avez à prendre pour vous tirer de ce mauvais pas, ajouta le tribun, c'est de faire marcher environ quatre cents soldats à cette verrue (car c'est le terme dont M. Caton se sert pour désigner un poste escarpé), après les avoir déterminés, tant par des exhortations que par des ordres positifs, à s'en emparer. Dès que les ennemis s'apercevront de leur marche, ils ne manqueront

quadringenti procul dubio obtruncabuntur : tu interea, occupatis in ea cæde hostibus, tempus exercitus ex hoc loco educendi habebis : alia, nisi hæc, salutis via nulla est. Consul tribuno respondit consilium quidem fidum atque providens sibi viderier ; sed istos, inquit, milites quadringentos ad eum locum in hostium cuneos quisnam erit qui ducat? Si alium, inquit tribunus, neminem reperis; me licet ad hoc periculum utare; ego hanc tibi et reipublicæ animam do. Consul tribuno gratias laudesque egit. Tribunus et quadringenti ad moriendum proficiscuntur. Hostes eorum audaciam demirantur : quorsum ire pergant in expectando sunt : sed ubi apparuit ad eandem verrucam occupandam iter intendere ; mittit adversum illos imperator karthaginiensis peditatum equitatumque, quos in exercitu viros habuit strenuissimos : romani milites circunveniuntur ; circunventi repugnant. Fit prælium diu anceps. Tandem superat multitudo : quadringenti omnes tum una perfossi gladiis aut missilibus operti cadunt; consul interibi dum ea pugna fit, se in locos tutos atque editos subducit. Sed quod illi tribuno duci militum quadringentorum divinitus in eo prælio usus venit, non jam nostris sed ipsius Catonis verbis subjecimus. Verba Catonis:

pas d'envoyer les plus déterminés et les plus lestes d'entre eux, pour renverser ce foible détachement, et ce point les occupera tout entiers. Il est à peu près certain que ces quatre cents soldats seront tous hachés ; mais pendant que l'ennemi ne sera occupé que du combat qu'il leur livrera, vous profiterez de cet instant pour tirer l'armée d'un lieu si dangereux, et certainement c'est le seul moyen qu'il vous reste de la sauver. Le consul répondit au tribun, que ce conseil lui paroissait excellent, et même indispensable à suivre dans cette circonstance ; mais, dit-il, quel officier sera assez intrépide pour conduire ces quatre cents hommes à cette éminence, sous les yeux de l'ennemi ? Proposez, lui répondit le tribun, et s'il ne se trouve personne qui veuille courir les dangers de cette entreprise, servez-vous de moi pour en tenter l'exécution. Puisse le sacrifice de ma vie opérer votre salut et celui de la république ! Le consul comble de louanges et de remerciemens le tribun qui part aussitôt, à la tête de quatre cents braves, pour se dévouer à la mort. Les ennemis surpris de l'audace de ce faible détachement, le regardent s'avancer ; mais ils n'ont pas plus tôt pénétré son dessein, que le général carthaginois envoie à la rencontre de ces hommes intrépides l'élite de sa cavalerie et de son infanterie. Les soldats romains sont investis, font une résistance opiniâtre, et entretiennent long-temps un combat douteux ; enfin le nombre l'emporte, et les quatre cents guerriers tombent tous percés de coups d'épées, ou couverts de traits. Néanmoins, pendant ce combat, le consul a le temps de sortir du défilé si dangereux, et de conduire l'armée sur un lieu élevé où il n'y avait rien à craindre. Mais laissons raconter à Caton lui-même, le trait singulier de la protection que le ciel accorda, pendant le combat, au chef de ces quatre cents héros.

*Dii immortales tribuno militum fortunam ex virtute ejus dedere : nam ita evenit. Cum saucius multifariam ibi factus esset; tum vulnus capiti nullum evenit : cumque inter mortuos defatigatum vulneribus ægreque spirantem, quod sanguen defluxerat, cognovere; eum sustulere. Isque convaluit : sæpeque post illa operam reipublicæ fortem atque strenuam perhibuit : illoque facto, quod illos milites subduxit, exercitum ceterum servavit. Sed idem benefactum in quo loco ponas, nimium interest. Leonidas lacedæmonius laudatur, qui simile apud Thermopylas fecit : propter ejus virtutes omnis Græcia gloriam atque gratiam præcipuam claritudinis inclutissimæ decoravere monimentis, signis, statuis, elogiis, historiis, aliisque rebus gratissimum id ejus factum habuere. At tribuno militum parva laus pro factis relicta, qui idem fecerat, atque rem servaverat. Hanc Q. Cædicii virtutem M. Cato tali suo testimonio decoravit.* Claudius autem Quadrigarius, Annali tertio, non Cædicio nomen fuisse refert, sed Valerio.

Dieux immortels, s'écrie-t-il, vous avez récompensé l'audace de ce guerrier, d'un bonheur digne de son courage héroïque! Couvert de blessures, il n'en a point reçu de mortelles; on le trouve parmi les morts, perdant tout son sang, épuisé par la douleur que lui causent ses blessures, n'ayant plus qu'un souffle de vie; on l'emporte et il guérit. Il donna souvent depuis de nouvelles preuves de son héroïsme, et sa valeur rendit encore à la république les services les plus importans. Il est certain que l'action intrépide de ce tribun sauva l'armée romaine, mais il importe d'examiner quel degré de gloire et quelles récompenses on devait assigner à celui qui avait été capable d'un pareil acte de dévouement. Le Lacédémonien Léonidas (\*), qui montra un courage semblable, au passage des Thermopyles, fit tout retentir de la gloire de son nom; la Grèce entière s'empressa d'exalter sa valeur et son zèle pour la patrie; tableaux, statues, monumens, poésies, récits historiques, tout fut mis en usage pour immortaliser son héroïsme et la reconnaissance de Sparte. Le nom du tribun romain qui, par un trait semblable, sauva la république, est à peine connu. Tel est l'éloge que M. Caton consacre au courage de Q. Cædicius. Claudius Quadrigarius, dans le troisième livre de ses Annales, rapporte que le nom de ce fameux tribun n'était point Cædicius, mais Valérius.

## CAPUT VIII.

*Literæ eximiæ consulum C. Fabricii et Æmilii ad regem Pyrrhum a Q. Claudio scriptore historiarum in memoriam datæ.*

Cum Pyrrhus rex in terra Italia esset, et unam atque alteram pugnam prospere pugnasset, satisque angerentur Romani, et pleraque Italia ad regem descivisset: tum Ambraciensis quispiam Timochares, regis Pyrrhi amicus, ad C. Fabricium consulem furtim venit, ac præmium petivit; et, si de præmio conveniret, promisit regem venenis necare: idque facile esse factu, quoniam filii sui pocula in convivio regi ministrarent. Eam rem Fabricius ad senatum scripsit. Senatus legatos ad regem misit; mandavitque ut de Timochare nihil proderent, sed monerent uti rex circumspectius ageret, atque a proximorum insidiis salutem tutaretur. Hoc ita, uti diximus, in Valerii Antiatis historia scriptum est. Quadrigarius autem in libro tertio non Timocharem sed Niciam adisse ad consulem scripsit; neque legatos a senatu missos sed a consulibus, et regem populo romano laudes atque gratias scripsisse, captivosque omnes, quos tum habuerit, restituisse et reddidisse: consules tum fuerunt C. Fabricius et Q. Æmi-

## CHAPITRE VIII.

Lettre pleine de générosité, que les consuls C. Fabricius et Æmilius adressèrent au roi Pyrrhus, et qui nous a été transmise par l'historien Q. Claudius.

Dans le temps que le roi Pyrrhus était en Italie, qu'il remporta deux victoires sur les troupes de la République, et que les Romains se trouvaient dans un état si fâcheux, que presque toute l'Italie se soumettait au vainqueur, un certain Timocharès d'Ambracie (¹⁰), favori de Pyrrhus, vient trouver en secret le consul C. Fabricius, et lui promet d'empoisonner le roi, s'il consent à lui donner le prix qu'il demandera; il ajoute que la chose était d'autant plus facile que ses enfans étaient échansons du roi. Fabricius en écrivit au sénat, qui envoya des députés à Pyrrhus, avec ordre de ne point compromettre Timocharès, mais de conseiller au roi d'agir avec plus de circonspection, et de se garantir des desseins perfides de ceux qui l'approchaient de plus près. Ce trait remarquable, tel que je viens de le rapporter, se trouve consigné dans l'histoire de Valérius Antias. Mais Quadrigarius, dans son troisième livre, rapporte que ce fut Nicias, et non Timocharès, qui osa venir faire de pareilles propositions au consul; que ce ne fut point le sénat, mais les consuls qui envoyèrent des députés à Pyrrhus; et que ce prince en témoigna sa reconnaissance au peuple romain par des lettres pleines d'éloges et de remerciemens; qu'enfin il fit mettre en liberté et renvoya tous les prisonniers. C. Fabricius et Q. Æmilius étaient alors consuls.

lius. Literas, quas ad regem Pyrrhum super ea causa miserunt, Claudius Quadrigarius scripsit fuisse hoc exemplo. *Consules romani salutem dicunt Pyrrho regi. Nos pro tuis injuriis continuo animo strenui, commoti inimiciter, tecum bellare studemus. Sed communis exempli et fidei visum est, uti te salvum velimus; ut esset quem vincere possimus. Ad nos venit Nicias familiaris tuus, qui sibi pretium a nobis peteret, si te clam interfecisset. Id nos negavimus velle; neve ob eam rem quicquam commodi exspectaret: et simul visum est, ut te certiorem faceremus; ne quid ejusmodi, si accidisset, nostro consilio civitates putarent factum; et quod nobis non placet, pretio aut praemio aut dolis pugnare. Tu, nisi caves, jacebis.*

## CAPUT IX.

*Quis et cujusmodi fuerit, qui in proverbio fertur, equus Sejanus, et qualis color equorum sit qui spadices vocantur: deque istius vocabuli ratione.*

Gavius Bassus in Commentariis suis, item Julius Modestus in secundo Quæstionum confusarum, histo-

Claudius Quadrigarius nous a conservé une copie de la lettre qu'ils écriviront au roi Pyrrhus ; la voici. *Les Consuls romains au Roi Pyrrhus, salut. Toujours plus animés depuis les avantages que vous avez remportés sur les armées de la république, et dans le désir le plus ardent de nous venger, nous cherchons à vous faire ouvertement la guerre ; mais l'exemple que nous devons au monde entier et les principes de la probité romaine, nous défendent d'attenter secrètement à vos jours, afin que plus tard nous puissions triompher de vous. Nicias, un de vos amis, est venu vers nous, et il nous a demandé quelle récompense il pouvait en attendre, s'il réussissait à vous empoisonner secrètement. Nous avons refusé de prendre part à un semblable crime, et nous lui avons répondu qu'il n'avait rien à espérer de nous pour un tel forfait. Nous avons cru en même temps devoir vous avertir de ce projet criminel, de peur que si l'on venait à l'exécuter, vos sujets ne pensassent que nous l'aurions conseillé, et que malgré notre répugnance pour de semblables voies, nous aurions employé l'argent ou la perfidie pour vous combattre. Prince, si vous ne vous tenez sur vos gardes, vous périrez.*

## CHAPITRE IX.

Description du fameux cheval Séien, passé en proverbe. Quelle est la couleur des chevaux bais *(spadices)*. Explication de ce mot.

Gabius Bassus, dans ses Commentaires, et Julius Modestus dans le second livre de ses Mélanges de questions,

riam de equo Seiano tradunt dignam memoria atque admiratione. Cn. Seium quempiam scribunt fuisse; eumque habuisse equum natum Argis in terra Græcia: de quo fama constans esset tanquam de genere equorum progenitus foret, qui Diomedis thracis fuissent; quos Hercules Diomede occiso e Thracia Argos perduxisset. Eum equum fuisse dicunt magnitudine inusitata, cervice ardua, colore phœniceo, flava et comanti juba; omnibusque aliis equorum laudibus quoque longe præstitisse: sed eundem equum tali fuisse fato sive fortuna ferunt, ut, quisquis haberet cum possideretque, is cum omni domo, familia, fortunisque omnibus suis ad internecionem deperiret. Itaque primum illum Cn. Seium dominum ejus a M. Antonio, qui postea III vir. R. P. C. fuit, capitis damnatum miserando supplicio affectum esse: eodem tempore Cornelium Dolabellam consulem, in Syriam proficiscentem fama istius equi adductum Argos devertisse; cupidineque habendi ejus exarsisse; emisseque us. centum milibus: sed ipsum quoque Dolabellam in Syria bello civili obsessum atque interfectum esse: mox eundem equum, qui Dolabellæ fuerat, C. Cassium, qui Dolabellam obsederat, abduxisse. Eum Cassium postea satis notum est victis partibus fusoque exercitu suo miseram mortem oppetiisse: deinde Antonium post interitum Cassii, parta victoria, equum illum nobilem Cassii requisisse; et, cum eo potitus esset, ipsum quoque postea victum atque desertum detestabili exitio interisse. Hinc proverbium de ho-

rapporte l'histoire merveilleuse du cheval Séien, et il cite à ce sujet des particularités surprenantes et vraiment dignes d'attention. En voici la substance. Un certain Cn. Séius possédait un cheval d'Argos, ville de Grèce, qui, selon le bruit public, était de la race de ces fameux chevaux de Diomède, que Hercule avait amenés de la Thrace, après avoir tué ce roi barbare. Ce cheval, qui d'ailleurs réunissait au plus haut degré toutes les qualités qu'on estime dans son espèce, était d'une taille extraordinaire et de couleur de pourpre; il avait la tête haute, le crin jaune et très-fourni; mais par un hasard funeste, ou par une fatalité attachée à sa possession, il occasionait infailliblement la mort de son maître, la ruine entière de sa maison, de sa famille et de sa fortune. En effet, Cn. Séius, son premier maître, fut condamné au dernier supplice par M. Antoine, qui fut depuis un des triumvirs de la république. Dans le même temps, le consul Cornélius Dolabella, partant pour la Syrie, et ayant entendu parler de ce cheval, passa par Argos; sa vue lui inspira un grand désir de l'avoir, et il l'acheta cent mille sesterces; mais Dolabella périt en Syrie, victime de la guerre civile. C. Cassius, son ennemi, s'empara du cheval. Personne n'ignore que dans la suite Cassius, après avoir vu son parti vaincu, et avoir été témoin de la défaite de son armée, périt d'une mort funeste. Après la mort de Cassius, Antoine, vainqueur, se fit amener le fameux cheval, et, quelque temps après l'avoir eu en sa possession, Antoine, vaincu et abandonné, s'arracha la vie. De là

minibus calamitosis ortum diciquesolitum: *Ille homo habet equum Seianum.* Eadem sententia est illius quoque veteris proverbii, quod ita dictum accepimus: *Aurum tolosanum.* Nam cum oppidum Tolosanum in terra Gallia Q. Cæpio consul diripuisset; multumque auri in ejus oppidi templis fuisset: quisquis ex ea direptione aurum attigit, misero cruciabilique exitu periit. Hunc equum Gabius Bassus vidisse se Argis refert, haud credibili pulchritudine, vigoreque et colore exuberantissimo. Quem colorem nos, sicuti dixi, phœniceum, græce partim φοίνικα, alii σπάδικα appellant: quoniam palmæ termes ex arbore cum fructu avulsus spadix dicitur.

## CAPUT X.

Quod est quædam septenarii numeri vis et facultas, in multis naturæ rebus animadversa; de qua M. Varro in Hebdomadibus disserit copiose.

M. Varro in primo librorum qui inscribuntur, *Hebdomades*, vel *de Imaginibus*, septenarii numeri, quem Græci ἑϐδομάδα appellant, virtutes potestatesque multas variasque dicit. *Is namque numerus*, inquit, *septentriones majores minoresque facit in cælo, item vergilias, quas* πλειάδας *vocant. Facit etiam stellas, quas alii erraticas,* P. Nigidius *errones appellat. Circulos quoque ait in cælo circum*

le proverbe que l'on a coutume d'appliquer aux infortunés : *Cet homme a le cheval Séïon.* Il en est de même de l'étymologie de cet ancien adage : *L'or de Toulouse.* Le consul Q Cœpion ayant pillé Toulouse, ville de Gaule, et son armée s'étant emparée des richesses prodigieuses dont ses temples étaient remplis (¹²), tous ceux qui touchèrent à l'or provenant de ce pillage, périrent d'une mort misérable ou cruelle. Gabius Bassus rapporte qu'il a vu à Argos ce fameux cheval ; qu'il était d'une beauté et d'une vigueur incroyables, et d'une couleur très-vive que nous appelons phénicienne. Comme je l'ai déjà dit, en Grèce, les uns la nomment *pourpre*, d'autres *rouge foncé*; parce que le rameau du palmier, arraché de l'arbre avec le fruit, se nomme *spadix* ( rouge foncé ).

## CHAPITRE X.

Vertu et propriété du nombre sept, dont la nature nous fournit des exemples dans beaucoup de circonstances. Grande dissertation de M. Varron à ce sujet, dans ses Semaines.

M. Varron, dans le premier de ses livres qui ont pour titre : *les Semaines* ou *des Tableaux*, traite des vertus et des effets du nombre sept, que les Grecs appellent ἑβδομάδα, et il en distingue de plusieurs espèces, qu'il détaille fort au long. *Ce nombre*, dit-il, *forme dans les cieux la grande et la petite Ourse, ainsi que les Pléiades. Il fait les étoiles que l'on nomme communément* erraticæ (errantes), *et que P. Nigidius appelle* errones. *C'est ce nombre,*

longitudinem axis septem esse; e quis duos minimos, qui axem extimum tangunt, πόλοις appellari dicit; sed eos in sphæra, quæ κρικωτή vocatur, propter brevitatem non inesse. Atqui neque ipse Zodiacus septenario numero caret. Nam in septimo signo fit solstitium a bruma; in septimo bruma a solstitio. In septimo æquinoctium ab æquinoctio. Dies deinde illos, quibus halcyones hieme anni in aqua nidulantur, eos quoque septem esse dicit: præterea scribit lunæ curriculum confici integris quater septenis diebus. *Nam duodetricesimo luna*, inquit, *ex quo vestigio profecta est, eodem redit:* auctoremque opinionis hujus Aristidem esse samium. In qua re non id solum animadverti debere dicit, quod quater septenis, id est, octo et viginti diebus conficeret iter luna suum; sed quod is numerus septenarius, si ab uno profectus dum ad semetipsum progreditur, omnes, per quos progressus est, numeros comprehendat, ipsumque se addat; facit numerum octo et viginti: quot dies sunt curriculi lunaris. Ad homines quoque nascendos vim numeri istius porrigi pertinereque ait. *Nam cum in uterum*, inquit, *mulieris genitale semen datum est, primis septem diebus conglobatur coagulaturque, fitque ad capiendum figuram idoneum. Post deinde quarta hebdomade, quod ejus virile fœtus futurum est, caput et spinam, quæ est in dorso, informatur. Septima autem fere heb-*

ajoute-t-il, qui a déterminé celui des cercles qui sont autour de l'axe. La petitesse des deux qui touchent son extrémité, et qu'on appelle polaires, empêche qu'on ne les marque dans la sphère armillaire (14). Le nombre sept influe même sur le zodiaque ; car le solstice d'été n'arrive que quand le soleil entre dans le septième signe ; et celui d'hiver lorsque cet astre, continuant sa carrière, a parcouru six signes et entre dans le septième : de sorte que l'espace intermédiaire d'un solstice à l'autre, est toujours de sept mois. Il rapporte également que les alcyons ne mettent que sept jours à bâtir leurs nids sur l'eau pendant l'hiver. Il ajoute encore que la lune décrit son cercle en quatre fois sept jours : *Car, dit-il, dans l'espace de vingt-huit jours, elle se retrouve au même point du ciel d'où elle était partie.* Aristide le Samien, qui, si l'on en croit l'écrivain dont il s'agit ici, a donné naissance à cette opinion, ne se borne pas à la remarque des quatre fois sept, c'est-à-dire des vingt-huit jours que la lune emploie dans sa révolution, mais il dit encore que ce nombre septenaire, ajouté à lui-même, forme, si l'on additionne toutes les unités comprises dans sa révolution, depuis la première jusqu'à la dernière inclusivement, forme, dis-je, le nombre vingt-huit, qui est celui des jours que renferme l'espace de temps pendant lequel la lune décrit son cercle. Selon le même Varron, le nombre sept a aussi une influence bien marquée sur la formation et la naissance de l'homme ; et il dit : *Quand le sein d'une femme a reçu le principe de la fécondité, les sept premiers jours les germes s'unissent et prennent une consistance capable de recevoir la forme que la nature s'apprête à lui donner. Quatre semaines après, lorsque le fœtus doit devenir un enfant mâle, la tête et l'épine dorsale prennent*

domade, id est nono et quadragesimo die totus, inquit, *homo in utero absolvitur.* Illam quoque vim numeri hujus observatam refert; quod ante mensem septimum neque masculus neque foemina salubriter ac secundum naturam nasci potest; et quod hi, qui justissime in utero sunt, post ducentos octuaginta dies, postquam sunt concepti, quadragesima denique hebdomade ita nascuntur. Pericula quoque vitæ fortunarumque hominum, quæ climacteras Chaldæi appellant, gravissima quæque fieri affirmat septenariis. Præter hoc, modum esse dicit summum adolescendi humani corporis septem pedes. Quod esse magis verum arbitramur, quam quod Herodotus homo fabulator, in primo Historiarum, inventum esse sub terra scripsit Oresti corpus cubita longitudinis habens septem; quæ faciunt pedes duodecim et quadrantem: nisi si, ut Homerus opinatus est, vastiora prolixioraque fuerint corpora hominum antiquorum; et nunc, quasi iam mundo senescente, rerum atque hominum decrementa sunt. Dentes quoque et in primis septem mensibus et septenos ex utraque parte gigni ait, et cadere annis septimis; et genuinos annasci annis fere bis septenis. Venas etiam in hominibus, vel potius arterias, medicos musicos dicere ait numero moveri septenario: quod ipsi appellant, τὴν διὰ τεσσάρων συμφωνίαν, quæ fit in collatione quaternarii numeri. Discrimina etiam periculorum in morbis majore vi

leur configuration. Vers la septième semaine, c'est-à-dire le quarante-neuvième jour, l'homme est entièrement formé. Pour prouver l'efficace de ce nombre, Varron dit qu'aucun enfant, de quelque sexe qu'il soit, ne peut venir au monde dans un état de santé, et selon les lois de la nature, avant le septième mois; et que ceux qui demeurent dans le flanc maternel tout le temps qu'elle a fixé, ne naissent que deux cent quatre-vingts jours (quarante semaines) après leur conception. Cette époque dangereuse de notre âge, que les Chaldéens appellent temps climatérique, et qui nous annonce la perte de la vie, ou celle de nos biens, arrive quand on a compté déjà sept fois sept années. A tout cela Varron ajoute que la plus haute taille du corps humain est de sept pieds; ce qui, selon moi, approche plus de la vérité que le récit fabuleux d'Hérodote, qui, au premier livre de son Histoire, rapporte qu'on a découvert sous terre le corps d'Oreste, qui avait sept coudées de haut, c'est-à-dire, douze pieds un quart; à moins que, comme le pensait Homère, au commencement des siècles, les proportions du corps humain n'aient été de beaucoup plus fortes qu'elles ne le sont actuellement, et qu'aujourd'hui la nature, affaiblie par le temps, ne produise que des hommes bien inférieurs à ceux qui parurent dans les premiers jours du monde. Les dents, continue le même Varron, poussent dans les sept premiers mois; il en perce sept de chaque côté; elles tombent à la septième année, et à la quatorzième seulement paraissent les molaires. Pour donner un nouveau poids à son opinion, Varron dit que les médecins, qui guérissent par le secours de la musique ([5]), assurent que la révolution du sang dans les veines et dans les artères, ne se fait que par le nombre sept, qu'ils appellent *la symphonia*

fieri putant in diebus, qui conficiuntur ex numero septenarii: eosque dies omnium maxime, ita ut medici appellant, κριτικοῖς ἢ κρισίμους, cuique videri, primam hebdomadam et secundam et tertiam. Necnon id etiam est ad vim facultatesque ejus numeri augendas, quod, quibus inedia mori consilium est, septimo demum die mortem oppetunt. Haec Varro de numero septenario scripsit admodum conquisite. Sed alia quoque ibidem congerit frigidiuscula; veluti septem opera esse in orbe terrarum miranda, et sapientes item veteres septem fuisse, et curricula ludorum circensium sollemnia septem esse, ad oppugnandas Thebas duces septem electos. Tum ibi addit, se quoque jam duodecimam annorum hebdomadam ingressum esse, et ad eum diem septuaginta hebdomadas librorum conscripsisse: ex quibus aliquantum, cum proscriptus esset, direptis bibliothecis suis non comparuisse.

## CAPUT XI.

*Quibus et quam frivolis argumentis Accius in Didascalicis utatur; quibus docere nititur Hesiodum esse quam Homerum natu antiquiorem.*

Super aetate Homeri atque Hesiodi non consentitur. Alii Homerum quam Hesiodum majorem natu fuisse scripserunt; in quis Philochorus, et Xenophanes

des quatre tons, qui résulte de l'accord de ces sons combinés entre eux. Il remarque aussi que, dans une maladie sérieuse, tous les jours produits par la combinaison du nombre sept, comme le septième, le quatorzième et le vingt-septième, sont beaucoup plus dangereux que les autres, et que c'est ce qui les fait appeler *critiques* par les médecins. Enfin, il remarque encore que les personnes qui ont résolu de se laisser périr de faim, meurent le septième jour. Telles sont les recherches curieuses que Varron a faites sur le nombre sept. J'omets différentes autres observations qu'il accumule pour appuyer son opinion; par exemple: qu'il y a sept merveilles dans le monde; que l'antiquité compte sept sages; que l'on fait sept courses publiques aux jeux des cirques; que sept capitaines fameux se réunirent pour assiéger Thèbes. Il termine en disant qu'il est sur le point d'avoir parcouru sept fois douze années, qu'il a écrit sept fois soixante et douze livres, dont la plupart ont péri; depuis le moment que sa tête ayant été mise à prix, il fut forcé d'abandonner sa bibliothèque dont les volumes se trouvèrent alors dispersés.

## CHAPITRE XI.

Vains et frivoles argumens au moyen desquels Accius, dans son livre intitulé *Didascalici*, s'efforce de prouver qu'Hésiode est plus ancien qu'Homère.

L'ON n'est point d'accord sur l'âge précis d'Homère et d'Hésiode. Philochore ([16]), Xénophane et plusieurs autres prétendent qu'Homère est le plus ancien: le poëte Accius, l'his-

Alii minorem; in quis L. Accius poeta et Ephorus historiæ scriptor. Marcus autem Varro, in primo de Imaginibus, uter natus prior sit parum constare dicit; sed non esse dubium, quin aliquo tempore eodem vixerint; idque ex epigrammate ostendit, quod in tripode scriptum est, qui in monte Helicone ab Hesiodo positus traditur. Accius autem in primo Didascalico levibus admodum argumentis utitur per quæ ostendit Hesiodum natu priorem. *Quod Homerus, inquit, cum in principio carminis Achillem esse filium Pelei diceret, quis esset Peleus non addidit: quam rem procul, inquit, dubio dixisset, nisi ab Hesiodo jam dictum videretur. De Cyclope itidem, inquit, vel maxime quod unoculus fuit, rem tam insignem non præterisset, nisi æque prioris Hesiodi carminibus vulgatum esset.* De patria quoque Homeri multo maxime dissensum est. Alii Colophonium, alii Smyrnæum, sunt qui Atheniensem, sunt qui Ægyptium dicant fuisse. Aristoteles tradit ex insula Io natum. M. Varro, in libro de Imaginibus primo, Homeri imagini hoc epigramma apposuit:

*Capella Homeri candida hæc tumulum indicat,*
*Quoi ara Ietæ mortuo faciunt sacra.*

Ἑπτὰ πόλεις διερίζουσι περὶ ῥίζαν Ὁμήρου,
Σμύρνα, Ῥόδος, Κολοφὼν, Σαλαμὶν, Ἴος, Ἄργος, Ἀθῆναι.

torien Éphorus et quelques autres, soutiennent le contraire. Marcus Varron, dans son premier livre des Portraits, dit qu'il n'est pas bien prouvé lequel des deux est né le premier ; mais qu'il est certain qu'ils furent quelque temps contemporains. Il croit lire la preuve de cette assertion dans l'épigraphe gravée sur le trépied du temple du mont Hélicon ; car ce trépied passe pour un don d'Hésiode. Le raisonnement sur lequel Accius se fonde dans le premier livre de sa Didactique, pour prouver l'ancienneté d'Hésiode sur Homère, me paraît bien faible. Voici comment il s'exprime à ce sujet : *Homère, après avoir dit au commencement de son poëme, qu'Achille était fils de Pélée, ne dit point quel était ce dernier ; ce qu'il n'eût certainement pas manqué de faire, s'il n'avait été sûr qu'Hésiode en avait parlé. De même, ajoute Accius, Homère, en faisant le portrait de Polyphème, ne dit point qu'il n'avait qu'un œil : trait assez remarquable pour que ce poëte ne l'eût point oublié, si Hésiode ne l'avait dit également auparavant dans ses vers.* On est encore beaucoup moins d'accord sur la patrie d'Homère. Quelques-uns veulent que ce soit Colophone, d'autres Smyrne, d'autres Athènes, d'autres même que ce soit l'Égypte. Selon Aristote, il naquit dans l'île d'Io. M. Varron, au premier livre de l'ouvrage précédemment cité, place cette inscription au bas du portrait d'Homère :

*Ce petit temple de marbre blanc renferme le tombeau d'Homère ; sur cet autel, les Jètes viennent sacrifier à son immortel génie. Sept villes prétendent à l'honneur d'être la patrie d'Homère : Smyrne, Rhodes, Colophone, Salamine, Io, Argos et Athènes.*

## CAPUT XII.

Largum atque avidum bibendi a P. Nigidio doctissimo viro novo et propemodum absurdo vocabulo *bibosum* dictum.

BIBENDI avidum P. Nigidius in Commentariis grammaticis *bibacem* et *bibosum* dicit. *Bibacem* ego, ut *edacem* a plerisque aliis dictum lego. *Bibosum* dictum etiam nusquam reperi, nisi apud Laberium. Neque aliud est quod simili inclinatu dicatur. Non enim simile est, ut, *vinosus, aut vitiosus*, ceteraque, quæ hoc modo dicuntur. Quoniam a vocabulis non a verbis inclinata sunt. Laberius in Mimo vel primo qui Salinator inscriptus est, verbo hoc ita utitur:

*Non mammosa, non annosa, non bibosa, non procax.*

## CAPUT XIII.

Quod Demosthenes etiam tum adolescens, cum Platonis philosophi discipulus foret, audito forte Callistrato rhetore in concione populi destitit a Platone, et sectatus est Callistratum.

HERMIPPUS hoc scriptum reliquit; Demosthenem ad-

## CHAPITRE XII.

*Bibosus*, mot inusité, pour ne pas dire impropre, dont P. Nigidius, savant distingué, se sert pour désigner un ivrogne.

P. Nigidius, dans ses Commentaires sur la grammaire, appelle *bibax* et *bibosus*, un homme avide de boire. On trouve bien ailleurs *bibax* comme on trouve *edax* ( grand mangeur); mais *bibosus* ne se trouve nulle part, excepté dans Labérius. On ne voit point non plus d'où ce mot pourrait dériver; car il n'en est pas de lui comme de *vinosus* ( adonné au vin ) ou de *vitiosus* ( vicieux ), et autres mots semblables qui dérivent de noms et non de verbes. Labérius, dans la première de ses comédies, intitulée le Marchand de sel, se sert de la sorte de cette expression, dans un endroit où il dit:

*Qui n'a point de grosses mamelles, qui n'est pas encore vieille, qui n'est point buveuse ( non bibosa ), qui n'est point insolente.*

## CHAPITRE XIII.

Que Démosthène, pendant sa jeunesse, dans le temps qu'il était disciple du philosophe Platon, fut si charmé d'un discours que le hasard lui fit entendre prononcer au rhéteur Callistrate, dans une assemblée publique, qu'il abandonna la philosophie pour suivre la carrière de l'éloquence.

Nous apprenons de Hermippe que Démosthène, pendant

modum adolescentem ventitare in academiam, Platonemque audire solitum. Atque is, inquit, Demosthenes domo egressus, ut ei mos erat, cum ad Platonem pergeret, complurisque populos concurrentis videret, percunctatur ejus rei causam, cognoscitque currere eos auditum Callistratum. Is Callistratus Athenis orator in republica fuit. Illi δημαγωγοίς appellant. Visum est paulum devertere, experirique an ad digna auditu tanto properatum studio foret. Venit, inquit, atque audit Callistratum nobilem illam τὴν περὶ Ὠρωποῦ δίκην dicentem: atque ita motus et demulctus et captus est, ut Callistratum jam inde sectari ceperit; academiam cum Platone reliquerit.

## CAPUT XIV.

*Dimidium librum legi*, aut, *dimidiam fabulam audivi*, aliaque ejuscemodi qui dicat, vitiose dicere; ejusque vitii causas reddere M. Varronem: nec quemquam veterum iisce verbis ita usum esse.

*Dimidium librum legi*, aut, *dimidiam fabulam audivi*, vel quid hujuscemodi, male ac vitiose dici existimat Varro. *Oportet enim*, inquit, *dicere dimidiatum librum*; non *dimidium*, et, *dimidiatam fabulam*, non *dimidiam. Contra autem si e sex-*

sa jeunesse, avait coutume de fréquenter l'école de Platon. Or, un jour qu'il était en chemin pour aller, selon son usage, entendre le philosophe, il aperçoit une foule de peuple qui s'avançait avec empressement; il en demande la cause et il apprend que cette multitude courait entendre un discours de Callistrate (17). Ce Callistrate était un des orateurs de la république, auxquels les Athéniens donnaient le nom de *Directeurs du peuple*. Il prit fantaisie à Démosthène de changer un moment de route, curieux de s'assurer par lui-même si le talent de Callistrate était réellement digne d'un tel empressement de la part de ses concitoyens. Il arrive, et il entend Callistrate plaider la fameuse cause d'Orepo, ville de Macédoine. Démosthène se trouva si ému, si satisfait et en même temps si frappé du talent de l'orateur, que dès ce moment il prit le parti de renoncer à Platon et à son académie, pour s'attacher sans retour à l'éloquent Callistrate.

## CHAPITRE XIV.

Que l'on ne peut dire, sans s'exprimer d'une manière incorrecte, *dimidium librum legi* ou *dimidiam fabulam audivi*. Que M. Varron explique le vice de cette locution, et nous apprend qu'aucun des anciens ne s'est exprimé de la sorte.

D<small>IMIDIUM</small> *librum legi* ( j'ai lu la moitié d'un livre ), *dimidiam fabulam audivi* ( j'ai entendu un récit à moitié ), ou toute autre locution de ce genre, est mauvaise ou vicieuse, selon Varron qui s'exprime ainsi : *On doit dire dimidiatum librum et non dimidium, dimidiatam fabulam et non dimi-*

*tario hemina fusa est, dimidium*, non *dimidiatum sextarium fusum* dicendum est. Et qui ex mille nummûm, quod ei debebatur, quingentos recepit, non *dimidiatum* recepisse dicemus, sed *dimidium*. At si scyphus, inquit, argenteus mihi cum alio communis in duas partes disjectus sit, *dimidiatum* eum dicere esse scyphum debeo, non *dimidium* : argenti autem, quod in eo scypho inest, *dimidium* meum esse, non *dimidiatum*. Disserit ac dividit subtilissime, quid *dimidium dimidiato* intersit, et Q. Ennium scienter hoc in Annalibus dixisse ait :

*Sicuti si quis ferat vas vini dimidiatum.*

Sicuti pars, quæ deest ei vasi, non *dimidiata* dicenda est, sed *dimidia*. Omnis autem disputationis ejus, quam subtiliter quidem sed subobscure explicat, summa hæc est. *Dimidiatum* est quasi *dismediatum*, et in partis duas pares divisum. *Dimidiatum* ergo nisi ipsum quod divisum est, dici haud convenit. *Dimidium* vero est, non quod ipsum *dimidiatum* est, sed quæ ex *dimidiato* pars altera est. Cum igitur partem libri dimidiam legisse volumus dicere, aut partem dimidiam fabulæ audisse : si *dimidiam fabulam*, aut *dimidium librum* dicimus; peccamus. Totum enim ipsum quod *dimidiatum* atque divi-

dian:. Au contraire, si vous avez ôté une hémine d'un setier ([18]), vous direz *dimidium* et non *dimidiatum*, en parlant du contenu divisé; et en parlant de quelqu'un qui, sur mille écus qui lui étaient dus, en a reçu cinq cents, nous ne dirons pas *dimidiatum*, mais bien *dimidium*, pour exprimer la moitié reçue de la somme. Mais si, ajoute-t-il, je divise en deux parties égales une coupe d'argent que je possède en commun avec un autre, je dois dire *dimidiatum* et non *dimidium*, en parlant de la coupe divisée; mais en parlant de l'une des deux moitiés de l'argent de la coupe, par exemple, de celle qui m'appartient, je dirai *dimidium meum* et non *dimidiatum*. Il définit d'une manière très-subtile, en quoi *dimidium* diffère de *dimidiatum*, et rapporte que ce n'est point sans y avoir fait attention, que Q. Ennius a dit dans ses Annales :

*Comme si quelqu'un apporte un vase qui n'est rempli de vin qu'à moitié ( dimidiatum ).*

Quant à la partie qui manque dans le vase, on ne doit point l'appeler *dimidiata*, mais *dimidia*. Voici le fond de toute sa dissertation, dans laquelle, on rencontre, non-seulement de la subtilité, mais même un peu d'obscurité. *Dimidiatum*, dit-il, répond à peu près à *dismediatum*, et désigne les deux parties d'un tout également divisées : ainsi, *dimidiatum* ne peut servir à exprimer que ce qui est divisé. Mais *dimidium* n'exprime point ce qui est divisé, il exprime seulement une des parties divisées. C'est pourquoi, lorsque nous voulons dire que nous avons lu un livre ou que nous avons entendu un récit à moitié, si nous nous servons de *dimidium librum legi*, ou bien de *dimidiam fabulam audivi*, nous nous exprimons d'une manière impropre : car nous appelons *dimidium*, le tout divisé qui doit être exprimé

sum est, *dimidium* dicis. Itaque Lucilius eadem secutus :

> *Uno oculo, inquit, pedibusque duobus dimidiatus*
> *Ut porcus.*

Et alio loco :

> *Quid ni? et scruta quidem ut vendat scrutarius laudat,*
> *Praefractam strigilem, soleam improbus dimidiatam.*

Jam in vicesimo manifestius *dimidiam horam* dicere studiose fugit : sed pro *dimidia*, *dimidium* ponit in hisce versibus:

> *Tempestate sua atque eodem uno tempore et horae*
> *Dimidio, tribus confectis duntaxat eandem*
> *Et quartam.*

Nam cum obvium proximumque esset dicere :

> *et hora*
> *Dimidia, tribus confectis :*

Vigilate atque attente verbum non probum mutavit. Per quod satis apparet ne *horam* quidem *dimidiam* recte dici, sed vel *dimidiatam horam*, vel *dimidiam partem horae*. Propterea Plautus in Bacchidibus *dimidium auri* dicit, non, *dimidiatum aurum*. Item in Aulularia *dimidium obsonii*, non, *dimidiatum obsonium*, in hoc versu :

> *Ei adeo obsonii hinc jussit dimidium dari.*

In Menæchmis autem *dimidiatum diem*, non, *dimidium*, in hoc versu :

> *Dies quidem jam ad umbilicum dimidiatus mortuu—st.*

par *dimidiatum*. C'est pourquoi nous voyons dans Lucile :

*Qui n'a qu'un œil.... et qui a les deux pieds fourchus ( pedibus duobus dimidiatus ) comme un cochon.*

Et dans un autre endroit :

*Pourquoi non ? Le fripier achalande bien ses guenilles pour les vendre. Il cherche bien à faire acheter, comme neuf, un vieux frottoir brisé et une sandale dont il ne reste que la moitié ( dimidiata ).*

Dans son vingtième livre, il a soin d'éviter, d'une manière encore plus remarquable, de dire *dimidiam horam ;* mais au lieu de *dimidia*, il se sert de *dimidium*, dans ces vers :

*Alors, dans le même temps, et seulement trois heures et demie après ( et horæ dimidio ) la même et la quatrième.*

Quoiqu'il eût paru plus simple et plus naturel de dire,

*Et horæ Dimidia, tribus confectis ;*

Pour exprimer trois heures et demie, il a cependant eu le soin et l'attention d'éviter une expression impropre. Ce passage nous démontre assez clairement que l'on ne peut point dire avec exactitude, *dimidia hora ;* mais qu'il faut dire ou *dimidiata hora*, ou *dimidia pars horæ*. C'est pourquoi Plaute, dans ses Bacchides, dit : *dimidium auri* (la moitié de l'or), au lieu de *dimidiatum aurum*. De même encore, dans son Aululaire, on voit *dimidium obsonii* au lieu de *dimidiatum obsonium*, dans ce vers :

*Aussi a-t-il ordonné de lui donner la moitié des provisions ( dimidium obsonii ).*

Mais on trouve dans les Ménechmes, *dimidiatus dies*, au lieu de *dimidius*, dans ce vers :

*Car le jour est déjà écoulé à moitié ( dimidiatus mortuu—st. )*

M. Cato in libro, quom de Agricultura conscripsit: *Semen cupressi serito crebrum, ita uti linum seri solet. Eo crebro terram insternito, dimidiatum digitum. Iam id bene tabula aut pedibus aut manibus complanato.* Dimidiatum autem, inquit, digitum, non dimidium. Nam digiti quidem *dimidium*, digitum autem *dimidiatum* dici oportet. Item M. Cato de Karthaginiensibus ita scripsit: *Homines defoderunt in terram dimidiatos, ignemque circumposuerunt. Ita interfecerunt.* Neque quisquam omnium, qui probe locuti sunt, his verbis secus, quam dixi, usus est.

## CAPUT XV.

Exstare in literis perque hominum memorias traditum, quod repente multis mortem attulit gaudium ingens insperatum, interclusa anima, et vim magni novique motus non sustinente.

Cognito repente insperato gaudio expirasse animam refert Aristoteles philosophus Polycritam nobilem fœminam Naxo insula. Philippides quoque comœdiarum poeta haud ignobilis, ætate jam edita, cum in certamine poetarum præter spem vicisset, et lætissime

M. Caton, dans son livre sur l'Agriculture, dit: *Semez dru la graine du cyprès, à peu près comme on a coutume de semer le lin; étendez ensuite un demi-doigt (* dimidiatum digitum *) de terre par-dessus, puis aplanissez-la bien avec une planche, ou bien avec le pied, ou bien avec la main.* Il se sert ici de *dimidiatum* et non de *dimidium*; car il faut dire, ou *dimidium digiti* ou *dimidiatum digitum*. M. Caton a dit aussi, dans son livre des Carthaginois: *Ils enfouirent des hommes en terre jusqu'au milieu du corps (* dimidiatos *), ils les entourèrent de feu, et les firent périr ainsi.* On n'a jamais vu personne, parlant correctement, se servir de ces mots d'une manière différente de celles que nous venons de citer.

## CHAPITRE XV.

Qu'il est prouvé, tant par ce que disent les écrivains, que par une tradition communément reçue, qu'une joie extrême et inespérée a causé la mort de plusieurs personnes; en ce que, perdant tout à coup la respiration, elles ne pouvaient résister à la force de l'agitation violente et subite dont elles se trouvaient saisies.

Le philosophe Aristote rapporte qu'une dame illustre, de l'île de Naxos, nommée Polycrite ([19]), expira en apprenant tout à coup une nouvelle agréable et inespérée. Philippide ([**]) aussi, poëte connu pour ses comédies, ayant obtenu, dans un âge déjà avancé, le prix de ses vers, dans un concours, au moment qu'il ne s'y attendait point, et s'étant

gauderet; inter illud gaudium repente mortuus est. De Rhodio etiam Diagora celebrata historia est. Is Diagoras tres filios adolescentes habuit, unum pugilem, alterum pancratiasten, tertium luctatorem: eosque omnes vidit vincere coronarique eodem Olympiæ die: et cum ibi eum tres adolescentes amplexi, coronis suis in caput patris positis, suaviarentur; cumque populus gratulabundus flores undique in eum jaceret: ibi in stadio, inspectante populo, in osculis atque in manibus filiorum animam efflavit. Præterea in nostris Annalibus scriptum legimus, qua tempestate apud Cannas exercitus populi romani cæsus est, anum matrem nuncio de morte filii allato, luctu atque mærore affectam esse. Sed is nuncius non verus fuit: atque is adolescens non diu post ex ea pugna in urbem rediit. Anus repente filio viso, copia atque turba et quasi ruina incidentis inopinati gaudii oppressa exanimataque est.

trop livré aux transports de sa joie, mourut à l'heure même de cet excès de contentement. L'histoire de Diagoras le Rhodien n'est pas moins remarquable en ce genre. Ce Diagoras avait trois fils dans la fleur de l'âge, qui tous trois furent couronnés le même jour aux jeux olympiques, après avoir été vainqueurs, le premier au pugilat, le second à la lutte, et le troisième au pancrace (\*\*). Ces trois fils vont à leur père, témoin de leur triomphe, le serrent dans leurs bras, posent leurs couronnes sur sa tête, et l'accablent des marques de la plus vive tendresse, pendant que le peuple, en faisant retentir le cirque de ses acclamations, couvrait de fleurs le père fortuné, qui, dans cet instant, ne pouvant résister à tant de joie, expira sur le lieu même, au milieu des caresses et des embrassemens de ses fils. Nous lisons aussi dans nos Annales, que dans le temps où l'armée romaine fut taillée en pièces à la bataille de Cannes, une mère, avancée en âge, ayant appris la mort de son fils, s'abandonna aux larmes et à la plus vive douleur. Mais la nouvelle était fausse, et le fils, peu après le combat, revint à Rome. Sa mère, à laquelle il se présenta tout à coup, éprouva une joie si forte, que l'abondance et la vivacité des sentimens d'un contentement et d'un bonheur si inespéré lui arrachèrent la parole et la vie.

## CAPUT XVI.

Temporis varietas in puerperiis mulierum quænam sit et a medicis et a philosophis tradita: atque inibi poetarum quoque veterum super eadem re opiniones: multaque alia auditu atque memoratu digna; verbaque ipsa Hippocratis medici ex libro illius sumta, qui inscriptus est περὶ τροφῆς.

Et medici et philosophi illustres de tempore humani partus quæsiverunt: πόσος ὁ τῆς τῶν ἀνθρώπων κυήσεως χρόνος. Et multa opinio est, eaque jam pro vero recepta, postquam mulieris uterus conceperit semen, gigni hominem septimo rarenter, nunquam octavo, sæpe nono, sæpiusnumero decimo mense: cumque esse hominem gignendi summum finem, decem menses non inceptos sed exactos. Idque Plautum veterem poetam dicere videmus in comœdia Cistellaria his verbis:

*tum illa, quam compresserat,*
*Decimo post mense exacto hic peperit filiam.*

Hoc idem tradit etiam Menander poeta vetustior, humanarum opinionum vel peritissimus. Versus ejus super ea re de fabula Plocio posui:

Γυνὴ κυεῖ δεκάμηνος.

Sed noster Cæcilius, cum faceret eodem nomine et ejusdem argumenti comœdiam, ac pleraque a Menandro sumeret; in mensibus tamen genitalibus no-

## CHAPITRE XVI.

Différentes époques assignées par les philosophes et les médecins, à la naissance des enfans. Ce que les anciens poëtes ont dit à ce sujet. Citation de différens traits remarquables, concernant cette matière. Paroles tirées du livre d'Hippocrate, ayant pour titre : *des Alimens*.

Et les médecins et les philosophes les plus célèbres ont élevé des questions sur le temps de la naissance d'un enfant et de la gestation de la mère. L'opinion la plus généralement reçue, et qu'on regarde même comme certaine, est que le sein de la mère ayant été fécondé, elle met au monde son fruit, rarement au septième, jamais au huitième, souvent au neuvième et assez souvent au dixième mois; et que non le commencement de ce dixième mois, mais la fin, donne l'époque la plus longue et la plus reculée. Cette opinion se trouve appuyée par cet endroit de la Cistellaire de Plaute, où cet ancien poëte comique dit :

*Celle avec laquelle il avait eu commerce, accoucha d'une fille, à la fin du dixième mois.*

Ménandre, poëte plus ancien encore, et très-versé dans les opinions savantes, insinue la même chose dans sa comédie intitulée Plocius, où il s'exprime ainsi :

*La femme accouche au dixième mois.*

Cæcilius, dans une autre comédie sur le même sujet et ayant le même titre, pièce qu'il a presque entièrement imitée de Ménandre, ne passe pas, comme son modèle, le hui-

minandis, non praetermisit octavum quem praeterierat Menander. Caecilii versus hice sunt:

*Insoletne mulier decimo mense parere?*
*Pol nono, etiam septimo, atque octavo.*

Eam rem Caecilium non inconsiderate dixisse, neque temere a Menandro atque a multorum opinionibus descivisse M. Varro uti credamus facit. Nam mense nonnunquam octavo editum esse partum in libro quartodecimo Rerum divinarum scriptum reliquit. Quo in libro etiam undecimo mense aliquando nasci posse hominem dicit: ejusque sententiae, tam de octavo quam de undecimo mense, Aristotelem laudat auctorem. Sed hujus de mense octavo dissensionis causa cognosci potest in libro Hippocratis, qui inscriptus est, περὶ τροφῆς. Ex quo libro verba haec sunt, ἔςι δὲ καὶ οὐκ ἔςιν ὀκτάμηνος γέννησις. Id tam obscure atque praecise tamque adverse dictum Sabinus medicus, qui Hippocratem commodissime commentatus est, his verbis enarravit. ἔςι μὲν φαινόμενα ὡς ζῶα μετὰ τὴν ἔκτρωσιν, οὐκ ἔςι δὲ, ὡς θνήσκοντα μετὰ ταῦτα. καὶ ἔςιν οὖν φαντασίᾳ μὲν παραυτίκα ὄντα, δυνάμει δὲ οὐκ ἔςι. Antiquos autem Romanos Varro dicit non recepisse hujuscemodi quasi monstruosas raritates; sed nono mense aut decimo, neque, praeter hos, aliis partionem mulieris secundum naturam fieri existimasse: iccircoque eos nomina Parcis tribus fecisse a pariendo, et a nono atque decimo mense. Nam *Parca*, inquit, *immutata litera una a partu no-*

tième mois sous silence, en parlant des mois destinés aux accouchemens; mais il dit:

*Une femme a-t-elle coutume d'enfanter au dixième mois? Certainement elle le peut, de même qu'au neuvième, au septième et au huitième.*

M. Varron nous est garant que Cæcilius n'a point dit cela inconsidérément, et qu'il a eu ses motifs pour être d'un autre avis que Ménandre et plusieurs autres écrivains; car il assure, au quatorzième livre des Choses divines, que souvent on a vu des enfans naître au huitième mois. Il ajoute au même endroit, qu'un enfant peut demeurer onze mois dans le sein de sa mère, et il appuie ces deux assertions de l'autorité d'Aristote. L'opinion qui combat la possibilité de la naissance au huitième mois, est fondée sur un passage d'Hippocrate, au livre *des Alimens*, dans lequel on trouve ces mots.: *Il est et il n'est point d'accouchemens de huit mois.* Le médecin Sabinus, qui a donné de lumineux commentaires sur Hippocrate, explique ainsi cet aphorisme obscur, trop précis, et qui paraît se contredire : *Les enfans paraissent à la vérité vivans après l'avortement; ils ne le sont cependant pas, puisqu'ils meurent sur-le-champ. Ils existent en imagination, mais non pas réellement, puisqu'ils ne peuvent pas vivre.* Varron dit qu'aux yeux des anciens Romains, ces sortes d'accouchemens ne passaient pas pour des prodiges infiniment rares, et qu'ils avaient coutume de regarder comme très-naturels ceux qui arrivaient au neuvième et au dixième mois, mais non pas au-delà. Il ajoute que c'était du mot enfanter (*parere*) ainsi que du neuvième et du dixième mois, que les mêmes Romains avaient formé les noms des trois Parques : *Car*, dit-il, *il n'y a qu'une syllabe à changer pour faire de partus ( enfan-*

minata; item *Nona* et *Decima* a partus tempestivi tempore. Cæsellius autem Vindex in lectionibus suis antiquis : *Tria*, inquit, *nomina Parcarum sunt, Nona, Decima, Morta*; et versum hunc Livii antiquissimi poetæ ponit ex Ὀδυσσείᾳ:

*Quando dies adveniet, quem profata Morta est?*

Sed homo minime malus Cæsellius, *Mortam*, quasi mortem accepit, cum accipere quasi Mœram deberet. Præterea ego de partu humano, præterquam quæ scripta in libris legi, hoc quoque venisse usu Romæ comperi. Feminam bonis atque honestis moribus, non ambigua pudicitia in undecimo mense, post mariti mortem, peperisse; factumque esse negotium propter rationem temporis, quasi marito mortuo postea concepisset : quoniam decemviri in decem mensibus gigni hominem non, in undecimo scripsissent : sed divum Hadrianum, causa cognita, decrevisse in undecimo quoque mense partum edi posse : idque ipsum ejus rei decretum nos legimus. In eo decreto Hadrianus id statuere se dicit requisitis veterum philosophorum et medicorum sententiis. Hodie quoque in satyra M. Varronis quæ inscribitur, *testamentum*, legimus verba hæc : *Si quis mihi filius unus plures ve in decem mensibus gignuntur : ii si erunt ὄνοι λύραι; exheredes sunto : quod si quis undecimo*

tement), le mot *Parca* (Parque); de même celles qu'on a appelées *Nona* et *Decima*, ont été ainsi nommées du neuvième et du dixième mois, époque ordinaire de l'enfantement. Cæsellius Vindex, dans ses Leçons anciennes, dit : *Les trois Parques se nomment Nona, Decima et Morta.* De plus, il cite ces vers de l'Odyssée de Livius, un des poëtes les plus anciens que nous connaissions :

*Quand arrivera le jour fixé par Morta?*

Mais par Morta, Cæsellius a entendu tout simplement ici la mort, lorsqu'il aurait plutôt dû entendre Mœra (22). Outre ce que je viens de rapporter des différens auteurs, sur le temps de l'accouchement, je crois devoir citer au lecteur une particularité remarquable que j'ai entendue au sujet d'une dame romaine. Une dame connue par la pureté de ses mœurs, et dont l'honneur ne pouvait être révoqué en doute, accoucha onze mois après la mort de son mari. Cette affaire fit grand bruit; on l'accusa d'avoir eu un commerce illicite après la mort de son époux, parce que la loi portée par les décemvirs détermine l'époque de l'enfantement au dixième, et non au onzième mois. Mais l'empereur Adrien, au tribunal duquel la cause fut portée, décida que l'accouchement était possible au onzième. J'ai même lu ce décret impérial, dans lequel le prince assure n'avoir publié cette décision que d'après l'avis des anciens philosophes et médecins les plus célèbres. Aujourd'hui même, dans la satire de M. Varron, ayant pour titre le *Testament*, j'ai lu ces paroles : *Si un ou plusieurs enfans m'arrivent au dixième mois, ce sont des ânes à la lyre* (23); *je les déshérite; si c'est au onzième, à la manière d'Aristote, je n'en fais pas plus de différence d'avec les précédens, que de Titius et d'Accius.* Ces dernières paroles font allusion

mense, κατ' Ἀριστοτέλη, *natus est; Accio idem : quod Titio jus esto apud me.* Per hoc vetus proverbium Varro significat, sicuti vulgo dici solitum erat de rebus inter se nihil distantibus, *idem Accii quod Titii:* ita pari eodemque jure esse in decem mensibus natos et in undecim. Quod si ita; neque ultra decimum mensem fœtura mulierum protolli potest : quæri oportet, cur Homerus scripserit Neptunum dixisse puellæ a se recens compressæ :

Χαῖρε γυνὴ φιλότητι, περιπλομένȣ δ' ἐνιαυτȣ̃
Τέξεις ἀγλαὰ τέκν': ἐπεὶ οὐκ ἀποφώλιοι. εὐναὶ
Ἀθανάτων.

Id cum ego ad compluris grammaticos attulissem; partim eorum disputabant Homeri quoque ætate sicuti Romuli, annum fuisse non duodecim mensium sed decem. Alii convenisse Neptuno majestatique ejus dicebant ut longiore tempore fetus ex eo grandesceret. Alii alia quædam nugalia. Sed Favorinus mihi ait περιπλομένȣ ἐνιαυτȣ̃, non confecto esse anno sed affecto. In qua re usus est verbo non vulgariæ significationis. *Affecta* enim, sicuti M. Cicero et veterum elegantissimi locuti sunt, ea proprie dicebantur, quæ non ad finem ipsum sed proxime finem progressa deductave erant. Hoc verbum ad hanc sententiam in Ciceronis oratione fuit, quam dixit de provinciis consularibus. Hippocrates autem in eo libro, de quo supra scripsi, cum et numerum dierum, quibus conceptum in utero coagulum conformatur, et

au vieux proverbe, sur les choses qui ne différaient guère entre elles; on disait : *De même qu'Accius et Titius;* par où Varron fait entendre qu'il a la même opinion de l'enfantement qui s'opère au dixième et au onzième mois, et qu'il en déshérite également les fruits. S'il en est ainsi, et si la délivrance des mères ne doit pas dépasser le dixième mois de la grossesse, l'on sera tenté de demander pourquoi Homère a fait dire par Neptune à une jeune beauté, que ce dieu avait honorée de ses embrassemens :

*Réjouis-toi des témoignages de mon amour; à la révolution de l'année, tu donneras le jour à de beaux enfans; car les caresses des immortels sont toujours suivies de la fécondité.*

Ayant montré ce passage à plusieurs grammairiens, les uns prétendirent qu'au temps d'Homère, comme à celui de Romulus, l'année n'était pas de douze mois, mais de dix; les autres, qu'il était de la majesté de Neptune que sa progéniture, en demeurant plus long-temps dans le sein maternel, en sortît plus vigoureuse et plus grande que les enfans des mortels. Plusieurs autres encore débitaient d'autres bagatelles semblables; mais Favorin me dit que par cette *révolution de l'an*, il ne fallait point entendre l'année entièrement révolue, mais seulement fort avancée ( *anno affecto* ), et il se servit, dans ce cas, d'un terme recherché ; car, d'après M. Cicéron et les anciens dont le style est le plus élégant, on appelait, à proprement parler, *affecta*, les choses qui sans être parvenues à leur fin, en approchent néanmoins et touchent à leur terme. On trouve cette expression employée dans ce sens, dans le discours de Cicéron sur les provinces consulaires. Hippocrate, dans le livre précédemment cité,

tempus ipsius partionis nono aut decimo mense definisset, neque id tamen semper eadem esse fini dixisset, sed alias ocius fieri, alias serius; hisce ad postremum verbis usus est: γίνεται δὲ ἐν τούτοις καὶ πλείω καὶ ἐλάσσω, καὶ ὅλου κατὰ μέρος, καὶ εἴπομεν δὲ καὶ πλείω πλειόνων, καὶ ἐλάσσω ἐλασσόνων. Quibus verbis significat quod aliquando ocius fieret, non multo tamen fieri ocius, neque, quod serius, multo serius. Memini ego Romæ accurate hoc atque solicite quæsitum, negotio non rei tunc parvæ postulante, an octavo mense infans ex utero vivus editus et statim mortuus jus trium liberorum supplevisset; cum abortio quibusdam, non partus, videretur mensis octavi intempestivitas. Sed quoniam de Homerico annuo partu ac de undecimo mense diximus quæ cognoveramus; visum est non prætereundum quod in Plinii Secundi libro septimo naturalis Historiæ legimus. Id autem quia extra fidem esse videri potest; verba ipsius Plinii posuimus: *Massurius auctor est, L. Papirium prætorem, secundo herede lege agente, bonorum possessionem contra eum dedisse, cum mater partum se tredecim mensibus tulisse diceret, quoniam nullum certum tempus pariendi statum ei videretur.* In eodem libro Plinii Secundi verba

après avoir déterminé le nombre de jours que le fœtus met à se former, et après avoir fixé au neuvième ou au dixième mois, l'époque de l'enfantement, sauf quelques jours de plus ou de moins, termine en ces mots : *Ils naissent alors quelquefois plus ou moins à temps, le plus grand nombre un peu plus tard, et le plus petit un peu plus tôt.* Par-là, il entend que le moment, soit qu'il arrive avant ou après le terme accoutumé, n'en est jamais très-éloigné. Je me souviens que dans une circonstance où il s'agissait d'intérêts importans, l'on discuta un jour, à Rome, avec la plus scrupuleuse attention, la question suivante : Si un enfant né vivant au bout de huit mois, et mort presque aussitôt après l'enfantement, pouvait donner au père le droit des trois enfans ; l'accouchement prématuré qui arrive au huitième mois, paraissant à quelques personnes un avortement. Mais après avoir dit ce qui est parvenu à ma connaissance sur l'accouchement au terme d'un an, dont Homère fait mention, et sur celui qui arrive au bout d'onze mois, je crois devoir rapporter également ce qu'on trouve dans le septième livre de l'Histoire naturelle de Pline. Comme le fait pourrait paraître peu vraisemblable, je citerai les paroles mêmes de cet illustre écrivain : *Massurius assure que le préteur L. Papirius, devant le tribunal duquel il réclamait, d'après les lois, comme second héritier, la possession d'un domaine, l'adjugea, à son préjudice, à un enfant que la mère déclarait n'avoir mis au monde qu'au bout de treize mois ; et il ajoute, que ce magistrat se fonda, pour prononcer un pareil jugement, sur ce qu'il ne connaissait pour les accouchemens aucune époque véritablement fixe.* Dans le même livre de Pline, on trouve encore ces mots : *Le bâillement pendant l'enfantement est mortel, comme*

hæc scripta sunt : *Oscitatio in nixu letalis est, sicut sternuisse a coitu abortivum.*

---

## CAPUT XVII.

Id quoque esse a gravissimis viris memoriæ mandatum, quod tres libros Plato Philolai Pythagorici, et Aristoteles pauculos Speusippi philosophi, mercati sunt pretiis fidem non capientibus.

Memoriæ mandatum est Platonem philosophum tenui admodum pecunia familiari fuisse; atque eum tamen treis Philolai Pythagorici libros decem millibus denariûm mercatum. Id ei pretium donasse quidam scripserunt amicum ejus Dionem Syracusanum. Aristotelem quoque traditum libros pauculos Speusippi philosophi, post mortem ejus, emisse talentis Atticis tribus. Ea summa fit numi nostri н s. duo et septuaginta. Timon amarulentus librum maledicentissimum conscripsit, qui Σίλλος inscribitur. In eo libro Platonem philosophum, quem dixeramus tenui admodum pecunia familiari fuisse, contumeliose appellat, quod immenso pretio librum Pythagoricæ disciplinæ emisset, exque eo Timæum nobilem illum dialogum concinnasset. Versus super ea re Timonis hi sunt:

Καὶ σὺ Πλάτων, καὶ γάρ σε μαθητεύειν πόθος ἔσχεν,
Πολλῶν δ' ἀργυρίων ὀλίγην ἠλλάξαο βίβλον.
Ἔνθεν ἀπαρχόμενος τοιαῦτα γράφειν ἐδιδάχθης.

l'éternuement, au moment de la conception, occasione l'avortement.

## CHAPITRE XVII.

Que des écrivains dont le témoignage est d'un grand poids, nous ont transmis que Platon acheta un prix excessif trois livres du pythagoricien Philolaüs, et qu'Aristote en acheta également un prix sans bornes quelques-uns du philosophe Speusippe.

Les écrits des savans nous ont transmis que le philosophe Platon, avec un patrimoine très-modique, acheta dix mille deniers (24) trois écrits de Philolaüs (25), disciple de Pythagore. Quelques auteurs prétendent que Dion de Syracuse (26), son ami, lui fit présent de cette somme. Ils nous ont transmis également qu'Aristote paya trois talens attiques (27), quelques volumes de Speusippe (28), vendus après la mort de ce philosophe. Cette somme, évaluée dans notre monnaie, fait soixante-douze sesterces. Timon, ce bilieux écrivain, dans sa violente satire, intitulée *Syllus*, en parlant de Platon, qui, comme nous l'avons déjà dit, avait recueilli un très-mince héritage, accable d'injures cet illustre philosophe, pour avoir acheté au poids de l'or un traité de philosophie pythagoricienne, et en avoir tiré tout le fond de son fameux dialogue intitulé Timée (29). Voici les vers de Timon à ce sujet :

*Et toi, Platon, car le désir de t'instruire te tourmente, tu as acheté à grand prix un petit nombre de livres où tu as appris à penser et à écrire.*

## CAPUT XVIII.

Quid sint *pedarii senatores*, et quam ob causam ita appellati: quamque habeant originem verba hæc ex edicto tralaticio consulum SENATORES. QUIBUS. Q. IN. SENATU. SENTENTIAM. DICERE. LICET.

Non pauci sunt qui opinantur *pedarios senatores* appellatos, qui sententiam in senatu non verbis dicerent, sed in alienam sententiam pedibus irent. Quid igitur? cum senatusconsultum per discessionem fiebat, nonne universi senatores sententiam pedibus ferebant? Atque hæc etiam vocabuli istius ratio dicitur, quam Gabius Bassus in Commentariis suis scriptam reliquit. Senatores enim dicit in veterum ætate, qui curulem magistratum gessissent, curru solitos honoris gratia in curiam vehi. In quo curru sella esset, supra quam considerent; quæ ob eam causam *curulis* appellaretur: sed eos senatores, qui magistratum curulem nondum ceperant, pedibus itavisse in curiam: propterea senatores nondum majoribus honoribus functos *pedarios* nominatos. Marcus autem Varro in satyra Menippea, quæ Ἱπποκύων inscripta est, equites quosdam dicit pedarios appellatos: videturque eos significare, qui nondum a censoribus in senatum lecti erant, senatores quidem non erant; sed quia honoribus populi usi quidem erant, in senatum veniebant et sententiæ jus habebant. Nam et curulibus magistrati-

## CHAPITRE XVIII.

Quels sont les *Sénateurs pédaires*, et pourquoi on les appelle ainsi. Origine de ces paroles tirées d'un ancien édit maintenu par les consuls : LES SÉNATEURS QUI ONT DROIT DE DONNER LEUR AVIS AU SÉNAT.

L'ON croit communément que l'expression *sénateurs pédaires* ( *pedarii senatores* ), désigne ceux des sénateurs qui ne donnaient pas leurs avis de vive voix, mais par les pieds ([10]), selon la manière dont nous nous exprimons. Quoi donc ! lorsque le sénatus-consulte se faisait par discession, est-ce que tous les sénateurs n'opinaient pas par les pieds? Gabius Bassus, dans ses Commentaires, nous donne l'explication de ce terme. Dans l'ancien temps, dit-il, les sénateurs qui avaient été revêtus de dignités curules, avaient coutume, en signe des fonctions honorables auxquelles ils avaient été appelés, de venir au sénat dans des chars ([11]). Dans ces chars, était un siège sur lequel ils étaient placés, et qui, à cause de cela, était appelé curule ( *curulis* ). Mais les autres sénateurs y venaient à pied, et c'est pourquoi l'on appelait *pédaires* ( *pedarii* ), ceux-ci qui n'avaient point encore été élevés aux premières dignités. Marcus Varron, dans sa satire Ménippée, intitulée *Equi catellus*, dit que quelques chevaliers furent appelés *pédaires*. Il paraît désigner par ce terme, ceux de cet ordre que les censeurs n'avaient pas encore nommés sénateurs, et qui n'étaient point membres de cette auguste compagnie, mais qui, soutenus de la faveur du peuple, venaient aux assemblées du sénat

bus functi, qui nondum a censoribus in senatum lecti erant, senatores non erant : et, quia in postremis scripti erant, non rogabantur sententias, sed, quas principes dixerant, in eas discedebant. Hoc significabat edictum, quo nunc quoque consules cum senatores in curiam vocant, servandae consuetudinis causa tralaticio utuntur. Verba edicti haec sunt : SENATORES. QUIBUS. Q. IN. SENATU. SENTENTIAM. DICERE. LICET. Versum quoque Laberii, in quo id vocabulum positum est, notari jussimus, quem legimus in mimo qui, *Scriptura*, inscriptus est;

*Caput sine lingua pedaria sententia est.*

Hoc vocabulum a plerisque barbare dici animadvertimus. Nam pro *pedariis pedaneos* appellant.

## CAPUT XIX.

Qua ratione Gabius Bassus scripserit *parcum hominem* appellatum, et quam ejus vocabuli causam putarit : et contra, quem in modum, quibusque verbis Favorinus hanc traditionem ejus eluserit.

APUD coenam Favorini philosophi eum discubitum fuerat, coeptusque erat apponi cibus : servus assistens mensae ejus legere inceptabat, aut graecarum quid literarum aut nostratium : velut eo die, quo

et y donnaient leur avis. Car ceux même qui avaient exercé quelques magistratures curules, et que les censeurs n'avaient point désignés sénateurs, n'appartenaient réellement point au sénat; et parce qu'ils étaient inscrits les derniers, on ne leur demandait point leur sentiment, mais ils adoptaient celui des premiers membres de cette illustre assemblée. C'est ce que signifie cet édit emprunté d'un autre temps, dont les consuls se servent pour conserver l'ancien usage, lorsqu'ils rassemblent le conseil des sénateurs. Voici les termes de cet édit : LES SÉNATEURS QUI ONT DROIT DE DONNER LEUR AVIS AU SÉNAT. J'ai cru devoir transcrire aussi un vers de Labérius, dans lequel ce terme se trouve employé. Ce vers est tiré de sa comédie intitulée l'*Écriture*; le voici :

*L'avis des sénateurs pédaires (pedaria sententia), est une tête sans langue.*

La plupart des Romains ont corrompu ce mot; car ils disent *pedanei* pour *pedarii*.

## CHAPITRE XIX.

Par quelle raison Gabius Bassus a écrit *parcum hominem* (un avare), et sur quoi il a cru fondée cette expression. De quelle manière et dans quels termes Favorin a réfuté les raisons de Gabius à cet égard.

Chez le philosophe Favorin, aussitôt qu'on était placé à table et qu'on avait servi les mets, un esclave qui restait là pendant le repas, commençait une lecture dans quelque livre grec ou latin. Or, un jour que je me trouvais chez

affui ego, legebatur Gabii Bassi eruditi viri liber de Origine verborum et vocabulorum. In quo ita scriptum fuit : *Parcus composito vocabulo dictus est, quasi par arcæ : quoniam sicut in arca omnia reconduntur, ejusque custodia servantur et continentur; ita homo tenax parvoque contentus omnia custodita et recondita habet siculi arca. Quam ob causam parcus, quasi par arcæ nominatus est.* Tum Favorinus, ubi hæc audivit, superstitiose, inquit, et nimis moleste atque odiose confabricatus commolitusque magis est originem vocabuli Gabius iste Bassus quam enarravit. Nam, si licet res dicere commenticias, cur non probabilius videatur ut accipiamus *parcum* ob eam causam dictum, quod pecuniam consumi atque impendi arceat et prohibeat, quasi *pecuniarcus.* Quin potius, quod simplicius, inquit, veriusque est id dicimus? *Parcus* enim neque ab arca neque ab arcendo, sed ab eo quod est *parum*, et *parvum* denominatus est.

lui, on lisait un passage du livre de l'Origine des mots et des expressions de Gabius Bassus, savant distingué, dans lequel se trouva cet endroit : *Parcus est un mot composé en quelque sorte de par arcæ, parce que, de même que l'on place dans un coffre tout ce que l'on veut garder, et que ce qu'on y a mis y demeure et y reste renfermé, de même un avare tient tout en réserve comme dans un coffre ; c'est pourquoi on l'a nommé parcus, comme si l'on eût voulu dire par arcæ.* Quand Favorin eut entendu ces mots, ce Gabius Bassus, dit-il, va chercher une étymologie bien minutieuse, bien ridicule et bien absurde, à ce mot qu'il nous cite en cet endroit. Car si l'on peut forger ainsi aux mots des étymologies aussi arbitraires, pourquoi ne pas faire dériver plutôt *parcus* de *pecuniarius*, en ce que l'avare fait tous ses efforts et combat en quelque sorte, pour empêcher que l'argent ne se trouve employé et dépensé ? Pourquoi, ajouta-t-il, ne pas s'en tenir à ce qui est plus simple et plus vraisemblable ? Car *parcus* ne vient point de *arca*, ni de *arcendo*; mais de *parum* (peu), et de *parvum* (petit).

# REMARQUES

## SUR

## LE LIVRE TROISIÈME.

1. I. *Auprès des bains sitiens.* Il y avait à Rome un très-grand nombre de bains. Le fréquent usage que les Romains faisaient du bain, venait principalement du peu d'usage qu'ils faisaient du linge. ( *V.* la 4°. remarque du livre VII. )

2. II. *Ce que la loi des douze tables requiert pour valider son usurpation.* La première loi de la douzième table s'exprime ainsi : « Lorsqu'une femme, maîtresse d'elle-même, aura demeuré un an » entier sur le pied de mariage, dans la maison d'un homme, qu'elle » soit censée son épouse, à moins que pendant trois nuits, durant » l'année, elle ne se soit pas absentée du logis de cet homme. » C'est-à-dire, qu'un homme était absolument maître d'une femme lorsqu'elle avait habité dans sa maison pendant l'espace d'un an, pourvu cependant que dans cet intervalle il y eût eu une interruption ou une absence de trois nuits. Elle devenait donc alors son épouse, en telle sorte néanmoins qu'elle n'entrait point en communauté de biens avec son mari et n'avait aucune part à l'héritage. Ce mariage s'appelait fait par usurpation. La nouvelle épouse était d'une condition fort inférieure à celle de l'épouse légitime : c'est ainsi qu'on appelait celle dont le mariage était célébré avec les cérémonies ordinaires.

3. III. *Ælius, Sédigitus, Claudius, Aurélius, Accius, Manilius,* grammairiens et auteurs illustres de l'ancienne Rome.

4. *Id. Aquilius,* poète comique, contemporain de Plaute,

dont Varron fait mention dans son cinquième livre de la Langue latine.

5. *Id. C'est un parasite qui parle.* Le nom de parasite, pris maintenant en mauvaise part, était autrefois un titre honorable. Les anciens, pénétrés de reconnaissance pour la divinité qui faisait fructifier leurs champs, introduisirent l'offrande des premiers fruits, et préposèrent des personnes pour les conserver, les distribuer au peuple, et s'en servir pour les festins consacrés aux différentes divinités. Les Grecs appelaient ces prémices « une sainte pâture, » parce qu'elles consistaient principalement en blé et en orge. Ils donnèrent le nom de « parasites, » c'est-à-dire, ceux qui ont soin du blé, aux ministres chargés de recueillir celui que l'on destinait au culte sacré. Ces parasites étaient fort honorés, et avaient part aux viandes des sacrifices. Les Romains prirent des Grecs l'usage des parasites; ils furent d'abord très-considérés, et l'on ne peut guère déterminer en quel temps ils tombèrent dans le mépris. Ce qu'il y a de certain, c'est qu'ils s'avilirent en s'introduisant, par les plus basses flatteries, dans toutes les maisons opulentes et titrées; de sorte que l'on s'accoutuma à nommer parasites les bas flatteurs et les lâches complaisans, qui, sans honte comme sans probité, achetaient par des éloges peu mérités leur place dans un festin. Les Romains bafouèrent les parasites; ils les ridiculisèrent, et allèrent même jusqu'à les battre; mais ces mauvais traitemens ne purent les chasser de leurs tables.

6. *Id. Plaçant le premier cadran.* Long-temps, à Rome, on ne fit attention qu'au lever et au coucher du soleil; ensuite on s'accoutuma à marquer le midi, que le licteur du consul annonçait aux Romains, lorsque le temps était serein. L. Papirius Cursor fit placer à Rome la première horloge solaire, l'an de Rome 442 : mais comme le cadran ne pouvait servir dans les jours nébuleux, vers le temps de Scipion Nasica, on introduisait l'usage des clepsydres ou horloges d'eau, environ cinq cents ans après la fondation de Rome.

TOME I. 22

7. *Id. L'oracle ariétin.* C'est le fameux oracle de Jupiter Ammon, en Libye. Le dieu y était représenté sous la forme d'un bélier; parce que Bacchus, souffrant cruellement de la soif dans ces déserts, aperçut un bélier qu'il poursuivit et qui lui fit rencontrer une fontaine. Bacchus attribua ce bienfait au souverain des dieux; et pour lui en marquer sa reconnaissance, dit Suidas, il fit bâtir en son honneur, dans cette solitude, ce temple magnifique, sous le nom de Jupiter Ammon, d'un mot grec qui signifie sable, à cause de l'aridité du terrain.

8. IV. *Représenté sans barbe.* Les premiers Romains, selon le témoignage de Pline, au liv. VII, chap. 59, portèrent la barbe longue et ne connurent point les barbiers, jusqu'à l'an 454. Le même auteur emprunte l'autorité de Varron, qui assure qu'un certain Licinius Ménas en amena de Sicile à Rome. Pour lors la coutume s'établit à Rome de se faire raser; du moins le tour du visage jusqu'au menton. Il est constant que dans la suite, l'usage de se laisser croître la barbe fut tout-à-fait aboli, excepté dans les temps d'affliction et de calamité. Une barbe longue, des cheveux négligés, un extérieur malpropre, devinrent la marque la plus ordinaire du deuil, parmi les citoyens de Rome. Ils avaient deux manières de se faire couper la barbe. Ils employaient à cet effet ou le rasoir, ou les ciseaux, selon le témoignage de Plaute dans sa pièce des Captifs. Que les Romains, dans les premiers siècles de Rome, se soient fait honneur de conserver leur barbe, nous en avons une preuve incontestable dans les statues antiques, conformément à la remarque de Varron, dans le chapitre onzième du livre second de la Vie rustique. Tite-Live fait la même observation, dans le cinquième livre de son Histoire, quand il parle de ces vieillards qui, pour le salut de la patrie, se livrèrent à la fureur des Gaulois, lorsqu'ils se rendirent maîtres de Rome. Un des barbares, dit l'historien, insulta Marcus Papirius. Le magistrat portait une longue barbe, selon l'usage de ce temps-là.

9. V. *Le philosophe Arcésilas.* Après différens voyages, Arcé-

silas se fixa à Athènes, où il devint disciple de Crantor. Il mourut âgé de soixante-quinze ans, environ trois siècles avant Jésus-Christ. Il y eut trois autres Arcésilas, le premier poëte comique, le second poëte lyrique, et le troisième statuaire.

10. VI. *Symposiaques.* Titre donné par Plutarque à huit livres contenant les problèmes proposés dans des festins.

11. VII. *Léonidas.* On dit que quand Léonidas partit pour l'expédition des Thermopyles, il recommanda à sa femme de se remarier après sa mort à quelque brave, qui lui donnât des enfans dignes de son premier mari.

12. VIII. *Ambracie.* Ville d'Épire, dont il est parlé dans le Stichus de Plaute.

13. IX. *Des richesses prodigieuses dont les temples étaient remplis.* L'écrivain de l'antiquité qui a le plus diminué ces richesses, les fait monter à cent mille livres pesant d'or, et à cent dix mille livres pesant d'argent.

14. X. *La sphère armillaire.* Pline, liv. VII, chap. 56, dit qu'Anaximandre trouva la sphère. Diogène Laërce dit la même chose, liv. II, chap. 8. Saumaise croit que cela signifie qu'Anaximandre trouva que le ciel était sphérique; car Pline dit, liv. II, chap. 8, que ce fut Atlas qui inventa la sphère. Archimède en inventa une qui imitait les mouvemens célestes.

15. Id. *Les médecins qui guérissent par le secours de la musique.* Il y avait anciennement, nous dit l'histoire, des médecins qui guérissaient en employant dans certains cas les sons de la musique. Asclépiade, un des plus fameux, était de Pruse en Bithynie, et exerçait la médecine à Rome du temps de Pompée-le-Grand. Il y avait été rhéteur; mais il trouva qu'on gagnait plus à guérir les hommes qu'à les instruire. Il ne suivit presque aucun des principes d'Hippocrate, dont la doctrine n'était, selon lui, que la méditation de la mort. Il

proscrivit presque tous les remèdes, et n'en fut que plus à la mode. Il permit à certains malades l'usage du vin et de l'eau froide. Il adoucit les remèdes rebutans, et en donna de moins difficiles à prendre. Pline les réduit à six, l'abstinence des viandes, l'abstinence du vin dans certaines occasions, les frictions, la promenade et la gestation, c'est-à-dire, les différentes manières de se faire voiturer, et les secours puissans de la musique appliqués à propos. Asclépiade voulant prouver la bonté de sa théorie, fit la gageure de n'être jamais malade : il la gagna, et mourut d'une chute dans un âge avancé.

16. XI. *Philocore*, aruspice et historien, était d'Athènes. Il mourut deux cent vingt ans avant Jésus-Christ, assassiné, comme le dit Vossius, par les ordres d'Antiochus, pour avoir pris le parti de Ptolomée, roi d'Égypte.

17. XIII. *Callistrate*, orateur athénien, s'acquit beaucoup d'autorité dans le gouvernement de la république. Le pouvoir que lui donnait son éloquence faisant ombrage, il fut banni à perpétuité.

18. XIV. *Une hémine d'un setier.* Le setier était, chez les Romains, la quarante-huitième partie de l'amphore : l'hémine contenait la moitié du setier.

19. XV. *Polycrite.* Polycrite était de l'île de Naxos, dans la mer Égée. La guerre s'étant allumée entre les Milésiens et ses compatriotes, Diogénètes, général des ennemis, vainquit les Naxiens, et fit grand nombre de prisonniers, parmi lesquels se trouva Polycrite. Cette dame observant attentivement toutes les démarches des vainqueurs, remarqua qu'ils négligeaient beaucoup la discipline militaire, et qu'on veillait à peine autour du camp ; elle en avertit les troupes de sa nation, qui vinrent fondre sur les Milésiens, les taillèrent en pièces, et attribuèrent tout l'honneur de la victoire à leur concitoyenne, qui en mourut de joie, comme Plutarque le rapporte.

20. *Id. Philippide*, poëte grec, composa des fables estimées, mais dont il ne reste que quelques fragmens répandus dans divers

écrits de l'antiquité, au rapport de Suidas. Il vivait trois cent trente-six ans avant Jésus-Christ.

21. *Id. Au pancrace.* Le pancrace était ainsi appelé de deux mots grecs, qui marquent que, pour y réussir, toute la force du corps était nécessaire. Il était composé de la lutte et du pugilat, qui s'y réunissaient. Le pancrace empruntait de l'une les secousses et les contorsions, et apprenait de l'autre l'art de porter des coups avec succès et de les éviter. Dans la lutte, il n'était pas permis de jouer des poings, ni dans le pugilat de se colleter. Mais dans le pancrace, non-seulement on avait droit d'employer toutes les secousses et toutes les ruses pratiquées dans la lutte ; on pouvait encore emprunter le secours des pieds et des poings, même des dents et des ongles, pour vaincre son adversaire.

22. XVI. *Mœra.* Nom attribué par Cœsellius à l'une des Parques, selon Aulu-Gelle.

23. *Id. Des Ânes à la lyre.* C'était en Grèce, et à Rome, un proverbe par lequel on désignait des ignorans, des imbéciles, ou des gens pour lesquels on avait le plus grand mépris.

24. XVII. *Dix mille deniers.* Dix-sept cent cinquante francs environ.

25. *Id. Philolaüs.* Ce philosophe, de la secte de Pythagore, était de Crotone. Environ trois cent quatre-vingt-douze ans avant Jésus-Christ, il s'appliqua à l'astronomie et à la physique. Il enseignait que tout se fait par harmonie et par nécessité, et que la terre tourne circulairement. Il est différent d'un autre philosophe de ce nom, qui donna des lois aux Thébains.

26. *Id. Dion de Syracuse,* capitaine et gendre de Denys l'ancien, tyran de Syracuse, engagea ce prince à faire venir Platon à sa cour. Dion chassa de Syracuse Denys le jeune, et rendit de grands services à sa patrie. Il fut assassiné par Callipe, un de ses amis, trois cent cinquante-quatre ans avant Jésus-Christ.

27. *Id. Trois talens attiques.* Le talent attique valait six mille drachmes. Chaque drachme avait la valeur du denier romain.

28. *Id. Speusippe.* Speusippe d'Athènes, disciple de Platon, son neveu et son successeur, environ trois cent quarante-sept ans avant Jésus-Christ, déshonora la philosophie par son avarice, son emportement et ses débauches.

29. *Id. Timée.* Dialogue dans lequel Platon expose son opinion sur la nature des choses. Il est ainsi appelé du nom de l'un des interlocuteurs.

30. XVIII. *Par les pieds.* Pour entendre le raisonnement d'Aulu-Gelle, sur la signification du terme qu'il propose, il faut se souvenir que lorsque le consul, qui présidait au sénat, souhaitait obtenir un décret sur quelques points, il commençait par établir la question; il ordonnait ensuite aux membres de se séparer, suivant le parti qu'ils prenaient : « Que ceux qui sont de tel avis passent « de ce côté-là; que ceux qui pensent différemment passent de « celui-ci. » Telle était la formule dont ils se servaient dans ces occasions. C'est ce qu'Aulu-Gelle appelle donner son avis par discession. Dans les discours antérieurs à cette division, chaque membre avait occasion d'établir les raisons qui l'engageaient à approuver la question proposée ou à s'y opposer : c'est pourquoi ceux qui, à cause de leur grande jeunesse ou de leur peu d'expérience, ou de leur incapacité, n'osaient ou ne pouvaient faire autre chose que de se partager, étaient nommés *sénateurs pédaires*, parce qu'ils n'exprimaient leur sentiment qu'en passant du côté qu'ils approuvaient.

31. *Id. De venir au sénat dans des chars.* Les écrivains anciens dont Aulu-Gelle rapporte le sentiment, prétendent que ceux qui avaient été décorés des charges curules, avaient le privilége exclusif de venir au sénat sur un char, et que c'était pour cette raison qu'on appelait *pédaires* ceux qui n'avaient pas encore exercé ces charges; mais il paraît, par l'inscription d'un monument

## SUR LE LIV. III.

érigé autrefois au capitole, qu'on n'accorda cet honneur qu'à Métellus. Pline dit aussi qu'il ne fut conféré dans la suite à aucun sénateur, et que Métellus ne l'obtint que parce qu'il avait perdu la vue en tirant le palladium du temple de Vesta, qui était tout en flammes.

# LIBER QUARTUS.

## CAPUT I.

Sermo quidam Favorini philosophi cum grammatico jactantiore factus in Socraticum modum: atque inibi in sermone dictum quibus verbis, *penus* a Q. Scævola definita sit.

In vestibulo ædium Palatinarum omnis fere ordinum multitudo opperientes salutationem Cæsaris constiterant. Atque ibi, in circulo doctorum hominum, Favorino philosopho præsente, ostentabat quispiam grammaticæ rei doctor scholica quædam nugalia, de generibus et casibus vocabulorum disserens, cum arduis superciliis vocisque et vultus gravitate composita, tanquam interpres et arbiter Sibyllæ oraculorum. Tum adspiciens ad Favorinum, quanquam ei etiam nondum satis notus esset: *Penus quoque*, inquit, *variis generibus dictum et varie declinatum est. Nam et hoc penus, et hæc penus, et hujus peni et peneris et peniteris et penoris veteres dictaverunt. Mundum quoque muliebrem Lucilius in Satyrarum sextodecimo non virili genere, ut ceteri, sed neutro appellavit his versibus:*

*Legavit quidam uxori mundum omne penumque.*

# LIVRE QUATRIÈME.

## CHAPITRE I.

*Entretien socratique du philosophe Favorin avec un certain grammairien plein de jactance, dans lequel on voit comment Q. Scévola a défini le mot* penus.

Un jour qu'une foule de personnes de tout rang attendaient à l'entrée du palais le moment de saluer César (¹), le philosophe Favorin se trouvait là parmi un groupe de savans, au milieu duquel un certain maître de grammaire débitait avec emphase quelques vétilles scolastiques, dissertait sur les genres et les cas des noms, avec un sourcil rehaussé et un air de gravité dans le maintien et dans la voix, comme un arbitre et un interprète des oracles de la Sibylle. S'adressant tout à coup à Favorin, quoiqu'il n'en fût connu que très-imparfaitement : *Et* penus, dit-il, *est un mot sur le genre duquel on n'a pas toujours été d'accord, et qu'on a décliné de plusieurs manières ; car les anciens ont souvent dit et* hoc penus, *et* hæc penus, *et* hujus peni *et* peneris *et* peniteris *et* penoris. *Lucile aussi, dans sa seizième satire, ne fait point, comme les autres,* mundum muliebrem *(la parure des femmes), du genre masculin, mais du genre neutre ; dans ces vers :*

*Quelqu'un légua à son épouse tout ce qui tenait à sa parure et toutes les provisions de la maison (* mundum omne

*Quid mundum; quid non? Nam quis dijudicet isthuc?*

Atque omnium horum et testimoniis et exemplis constrepebat. Cumque nimis odiose sibi placeret: intercessit placide Favorinus; et, jam bone, inquit, magister, quidquid est nomen tibi, abunde multa docuisti, quæ quidem ignorabamus, et scire haud sane postulabamus. Quid enim refert mea, ejusque quicum loquor, quo genere *penum* dicam : aut in quas extremas literas declinem, si nemo id non nimis barbare fecerit? sed hoc plane indigeo addiscere, quid sit *penus*, et quo sensu id vocabulum dicatur, ne rem cotidiani usus, tanquam qui in venalibus latine loqui tentant, alia, quam oportet, voce appellem. Quæris, inquit, rem minime obscuram. Quis adeo ignorat *penum* esse vinum et triticum et oleum et lentem et fabam atque hujuscemodi cetera? Etiamne, inquit Favorinus, milium et panicum et glans et ordeum *penus* est? Sunt enim propemodum hæc quoque ejusmodi. Cumque ille reticens hæreret: Nolo, inquit, hoc jam labores an ista, quæ dixi, *penus* appellentur : sed potesne mihi non speciem aliquam de penu dicere, sed definire genere proposito et differentiis appositis quid sit *penus*? Quæ genera et quas differentias dicas, non hercle, inquit, intelligo. Rem, inquit Favorinus, plane dictam, postulas, quod est difficillimum, dici planius. Nam hoc quidem pervulgatum est, definitionem omnem ex genere et differen-

*penumque* ). Mais qui déterminera ce qu'il a entendu devoir être compris, ou non, dans ces premiers objets (*mundum*) ?

Puis il continua à fatiguer et à étourdir la tête de ses citations, jusqu'au moment où très-content de lui, et très-importun aux autres, il fut honnêtement interrompu par Favorin qui lui dit : En vérité, monsieur, quel que soit votre nom, vous venez de nous apprendre là beaucoup de choses que nous ignorions et que nous ne demandions certainement point à savoir. Car que m'importe, ainsi qu'à celui avec qui je parle, de quel genre je fais *penus*? D'ailleurs, comment le déclinerai-je, si chacun s'est trompé sur sa déclinaison ? Mais voici, par exemple, ce que je désirerais connaître ; ce serait la nature du mot *penus*, et le sens dans lequel on le prend, afin de ne point donner un nom impropre à ce dont nous faisons usage tous les jours, comme font ceux qui veulent donner des noms latins aux choses que l'on vend. Ce que vous désirez savoir là, dit-il, n'est point embarrassant ; car qui ignore que *penus* signifie du vin, du blé, de l'huile, des lentilles, et autres choses semblables ? Mais, ajouta Favorin, *penus* signifie-t-il aussi du millet, du panic, du gland et de l'orge ? car ce sont des choses à peu près semblables aussi. Comme celui-ci hésitait à répondre : Je ne vous demande pas, dit Favorin, de vous mettre en peine d'examiner si *penus* exprime ces premières choses, ou celles que je viens de vous citer ; je ne vous demande point quelque espèce signifiée par *penus*, mais la définition de ce mot, en exposant le genre et les différences. Je ne comprends point, en vérité, répondit notre grammairien, de quels genres et de quelles différences vous voulez parler. Vous me demandez, dit Favorin, une chose très-difficile à faire ; c'est de vous expliquer plus clairement une chose clairement

tia consistere. Sed si item mihi præmandere, quod aiunt, postulas; faciam sane id quoque honoris tui habendi gratia. Atque deinde ita exorsus est. Si, inquit, ego te nunc rogem uti mihi dicas et quasi circumscribas verbis, quid *homo* sit; non opinor, respondeas hominem esse te atque me. Hoc enim, quis homo sit, ostendere est; non, quid homo sit, dicere. Sed si, inquam, peterem ut ipsum illud, quod homo est, definires; tum profecto mihi diceres, hominem esse mortale animal rationis et scientiæ capiens; vel quo alio modo diceres, ut eum a cæteris animalibus omnibus separares. Proinde igitur nunc te rogo ut, quid sit *penus*, dicas, non ut aliquid ex *penu* nomines. Tum ille ostentator voce jam molli atque demissa, Philosophias, inquit, ego non didici nec discere appetivi; et, si ignoro an ordeum ex *penu* sit, aut quibus verbis *penus* definiatur, non ea re literas quoque alias nescio. Scire, inquit ridens jam Favorinus, quid *penus* sit, non ex nostra magis est philosophia quam grammatica tua. Meministi enim credo quæri solitum quid Virgilius dixerit, *penum instruere* vel *longam* vel *longo ordine*. Utrumque enim profecto scis legi solitum. Sed, ut faciam æquiore animo ut sis, ne illi quidem veteris juris magistri, qui sapientes appellati sunt, definisse satis recte existimantur quid

expliquée : car certainement il est reconnu que toute définition consiste dans le genre et la différence. Mais si, pour vous satisfaire, il faut, comme on dit quelquefois, vous mâcher la besogne, je le ferai volontiers pour vous être agréable. Puis il commença en ces termes : Si je vous demandais de me définir ce que c'est qu'un homme, j'imagine que vous ne me répondriez pas qu'un homme c'est vous et moi ; car ce serait indiquer ce qui est un homme, et non ce que c'est qu'un homme. Mais si je vous demandais, dis-je, de me définir la nature de l'être qu'on appelle homme, vous me répondriez alors certainement, que l'homme est un animal mortel, doué de raison et capable de s'instruire ; ou vous me feriez toute autre réponse propre à distinguer l'homme de la classe de tous les autres animaux. Or, je vous demande maintenant de me dire ce que c'est que *penus*, et non de me citer quelque chose exprimée par *penus*. Alors notre fanfaron répondit en baissant la voix : Vous philosophez ; pour moi, je n'ai jamais appris cela, ni désiré de l'apprendre ; et si j'ignore si l'orge fait partie de ce qu'on appelle *penus*, ou comment il faut définir ce mot, je n'ignore point pour cela les autres choses qui concernent les lettres. Il n'appartient pas plus, dit alors Favorin en riant, à notre philosophie qu'à votre grammaire, de savoir ce que c'est que *penus* ; car je crois que vous vous souvenez qu'on se demande souvent ce que Virgile a entendu par *penum instruere* ou *longam*, ou *longo ordine* ; car vous savez, à n'en pas douter, qu'on lit l'un et l'autre dans ce poëte. Mais je dois vous dire, pour vous mettre à votre aise sur ce point, que ces maîtres du droit ancien, eux-mêmes, auxquels on donne le nom de sages, n'ont pas, à ce que l'on croit, défini d'une

*sit penus.* Nam Q. Scævolam, ad demonstrandum *penum*, his verbis usum audio. *Penus est*, inquit, *quod esculentum aut poculentum est. Quod enim ipsius patrisfamilias, aut liberorum patrisfamilias ejusque familiæ, quæ circum eum aut liberos ejus est et opus eorum facit, causa paratum est, ut Mucius ait, penus videri debet. Nam, quæ ad edendum bibendumque in dies singulos prandii aut cœnæ causa parantur, penus non sunt : sed ea potius, quæ hujusce generis longæ usionis gratia contrahuntur et reconduntur, ex eo quod non in promtu sint, sed intus et penitus habeantur penus dicta sunt.* Hæc ego, inquit, cum philosophiæ me dedissem, non insuper tamen habui discere : quoniam civibus romanis latine loquentibus rem non suo vocabulo demonstrare non minus turpe esset, quam hominem non suo nomine appellare. Sic Favorinus sermones in genus communes a rebus parvis et frigidis abducebat ad ea, quæ esset magis utile audire ac discere, non allata extrinsecus, non per ostentationem, sed indidem nata acceptaque. Præterea de penu adscribendum hoc etiam putavi, Servium Sulpicium in reprehensis Scævolæ capitibus scripsisse Seio Ælio placuisse non quæ esui tantum et potui forent, sed thus quoque et cereos in *penu* esse, quodque esset ejus ferme rei causa comparatum. Massurius autem Sabinus, in libro Juris civilis secundo, etiam quod jumentorum causa apparatum esset, quibus dominus uteretur, *penori* attributum dicit. Ligna quo-

manière assez précise, ce que c'est que *penus*. Nous savons en effet que Q. Scévola a voulu définir *penus* ainsi qu'il suit. *Penus*, dit-il, *est ce que l'on boit et ce que l'on mange*. Car, selon Mucius, on doit entendre par *Penus* les provisions d'un père de famille, pour lui ou pour ses enfans et tout son domestique. Il ne faut point entendre par *Penus*, les alimens qui servent aux repas de chaque jour, mais plutôt les provisions d'alimens destinés à être conservés pour un long usage, qui sont appelés ainsi, en ce que loin d'être sous la main de chacun, ils sont au contraire serrés et enfermés avec soin. Tout en me livrant à l'étude de la philosophie, ajouta-t-il, je n'ai point négligé d'apprendre ces choses, parce qu'il est aussi honteux pour un citoyen romain qui doit parler correctement sa langue, de ne point nommer les choses comme elles doivent s'appeler, que de ne point nommer quelqu'un par son nom. Voici comment Favorin savait changer une conversation vague, froide et minutieuse, en un entretien utile, intéressant et instructif : ce qu'il faisait, non avec affectation et arrogance, mais en amenant le sujet comme de lui-même. J'ai cru pouvoir ajouter encore, par rapport au mot *penus*, que Servius Sulpicius, dans l'examen des chapitres de Scévola, nous apprend que Sextus Ælius ne se contentait pas d'entendre seulement par *penus*, les alimens ordinaires de la vie, mais qu'il entendait encore par ce mot, les parfums, les bougies et ce qui était destiné au même usage. Massurius Sabinus, dans son second livre du Droit civil, va plus loin, et dit qu'on avait entendu par *penus*, jusqu'aux choses destinées aux chevaux dont se servait le maître de la maison. Il dit même qu'il s'est trouvé des personnes qui comprenaient dans la signification de *penus*, le bois et le charbon qui servaient à faire cuire les alimens

que et virgas et carbones, quibus conficeretur *penus*, quibusdam ait videri esse in *penu*. Ex his autem, quæ promercalia et usuaria in locis isdem essent, ea sola esse *penoris* putat, quæ sint usui annuo.

## CAPUT II.

Quid differat morbus et vitium; et quam vim habeant vocabula ista in edicto ædilium; et an eunuchus et steriles mulieres redhiberi possint, diversæque super ea re sententiæ.

In edicto ædilium curulium, qua parte de mancipiis vendundis cautum est, scriptum sic fuit : TITULUS. SERVORUM. SINGULORUM. UTEI. SCRIPTUS. SIT. COERATO. ITA. UTI. INTELLEGI. RECTE. POSSIT. QUID. MORBI. VITII. VE. QUOI. Q. SIT. QUIS. FUGITIVUS. ERRO. VE. SIT. NOXA. VE. SOLUTUS. NON. SIT. Propterea quæsierunt jureconsulti veteres, quod *mancipium morbosum*, quodve *vitiosum* recte diceretur; quantumque *morbus a vitio* differret. Cælius Sabinus, in libro quem de edicto ædilium curulium composuit, Labeonem refert, quid esset, *morbus*, hisce verbis definisse : *Morbus est habitus cujusque corporis contra naturam, qui usum ejus facit deteriorem.* Sed *morbum* alias in toto corpore accidere dicit, alias in parte corporis. Totius corporis *morbum* esse; veluti phthisis aut febris; partis autem, veluti cæcitas aut pedis debi-

exprimés par ce mot. Mais quant aux choses d'usufruit et destinées à être vendues la provision une fois faite, et qui se trouvent placées dans le même endroit, il ne comprend, dans la signification de ce mot, que celles qui doivent être consommées pendant le cours de l'année.

## CHAPITRE II.

*Que le* vice *diffère de la* maladie, *et en quoi. Signification que les édiles ont attribuée à ces mots dans leur édit. Si l'on peut réclamer du vendeur le prix d'un esclave eunuque ou stérile: divers sentimens à ce sujet.*

Dans l'édit des édiles curules (¹), à l'article qui traite de la vente des esclaves, on lit ces mots : Que le titre de chaque esclave (²) soit écrit de manière qu'on puisse facilement l'entendre, distinguer les maladies ou les vices de chacun, et connaître si c'est un fugitif, un vagabond, et s'il est libre de toute espèce de lien (⁴). Les anciens jurisconsultes ont demandé ce qu'on appelait, à proprement parler, un esclave *malade* ou bien un esclave *vicieux*, et quelle différence il y avait entre le *vice* et la *maladie* ? Cæcilius Sabinus, dans le livre qu'il a composé sur l'édit des édiles curules, rapporte que Labéon définit la maladie en ces termes : *La maladie est une habitude du corps, contraire à l'économie de la nature, ce qui en empêche l'usage.* Il ajoute que la *maladie* peut, ou affecter toutes les parties du corps, ou ne s'attaquer qu'à quelques-unes. La phthisie, par exemple, ou la fièvre, sont des maladies qui attaquent tout le corps ; la cécité, au contraire, ou la

litus. *Balbus autem*, inquit, *et atypus vitiosi magis quam morbosi sunt : ut equus mordax aut calcitro, vitiosus non morbosus est. Sed cui morbus est, id etiam vitiosum est. Neque id tamen contra fit. Potest enim, qui vitiosus est, non morbosus esse. Quamobrem, cum de homine morboso ageretur, nequaquam*, inquit, *ita diceretur :* QUANTI. OB. ID. VITIUM. MINORIS. ERIT. De eunucho quidem quæsitum est, an contra edictum ædilium videretur venumdatus, si ignorasset emtor eum eunuchum esse. Labeonem respondisse aiunt, redhiberi posse quasi morbosum : sues autem feminas, si steriles essent, et venum issent, ex edicto ædilium posse agi, Labeonem scripsisse: De sterili autem muliere, si nativa sterilitate sit, Trebatium contra Labeonem respondisse dicunt. Nam cum redhiberi eam Labeo, quasi minus sanam, putasset necesse : *non oportere* aiunt Trebatium ei edicto apposuisse, *si ea mulier a principio genitali in sterilitate esset*. At si valetudo ejus offendisset, exque ea vitium factum esset, ut concipere foetus non posset ; tum sanam non videri, et esse in causa redhibitionis. De myope quoque, qui *luscitiosus* latine appellatur, et περὶ νωθοῦ dissensum est. Alii enim redhiberi omnimodis debere, alii contra, nisi id vitium morbo contractum esset. Eum vero, cui dens deesset, Servius redhiberi posse res

faiblesse dans les jambes, n'en attaque qu'une partie. *Un bègue*, continue le même Labéon, *et tout homme qui éprouve quelque difficulté à s'exprimer, est plus vicieux que malade : comme un cheval qui mord ou qui rue, est un animal vicieux mais non malade. S'il a quelque maladie, on dit aussi qu'il a quelque vice, mais non pas réciproquement ; car on peut avoir des vices, sans éprouver aucune maladie.* Ainsi, lorsqu'il s'agit de marchander un esclave sujet à quelque infirmité, on aurait tort de dire : DE COMBIEN RABAISSEZ-VOUS LE PRIX A CAUSE DE SON VICE ? On demande si la loi de l'édilité condamne celui qui vend un esclave en laissant ignorer à l'acheteur que cet esclave est eunuque. L'on assure que Labéon décide qu'en pareil cas, l'acheteur peut rompre le marché, à raison de la maladie qu'on lui a cachée. Le même jurisconsulte prétend que d'après l'édit des édiles, on peut actionner le vendeur qui a livré une esclave stérile. On dit aussi que Trébatius met à cet égard une restriction que ne fait point Labéon, par rapport aux esclaves stériles de naissance : car l'avis de ce dernier étant qu'on devait avoir recours sur le vendeur d'une esclave de cette sorte, comme l'ayant livrée malsaine, Trébatius lui répondit d'après l'édit : *Qu'on ne devait point recourir au vendeur si l'esclave était stérile de nature.* Mais, ajouta-t-il, une esclave devenue stérile par suite de maladie, serait réputée malsaine ; et, dans ce cas, l'on pourrait recourir au vendeur. Quant au myope, appelé en latin *luscitiosus*, et à celui auquel il manque des dents, on n'est pas bien certain sur le parti à prendre par rapport à ces esclaves : car les uns prétendent qu'on peut recourir au vendeur, dans quelque cas que ce soit, et les autres pensent qu'on ne peut le faire que quand ces défauts sont la suite d'un mal. Servius assure que

pondit: Labeo in causa esse redhibendi negavit. *Nam et magna,* inquit, *pars dente aliquo carent: neque eo magis plerique homines morbosi sunt. Et absurdum admodum est dicere, non sanos nasci homines, quoniam cum infantibus non simul dentes gignuntur.* Non prætereundum est, id quoque in libris veterum jurisperitorum scriptum esse, *morbum* et *vitium* distare; quod *vitium* perpetuum, *morbus* cum accessu discessuque sit. Sed hoc si ita est; neque cæcus neque eunuchus morbosus est, contra Labeonis, quam supra dixi, sententiam. Verba Massurii Sabini apposui ex libro Juris civilis secundo: *Furiosus mutusve, cuive quod membrum lacerum læsumque est, aut obest quominus ipse aptus sit, morbosi sunt. Qui non longe videt, tam sanus est quam qui tardius currit.*

## CAPUT III.

Quod nullæ fuerint rei uxoriæ actiones in urbe Roma ante Carvilianum divortium: atque inibi quod sit proprie pellex: quæque ejus vocabuli ratio sit.

Memoriæ traditum est, quingentis fere annis post Romam conditam, nullas rei uxoriæ neque actiones

l'on peut recourir au vendeur, pour un esclave auquel il manquerait une dent, et Labéon soutient le contraire. *Car, dit-il, la plupart des hommes sont privés de quelques dents, et néanmoins la plupart des hommes ne sont pas regardés comme infirmes; et il serait tout-à-fait absurde de dire que les hommes naissent infirmes parce qu'ils ne naissent point avec leurs dents.* Il ne faut point omettre non plus ce qu'on trouve dans les écrits des anciens jurisconsultes, savoir : qu'il y a entre la *maladie* et le *vice*, cette différence, que le *vice* dure toujours, au lieu que la *maladie* n'est que passagère. Mais s'il en était ainsi, l'état de l'aveugle et celui de l'eunuque ne serait point réputé un état de maladie, ce qui ne s'accorderait point avec le sentiment de Labéon, dont nous avons parlé précédemment. J'ai cru devoir citer ce passage de Massurius Sabinus, qui se trouve dans le second livre du Droit civil : *Un insensé ou un muet, ou celui qui a quelque membre froissé ou mutilé, ou ceux qui sont attaqués de quelques infirmités semblables, sont réputés en état de maladie. Celui qui a la vue courte n'est pas réputé plus malsain que celui qui marche avec difficulté.*

## CHAPITRE III.

Que Carvilius fut le citoyen qui donna le premier à Rome l'exemple du divorce. Ce qu'on entend, à proprement parler, par une concubine (*pellex*). Origine de ce mot.

On rapporte qu'environ cinq cents ans après la fondation de Rome, aucune contestation ne s'était encore élevée ni

neque cautiones in urbe Romana aut in Latio fuisse: quia profecto nihil desiderabantur, nullis etiam tunc matrimoniis divertentibus. Servius quoque Sulpicius in libro, quem composuit de Dotibus, tum primum cautiones rei uxoriæ necessarias esse visas scripsit, cum Sp. Carvilius, cui Ruga cognomentum fuit, vir nobilis divortium cum uxore fecit; quia liberi ex ea, corporis vitio non gignerentur, anno urbis conditæ DXXIII, M. Atilio, P. Valerio coss. Atque is Carvilius traditur uxorem, quam dimisit, egregie dilexisse, carissimamque morum ejus gratia habuisse; sed jusjurandi religionem animo atque amori prævertisse; quod jurare a censoribus coactus erat uxorem se liberûm quærendorum gratia habiturum. *Pellicem* autem appellatam probrosamque habitam eam, quæ juncta consuetaque esset cum eo, in cujus manu mancipioque alia matrimonii causa foret, hac antiquissima lege ostenditur, quam Numæ regis fuisse accepimus: PELEX. ASAM. JUNONIS. NE. TAGITO. SI. TAGET. JUNONI. CRINIBOUS. DEMISSIS. ARNUM. FOEMINAM. CAIDITO. Pellex autem quasi πάλλαξ, id est, quasi παλλακίς: ut pleraque alia, ita hoc quoque vocabulum de græco flexum est.

dans le Latium, ni dans la capitale, sur la dot des épouses, à l'occasion du divorce, et que jusqu'alors les contrats nuptiaux n'avaient renfermé aucune clause à ce sujet ; cette précaution se trouvant inutile dans un temps où la dissolution des mariages était une chose sans exemple. Servius Sulpicius, dans son livre des Dots, fit sentir enfin la nécessité d'une loi qui réglât cet article, à l'époque où Sp. Carvilius, surnommé Ruga, citoyen distingué, donna le premier aux Romains l'exemple d'un divorce, l'an de Rome cinq cent vingt-trois (*), sous le consulat de M. Atilius et de P. Valérius, en répudiant une épouse dont le vice de conformation ne laissait aucun espoir de fécondité. On ajoute que ce Carvilius aimait véritablement cette épouse, et que la pureté de ses mœurs lui avait mérité toute sa tendresse ; mais qu'il sacrifia son amour à la religion du serment que lui avaient fait prêter les censeurs, et par lequel il s'était engagé à ne se marier que pour avoir des enfans. Une loi qui remonte aux premiers temps de Rome, et qu'on attribue au roi Numa, prouve quelle idée d'infamie les Romains attachaient à l'état d'une concubine qu'entretenait un citoyen engagé dans les liens du mariage. Voici en quels termes cette loi est conçue : DÉFENSE A LA CONCUBINE DE TOUCHER L'AUTEL DE JUNON ; S'IL LUI ARRIVE DE LE TOUCHER, QUE LES CHEVEUX ÉPARS ELLE OFFRE A LA DÉESSE LE SANG D'UN AGNEAU FEMELLE. Le mot concubine (*pellex*), est une expression dérivée, comme bien d'autres, de la langue grecque, et qui vient de πάλλαξ, qui exprime la même chose que παλλακίς.

## CAPUT IV.

*Quid Servius Sulpicius in libro, qui est de Dotibus, scripserit de jure atque more veterum sponsaliorum.*

Sponsalia in ea parte Italiæ, quæ *Latium* appellatur, hoc more atque jure solita fieri scripsit Servius Sulpicius in libro, quem scripsit de Dotibus: *Qui uxorem*, inquit, *ducturus erat, ab eo, unde ducenda erat, stipulabatur eam in matrimonium ductum iri. Qui daturus erat, itidem spondebat daturum. Is contractus stipulationum sponsionumque dicebatur sponsalia. Tum, quæ promissa erat, sponsa appellabatur; qui spoponderat ducturum, sponsus. Sed si post eas stipulationes uxor non dabatur, aut non ducebatur; qui stipulabatur ex sponsu agebat. Judices cognoscebant. Judex, quamobrem data acceptave non esset uxor, quærebat. Si nihil justæ causæ videbatur; litem pecunia æstimabat: quantique interfuerat eam uxorem accipi aut dari, eum, qui spoponderat aut qui stipulatus erat, condemnabat.* Hoc jus sponsaliorum observatum dicit Servius ad id tempus, quo civitas universo Latio, lege Julia, data est. Hæc eadem Neratius scripsit, in libro, quem de Nuptiis composuit.

## CHAPITRE IV.

*Ce que Servius Sulpicius, dans son livre des Dots, a dit à l'égard des anciennes fiançailles.*

Servius Sulpicius, dans son livre des Dots, explique de quelle manière on contractait les alliances, dans la partie de l'Italie appelée le Latium : *Celui, dit-il, qui recherchait une fille en mariage, exigeait d'abord de celui dont il devait l'obtenir, une promesse juridique qu'il la lui donnerait réellement pour épouse. Celui qui devait la remettre, s'obligeait de son côté à tenir ses engagemens. Ce contrat de promesses réciproques s'appelait fiançailles* (6), *la personne promise s'appelait fiancée, et le futur époux, fiancé. Mais s'il arrivait qu'après ces premiers engagemens l'on refusât de donner la personne promise, ou de s'allier avec elle, la partie lésée avait le droit de se pourvoir en justice en vertu du contrat. Les juges prenaient connaissance de cause, et s'informaient pourquoi l'on refusait de donner ou d'accepter la fiancée. Si les raisons alléguées n'étaient point valables, ils condamnaient à une amende plus ou moins forte, d'après l'estimation faite du plus ou moins de dommages qui devait en résulter pour la partie plaignante.* Servius ajoute que ce droit des fiançailles fut en vigueur jusqu'au temps où, d'après la loi Julia, le droit de citoyen romain fut accordé à tout le Latium. Nératius rapporte ces mêmes particularités, dans son livre sur les Noces.

## CAPUT V.

*Historia narrata de perfidia haruspicum etruscorum : quodque ob eam rem versus hic a pueris Romæ urbe tota cantatus est ; Malum consilium consultori pessimum est.*

Statua Romæ in comitio posita Horatii Coclitis fortissimi viri de cælo tacta est. Ob id fulgur piaculis luendum, haruspices ex Etruria acciti, inimico atque hostili in populum romanum animo, instituerant eam rem contrariis religionibus procurare. Atque illam statuam suaserunt in inferiorem locum perperam transponi, quem sol opposita circum undique aliarum ædium nunquam illustraret. Quod cum ita fieri persuasissent : delati ad populum proditique sunt ; et, cum de perfidia confessi essent, necati sunt : constititque eam statuam, proinde ut veræ rationes post compertæ monebant, in locum editum subducendam, atque ita in area Volcani sublimiori loco statuendam : eaque res bene et prospere reip. cessit. Tunc igitur, quod in Etruscos haruspices male consulentes animadversum vindicatumque fuerat, versus hic scite factus cantatusque esse a pueris urbe tota fertur :

*Malum consilium consultori pessimum est.*

Ea historia de haruspicibus ac de versu isto senario scripta est in Annalibus Maximis libro undecimo,

## CHAPITRE V.

*Histoire de la perfidie des aruspices d'Étrurie, qui donna lieu à ce vers que les enfans chantaient partout dans Rome : Un mauvais conseil est la perte de celui qui le donne.*

A Rome, une statue d'Horatius Coclès, si célèbre par son courage, élevée dans la place des comices, fut frappée de la foudre. Des aruspices, appelés d'Étrurie (?) pour expier par des sacrifices cette marque de la colère du ciel, résolurent d'avoir recours à des rites et à des cérémonies contraires aux vœux du peuple romain dont ils étaient les ennemis. Ils conseillèrent donc malicieusement de placer la statue dans un endroit plus bas, environné d'une enceinte de maisons qui interceptaient de toutes parts la lumière du soleil. Leur perfidie ayant été découverte, ces misérables furent dénoncés au peuple, et après l'aveu de leur crime, ils furent mis à mort. On résolut très-sagement de replacer cette statue dans un lieu découvert; et elle fut mise dans l'endroit le plus élevé du temple de Vulcain; ce qui contribua, comme on s'en aperçut quelque temps après, au bien et à la prospérité de la république. Pour perpétuer le souvenir de la perfidie des aruspices étruriens et du supplice qui la vengea, on fit ce vers ingénieux que, dit-on, toute la jeunesse romaine répétait par toute la ville :

*Un mauvais conseil est la perte de celui qui le donne.*

Cette anecdote et le vers qui l'a célébrée, se trouvent au livre onzième des Grandes Annales, et au premier des

et in Verrii Flacci libro primo rerum memoria dignarum : videtur autem hic versus de græco illo Hesiodi versu expressus :

Ἡ δὲ κακὴ βουλὴ τῷ βουλεύσαντι κακίςη.

## CAPUT VI.

Verba veteris S. C. in quo decretum est hostiis majoribus explandum quod in sacrario hastæ Martiæ movissent : atque ipibi enarratum quid sint *hostiæ succidaneæ*, quid item *tempora præcidanea* : quodque Capito Ateius *ferias* quasdam *præcidaneas* appellavit.

Ut *terram movisse* nuntiari solet, eaque res procuratur : ita in veteribus memoriis scriptum legimus, nuntiatum esse senatui, in sacrario, in regia, hastas Martias movisse. Ejus rei causa senatusconsultum factum est M. Antonio A. Postumio coss. ejusque exemplum hoc est :
QUOD. C. JULIUS. L. F. PONTIFEX. NUNTIAVIT. IN. SACRARIO. IN. REGIA. HASTAS. MARTIAS. MOVISSE. DE. EA. RE. ITA. CENSUERUNT. UTI. M. ANTONIUS. CONSUL. HOSTIIS. MAJORIBUS. JOVI. ET. MARTI. PROCURARET. ET. CETERIS. DIS. QUIBUS. VI-

Mémoires de Verrius Flaccus : ce vers hexamètre, précédemment cité, est une imitation de ce vers grec d'Hésiode :

*Un mauvais conseil est toujours funeste à son auteur.*

---

## CHAPITRE VI.

Termes d'un ancien sénatus-consulte qui ordonnait l'offrande des grandes victimes, parce que dans un lieu secret du temple de Mars, on avait vu la statue du dieu agiter les dards qui étaient entre ses mains. Ce qu'on appelle *hostiæ succidaneæ*, ainsi que *tempora præcidanea*. Que Capiton Atéius a nommé certaines féries *præcidaneæ*.

C'est une coutume établie depuis long-temps, d'annoncer les tremblemens de terre, et d'ordonner des sacrifices à ce sujet. Je me souviens d'avoir lu dans des écrits anciens, qu'on vint avertir le sénat que, dans un lieu secret du temple de Mars, on avait vu la statue du dieu agiter les dards qui étaient entre ses mains. Cette illustre assemblée rendit aussitôt un sénatus-consulte à ce sujet, sous le consulat de M. Antoine et d'A. Postumius. Voici en quels termes il était conçu : PARCE QUE C. JULIUS, FILS DE L. SOUVERAIN PONTIFE, A ANNONCÉ QUE DANS UN LIEU SECRET DU TEMPLE DE MARS, ON A VU LES DARDS SE MOUVOIR, VOICI LE DÉCRET DU SÉNAT AU SUJET DE CET ÉVÉNEMENT. IL ORDONNE QUE LE CONSUL MARC-ANTOINE AIT SOIN DE FAIRE OFFRIR A JUPITER ET A MARS LES GRANDES VIC-

DERETUR. PLACANDIS. UTI. PROCURASSET. SATIS. HABENDUM. CENSUERUNT. SI. QUID. SUCCIDANEIS. OPUS. ESSET. ROBIGUS. AC-CEDERET.

Quod *succidaneas hostias* senatus appellavit, quæri solet quid verbum id significet. In Plauti quoque comœdia, quæ Epidicus inscripta est, super eodem ipso verbo requiri audio in his versibus:

*Men' piacularem oportet fieri ob stultitiam tuam,*
*Ut meum tergum stultitiæ tuæ subdas succidaneum?*

*Succidaneæ* autem *hostiæ* dicuntur e litera per morem compositi vocabuli in, i, literam commutata. Nam quasi *succædaneæ* appellatæ : quoniam, si primis hostiis litatum non erat, aliæ post easdem ductæ hostiæ cædebantur. Quæ, quasi prioribus jam cæsis, luendi piaculi gratia, subdebantur et succidebantur : ob id *succidaneæ* nominatæ, litera, i, scilicet tractim pronuntiata. Audio enim quosdam eam literam in hac voce barbare corripere. Eadem autem ratione verbi, *præcidaneæ* quoque hostiæ dicuntur, quæ ante sacrificia solemnia pridie cæduntur. *Porca* etiam *præcidanea* appellata, quam piaculi gratia, ante fruges novas captas immolari Cereri mos fuit, si qui familiam funestam aut non purgaverant, aut aliter eam rem, quam oportuerat, procuraverant : sed porcam et hostias quasdam præcidaneas, sicuti dixi appellari, vulgo notum est. *Ferias præcidaneas* dici id, opinor, a vulgo remotum est : propterea verba Ateii Capitonis ex quinto librorum, quos

TIMES. ON LE LAISSERA LE MAITRE D'ORDONNER LES SACRIFICES EN L'HONNEUR DES AUTRES DIVINITÉS QU'IL JUGERA DEVOIR ÊTRE APAISÉES; ET S'IL EST NÉCESSAIRE DE MULTIPLIER LES VICTIMES, ON EN OFFRIRA AU DIEU ROBIGUS (a). On a coutume de demander ce que le sénat entendait par ces mots *succidaneæ hostiæ*, et l'on a fait la même question à l'occasion des vers suivans de l'Épidicus de Plaute :

*Dois-je porter la peine de ta sottise ? et mon dos doit-il payer pour toi ( tergum succidaneum )?*

*Succidaneæ hostiæ* se dit pour *succedaneæ*, en changeant la lettre *e* en la lettre *i*, ce qui signifie des victimes qui succèdent, c'est-à-dire, qu'on offre après celles qui n'ont point été suffisantes pour apaiser le courroux des dieux, et qui leur succèdent pour le même effet. C'est pour cette raison qu'on les appelait *succidaneæ* ( du mot *succidere*, immoler ), en prononçant la lettre *i* longue et non pas brève, comme j'ai entendu dire que quelques ignorans avaient coutume de le faire d'une manière barbare pour l'oreille. Par la même raison, l'on appelle *hostiæ præcidaneæ*, les victimes qu'on offre la veille des sacrifices solennels. La truie qu'on avait coutume d'immoler sur les autels de Cérès, la veille des moissons, était désignée par le même mot *porca succidanea*. On s'acquittait de ce devoir religieux lorsqu'ayant assisté à quelques funérailles, on avait négligé les expiations prescrites, ou qu'on n'y avait pas observé les rites ordonnés. Personne n'ignore qu'on dit *porca præcidanea* ainsi que *hostiæ præcidaneæ ( des victimes qui précèdent )*; mais je ne sais si l'on est instruit que l'on dit aussi *feriæ præcidaneæ ( des féries qui précèdent )* : c'est pourquoi j'ai cru devoir citer un passage d'Atéius Capiton, extrait de son cinquième livre sur le

de pontificio jure composuit, scripsi : *Tib. Coruncanio pontifici maximo feriæ præcidaneæ in atrum diem inauguratæ sunt. Collegium decrevit non habendum religioni, quin eo die feriæ præcidaneæ essent.*

## CAPUT VII.

### De epistola Valerii Probi grammatici ad Marcellum scripta super accentu nominum quorumdam pœnicorum.

VALERIUS Probus grammaticus inter suam ætatem præstanti scientia fuit. Is *Hannibalem* et *Hasdrubalem* et *Hamilcarem* ita pronuntiabat ut penultimam circumflecteret : ut testis est epistola ejus scripta ad Marcellum ; in qua Plautum et Ennium multosque alios veteres eo modo pronuntiasse affirmat. Solius tamen Ennii versum unum ponit, ex libro, qui *Scipio* inscribitur. Eum versum quadrato numero factum subjecimus : in quo, nisi tertia syllaba de Hannibalis nomine circumflexa ponatur, numerus claudus est. Versus Ennii, quem dixit, ita est :

*Qui propter Hannibalis copias considerant.*

pontificat. Voici comment s'exprime cet illustre écrivain : Pendant que *Tib. Coruncanius était souverain pontife, on indiqua des féries précédentes dans un jour funeste ; et le collège des sacrificateurs décida qu'il ne fallait pas se faire le plus léger scrupule de convertir ce jour funeste en férie précédente.*

## CHAPITRE VII.

### Sur une lettre du grammairien Probus à Marcellus, touchant la prononciation de quelques mots carthaginois.

Valérius Probus était un grammairien très-instruit pour son temps. Il prononçait longue la pénultième syllabe dans *Hannibale, Hasdrubale, Hamilcare*; comme on le voit d'après une lettre de lui à Marcellus, dans laquelle il affirme que Plaute, Ennius, et beaucoup d'autres auteurs anciens, prononçaient de la sorte. Cependant, il ne cite qu'un seul vers d'Ennius, tiré du livre intitulé Scipion, dans lequel la quantité ne se trouverait point en effet, si l'on ne prononçait longue la pénultième d'*Hannibalis*, dans cet iambique de huit syllabes, que nous croyons devoir citer. Le voici :

*Qui s'étaient arrêtés à cause des troupes d'Annibal (Hannibalis).*

## CAPUT VIII.

Quid C. Fabricius de Cornelio Rufino homine avaro dixerit; quem, cum odisset inimicusque esset, designandum tamen consulem curavit.

Fabricius Luscinus magna gloria vir magnisque rebus gestis fuit. P. Cornelius Rufinus manu quidem strenuus et bellator bonus, militarisque disciplinæ admodum peritus fuit; sed furax homo et avaritia acri erat. Hunc Fabricius non probabat, neque amico utebatur: osusque eum morum causa fuit. Sed cum in temporibus reip. difficillimis consules creandi forent; et is Rufinus peteret consulatum; competitoresque ejus essent imbelles quidam et futiles: summa ope adnisus est Fabricius, uti Rufino consulatus deferretur. Eam rem plerisque ammirantibus, quod hominem avarum, cui esset inimicissimus, creari consulem peteret, quem hostiliter oderat, Fabricius inquit: *Nihil est quod miremini; si malui compilari quam venire.* Hunc Rufinum postea bis consulatu et dictatura functum censor Fabricius senatu movit, ob luxuriæ notam; quod decem pondo libras argenti facti haberet. Id autem, quod supra scripsi, Fabri-

## CHAPITRE VIII.

Ce que C. Fabricius rapporte de Cornelius Rufinus, homme avare, qu'il ne laissa pas de faire nommer consul, quoiqu'il sentit pour lui de l'éloignement et même de la haine.

Fabricius Luscinus, qui s'acquit tant de gloire par ses exploits et par l'importance des services rendus à la république, était contemporain de Cornélius Rufinus, guerrier intrépide, excellent général, très-versé dans toutes les parties de l'art militaire, mais d'une avarice insatiable, et très-ardent à s'emparer du bien d'autrui. Fabricius ne le voyait point ; il ne pouvait même souffrir dans un Romain des mœurs aussi viles et aussi méprisables. Cependant Rufinus ayant brigué le consulat dans les fâcheuses circonstances où se trouvait la république, et n'ayant pour compétiteurs que des personnages qui n'étaient pas en état de secourir la patrie, Fabricius fit tous ses efforts pour faire décerner à Rufinus la suprême magistrature, et il y réussit. Ses amis, étonnés de la conduite qu'il avait tenue dans une pareille circonstance, à l'égard d'un homme décrié pour son avarice et qu'il détestait souverainement, ne purent s'empêcher de lui en demander la raison : *Elle est simple*, répondit Fabricius; *j'aime mieux être volé que d'être vendu.* Quelque temps après, Fabricius ayant été honoré de la dignité de censeur, il fit rayer du tableau des sénateurs (2) ce même Rufinus, quoiqu'il eût été dictateur et deux fois consul, à cause du scandale que causait le luxe d'un citoyen assez riche pour avoir dix livres

cium de Cornelio Rufino ita, ut in pleraque historia est, dixisse: M. Cicero non aliis a Fabricio, sed ipsi Rufino gratias agenti, quod ejus gratia designatus consul esset, dictum esse refert in libro secundo de Oratore. Verba Ciceronis hæc sunt. *Arguta etiam significatio est, cum parva re et sæpe verbo res obscura et latens illustratur: ut cum C. Fabricio P. Cornelius homo, ut existimatur, avarus et furax, sed egregie fortis et bonus imperator, gratias ageret, quod se homo inimicus consulem fecisset, bello præsertim magno et gravi: Nihil est quo mihi gratias agas*, inquit, *si malui compilari quam venire.*

## CAPUT IX.

Quid significet proprie, *religiosus*, et in quæ diverticula significatio vocabuli istius flexa sit; et verba Nigidii Figuli ex Commentariis ejus super ea re sumta.

Nigidius Figulus homo, ut ego arbitror, juxta M. Varronem doctissimus, in undecimo Commentariorum grammaticorum refert versum ex antiquo carmine memoria hercle dignum :

*Religentem esse oportet; religiosum nefas.*

d'argent en vaisselle. Le trait qu'on vient de lire, sur Fabricius, à l'égard de Cornélius Rufinus, se trouve dans tous les historiens, tel que je viens de le rapporter. Cicéron prétend que Fabricius adressa la réponse dont il s'agit, non pas à d'autres, mais à Rufinus lui-même, au moment qu'il le remerciait du zèle qu'il avait fait paraître pour son élection. Voici ses paroles extraites du second livre de l'Orateur. *La raillerie est agréable, lorsque par un rien, ou souvent par un seul mot, on éclaircit une chose obscure ou cachée. P. Cornélius, qui passait pour un homme avide et enclin à dérober, mais pour un général habile et courageux, remerciait C. Fabricius, son ennemi, de lui avoir donné sa voix pour le consulat, dans un temps où Rome soutenait une guerre importante et dangereuse : Ne me remerciez pas, dit Fabricius, j'ai mieux aimé être pillé que vendu comme un esclave.*

## CHAPITRE IX.

Quelle est, à proprement parler, la signification de *religiosus*. Différentes significations qu'on a attribuées à ce mot. Ce que Nigidius Figulus en dit dans ses Commentaires.

Nigidius Figulus, qui est, je crois, l'homme le plus instruit après M. Varron, cite dans le onzième livre de ses commentaires sur la Grammaire, un ancien vers vraiment digne de remarque. Le voici :

Il faut être religieux (*religentem*), mais non superstitieux (*religiosum*).

Cujus autem id carmen sit, non scribit. Atque in eodem loco Nigidius : *Hoc*, inquit, *inclinamentum semper hujuscemodi verborum, ut, vinosus, mulierosus, religiosus, nummosus, signat copiam quamdam immodicam rei, super qua dicitur. Quocirca religiosus is appellabatur, qui nimia et superstitiosa religione sese alligaverat, eaque res vitio assignabatur.* Sed præter ista, quæ Nigidius dicit, alio quodam diverticulo significationis *religiosus* pro casto atque observanti cohibentique sese certis legibus finibusque dici cœptus. Simili autem modo illa quoque vocabula, ab eadem profecta origine, diversum significare videntur, *religiosi dies*, et *religiosa delubra*. *Religiosi* enim *dies* dicuntur tristi omine infames impeditique : in quibus et res divinas facere et rem quampiam novam exordiri temperandum est. Quos multitudo imperitorum prave et perperam *nefastos* appellant. Itaque M. Cicero in libro Epistolarum nono ad Atticum : *Majores*, inquit, *nostri funestiorem diem esse voluerunt Aliensis pugnæ, quam Urbis captæ; quod hoc malum ex illo. Itaque alter religiosus etiam nunc dies, alter in vulgus ignotus.* Idem tamen M. Tullius, in oratione de Accusatore constituendo, *religiosa delubra* dicit, non ominosa nec tristia, sed majestatis venerationisque plena. Massurius autem Sabinus, in commentariis quos de Indigenis composuit : *Religiosum*, inquit,

Il ne marque point d'où ce vers est tiré. Nigidius dit encore au même endroit : *La terminaison des mots tels que vinosus ( adonné au vin ), mulierosus ( passionné pour les femmes ), religiosus ( dévot jusqu'à la superstition ), et nummosus ( comblé de richesses ), indique toujours quelque excès de la chose qu'ils désignent. C'est pourquoi on appelait religiosus, celui qui donnait dans la dévotion à un tel excès, qu'on pouvait le lui reprocher comme un défaut.* Mais indépendamment de ce que dit ici Nigidius, on donne encore une autre signification au mot *religiosus*, par lequel on entend quelqu'un chaste, retenu, et fidèle observateur d'une règle de vie rigoureuse qu'il s'est prescrite. C'est par la même raison qu'on paraît avoir donné différentes significations aux mots *religiosus dies* et *religiosa delubra*, qui dérivent de la même source. Car on appelle *religiosi*, les jours malheureux et de mauvais augure, pendant lesquels on doit s'abstenir d'offrir des sacrifices et d'entreprendre aucune affaire ; jours que le vulgaire ignorant appelle improprement et à tort, *nefasti*. C'est pourquoi Cicéron, dans le neuvième livre de ses Lettres à Atticus, dit : *Nos ancêtres ont regardé comme plus malheureuse la journée du combat de l'Allia* (10), *que celle de la prise de Rome par les Gaulois, parce que ce dernier événement était une suite du premier. C'est pourquoi l'un est ignoré parmi le peuple, tandis que l'autre est compté encore aujourd'hui au nombre des jours malheureux* (religiosus). Cependant le même Cicéron, dans son discours de la Manière de constituer un accusateur, dit *religiosa delubra* ( temples saints ), non pour exprimer qu'ils fussent de mauvais augure, mais pour désigner au contraire leur majesté et leur sainteté. Massurius Sabinus, dans ses commentaires sur les Indigènes, dit qu'on doit entendre par *religiosum* : *Ce qui, à*

est quod propter sanctitatem aliquam remotum ac sepositum a nobis est. *Verbum a relinquendo dictum, tanquam cerimoniæ a carendo.* Secundum hanc Sabini interpretationem templa quidem ac delubra, quia horum cumulus in vituperationem non cadit, ut illorum, quorum laus immodesta est, *religiosa* sunt, quæ non vulgo ac temere sed cum castitate cerimoniaque adeunda et reverenda et reformidanda sunt magis quam invulganda. Sed dies *religiosi* dicti, quos ex contraria causa, propter ominis diritatem, relinquimus. Iccirco ait Terentius in Heautontimorumeno:

*Tum, quod dem ei, recte est. Nam, nihil esse mihi, relligio est dicere.*

Quod si, ut ait Nigidius, omnia istiusmodi inclinamenta nimium ac præter modum significant, et iccirco in culpas cadunt, ut, *vinosus, mulierosus, verbosus, morosus, famosus*: cur *ingeniosus, formosus* et *officiosus*, et *speciosus*, quæ pariter ab ingenio et forma et officio inclinata sunt; cur etiam *disciplinosus, consiliosus, victoriosus*, quæ M. Cato ita affiguravit; cur item *facundiosa*, quod Sempronius Asellio tertiodecimo Rerum gestarum ita scripsit: *Facta sua spectari oportere, dicta non, si minus facundiosa essent.* Cur, inquam, ista omnia nunquam in culpam sed in laudem dicuntur; quanquam hæc quo-

cause de sa sainteté, est séparé et éloigné de nous. Ce mot, dit-il, vient de *relinquendo*, comme *cerimoniæ* vient de *carendo*. Or, d'après cette interprétation de Sabinus, on appelle les temples *religiosa*, parce qu'ils ne sont point profanes comme les autres lieux et les autres choses dont on fait toujours plus de cas qu'elles ne valent; et qu'au lieu d'y entrer avec irrévérence et immodestie, il ne faut approcher qu'avec décence et respect, de ces lieux qui doivent moins inspirer la hardiesse que la crainte. Mais on appelle *dies religiosi*, ceux que nous craignons au contraire, à cause de leur mauvais augure. C'est pourquoi Térence, dans sa comédie intitulée Heautontimorumenos, dit :

*J'ai pour tout présent à lui faire, des promesses; car je n'ose lui dire (*relligio est dicere*) que je n'ai rien.*

Que si, comme dit Nigidius, tous les mots de cette espèce sont regardés comme ayant une signification outrée, on doit regarder comme vicieux les mots *vinosus*, *mulierosus*, *verbosus* (grand parleur), pourquoi dit-on *ingeniosus* (ingénieux), *formosus* (beau); *officiosus* (officieux), et *speciosus* (magnifique), qui viennent également de *ingenium* (esprit), de *forma* (figure) et de *officium* (devoir)? Pourquoi dit-on *disciplinosus* (qui apprend aisément), *consiliosus* (fécond en expédiens), *victoriosus* (victorieux)? Pourquoi encore *facundiosa* (éloquens), que Sempronius Asellius, dans le treizième livre de ses Récits historiques, a employé ainsi : *Qu'on devait considérer ses actions et non ses discours, s'ils étaient moins éloquens (*minus facundiosa*)*? Pourquoi donc prend-on toutes ces expressions en bonne et non en mauvaise part, quoiqu'elles indiquent une espèce de surabondance de la chose qu'elles expriment? Pourquoi aussi faut-il ramener à un certain terme nécessaire celles qui ont été citées

que incrementum sui nimium demonstrent? An propterea, quia illis quidem, quæ supra posuit, adhibendus est modus quidam necessarius? Nam et *gratia*, si nimia quidem atque immodica, et *mores*, si multi atque varii, et *verba*, si perpetua atque infrunita et obtundentia, et *fama* si magna et inquieta et invidiosa sit, neque laudabilia neque utilia sunt. *Ingenium* autem et *officium*, et *forma* et *disciplina* et *consilium* et *victoria* et *facundia*, sicut ipsæ virtutum amplitudines, nullis finibus cohibentur; sed quanto majora auctioraque sint, etiam tanto laudatiora sunt.

## CAPUT X.

Quid observatum de ordine rogandarum sententiarum in senatu, jurgiorumque in senatu C. Cæsaris consulis et M. Catonis diem dicendo eximentis.

Ante legem, quæ nunc de senatu habendo observatur, ordo rogandi sententias varius fuit. Alias primus rogabatur, qui a censoribus princeps in senatum lectus fuerat; alias qui designati consules erant. Quidam e consulibus studio aut necessitudine aliqua adducti, quem iis visum erat, honoris gratia, extra ordinem sententiam, primum rogabant. Observatum tamen est cum extra ordinem fieret, ne quis quemquam, ex alio quam ex consulari loco, sententiam

plus haut? Car l'agrément personnel, s'il est affecté; les mœurs, si elles renferment autant de mauvaises qualités que de bonnes; les entretiens, s'ils sont longs, insignifians ou insensés; et la réputation, si elle est grande au point d'exciter l'envie et de troubler le repos, ne méritent aucune louange et n'offrent aucune utilité. Mais comme *l'intelligence, le penchant à rendre service, la beauté, la facilité à s'instruire, la prudence, l'art de vaincre et l'éloquence*, sont autant d'excellentes qualités, elles ne doivent point avoir de bornes; et elles sont d'autant plus dignes de louange et d'admiration, qu'elles atteignent à un degré de perfection plus élevé.

## CHAPITRE X.

*Sur la manière de recueillir les suffrages dans le sénat. Différend qu'eurent dans cette assemblée le consul C. César et M. Caton, qui faisait traîner en longueur les délibérations.*

Avant la loi qui règle maintenant la manière de recueillir les suffrages dans le sénat, on varia beaucoup dans la manière de procéder en ces occasions. Tantôt l'on commençait par demander l'avis de celui que les censeurs avaient nommé prince du sénat [11], tantôt l'on commençait par demander le sentiment des consuls désignés. Quelques consuls, par des considérations personnelles, ou pour donner une marque d'honneur à quelques individus, s'adressaient pour les premiers suffrages à qui bon leur semblait, sans se conformer à l'ordre usité. Cependant on fut exact à ne jamais

primum rogaret. C. Cæsar in consulatu, quem cum M. Bibulo gessit, quatuor solos extra ordinem rogasse sententiam dicitur. Ex iis quatuor principem rogabat M. Crassum. Sed, postquam filiam Cn. Pompeio desponderat, primum cœperat Pompeium rogare. Ejus rei rationem reddidisse eum senatui Tiro Tullius M. Ciceronis libertus refert : itaque se ex patrono suo audisse scribit. Id ipsum Capito Ateius in libro, quem de Officio senatorio composuit, scriptum reliquit. In eodem libro Capitonis id quoque scriptum est: *Caius*, inquit, *Cæsar consul M. Catonem sententiam rogavit. Cato rem quam consulebatur, quoniam non e rep. videbatur, perfici nolebat. Ejus rei gratia ducendæ, longa oratione utebatur; eximebatque dicendo diem. Erat enim jus senatori ut, sententiam rogatus, diceret ante quicquid vellet alii rei et quoad vellet. Cæsar consul viatorem vocavit, eumque, cum finem non faceret, prehendi loquentem et in carcerem duci jussit. Senatus consurrexit : et prosequebatur Catonem in carcerem. Hac*, inquit, *invidia facta, Cæsar destitit, et mitti Catonem jussit.*

faire un tel honneur qu'à ceux qui avaient été revêtus de la pourpre consulaire. On rapporte qu'à l'époque où C. César était consul avec M. Bibulus, ce premier accorda à quatre sénateurs seulement l'honneur des premiers suffrages; et il commençait par M. Crassus : mais dès qu'il eut donné sa fille pour épouse à Pompée, il réserva cet honneur à son gendre. Tiron Tullius, affranchi de Cicéron, dit que César rendit compte de cette conduite au sénat, et qu'il en parle d'après le rapport de son patron. Capiton Atéius confirme ce témoignage, dans son traité de l'Office des sénateurs, et il ajoute l'anecdote suivante : *César étant consul, pria Caton de donner le premier son avis* (¹⁰). *Caton, persuadé que l'affaire sur laquelle on le consultait n'intéressait en rien la république, et cherchant à traîner la délibération en longueur, se mit à discourir, et à la fin du jour il parlait encore; car un sénateur prié d'expliquer son opinion, avait droit de s'étendre auparavant sur tout autre objet, et d'en entretenir l'assemblée tant qu'il voulait. César impatienté appelle l'appariteur, et voyant que Caton s'obstinait à ne point finir, il le fait saisir et conduire en prison. Le sénat entier se leva et suivit Caton. César, de peur de s'attirer la haine des sénateurs, changea aussitôt d'avis, et fit mettre Caton en liberté.*

## CAPUT XI.

*Quæ qualiaque sint, quæ Aristoxenus, quasi magis comperta, de Pythagora memoriæ commendavit, et quæ item Plutarchus eumdem in modum de eodem Pythagora scripsit.*

Opinio vetus falsa occupavit et convaluit Pythagoram philosophum non esitavisse ex animalibus; item abstinuisse fabulo, quem κύαμον Græci appellant. Ex hac opinione Callimachus poeta scripsit :

Καὶ κυάμων ἄπο χεῖρας ἔχειν ἀνιῶντον ἔδεσθαι,
Κᾀγὼ, Πυθαγόρας ὡς ἐκέλευε, λέγω.

Ex eadem item opinione M. Cicero in libro de Divinatione primo, hæc verba posuit : *Jubet igitur Plato sic ad somnum proficisci corporibus affectis, ut nihil sit quod errorem animis perturbationemque afferat. Ex quo etiam Pythagoreis interdictum putatur, ne faba vescerentur; quod habet inflationem magnam is cibus tranquillitatem mentis quærentibus contrariam.* Hæc quidem M. Cicero. Sed Aristoxenus musicus, vir literarum veterum diligentissimus, Aristotelis philosophi auditor, in libro, quem de Pythagora reliquit, nullo sæpius legumento Pythagoram dicit usum quam fabis. Quoniam is cibus et subduceret sensim alvum et lævigaret. Verba ista Aristoxeni subscripsi : Πυθαγόρας δὲ τῶν ὀσπρίων μάλιςα τὸν κύαμον ἐδοκίμασε· λίαν κινητικόν τε γὰρ εἶναι, καὶ διαφορητικὸν· διὸ καὶ μάλιςα κέχρηται αὐτῷ. Por-

## CHAPITRE XI.

*Ce qu'Aristoxène rapporte de Pythagore comme certain. Ce que Plutarque rapporte, de la même manière, au sujet du même Pythagore.*

UNE opinion fort ancienne et très-fausse, a régné fort long-temps par rapport à Pythagore : c'est qu'il ne mangea jamais de la chair des animaux, ni de ce légume que les Grecs appellent κύαμον (fève). C'est d'après cette opinion que Callimaque a dit dans ses vers :

*Il faut s'abstenir des fèves et du sang ; je le dis d'après Pythagore.*

M. Cicéron, en adoptant le même sentiment, s'exprime ainsi, au premier livre de la Divination : *Platon veut que le corps, prêt à se livrer au sommeil, soit tellement disposé, que les alimens qu'il a pris ne puissent embarrasser ni troubler son repos. C'est pour cela qu'on croit que les Pythagoriciens ne se nourrissaient jamais de fèves, parce que ce légume gonfle le corps et trouble la tranquillité de l'esprit.* Telle est l'opinion de Cicéron. Mais le musicien Aristoxène, cet homme si versé dans la connaissance de l'ancienne littérature, et disciple d'Aristote, assure, dans le livre qu'il a laissé sur Pythagore, que cette espèce de légume était la nourriture ordinaire de ce philosophe, parce qu'il est d'une facile digestion. Voici comment s'exprime Aristoxène : *Parmi les légumes, Pythagore préférait surtout les fèves, parce qu'elles sont bienfaisantes au corps ; c'est pourquoi il en mangeait presque toujours.* Aristoxène rapporte également que

culis quoque minusculis et hœdis teneriorilus victitasse idem Aristoxenus refert. Quam rem videtur cognovisse ex Xenophilo Pythagorico familiari suo, et ex quibusdam aliis natu majoribus, qui ab ætate Pythagoræ haud multum aberant. Ac de animalibus Alexis etiam poeta in comœdia, quæ Pythagorizusa inscribitur, docet. Videtur autem de κυάμῳ non esitato causam erroris fuisse, quia in Empedocli carmine, qui disciplinas Pythagoræ secutus est, versus hic invenitur:

Δειλοί, πάνδειλοι, κυάμων ἄπο χεῖρας ἔχεσθαι.

Opinati enim sunt plerique κύαμον legumentum vulgo dici. Sed qui diligentius anquisitiusque carmina Empedocli arbitrati sunt, κυάμοις hoc in loco testiculos significare dicunt; eosque more Pythagoræ operte atque symbolice κυάμοις appellatos, quia sint εἰς τὸ κυεῖν δεινοὶ καὶ αἴτιοι τῦ κυεῖν; et geniturae humanæ vim præbeant. Iccircoque in Empedocli versu isto non a fabulo edendo, sed a rei venereæ proluvio, voluisse homines deducere. Plutarchus quoque homo in disciplinis gravi auctoritate, in primo librorum quos de Homero composuit, Aristotelem philosophum scripsit eadem ipsa de Pythagoricis scripsisse; quod non abstinuerunt edundis animalibus, nisi pauca carne quadam. Verba ipsa Plutarchi, quoniam res inopinata est, subscripsi. Ἀριστοτέλης δὲ μήτρας, καὶ καρδίας, καὶ ἀκαλύφης, καὶ τοιούτων ἄλλων ἀπέχεσθαί φησι τοῖς Πυθαγορικοῖς· χρῆσθαι δὲ τοῖς ἄλλοις. Ἀκαλύφη autem

Pythagore se faisait souvent servir des cochons de lait et de jeunes chevreaux. Il paraît qu'il tenait ces détails de Xénophile (13), sectateur et ami de Pythagore, et de quelques autres personnes âgées qui avaient vécu presque dans le même temps que cet illustre philosophe. Le poëte Alexis, dans sa comédie intitulée Pythagorizura, atteste aussi que Pythagore se nourrissait de la chair des animaux. Il paraît qu'on a découvert la source de l'erreur publique sur l'abstinence des fèves, imputée à Pythagore, dans ce vers d'Empédocle, son disciple :

*Quelque misérables que vous soyez, ne touchez point aux fèves.*

On a cru que ce mot désignait un légume ; mais ceux qui ont examiné plus attentivement le sens des vers d'Empédocle, conviennent qu'il est ici question des organes de la génération, que le philosophe a voulu désigner, selon sa coutume, par un emblème. Empédocle cherche donc, non pas à empêcher les hommes de se nourrir de fèves, mais à les retirer de la débauche. Plutarque, cet homme dont le discernement est si renommé, assure, dans son premier livre sur Homère, qu'Aristote rapporte que les Pythagoriciens se nourrissoient de la chair des animaux, mais non pas de toutes les parties indifféremment. Voici ses propres expressions, que j'ai cru devoir citer, à cause de la singularité de la chose : *Aristote dit que les disciples de Pythagore s'abstenaient de la matrice, du cœur, de l'urtique (ἀκαλύφης), et autres choses semblables ; mais qu'ils mangeaient du reste. ἀκαλύφη est un poisson de mer qu'on appelle urtica.* Plutarque, dans ses Symposiaques *, rapporte que les Pythagoriciens ne mangeaient pas indistinctement de

* Livres sur les Festins.

est animal marinum, quod urtica appellatur. Sed et piscibus nonnullis abstinere Pythagoricos Plutarchus in Symposiacis dicit. Pythagoram vero ipsum sicuti celebre est Euphorbum primo se fuisse dictitasse; ita hæc remotiora sunt his, quæ Clearchus et Dicæarchus memoriæ tradiderunt, fuisse eum postea Pyrandrum, deinde Callicleam, deinde feminam pulchra facie meretricem, cui nomen fuerat Alce.

## CAPUT XII.

*Notæ et animadversiones censoriæ in veteribus monumentis repertæ memoria dignæ.*

Si quis agrum suum passus fuerat sordescere, eumque indiligenter curabat, ac neque araverat neque purgaverat; sive quis arborem suam vineamque habuerat derelictui: non id sine pœna fuit; sed erat opus censorium: censoresque ærarium faciebant. Item si quis eques romanus equum habere gracilentum aut parum nitidum visus erat; *impolitiæ* notabatur. Id verbum significat, quasi si tu dicas *incuriæ*. Cujus rei utriusque auctoritates sunt: et M. Cato id sæpenumero attestatus est.

toutes sortes de poissons; et que Pythagore assurait, comme tout le monde le sait, qu'il avait autrefois paru sur la terre, sous le nom d'Euphorbe (14). Cléarque et Dicéarque disent que, quelque temps après, il fut Périandre, ensuite Callicléa; enfin une courtisane charmante, nommée Alcé.

## CHAPITRE XII.

*Peines infamantes et remarquables, portées autrefois par les censeurs.*

Laisser ses terres en friche, n'en point prendre tout le soin possible, ne point les nettoyer ni labourer, négliger la culture de ses arbres ou de ses vignes, c'était, chez les anciens Romains, autant de crimes dont les censeurs prenaient connaissance, et qu'ils punissaient (15) en réduisant les coupables à la dernière classe des citoyens. On notait aussi de *négligence* le chevalier romain dont le cheval était maigre ou mal soigné. Le célèbre Caton est garant de ce que j'avance, et il l'a souvent consigné dans ses écrits.

## CAPUT XIII.

*Quod incentiones quædam tibiarum certo modo factæ ischiacis mederi possint.*

Proditum hoc a plerisque est et memoriæ mandatum; ischiaci cum maxime doleant, tum, si modulis lenibus tibicen incinat, minui dolores. Ego nuperrime in libro Theophrasti scriptum inveni, viperarum morsibus tibicinem scite modulateque adhibitum mederi. Refert etiam idem Democriti liber, qui inscribitur περὶ λοιμῶν ἢ λοιμικῶν κακῶν : in quo docet plurimis hominum morbis medicinam fuisse incentiones tibiarum. Tanta prorsus est affinitas corporibus hominum mentibusque; et propterea quoque vitiis aut medelis animorum et corporum.

## CAPUT XIV.

*Narratur historia de Hostilio Mancino ædili et Mamilia meretrice : verbaque decreti tribunorum ad quos a Mamilia provocatum est.*

Cum librum nonum Atei Capitonis Conlectaneorum

## CHAPITRE XIII.

Qu'il est des cas où certains concerts exécutés sur la flûte, peuvent apporter remède à ceux qui sont attaqués de la sciatique.

Un grand nombre d'écrivains nous transmettent que lorsque ceux qui sont attaqués de la goutte sciatique sont dans le moment de leurs plus grandes souffrances, des airs doux et gracieux, exécutés sur la flûte, diminuent la violence des douleurs qu'ils éprouvent. J'ai trouvé tout récemment dans Théophraste, un passage qui nous apprend que les airs mélodieux de la flûte remédient à la morsure des vipères. Démocrite rapporte à peu près la même chose dans un livre, qui a pour titre : *De la peste et des maux pestilentiels*, dans lequel il nous apprend que plusieurs personnes ont été guéries, en différentes occasions, par le son de la flûte. Tant est grand, chez les hommes, le rapport qui existe entre le corps et l'âme; et, par conséquent, celui qui se trouve également entre les maladies du corps et celles de l'esprit, et les remèdes qu'on peut y apporter.

## CHAPITRE XIV.

Histoire de l'édile Hostilius Mancinus et de la courtisane Mamilia. Termes de l'arrêt des tribuns devant lesquels cette dernière cita l'édile Hostilius.

En parcourant le neuvième livre d'Atéius Capiton, qui a

legeremus, qui inscriptus est, *de Judiciis publicis*: decretum tribunorum visum est gravitatis antiquæ plenum. Propterea id meminimus. Idque ob hanc causam et in hanc sententiam scriptum est. A. Hostilius Mancinus ædilis curulis fuit. Is Mamiliæ meretrici diem ad populum dixit, quod de ambulacro ejus noctu lapide ictus esset : vulnusque ex eo lapide ostendebat. Mamilia ad tribunos plebei provocavit: apud eos dixit comissatorem Mancinum ad ædes suas venisse : eum sibi fas recipere non fuisse in æde sua; sed, cum vi irrumperet, lapidibus depulsum. Tribuni decreverunt ædilem ex eo loco jure dejectum, quo eum venire cum coronario non decuisset : propterea, ne cum populo ædilis ageret, intercesserunt.

## CAPUT XV.

**Defensa a culpa sententia ex historia Sallustii, quam inimici ejus cum insectatione maligne reprehenderunt.**

ELEGANTIA orationis Sallustii verborumque facundia et novandi studium cum multa prorsus invidia fuit : multique non mediocri ingenio viri conati sunt reprehendere pleraque et obtrectare. In quibus plura inscite aut maligne vellicant. Nonnulla tamen videri possunt non indigna reprehensione, quale illud in

pour titre, *des Jugemens publics*, j'y ai remarqué un arrêt des tribuns, digne de toute la sagesse de l'antiquité; c'est pourquoi je crois devoir en faire part à mes lecteurs. Voici donc à quelle occasion il fut porté, et en quoi il consiste. A. Hostilius Mancinus, édile curule, cita devant le peuple la courtisane Mamilia, parce que, de sa galerie, elle lui avait jeté, pendant la nuit, une pierre qui l'avait blessé. Mamilia en ayant appelé aux tribuns du peuple, leur dit que Mancinus, après avoir poussé fort avant dans la nuit les excès de la table, s'était présenté à sa porte; mais que la loi lui défendant de le recevoir, elle lui avait refusé d'ouvrir, et que celui-ci ayant voulu faire violence, elle l'avait repoussé à coups de pierres. Les tribuns trouvèrent juste la défense de la courtisane, et jugèrent qu'il était indécent à un magistrat de courir les rues la nuit avec un faiseur de couronnes [16], et ils lui défendirent de porter la cause devant le peuple.

## CHAPITRE XV.

Défense d'un passage de Salluste, que ses ennemis attaquaient malicieusement.

L'ÉLÉGANCE du style de Salluste, la pureté de sa diction et la manière aussi neuve qu'agréable avec laquelle il écrivait, ne laissèrent pas de lui faire beaucoup d'envieux. Plusieurs hommes même d'un esprit assez élevé, s'efforcèrent de le déprécier en beaucoup d'endroits et de le calomnier. Parmi toutes les choses qu'on lui reproche par

Catilinæ historia repertum est; quod habeat eam speciem, quasi parum attente dictum. Verba Sallustii hæc sunt: *Ac mihi quidem, tametsi haudquaquam par gloria sequatur scriptorem et auctorem rerum, tamen in primis arduum videtur res gestas scribere. Primum, quod facta dictis exæquanda sunt. Dein, quod plerique, quæ delicta reprehenderis, malivolentia et invidia dicta putant. Ubi de magna virtute atque gloria bonorum memores; quæ sibi quisque facilia factu putat, æquo animo accipit: supra; veluti ficta pro falsis ducit.* Proposuit, inquiunt, dicturum causas, quamobrem videatur esse arduum res gestas scribere: atque ibi non primum causam, sed querelas dicit. Non enim causa videri debet, cur historiæ opus arduum sit, quod ii, qui legunt, aut inique interpretantur quæ scripta sunt, aut vera esse non credunt. Obnoxiam quippe et objectam falsis existimationibus eam rem dicendam magis aiunt quam arduam. Quia, quod arduum est, sui operis difficultate est arduum, non opinionis alienæ erroribus. Hæc illi malivoli reprehensores dicunt. Sed, *arduum*, Sallustius non pro difficili tantum, sed pro eo quoque ponit, quod Græci δυσχερὲς aut χαλεπὸν appellant: quod est tum difficile, tum molestum quoque et incommodum et intractabile. Quorum verborum significatio a sententia Sallustii supra scripta non abhorret.

malice ou par ignorance, il s'en trouve néanmoins qu'on semblerait pouvoir lui reprocher avec quelque apparence de raison. Tel est, par exemple, ce passage de l'histoire de la conjuration de Catilina, qui paraît peu soigné : *Quoique la gloire de l'historien soit beaucoup inférieure à celle du héros, son entreprise cependant me paraît très-difficile. D'abord, parce qu'il faut écrire les faits d'une manière digne d'eux ; ensuite, parce qu'on taxe de malveillance et de jalousie, la censure des fautes ; et que, lorsqu'on parle d'actions héroïques et vertueuses, le lecteur n'en adopte que ce qu'il se sent capable de faire lui-même, et rejette tout le reste comme faussement inventé.* Il semble, disent ses ennemis, s'être proposé de nous faire connaître en quoi consiste la difficulté d'écrire les actions des autres ; et au lieu de nous en exposer la cause, il se borne à plaindre l'historien. Car on ne doit point regarder comme une des causes de la difficulté d'écrire l'histoire, le penchant du lecteur à mal interpréter ce qu'il lit et à ne pas croire les faits qu'on lui cite. Cela, disent les mêmes, doit plutôt s'appeler l'entreprise d'un travail exposé à la critique et aux préventions injustes des lecteurs, qu'une entreprise difficile ; car, ce qui est difficile est ce qui offre de la difficulté dans l'exécution, indépendamment des erreurs des autres. Voici le reproche que ses ennemis font à Salluste. Mais Salluste ne prend point ici *difficile*, dans ce sens seulement ; il entend encore par-là ce que les Grecs entendent par δοχερές ou χαλεπός; c'est-à-dire, ce qui est non-seulement difficile, mais ce qui est encore fâcheux, incommode et désagréable : signification qui s'accorde assez bien avec le sens que Salluste donne au mot *difficile*, dans le passage que nous avons cité précédemment.

## CAPUT XVI.

De vocabulis quibusdam a Varrone et Nigidio contra quotidiani sermonis consuetudinem declinatis: atque inibi id genus quædam cum exemplis veterum relata.

M. Varronem et P. Nigidium, viros romani generis disertissimos, comperimus non aliter locutos esse et scripsisse, quam *senatuis* et *domuis*, et *fluctuis*: qui est patrius casus, ab eo quod est, *senatus*, *domus*, et *fluctus*. Hinc *senatui*, *domui*, *fluctui*, ceteraque his consimilia pariter dixisse. Terentii quoque comici versus in libris veteribus itidem scriptus est:

*Ejus anuis, opinor, causa, quæ est mortua.*

Hanc eorum auctoritatem quidam e veteribus grammaticis ratione etiam firmare voluerunt: quod omnis dativus singularis litera finitus, *i*, si non similis est genitivi singularis; litera addita genitivum singularem facit. Ut, *patri patris*, *duci ducis*, *cædi cædis*. Cum igitur, inquiunt, in casu dandi *huic senatui*, dicamus; genitivus ex eo singularis *senatuis* est, et non, *senatus*. Sed non omnes concedunt in casu dativo *senatui* magis dicendum quam, *se-*

## CHAPITRE XVI.

*Sur certains mots dont Varron et Nigidius se sont servis d'une manière inusitée. Exemples de choses à peu près semblables, comparés avec d'autres exemples que nous offrent les anciens.*

On sait que M. Varron et P. Nigidius, qui étaient deux Romains très-remarquables pour la pureté de leur style, n'ont jamais écrit et prononcé autrement que *senatuis, domuis* et *fluctuis*, qui sont les génitifs de *senatus* (sénat), *domus* (maison) et *fluctus* (flot). De là vient la terminaison du datif, *senatui, domui, fluctui*, tant dans ces mots, que dans ceux qui leur ressemblent. On trouve aussi dans les anciens exemplaires des comédies de Térence, un vers de cette sorte :

*Celle qui est morte, je crois, à cause de cette vieille (ejus anuis).*

Il y en a qui ont voulu appuyer l'autorité de ceux-ci de celle de quelques anciens grammairiens, parce que tout datif singulier terminé par la lettre *i*, s'il n'est point semblable à la terminaison du génitif du même nombre, forme la terminaison de ce génitif en ajoutant une lettre. C'est ainsi que de *patri* (au père), on forme *patris* (du père); de *duci* (au chef), *ducis* (du chef); de *cædi* (au massacre), *cædis* (du massacre). C'est pourquoi, ajoutent les mêmes, comme nous disons *huic senatui* (à ce sénat), au datif, il s'ensuit que le génitif singulier de ce nom est *senatuis* et non *senatus*. Mais ils ne conviennent pas tous

*natu*. Sicut Lucilius in eodem casu, *victu*, et, *anu*, dicit; non, *victui*, et *anui*: in hisce versibus;

*Quod sumtum atque epulas victu præponis honesto.*

Et alio in loco,

*Anu nocco*, inquit.

Virgilius quoque in casu dandi, *aspectu*, dicit, non *aspectui*.

*Teque aspectu ne subtrahe nostro.*

Et in Georgicis,

*Quod nec concubitu indulgent.*

Caius, etiam Cæsar, gravis auctor linguæ latinæ, in Anticatone: *Unius*, inquit, *arrogantiæ*, *superbiæ-que*, *dominatuque*. Item in Dolabellam actionis III. *Ibi isti*, *quorum in ædibus fanisque posita et honori erant et ornatu*. In libris quoque analogicis omnia istiusmodi sine, *i*, litera dicenda censet.

## CAPUT XVII.

De natura quarundam particularum, quæ præpositæ verbis intendi atque produci barbare atque inscite videntur, exemplis rationibusque plusculis disceptatum.

Lucilii ex undecimo versus sunt:

*Scipiadæ magno improbus objiciebat Asellus*

que l'on doive dire au datif, senatui préférablement à senatu. Ainsi, Lucile a dit au même cas, victu et anu, pour victui et anui, dans ces vers :

*Voilà ce que vous assignez pour un ordinaire (victu) honnête.*

Et ailleurs :

*Je nuis à une vieille ( anu ).*

Virgile dit aussi au datif, *aspectu*, pour *aspectui* :

*Ne vous dérobez point à nos yeux ( aspectu ).*

Il dit encore dans ses Géorgiques :

*Qu'elles se reproduisent sans s'accoupler ( non indulgent concubitu ).*

Caïus César, rigoureux observateur des principes de la langue latine, a dit aussi dans son Anticaton (17) : à l'insolence, à l'orgueil et à la domination ( *dominatu* ) d'un seul. On trouve aussi dans sa troisième action contre Dolabella (18) : *Là, ceux dont les effets précieux déposés dans les temples, en étaient regardés comme l'honneur et l'ornement ( erant ornatu ).* Il pense aussi, dans ses livres sur l'Analogie, qu'on peut se dispenser de mettre un *i* au datif de tous les noms de cette espèce.

## CHAPITRE XVII.

De la nature de certaines particules, qui, jointes à des verbes, paroissent ne pouvoir être longues sans offrir quelque chose de barbare et de choquant. Exemples et discussions propres à éclaircir cette difficulté.

On trouve dans le onzième livre de Lucile, ces vers :

*Asellus reprochait ( objiciebat ) méchamment au grand*

*lustrum, illo censore, malum infelixque fuisse.*

*Objiciebat*, *o*, litera producta multos legere audio. Idque eo facere dicunt, ut ratio numeri salva sit. Idem infra,

> et jam
> *Conjicere in versus dictum præconis volebam*
> *Grani.*

In hoc quoque prima verbi præpositio ob eandem causam producitur. Item quintodecimo,

> *Subjicit hinc humilem, et suffercitus posteriorem.*

*Subjicit*, *u*, litera longa legunt. Quia primam syllabam brevem esse in versu heroico non convenit. Item apud Plautum in Epidico, *con*, syllabam productam pronuntiant;

> *Age nunc jam, ornato, Epidico, et pallium in collum conjice.*

Apud Virgilium quoque, *subjicit*, verbum produci a plerisque audio.

> etiam Parnasia laurus
> *Parva sub ingenti matris se subjicit umbra.*

Sed neque *ob*, neque, *sub* præpositio producendi habent naturam; neque item, *con*; nisi cum eam literæ sequuntur, quæ in verbis, *constituit*, et, *confecit*, secundum eam primæ sunt; vel cum eliditur ex ea, *n*, litera: sicut Sallustius, *Facinoribus*, inquit, *coopertus*. In his autem, quæ supra posui, et metrum esse integrum potest, et præpositiones istæ possunt non barbare protendi. Secunda enim litera in his verbis per duo *ii*, non per unum scriben-

Scipion, que le lustre (¹⁹) qui s'était écoulé pendant l'exercice de sa censure, n'avait point été heureux.

Je sais qu'il y a plusieurs personnes qui lisent *o* long dans *objiciebat*; et ils disent qu'ils le font pour que la quantité se trouve au vers. On lit aussi plus bas dans le même :

*Et déjà je voulais mettre en vers ( conjicere in versus ), le mot du crieur Granius.*

C'est par la même raison qu'on fait longue la préposition qui se trouve dans le premier verbe. On voit encore dans son quinzième livre :

*De là il élève ( subjicit ) l'humble, supportant le dernier.*

On fait *u* long dans *subjicit*, parce que, dans ce vers héroïque, la première syllabe ne doit point être brève. De même, dans l'Épidicus de Plaute, on prononce longue la syllabe *con*, dans ce vers :

*Allons, pare-toi, Épidicus, et mets ton manteau sur les épaules ( in collum conjice ).*

Je tiens aussi que beaucoup de personnes font la première syllabe de *subjicit* longue, dans Virgile :

*C'est ainsi que sur le Parnasse le jeune laurier croît ( se subjicit ) à l'ombre du grand.*

Mais les prépositions *ob* et *sub* ne sont point longues de leur nature. On en peut dire autant de *con*, excepté quand cette syllabe est suivie d'une *s* ou d'une *f*, ou quand elle fait élision de la lettre *n*; comme en cet endroit de Salluste : *couvert de crimes ( coopertus ).* Dans les circonstances que nous venons de citer, la quantité se trouve exacte d'elle-même, et l'on n'est point obligé de faire ces syllabes longues par licence. Car la seconde syllabe des autres mots, tels que *subjicit*, doit s'écrire par deux *ii*, et non par un seul. En

da est. Nam verbum istud, cui supra dictæ particulæ præpositæ sunt, non *icio* est, sed *jacio*, et præteritum non *icit*, sed *jecit*. Idque ubi compositum est ex *a* litera; *a* in *i* mutatur; sicuti fit in verbis *insilio* et *incipio*: atque ita vim consonantis capit. Et idcirco ea syllaba productius latiusque paulo pronuntiata priorem syllabam brevem esse non patitur; sed reddit eam positu longam; proptereaque et numerus in versu et ratio in pronunciatu manet. Hæc, quæ diximus, eo etiam conducunt, ut, quod apud Virgilium in sexto positum invenimus,

*Eripe me his invicte malis, aut tu mihi terram*
*Injice;*

sic esse *injice*, ut supra dixi, et legendum et scribendum sciamus: nisi quis tam indocilis est, ut in hoc quoque verbo, *in* præpositionem metri causa protendat. Quærimus igitur in *obicibus*, *o*, litera qua ratione intendatur, cum id vocabulum factum sit a verbo, *obicio*; et nequaquam simile sit, quod a verbo *moveo motus*, *o*, litera longa dicitur. Equidem memini Sulpicium Apollinarem, virum præstanti literarum scientia, *obices* et *obicibus*, *o*, litera correpta dicere; in Virgilio quoque sic eum legere;

*qua vi maria alta tumescant*
*Obicibus ruptis.*

Sed ita, ut diximus, *i*, literam, quæ in vocabulo quoque gemina esse debet, paullo uberius largiusque pronuntiabat. Congruens igitur est ut *subices* etiam, quod proinde ut *obices* compositum est, *u*, litera

effet, le verbe auquel se trouvent jointes les particules précédemment citées, n'est point *icio*, mais *jacio*; son prétérit n'est point non plus *icit*, mais *jecit*. Car lorsque la lettre *a* entre ainsi dans la composition de ces verbes, on change cet *a* en *i*; comme dans *insilio* (je saute sur), *incipio* (je commence); et cet *i* prend alors la valeur d'une consonne. C'est pourquoi, comme on prononce cette syllabe en appuyant un peu dessus, la première ne peut être brève, mais à cause de l'autre elle devient longue par position; et, de cette manière, les règles de la prononciation et de la quantité se trouvent observées dans le vers. Ce que nous venons de dire sert à démontrer que dans ce passage que nous fournit Virgile, au sixième livre de l'Énéide,

*Héros invincible, délivrez-moi de ce funeste état, ou daignez jeter un peu de terre (* terram injice *) sur mon corps;*

c'est bien *injice* qu'on doit lire et écrire, d'après ce que nous avons expliqué ci-dessus, à moins qu'il ne se trouvât quelqu'un assez entêté dans son opinion, pour prétendre que dans ce verbe la préposition *in* devient longue par licence, à cause de la mesure du vers. On désire savoir, par exemple, par quelle raison la lettre *o* se trouve longue dans *obicibus* (digues), qui vient de *obicio* (j'oppose); et pourquoi ce n'est point par la même raison que *o* est long dans *motus* (mouvement), où il est long parce que *motus* vient de *moveo* (j'agite). Je me souviens que Sulpicius Apollinaire, homme de lettres fort instruit, faisait *o* bref, dans *obices* et *obicibus*, et que cependant le même lisait dans Virgile:

*Avec quelle violence on voit la mer s'enfler, et franchir ses limites (* obicibus ruptis *).*

Mais il prononçait un peu plus longue la lettre *i*, qui,

brevi diei oporteat. Ennius in tragoedia, quae Achilles inscribitur, *subices* pro aere alto ponit, qui caelo subjectus est; in his versibus:

*Per ego deûm sublimes subices, humidus*
*Unde oritur imber sonitu saevo et spiritu.*

Plerosque homines tamen legere audias, *u*, litera producta. Id ipsum autem verbum M. Cato sub alia praepositione dicit in oratione, quam de consulatu suo habuit. *Ita hos*, inquit, *fert ventus ad priorem Pyrenaeum: quos projicit in altum.* Et Pacuvius item in Chryse: *Id promontorium, cujus linguam in altum projicit.*

---

## CAPUT XVIII.

*De Africano superiore sumta quaedam ex Annalibus memoratu dignissima.*

Scipio Africanus antiquior quanta virtutum gloria praestiterit, et quam fuerit altus animo atque magnificus, et qua sui conscientia nixus; pluribus rebus quae dixerit quaeque fecerit declaratum est. Ex quibus sunt haec duo exempla ejus fiduciae atque exsuperantiae ingentis. Cum M. Naevius tribunus plebei accusaret eum ad populum; diceretque a rege Antiocho acce-

d'après ce que nous avons dit, doit se trouver double dans la seconde syllabe de ce mot. Il serait donc convenable que dans *subices*, qui est un mot composé, comme *obices*, l'on prononçât brève la lettre *u*. Dans la tragédie d'Ennius, intitulée Achille, ce poëte prend *subices* pour signifier atmosphère, dans les vers qui suivent :

*J'en jure par le ciel (per Deûm sublimes subices) d'où nous vient la pluie, le tonnerre et les vents.*

On sait cependant que la plupart lisent *u* long dans ce cas. M. Caton, dans son discours au sujet de son consulat, emploie le même mot joint à une autre préposition, et dit : *C'est ainsi que le vent les porte d'abord vers les Pyrénées, d'où il les poussa (projicit) dans la mer.* Pacuvius dit aussi dans sa tragédie intitulée Chryse : *Ce promontoire qui s'avance (projicit) en pointe dans la mer.*

## CHAPITRE XVIII.

### Traits mémorables que nous fournissent les Annales sur l'ancien Scipion dit l'Africain.

La plupart des actions de Scipion l'Africain rappellent la haute estime que lui avaient méritée ses vertus, l'élévation et la dignité de son âme, et cette inébranlable fermeté qu'inspire une conscience sans reproche. On remarque surtout deux occasions dans lesquelles ce grand homme déploya la force et l'excellence de son caractère. M. Nævius, tribun du peuple, l'ayant accusé devant la multitude d'avoir reçu de l'argent du roi Antiochus, pour lui faire obtenir du peuple

pisse pecuniam, ut conditionibus gratiosis ac mollibus pax cum eo populi romani nomine fieret; et quædam item alia crimini daret indigna tali viro: tum Scipio pauca præfatus, quæ dignitas vitæ suæ atque gloria postulabat: *Memoria*, inquit, *Quirites repeto diem esse hodiernum, quo Hannibalem Pœnum imperio nostro inimicissimum magno prælio vici in terra Africa; pacemque et victoriam vobis peperi insperabilem. Non igitur simus adversum deos ingrati: sed censeo relinquamus nebulonem hunc; eamus nunc protinus Jovi optimo maximo gratulatum.* Id cum dixisset, avertit, et ire in Capitolium cœpit. Tum concio universa, quæ ad sententiam de Scipione dicendam convenerat, relicto tribuno, Scipionem in Capitolium comitata, atque inde ad ædes ejus, cum lætitia et gratulatione sollemni prosecuta est. Fertur etiam oratio, quæ videtur habita eo die a Scipione. Et, qui dicunt eam non veram, non eunt infitias, quin hæc quidem verba fuerint, quæ dixi, Scipionis. Item aliud est factum ejus præclarum. Pœtilius quidam tribunus plebei a Marco, ut aiunt, Catone inimico Scipionis comparatus in eum atque immissus desiderabat in senatu instantissime, ut pecuniæ Antiochenæ, prædæque, quæ eo in bello capta erat, rationem redderet. Fuerat enim L. Scipioni Asiatico fratri suo imperatori in ea provincia legatus. Ibi Scipio exsurgit; et prolato e sinu togæ libro, rationes in eo scriptas esse dixit omnis pecuniæ omnisque prædæ:

romain des conditions de paix moins onéreuses et moins humiliantes, et le tribun continuant à lui reprocher mille choses indignes du vainqueur d'Annibal ; Scipion l'interrompt tout à coup, et après avoir rappelé en peu de mots ce qu'il devait à sa gloire et à la dignité de ses mœurs, il éleva aussitôt la voix, et dit : *Romains, je me souviens que c'est à pareil jour que je vainquis en Afrique, dans un combat décisif, Annibal, le plus terrible ennemi du nom romain, et que j'eus l'avantage de vous procurer une victoire et une paix inespérées. Ne soyons donc point ingrats envers les dieux; laissons là cet impudent, et allons à cette heure offrir au grand Jupiter nos actions de grâces et nos hommages.* En achevant ces mots, Scipion prend la route du Capitole, et le peuple entier, qui s'était assemblé pour le condamner, abandonne le tribun, suit le général au Capitole, et le reconduit après à sa maison, comme en triomphe, avec les plus vives démonstrations de reconnaissance et d'allégresse. On cite un discours, qu'on dit être celui que Scipion prononça en cette occasion ; mais cette pièce est supposée, et Scipion n'a presque rien dit que ce que nous venons de rapporter. Le second trait que l'on cite à l'égard de Scipion, est aussi très-digne de remarque. Un autre tribun du peuple, nommé Pœtilius, poussé, à ce qu'on dit, par Marcus Caton, ennemi de Scipion, le somma en plein sénat, avec beaucoup d'aigreur et d'instance, de rendre compte des trésors du roi Antiochus, et des autres dépouilles qu'il avait enlevées dans la guerre contre ce prince ; car dans cette guerre il avait servi de lieutenant à son frère L. Scipion, surnommé l'Asiatique. A cette sommation Scipion se lève, tire de son sein un livret dans lequel il assure que l'état des sommes et des dépouilles qui ont été les fruits de la guerre,

allatum ut palam recitaretur, et ad ærarium deferretur. Sed enim id jam non faciam, inquit, nec me ipse afficiam contumelia. Eumque librum statim coram discidit suis manibus, et concerpsit; ægre passus, quod, cui salus imperii ac reip. accepta ferri deberet, rationem pecuniæ prædaticiæ posceretur.

## CAPUT XIX.

Quid M. Varro in Logistorico scripserit de moderando victu puerorum impubium.

Pueros impuberes compertum est, si plurimo cibo nimioque somno uterentur, hebetiores fieri : advertimusque hinc elici tarditatem; corporaque eorum improcera fieri, minusque adolescere. Idem plerique alii medicorum philosophorumque, et M. Varro in Logistorico scripsit; quæ inscripta est *Capys aut de liberis educandis*.

se trouve détaillé; qu'il l'avait apporté pour être lu en présence de tous, et ensuite être déposé au trésor public: «Mais, ajouta-t-il, je ne donnerai point connaissance de ce qui y est contenu, et je ne me soumettrai point à l'affront de me justifier d'une telle accusation.» Aussitôt Scipion met le livre en pièces, en présence de toute l'assemblée, indigné qu'on se permit de demander compte de quelques sommes d'argent, à celui auquel la république devait son salut et sa gloire.

## CHAPITRE XIX.

*Ce que M. Varron dit, dans un recueil de traits historiques, sur la précaution avec laquelle on doit donner à manger aux enfans qui n'ont pas encore atteint l'adolescence.*

Il est prouvé que si l'on donne trop à manger aux enfans qui ne sont pas encore parvenus à l'adolescence, et que si on les laisse dormir trop long-temps, ils deviennent lourds et d'un esprit peu ouvert. On remarque en effet que cela retarde chez eux les progrès de la nature; qu'ils grandissent beaucoup plus difficilement, et qu'ils parviennent plus tard à l'adolescence. La plupart des médecins et des philosophes ont pensé ainsi, et M. Varron en dit autant, dans son recueil de traits historiques, intitulé *Capys, ou de la Manière d'élever les enfans.*

exemptus est. P. Scipio Africanus Pauli F. utramque historiam posuit in oratione, quam dixit in censura, cum ad majorum mores populum adhortaretur. Item aliud refert Sabinus Massurius in septimo memoriali severe factum : *Censores*, inquit, *P. Scipio Nasica et M. Popilius quum equitum censum agerent; equum nimis strigosum at male habitum, sed equitem ejus uberrimum et habitissimum viderunt. Et cur, inquiunt, ita est, ut tu sis quam equus curatior? Quoniam, inquit, ego me curo; equum Statius. Visum est parum reverens esse responsum, relatusque in aerarios, ut mos est.* Statius autem servile nomen fuit. Plerique apud veteres servi eo nomine fuerunt. Caecilius quoque ille comoediarum poeta inclutus servus fuit : et propterea nomen habuit *Statius*. Sed postea versum est quasi in cognomentum; appellatusque *Caecilius Statius*.

traits dans le discours qu'il prononça pendant l'exercice de sa censure, pour engager le peuple à imiter les mœurs des anciens Romains. Sabinus Messurius fait mention du troisième exemple de sévérité des censeurs, au septième livre de ses Mémoires, dans lequel il s'exprime ainsi : *Les censeurs P. Scipion Nasica, et M. Popilius, faisant la revue des chevaliers* (\*), *en remarquèrent un dont le cheval était maigre et en mauvais état, tandis que le chevalier était gras et brillant de santé. D'où vient cette différence? lui demandèrent les censeurs. C'est, repartit le chevalier, que je me soigne moi-même, et que c'est Statius qui soigne mon cheval. Cette réponse parut peu respectueuse, et le chevalier dégradé, fut réduit, selon la coutume, à la dernière classe des citoyens.* Statius était le nom que ce chevalier donnait à son valet, et la plupart des esclaves s'appelaient ainsi chez les anciens. Le poëte Cæcilius, si célèbre par ses comédies, avait été esclave, et avait, à cause de cela, porté le nom de *Statius*, qui devint pour lui, dans la suite, une espèce de surnom, en sorte qu'on l'appelait *Cæcilius Statius*.

# REMARQUES
## SUR
## LE LIVRE QUATRIÈME.

1. 1. *César.* L'empereur Adrien, sous le règne duquel florissait Favorin.

2. II. *Des édiles curule.* Les édiles curules étaient distingués des édiles plébéiens. Les marques de la dignité des premiers étaient la chaise curule, la robe prétexte, le droit d'images et celui d'opiner les premiers dans le sénat. Quoiqu'ils fussent magistrats, ils n'avaient cependant pas le droit d'ajourner devant eux un citoyen, ni de faire arrêter qui que ce fût, sans l'ordre des tribuns du peuple; au contraire, tout particulier pouvait les faire comparaître en justice. Ils n'avaient ni licteurs, ni messagers; ils avaient seulement des esclaves publics. Quelques auteurs assurent que la personne des grands édiles était sacrée, c'est-à-dire, qu'on ne pouvait impunément leur manquer de respect, ni leur faire aucune injure. Cette charge paraît avoir subsisté, quoiqu'avec quelques changemens, jusqu'au temps de Constantin.

3. *Id. Que le titre de chaque esclave.* Ce titre était une espèce d'écriteau que les esclaves, exposés en vente, portaient suspendu à leur cou, et sur lequel les maîtres étaient obligés d'inscrire les vices et les maladies de chaque esclave qu'ils voulaient vendre.

4. *Id. Et s'il est libre de toute espèce de lien.* Dans les premiers jours de la fondation de leur empire, les Romains usèrent de bonté envers leurs esclaves, et partagèrent avec eux les alimens et les travaux. Si l'esclave avait commis quelques fautes graves, on lui attachait les bras en croix, aux deux bouts d'une fourche, et

on le promenait ainsi par toute la ville : cette espèce de honte suffisait pour le faire rentrer dans le devoir. Ces heureux esclaves pouvaient se marier, et ne craignaient point d'avoir des enfans, qui, comme eux, étaient assurés de la bienveillance du maître. Tous avaient leur petit trésor, fruit de leur industrie, qu'ils faisaient le plus souvent valoir dans le commerce, aux conditions que le maître imposait. Une fois devenus riches, ils se faisaient affranchir et acquéraient le titre de citoyens. Tel fut le sort des esclaves, tant que Rome fut jalouse de conserver la pureté de ses mœurs. Mais lorsque le sort des armes eut rangé les Romains dans la classe des conquérans, la condition des esclaves changea de face ; ces infortunés furent regardés comme la partie la plus vile de la nation ; ils murmurèrent. Il fallut avoir recours aux lois les plus sévères et aux châtimens les plus rigoureux pour les contenir. Sous Auguste, on ordonna que lorsqu'un maître serait tué, « tous les esclaves qui se trouveraient sous le même toit, ou dans un lieu assez proche de la maison pour qu'on pût entendre la voix d'un homme, seraient condamnés à mort ; ceux qui, dans ce cas, donneraient asile à un esclave pour le sauver, seraient punis comme meurtriers. » Celui-là même à qui son maître aurait ordonné de le tuer, et qui lui aurait obéi, aurait été coupable. Celui qui ne l'aurait point empêché de se tuer lui-même aurait été puni. Les esclaves d'un maître tué dans un voyage, soit qu'ils fussent restés auprès de lui, soit qu'ils se fussent enfuis, auraient été dignes de mort ; et cependant ces maîtres, dont des lois cruelles semblaient assurer la vie, pouvaient impunément tuer leurs esclaves et les mettre à la torture. Dans la suite, les empereurs diminuèrent cette excessive autorité, et Claude ordonna que les esclaves qui, étant malades, auraient été abandonnés par leurs maîtres, avec la santé, recouvreraient leur liberté.

5. III. *Donna le premier aux Romains l'exemple d'un divorce, l'an de Rome 523.* Dans la suite, les exemples du divorce se multiplièrent, même dans les plus illustres maisons. Paul Emile en vint à cette extrémité à l'égard de son épouse, dont il avait plusieurs enfans, et qui était fille d'un consul. Mais avant que d'en venir là, il s'en ou-

véritables amis, qui lui disaient : « Pourquoi ces éclats, et d'où vous peuvent venir vos mécontentemens ? Papyrie est belle, elle est sage, et vous en avez des enfans qui font votre espérance et la nôtre. » A ces mots, Paul Émile ne répondit qu'en montrant sa chaussure. « Mes souliers, dit-il à ses amis, sont neufs, sont bien faits, et cependant je suis obligé d'en changer. Personne que moi ne sent où ils me blessent. »

6. IV. *Le contrat de promesses réciproques s'appelait fiançailles.* Chez les Romains, celui qui voulait se marier demandait la fille qu'il voulait obtenir, à celui dont elle dépendait ; et si celui-ci y consentait, il la promettait au prétendant. On appelait cette promesse fiançailles (*sponsalia*). Ces promesses pouvaient se faire par un simple consentement ; cependant on les mettait ordinairement par écrit, et elles étaient confirmées et scellées du sceau ou cachet de ceux qui y étaient présens. Alors le fiancé donnait à sa future épouse un anneau pour gage de sa foi. Du temps de Pline, cet anneau était de fer ; depuis, il fut d'or. Après cette cérémonie, on choisissait un jour pour les noces. On ne le prenait pas indifféremment ; car il y en avait qui étaient de mauvais augure, que l'on voulait éviter, comme les calendes, les ides, les nones, et tous les lendemains de ces jours-là.

7. V. *Des aruspices, appelés d'Étrurie*, etc. Il serait difficile d'exprimer jusqu'à quel degré d'extravagance l'antiquité poussa l'excès de la crédulité, au sujet de certaines choses dans lesquelles on croyait apercevoir des indices de l'avenir ou de la volonté des dieux. Qui croirait que, dans certaines occasions, les souris et les rats devenaient la règle et la conduite des maîtres du monde, de ces Romains si graves et si sensés ? La rencontre inopinée d'un de ces animaux fournissait un prétexte légitime pour suspendre l'exécution d'une affaire sérieuse. Au cri d'une souris, les Romains assemblés en comité prenaient l'alarme et se séparaient sans avoir rien conclu. C'en fut assez pour obliger Fabius Maximus, alors dictateur, selon Valère Maxime, ou Minucius, selon Plutarque, et Caïus Flaminius, général de la cavalerie, à se démettre de leurs charges, persuadés que les dieux avaient réprouvé leur promotion. Il n'en fallait pas davantage pour annuler la foi des auspices, comme nous l'apprenons

de Pline, au chapitre cinquante-septième du huitième livre. Si cependant le poil de l'animal était blanc, le présage devenait heureux et répondait du succès de l'entreprise. Mais la crainte redoublait, lorsque certaines choses destinées aux usages de la vie civile ou de la religion avaient été rongées par les rats. Cicéron, au second livre de la Divination, fait sentir tout le ridicule de si absurdes préjugés. Il n'est pas le seul qui se moque de cette superstition puérile. Caton, un jour consulté au sujet d'un rat qui avait rongé un soulier, répondit : « Que trouvez-vous en cela de merveilleux ? La merveille serait si le soulier avait rongé le rat. »

8. VI. *Au dieu Robigus.* Dieu que les laboureurs invoquaient à Rome pour préserver les moissons de la nielle.

9. VIII. *Il fit rayer du tableau des sénateurs.* Il y avait quatre principaux genres de notes de la part du censeur. La première était, lorsque le nom d'un sénateur était omis dans la lecture des catalogues, ce qui témoignait que le censeur ne le regardait plus comme sénateur. La seconde, lorsqu'un chevalier était exclu de l'ordre. La troisième, lorsque le censeur faisait sortir un citoyen de sa tribu, c'est-à-dire, lorsqu'il le faisait passer à une tribu inférieure et moins honorable, par exemple, d'une des tribus de la campagne (c'étaient les plus nobles) dans une tribu de la ville ; car il ne pouvait absolument exclure un citoyen de toute tribu, ni lui ôter le droit de suffrage. La quatrième et la plus considérable note du censeur était, lorsqu'il reléguait quelqu'un dans la classe des Coérites, qui était la dernière de toutes, composée des habitans de la ville de Coëre, qui avaient autrefois obtenu le droit de bourgeoisie romaine, mais sans droit de suffrage, pour avoir conservé les vases et les instrumens sacrés des Romains, dans le temps de la guerre des Gaulois. On augmentait souvent les impôts qu'ils étaient obligés de payer, et c'est pour cela qu'on les nommait *ærarii*.

10. IX. *La journée du combat sur les bords de l'Allia.* Ce combat, dans lequel les Romains furent complètement défaits par les Gaulois Sénonois, se livra l'an de Rome 363, trois cent quatre-vingt-onze ans avant Jésus-Christ.

11. X. *Celui que les censeurs avaient nommé prince du sénat.* Le sénateur qui était nommé le premier par le censeur, était appelé le prince du sénat. Dans les premiers temps, c'était le sénateur qui avait été lui-même censeur, et qui était le plus ancien des censeurs vivans. Dans la suite, ce fut celui que le censeur jugeait le plus digne de ce titre.

12. *Id. De donner le premier son avis.* La manière dont le sénat romain délibérait sur les affaires importantes qui intéressaient la république, est un des articles les plus curieux de l'histoire de Rome. Voici quelques remarques propres à compléter ce qu'en dit Aulu-Gelle. Après le prince du sénat et les consulaires, le magistrat suprême, qui présidait l'assemblée, consultait ceux qui avaient été préteurs, édiles, tribuns et questeurs, suivant l'ordre ici rapporté. Le sénateur qui donnait son avis en forme, se levait par respect pour l'assemblée. S'il se contentait d'approuver celui qui avait été donné avant lui, il pouvait le faire sans se lever. Celui à qui on demandait le premier son avis, ne pouvait guère s'empêcher de l'appuyer de quelques raisons ; mais ceux qui pensaient comme lui, pouvaient se dispenser de parler. En disant son avis, on s'adressait communément au sénat, en se servant du titre de « Pères conscrits, » et non au consul qui présidait, quoiqu'il y eût des exemples qu'on se soit adressé à tous deux, et quelquefois au seul consul président. Quoique l'amour de la patrie, le respect pour les lois, et la présence des dieux, sous les yeux de qui les sénateurs délibéraient, ne pussent manquer de faire impression sur leur esprit, et de diriger leurs résolutions vers la justice et l'utilité publique, cependant, de crainte que l'intérêt ou les préjugés ne les portassent à un avis qu'aurait désavoué la raison, on ajoutait le serment à son avis dans quelques circonstances critiques. On l'imposa, pour la première fois, au sujet de ce débat mémorable, dans lequel on discuta si l'on souffrirait que Coriolan répondît devant le peuple, pour les discours qu'il avait tenus dans le sénat.

13. XI. *Xénophile*, célèbre musicien grec, vécut cent cinq ans sans avoir éprouvé la plus légère infirmité, ce que Pline appelle un prodige unique.

14. *Id. Euphorbe.* Nom d'un Troïen qui fut tué par Ménélas.

15. XII. *Et qu'ils punissaient, etc.* Cette punition entraînait la privation du droit de suffrage.

16. XIV. *Avec un faiseur de couronnes.* Les anciens avaient coutume de ceindre leur front de couronnes, lorsqu'ils se trouvaient à des festins joyeux.

17. XVI. *Dans son Anticaton.* Ouvrage que César composa contre Cicéron, dans la vue de décrier les louanges données par ce dernier à Caton d'Utique.

18. *Id. Dans sa troisième action contre Dolabella.* César, alors âgé seulement de vingt-un ans, fit preuve de la plus grande éloquence.

19. XVII. *Que le lustre, etc.* Le lustre des Latins répondait à l'olympiade des Grecs, et était également composé de cinq années. C'était à la fin de chaque lustre que l'on créait de nouveaux censeurs.

20. XX. *Mon mariage n'est pas de votre goût.* Cet homme cherchait à se moquer du magistrat qu'il savait être amoureux de sa femme.

21. *Id. Faisant la revue des chevaliers.* La revue des chevaliers romains était une des principales fonctions de la censure. Aux ides de juillet, tous les chevaliers, ayant une couronne d'olivier sur la tête, revêtus de leur robe de cérémonie, montés sur leurs chevaux, et portant à la main tous les ornemens militaires qu'ils avaient reçus de leurs généraux, passaient en revue depuis le temple de l'Honneur, qui était hors de la ville, jusqu'au Capitole, tous les cinq ans. Dans cette cérémonie, les chevaliers s'approchaient du censeur qui était assis dans une chaise curule devant le Capitole. Quand ils étaient fort près de lui, ils descendaient de leurs chevaux et les conduisaient devant le censeur. Si le chevalier menait une vie débauchée, s'il avait diminué son bien, s'il avait peu de soin de son cheval, le censeur lui ordonnait de le rendre et l'excluait de l'ordre. Si le censeur, au contraire, était content, il lui ordonnait de passer outre avec son cheval.

# LIBER QUINTUS.

## CAPUT I.

Quod Musonius philosophus reprehendit improbavitque laudati philosophum disserentem a vociferantibus et in laudando gestientibus.

Musonium philosophum solitum dicere accepimus: Cum philosophus, inquit, hortatur, monet, suadet, objurgat, aliudve quid disciplinarum disserit; tum, qui audiunt, si de summo et soluto pectore obvias vulgatasque laudes effutiunt; si clamitant etiam, si vocum ejus festivitatibus, si modulis verborum, si quibusdam quasi frequentamentis orationis moventur, exagitantur, et gestiunt; tum scias et qui dicit et qui audivit, frustra esse : neque illic philosophum loqui, sed tibicinem canere. Animus is, inquit, audientis philosophum, si, quæ dicuntur, utilia ac salubria sunt et errorum atque vitiorum medicinas ferunt, laxamentum atque otium prolixe profuseque laudandi non habet : quisquis ille est qui audit, nisi ille est plane deperditus, inter ipsam philosophi orationem, et perhorrescat necesse est et pudeat tacitus et pœniteat et gaudeat et admiretur : varios adeo vultus disparilesque sensus gerat; proinde ut eum

# LIVRE CINQUIÈME.

## CHAPITRE I.

*De quelle manière le philosophe Musonius blâme et désapprouve que l'on applaudisse, avec des gestes et des acclamations bruyantes, les philosophes, pendant leurs dissertations.*

On sait que le philosophe Musonius avait coutume de dire : Lorsqu'un philosophe exhorte, avertit, conseille, fait des reproches, ou disserte sur quelque partie des sciences; si l'on entend tout à coup son auditoire, cédant aux mouvemens d'une joie immodérée, faire tout retentir de vaines acclamations et d'éloges vulgaires; si, charmé de l'harmonie des expressions et de l'élégance du style, il redouble de transports, de gestes et d'applaudissemens, soyez persuadés que le déclamateur et l'auditoire perdent également leur temps; car, dans ce cas, ce n'est point un philosophe qui parle, mais c'est un joueur de flûte qui veut se faire admirer. Mais, ajoute Musonius, lorsqu'un philosophe n'entretient son auditoire, que de maximes utiles et salutaires, quand il combat fortement le vice, et qu'il en indique les remèdes les plus efficaces, on n'a ni le temps, ni même la pensée de se répandre en louanges et en applaudissemens, et je défie l'auditeur le plus léger, à moins qu'il n'ait le cœur profondément corrompu, de ne point frémir en entendant parler le philosophe, de ne point rougir intérieurement de ses désordres,

conscientiamque ejus affecerit utrarumque animi partium aut sincerarum aut ægrarum philosophi pertrectatio. Præterea dicebat magnam laudem non abesse ab admiratione : admirationem autem, quæ maxima est, non parere verba sed silentium : iccirco, inquit, poetarum sapientissimus auditores illos Ulyxi labores suos illustrissime narrantis, ubi loquendi finis factus, non exsultare nec strepere nec vociferari facit : sed consiluisse universos dicit, quasi attonitos et obstupidos delenimentis aurium ad origines usque vocis permanantibus.

## CAPUT II.

*Super equo Alexandri regis, qui Bucephalus appellatus est.*

Equus Alexandri regis et capite et nomine *Bucephalus* fuit. Emtum Chares scripsit *talentis tredecim*, et regi Philippo donatum : æris nostri summa est HS-CCCXII. Super hoc equo dignum memoria visum ; quod, ubi ornatus erat armatusque ad prælium, haud unquam inscendi sese ab alio nisi a rege passus sit. Id etiam de isto equo memoratum est ;

et de ne point éprouver successivement, et de ne point offrir alternativement empreints sur son visage, les différens sentimens de repentir, de joie et d'admiration que font naître diversement dans son âme les différentes parties de la dissertation du philosophe, propres à y produire ces différens mouvemens et ces différentes sensations. D'ailleurs, continue encore le même, les grandes louanges tiennent de près à l'admiration; et l'admiration, portée à un très-haut degré, ne produit que le silence. C'est pourquoi, dit-il, le plus habile des poëtes, après avoir fait raconter à Ulysse ses malheurs avec beaucoup d'intérêt, ne dit point qu'on vit ses auditeurs, charmés de son récit, s'agiter, applaudir et pousser de grandes acclamations; il les peint tous au contraire dans le silence, saisis d'étonnement, immobiles, et trop profondément émus pour pouvoir proférer une seule parole.

## CHAPITRE II.

### Sur le cheval du roi Alexandre, appelé Bucéphale.

Le roi Alexandre avait un cheval que la forme de sa tête avait fait appeler *Bucéphale*. Charès rapporte qu'il fut acheté *treize talens* (treize mille six cent cinquante francs environ de notre monnaie), et qu'on en fit présent au roi Philippe. Ce qu'il y avait de remarquable particulièrement dans ce cheval, c'est que, quand il était enharnaché et couvert de son armure, il n'y avait que le roi qui pût le monter. On raconte encore de ce fameux coursier, que dans la

quod cum in eo insidens Alexander, bello indico, et facinora faciens fortia, in hostium cuneum non satis sibi providens immisisset, conjectis undique in Alexandrum telis, vulneribus alte in cervice atque in latere equus perfossus est : moribundus tamen ac prope jam exsanguis e mediis hostibus regem vivacissimo cursu retulit : atque, ubi eum extra tela extulerat, ilico concidit, et domini jam superstitis securus, quasi cum sensus humani solatio, exspiravit. Tum rex Alexander, parta ejus belli victoria, oppidum in iisdem locis condidit; atque ob equi honores Bucephalon appellavit.

## CAPUT III.

Quæ causa quodque initium fuisse dicatur Protagoræ ad philosophiæ literas adeundi.

PROTAGORAM, virum in studiis doctrinarum egregium, cujus nomen Plato libro illi suo incluto inscripsit, adolescentem aiunt, victus quærendi gratia, in mercedem missum; vecturasque onerum corpore suo factitavisse. Quod genus Græci βαςάζοντας vocant; latine *bajulos* appellamus. Is de proximo rure in Abderam oppidum, cujus popularis fuit, caudices ligni plurimos funiculo brevi circumdatos portabat. Tum forte Democritus civitatis ejusdem

guerre des Indes, Alexandre, qui le montait, s'étant précipité, après des prodiges de valeur, au milieu d'un bataillon ennemi, et se trouvant en butte à tous les traits dans cet endroit où l'avait conduit son imprudence, le fameux cheval, la tête et les flancs couverts de profondes blessures, et déjà près de mourir par la perte de son sang, dégage néanmoins le roi du milieu des ennemis, parvient à le tirer de danger par la rapidité de sa course; et quand il sent qu'il est hors de péril, ce généreux coursier tombe et meurt satisfait d'avoir pu, en périssant, sauver la vie à son maître. Alexandre, ayant terminé victorieusement cette guerre, fit bâtir, à l'endroit même où Bucéphale était mort, une ville qu'il appela Bucéphalon (¹), pour conserver la mémoire de ce généreux cheval.

## CHAPITRE III.

### Pourquoi et à quelle occasion Protagoras se livra à l'étude de la philosophie.

Protagoras (²), ce philosophe célèbre, dont Platon a placé le nom au frontispice d'un de ses écrits, fut obligé, dit-on, de vivre, pendant sa jeunesse, du travail de ses mains, et de faire le métier de porte-faix; ce que les Grecs appellent βαςάζοντας, et les Latins *bajuli*. Un jour il traversait la campagne, portant à Abdère, sa patrie, une forte charge de bois, retenue par un lien très-court, lorsque Démocrite, son concitoyen, homme très-recommandable par sa vertu et par ses connaissances profondes en philosophie, sortant alors de la ville, l'aperçoit et s'étonne de la facilité avec la-

civis, homo ante alios virtutis et philosophiæ gratia venerandus, cum egrederetur extra urbem, videt eum, cum illo genere oneris tam impedito ac tam incoibili, facile atque expedite incedentem : et prope accedit ; et vincturam posituramque ligni scite periteque factam considerat ; petitque ut paulum acquiescat. Quod ubi Protagoras, uti erat petitum, fecit ; atque itidem Democritus acervum illum et quasi orbem caudicum, brevi vinculo comprehensum, ratione quadam quasi geometrica librari continerique animadvertit : interrogavit quis id lignum ita composuisset : et, cum ille a se compositum dixisset, desideravit uti solveret, ac denuo in modum eumdem collocaret. At postquam ille solvit, ac similiter composuit : tum Democritus animi aciem sollertiamque hominis non docti demiratus : Mi adolescens, inquit, cum ingenium benefaciendi habeas, sunt majora melioraque quæ facere mecum possis : abduxitque eum statim, secumque habuit, et sumtum ministravit, et philosophias docuit, et esse eum fecit, quantus postea fuit. Is tamen Protagoras insincerus quidem philosophus, sed acerrimus sophistarum fuit. Pecuniam quippe ingentem cum a discipulis acciperet annuam, pollicebatur se id docere, quanam verborum industria causa infirmior, fieret fortior. Quam rem græce ita dicebat ; τὸν ἥττω λόγον τὸν κρείττω ποιεῖν.

quelle il portait un fardeau dont les parties semblaient si difficiles à arranger. Il l'approche, il considère attentivement l'art singulier avec lequel les bûches étaient disposées et jointes ensemble, et il engage Protagoras à se reposer un instant. Protagoras s'étant rendu à l'invitation, Démocrite examine de plus près encore, et s'aperçoit que ce fardeau, disposé en rond, et serré d'un lien très-court, était dans un équilibre géométrique. Il demande qui avait arrangé ce bois de la sorte, et Protagoras lui ayant répondu que c'était lui-même, Démocrite, qui voulait s'en assurer, le pria de le défaire, et de le relier. Protagoras s'étant rendu à sa prière, Démocrite surpris, et plein d'admiration pour l'habileté et la finesse d'esprit de cet homme inculte, lui dit : Mon enfant, avec les heureuses dispositions que vous avez, vous pouvez vous occuper avec moi de choses plus importantes et plus utiles. Et aussitôt il le conduit chez lui, se l'associe, subvient à tous ses besoins, lui enseigne la philosophie, et le fait parvenir à ce degré de célébrité que tout le monde connaît. On fait néanmoins à Protagoras le reproche d'avoir été souvent un philosophe captieux, et très-partisan du sophisme, puisqu'il promettait à ceux de ses disciples qui le payaient largement, de leur enseigner l'art de faire triompher une cause faible à force d'adresse et de subtilité ; ce qu'il exprimait en grec, en disant : *L'inférieure deviendra la supérieure.*

## CAPUT IV.

*De verbo, duoetvicesimo, quod vulgo incognitum, a viris doctis multifariam in libris scriptum est.*

Apud Sigillaria forte in libraria ego et Julius Paulus vir memoria nostra doctissimus consederamus: atque ibi expositi erant Fabii Annales, bonae atque sincerae vetustatis libri, quos venditor sine mendis esse contendebat. Grammaticus autem quispiam de nobilioribus ab emtore ad spectandos libros adhibitus, reperisse unum in libro mendum dicebat. Sed contra librarius in quodvis pignus vocabat, ni in una nuspiam litera delictum esset. Ostendebat grammaticus ita scriptum in libro quarto : *Quapropter tum primum ex plebe alter consul factus est duoetvicesimo anno postquam Romam Galli ceperunt.* Non, inquit, *duoetvicesimo*, sed, *duodevicesimo* scribi oportuit. Quid enim est, *duoetvicesimo?* Alio quoque loco hic ita scripsit : *Mortuus est anno duoetvicesimo : Rex fuit annos viginti et unum.*

## CHAPITRE IV.

*Sur le mot presque inconnu, duoetvicesimo (vingt-deuxième), qui se trouve employé de différentes manières dans les écrits des savans.*

M'étant un jour arrêté dans une librairie, à Sigillaire (*), avec Julius Paulus, homme fort instruit de notre temps, nous y vîmes les Annales de Fabius, un des bons ouvrages de l'antiquité, que le libraire nous assurait être entièrement exempt de fautes. Mais un grammairien assez célèbre, que ce libraire avait appelé pour examiner ses livres, dit en avoir trouvé une dans celui-ci. Le libraire, de son côté, était prêt à parier tout ce qu'on voudrait qu'il ne s'y trouvait pas erreur, même d'une seule lettre, lorsque le grammairien cita ce passage du livre quatrième : *C'est pourquoi l'un des consuls fut pris alors pour la première fois dans la classe des plébéiens, vingt-deux ans (duoetvicesimo anno) après la prise de Rome par les Gaulois.* Ce n'était point *duoetvicesimo*, dit-il, mais *duodevicesimo* qu'il fallait en cet endroit : car qu'est-ce que *duoetvicesimo* ? Le même a écrit encore ailleurs : *Il mourut la vingt-deuxième année (anno duoetvicesimo), après avoir régné vingt-un ans.*

## CAPUT V.

*Cujusmodi joco cavillatus sit Antiochum regem Pœnus Hannibal.*

In libris veterum memoriarum scriptum est Hannibalem Karthaginiensem apud regem Antiochum facetissime cavillatum esse. Ea cavillatio hujuscemodi fuit. Ostendebat ei Antiochus in campo copias ingentes, quas bellum populo romano facturus comparaverat: convertebatque exercitum insignibus argenteis et aureis florentem. Inducebat etiam currus cum falcibus, et elephantos cum turribus, equitatumque frenis, ephippiis, monilibus, phaleris præfulgentem. Atque ibi rex contemplatione tanti ac tam ornati exercitus gloriabundus Hannibalem adspicit, et: Putasne, inquit, conferri posse, ac satis esse credis Romanis hæc omnia? Tum Pœnus eludens ignaviam imbelliamque militum ejus pretiose armatorum: Satis plane, inquit, satis esse credo Romanis hæc omnia, etiamsi avarissimi sunt. Nihil prorsus neque tam lepide neque tam acerbe dici potest. Rex de numero exercitus sui ac de æquiparatione æstimanda quæsierat: respondit Hannibal de præda.

## CHAPITRE V.

Réponse plaisante et maligne du Carthaginois Annibal au roi Antiochus.

Dans les mémoires anciens, on lit que le Carthaginois Annibal paya d'une excellente plaisanterie la vanité du roi Antiochus, chez lequel il était retiré. Voici le fait. Antiochus lui montrait dans une vaste campagne l'armée nombreuse qu'il avait mise sur pied, pour faire la guerre au peuple romain; il lui faisait remarquer avec ostentation l'or et l'argent qui brillaient sur les armes de ses soldats; il se plaisait à lui faire examiner les chars garnis de faux; les éléphans chargés de tours, les équipages, les colliers précieux, les freins, et tous les ornemens superbes de sa cavalerie. Ce roi, ébloui du spectacle d'une armée si nombreuse et si magnifique, se tourne vers Annibal et lui dit : Croyez-vous que je sois en état d'entreprendre la guerre, et que c'en soit assez pour les Romains? Alors le rusé Carthaginois lui répondit, en se moquant de la faiblesse et de la lâcheté de ses soldats couverts d'armes si riches : Oui, certainement, je crois que c'en est assez (4) pour les Romains, quelque avares qu'ils soient. On ne peut rien trouver de plus ingénieux et de plus malin que cette réponse. Le roi, en s'exprimant de la sorte, dans sa question, l'entendait du nombre et de la force de son armée, comparée avec celle des Romains; Annibal, dans sa réponse, l'entendait du butin qu'elle allait leur offrir.

## CAPUT VI.

*De coronis militaribus; quæ sit earum triumphalis, quæ obsidionalis, quæ civica, quæ muralis, quæ castrensis, quæ navalis, quæ ovalis, quæ oleaginea.*

Militares coronæ multifariæ sunt. Quarum quæ nobilissimæ sunt, has ferme esse accepimus, *triumphalem, obsidionalem, civicam, muralem, castrensem, navalem*. Est ea quoque corona quæ *ovalis* dicitur. Est item prostrema *oleaginea*, qua uti solent qui in prælio non fuerunt, sed triumphum procurant. *Triumphales* coronæ sunt aureæ, quæ imperatoribus ob honorem triumphi mittuntur. Id vulgo dicitur *aurum coronarium*. Hæ antiquitus e lauru erant; post fieri ex auro cœptæ. *Obsidionalis* est, quam ii, qui liberati sunt obsidione, dant ei duci, qui liberavit. Ea corona graminea est: observarique solitum ut fieret e gramine, quod in eo loco generatum esset, intra quem clausi erant, qui obsidebantur. Hanc coronam gramineam senatus populusque romanus Q. Fabio Maximo dedit, bello Pœnorum secundo, quod urbem romanam obsidione hostium liberasset. *Civica* corona appellatur, quam civis civi a quo servatus est in prælio testem vitæ salutisque perceptæ dat. Ea fit e fronde querna; quoniam cibus victusque antiquissimus quernus capi solitus sit. Etiam

## CHAPITRE VI.

*Des couronnes militaires. Ce qu'on appelle couronnes triomphales, obsidionales, civiques, murales, castrales, navales, ovales et oléaginéales.*

Il y a des couronnes militaires de beaucoup d'espèces, parmi lesquelles on cite, comme les plus honorables, les couronnes *triomphales*, *obsidionales*, *civiques*, *murales*, *castrales* et *navales*. On cite également celle appelée *ovale*, ainsi que la couronne d'*olivier*, destinée à ceux qui, sans s'être trouvés au combat, procurent au vainqueur les honneurs du triomphes. La couronne triomphale est une couronne d'or que l'on envoie aux généraux, pour s'en parer au jour de leur triomphe. C'est ce qu'on appelle vulgairement *aurum coronarium*. Ces couronnes étaient autrefois de laurier; mais ensuite on prit la coutume de les faire d'or. La couronne *obsidionale* est celle que présentent les habitans d'une ville délivrée d'un siége, à celui qui l'a fait lever. Elle n'est composée que de gazon, que l'on a soin de prendre dans l'enceinte des murs de la ville délivrée du siége. Le sénat et le peuple romain décernèrent cette couronne de gazon à Q. Fabius Maximus, pour avoir contraint les Carthaginois à lever le siége de Rome, pendant la seconde guerre punique. On appelle couronne *civique*, celle que reçoit, comme un témoignage de reconnaissance, un citoyen, de la main d'un autre citoyen auquel il a sauvé la vie dans un combat. Elle est faite de feuilles de chêne, pour rappeler l'ancien temps, où les hommes vivaient des fruits de cet arbre. Quelquefois aussi elle est faite

ex ilice; quod genus superiori proximum est, sicut scriptum est in quadam comœdia Cæcilii :

*Advehuntur, inquit, cum ilignea corona et chlamyde.*
*Di vostram fidem !*

Massurius autem Sabinus, in undecimo Librorum memorialium, civicam coronam tum dari solitum dicit, cum is, qui civem servaverat, eodem tempore etiam hostem occiderat; neque locum in ea pugna reliquerat. Aliter jus civicæ coronæ negat concessum : Tiberium tamen Cæsarem consultum, an civicam coronam capere posset, qui civem in prælio servasset et hostes ibidem duos interfecisset, sed locum, in quo pugnabat, non retinuisset, eoque loco hostes potiti essent; rescripsisse dicit eum quoque civica dignum videri; quod appareret tam iniquo loco civem ab eo servatum, ut etiam a fortiter pugnantibus retineri non quiverit. Hac corona civica L. Gellius vir censorius in senatu Ciceronem consulem donari e republica censuit; quod ejus opera esset atrocissima illa Catilinæ conjuratio detecta vindicataque. *Muralis* est corona, qua donatur ab imperatore qui primus murum subiit, inque oppidum hostium per vim escendit. Iccirco quasi muri pinnis decorata est. *Castrensis* est corona, qua donat eum imperator, qui primus hostium castra pugnans

avec les feuilles de l'yeuse ( arbre qui approche fort du chêne), comme on peut le voir par cet endroit d'une comédie de Cœcilius :

*On les amène avec une couronne d'yeuse, et une tunique. Juste ciel!*

Massurius Sabinus, dans le onzième livre de ses Mémoires, assure que, pour obtenir la couronne civique, il fallait avoir sauvé la vie à un citoyen, avoir tué l'ennemi qui l'attaquait et être resté maître du champ de bataille; que c'était là le seul moyen de pouvoir la mériter. Cependant il ajoute que César Tibère ayant été consulté si l'on pouvait accorder la couronne civique à celui qui, dans un combat, avait sauvé la vie à un citoyen, et qui avait tué deux ennemis, mais qui s'était trouvé obligé, malgré ses efforts, de céder le champ de bataille, avait répondu que celui-là méritait aussi cet honneur, parce qu'il n'y avait point de doute que le champ de bataille, où il avait sauvé un citoyen d'une manière aussi courageuse, ne fût si désavantageux qu'il lui avait été absolument impossible de s'y maintenir. L. Gellius étant censeur, dit au sénat qu'il croyait de l'intérêt de la république d'accorder la couronne civique à Cicéron qui avait si bien satisfait à son devoir de consul, par toutes les peines qu'il avait prises pour découvrir l'horrible conjuration de Catilina, et par toute la fermeté qu'il avait montrée dans la punition des coupables. La couronne *murale* est celle que décerne un général à celui qui s'est présenté le premier pour l'assaut, et qui le premier a gagné le haut des murailles, malgré les efforts des assiégés : c'est pourquoi cette couronne est ornée de créneaux. La *castrale* est celle que décerne un général au soldat qui, en combattant, a pénétré le premier dans le

introivit. Ea corona insigne valli habet. *Navalis* est; qua donari solet, maritimo praelio, qui primus in hostium navem armatus vi transilivit. Ea quasi navium rostris insignita est. Et *muralis* autem et *castrensis* et *navalis* fieri ex auro solent. *Ovalis* vero corona myrtea est. Ea utebantur imperatores qui ovantes introibant urbem. Ovandi autem ac non triumphandi causa est, cum aut bella non rite indicta, neque cum justo hoste gesta sunt; aut hostium nomen humile et non idoneum est, ut servorum piratarumque; aut, deditione repente facta, impulverea, ut dici solet, incruentaque victoria obvenit. Cui facilitati aptam esse Veneris frondem crediderunt, quod non Martius sed quasi Venerius quidam triumphus foret. Hanc myrteam coronam M. Crassus, cum bello fugitivorum confecto ovans rediret, insolenter aspernatus est; senatusque consultum faciundum per gratiam curavit, ut lauro, non myrto, coronaretur. M. Cato objecit M. Fulvio Nobiliori quod milites per ambitionem coronis, de causis levissimis, donasset. De qua re verba ipsa apposui Catonis: *Nam principio quis vidit corona donari quemquam, cum oppidum captum non esset; aut castra hostium non incensa essent?* Fulvius autem, in quem

camp ennemi. Cette couronne représente un retranchement. La couronne *navale* se donne à celui qui, dans un combat naval, tente le premier l'abordage et s'élance le premier dans les vaisseaux ennemis. Elle est ornée de proues. Les couronnes *murales, castrales et navales*, sont ordinairement d'or. L'*ovale* n'est que de myrte; elle ceignait le front des généraux qui revenaient à Rome avec les honneurs de l'ovation (6). Cette cérémonie, beaucoup moins pompeuse que le triomphe, avait lieu lorsque la guerre que l'on venait de terminer n'avait point été déclarée dans les formes accoutumées; lorsque le motif n'en paraissait pas bien légitime; lorsqu'on avait combattu des ennemis dont le nom n'était pas digne des armes de la république, comme des esclaves ou des pirates; enfin lorsque les assaillans avaient mis bas les armes presque sur-le-champ, et qu'on avait remporté la victoire sans se couvrir de poussière, comme l'on dit, et sans répandre de sang. On pensa qu'un rameau de l'arbre consacré à Vénus suffisait pour récompenser des succès aussi faciles, et caractériser un triomphe dont on devait plutôt faire hommage à la mère des amours qu'au dieu des combats. M. Crassus retournant à Rome avec la couronne de myrte, après avoir terminé la guerre des esclaves, et ayant essuyé les railleries de son armée, fit prier le sénat de lui permettre de substituer à celle-ci une couronne de laurier. M. Caton reprocha au célèbre M. Fulvius l'ambition qui le portait à donner des couronnes aux soldats, pour les raisons les plus frivoles. Voici les paroles mêmes de Caton : *Car, dans les premiers temps, qui a jamais vu quelqu'un recevoir la couronne sans avoir contribué à la prise d'une ville; ou sans avoir mis le feu au camp des ennemis ? Or*

hoc a Catone dictum est, coronis donaverat milites, quia vallum curaverant, aut quia puteum strenue foderant. Praetereundum non est, quod ad ovationes attinet; super quo dissensisse veteres scriptores scio. Partim enim scripserunt, qui ovaret introire solitum equo vehentem; at Sabinus Massurius pedibus ingredi ovantes dicit, sequentibus eos non militibus sed universo senatu.

## CAPUT VII.

*Personae* vocabulum quam lepide interpretatus sit, quamque esse vocis ejus originem dixerit Gabius Bassus.

LEPIDE mehercules et scite Gabius Bassus in libris, quos de Origine vocabulorum composuit, unde appellata *Persona* sit interpretatur: a *personando* enim id vocabulum factum esse conjectat. *Nam caput, inquit, et os cooperimento personae tectum undique unaque tantum vocis emittendae via pervium; quoniam non vaga neque diffusa est, in unum tantummodo exitum collectam coactamque vocem, et magis claros canorosque sonitus facit. Quoniam igitur indumentum illud oris clarescere et resonare vocem facit; ob eam causam persona dicta est, o, litera, propter vocabuli formam, pro ductiore.*

Fulvius, à qui Caton faisait ce reproche, avait donné la couronne à des soldats pour avoir gardé un retranchement, ou pour avoir creusé un puits avec promptitude. Il ne faut point omettre non plus, par rapport à l'ovation, une particularité sur laquelle je sais que les écrivains anciens ne sont pas d'accord. Car, selon plusieurs, celui qui recevait les honneurs de l'ovation avait coutume de faire son entrée à Rome, à cheval; et Sabinus Massurius, au contraire, rapporte qu'il faisait son entrée à pied, suivi, non des soldats, mais de tous les sénateurs.

## CHAPITRE VII.

*Personæ;* mot que Gabius Bassus a interprété avec beaucoup d'esprit, et dont il a donné l'étymologie.

Gabius Bassus, dans son ouvrage sur l'Origine des mots, interprète, d'une manière également agréable et habile, l'étymologie du mot *personæ* (masque), qu'il croit venir de *personando* (retentissant fortement). *Car,* dit-il, *la tête et le visage se trouvant entièrement couverts par le masque qui n'a d'ouverture que pour laisser passage à la voix, qu'il resserre de la sorte, en la forçant à s'échapper par cette seule ouverture, et qu'il rend par-là claire et plus sonore, on a, par cette raison, donné au masque le nom de persona, dans lequel la lettre o se trouve longue, à cause de la nature de ce mot.*

## CAPUT VIII.

*Defensus error a Virgilii versibus, quos arguerat Julius Hyginus grammaticus: et ibidem quid sit* lituus; *deque etymologia vocis ejus.*

*I*PSE *Quirinali lituo, parvaque sedebat*
*Succinctus trabea; lœvaque ancile gerebat.*

In his versibus errasse Virgilium Hyginus scripsit, tanquam non animadverterit deesse aliquid hisce verbis:

*Ipse Quirinali lituo.*

Nam, si nihil, inquit, deesse animadvertimus, videtur ita dictum ut fiat, *lituo et trabea succinctus.* Quod est, inquit, absurdissimum. Quippe cum *lituus* sit virga brevis in parte, qua robustior est, incurva; qua augures utuntur: quonam modo *lituo succinctus* videri potest? Immo ipse Hyginus parum animadvertit sic hoc esse dictum, ut pleraque dici per defectionem solent. Veluti cum dicitur, *M. Cicero homo magna eloquentia. Et Q. Roscius histrio summa venustate.* Non plenum hoc utrumque, non

## CHAPITRE VIII.

Virgile justifié d'une erreur que le grammairien Julius Hyginus prétendait se trouver dans ses vers. Ce que c'est que *lituus*. Étymologie de ce mot.

Dans ces vers de Virgile,

*Assis au milieu de ces monumens, avec la courte trabée, et tenant d'une main le bâton augural ( ipse quirinali lituo sedebat), de l'autre le bouclier sacré.*

Hyginus reproche au poëte de s'être trompé et de ne s'être point aperçu qu'il manquait quelque chose à ces mots :

*Ipse quirinali lituo.*

Car, dit-il, si nous trouvons qu'il n'y manque rien, il aurait alors semblé vouloir dire ; *lituo et trabea succinctus (revêtu de la robe et du bâton augural)* (7), ce qui serait on ne peut plus absurde. En effet, *lituus* exprimant un bâton court et recourbé par le gros bout, dont se servaient les augures, comment pourrait-on dire *lituo succinctus* ? Mais Hyginus lui-même n'a pas pris garde qu'il y a ici quelque chose de sous-entendu, et qu'on trouve bien ailleurs des exemples de locutions semblables, comme quand on dit : *M. Cicero, homo magna eloquentia* (Cicéron, homme très-éloquent), et *Q. Roscius histrio, summa venustate* (Q. Roscius, comédien plein de grâce ). Quoiqu'il manque quelque chose à l'une et à l'autre de ces phrases, elles n'en présentent cependant

perfectum est : sed enim pro pleno atque perfecto auditur. Ut Virgilius alio in loco dixit :

*Victorem Buten immani corpore.*

Id est, corpus immane habentem. Et item alibi :

*In medium geminos immani pondere cæstus*
*Projecit.*

Ac similiter :

*domus sanie dapibusque cruentis,*
*Intus opaca, ingens.*

Sic igitur id quoque videri dictum debet, *Picus Quirinali lituo erat;* sicuti dicimus, *statua grandi capite erat. Est* autem, et *erat*, et *fuit*, plerumque absunt, cum elegantia, sine detrimento sententiæ. Et, quoniam facta *litui* mentio est, non prætermittendum est, quod posse quæri animadvertimus, utrum lituus auguralis a tuba, quæ *lituus* appellatur, an tuba a lituo augurum *lituus* dicta sit. Utrumque enim pari forma et pariter incurvum est. Sed si, ut quidam putant, tuba a sonitu lituus appellata est ex illo homerico versu, Λίγξε βιὸς; necesse est ita accipi ut virga auguralis a tubæ similitudine *lituus*

pas moins un sens parfait. On trouve aussi, dans un autre endroit de Virgile :

*L'athlète Butée, géant formidable (Butus immani corpore), vainqueur de tous les autres.*

C'est comme s'il y avait *immane corpus habentem*. On trouve encore ailleurs dans le même :

*Il jette au milieu de l'assemblée une paire de gantelets d'un poids énorme (immani pondere cestus).*

Puis encore en un autre endroit :

*Sombre et vaste demeure, toujours pleine de sang et des restes de ses mets inhumains (domus sanie dapibusque cruentis).*

On pourra dire, par la même raison, *Picus quirinali lituo erat (Picus* (*) *était du nombre des augures);* comme on dit, *statua grandi capite erat (il y avait une statue dont la tête était élevée).* On sous-entend le plus souvent, avec élégance, *est*, *erat* et *fuit*, sans que le sens de la phrase en souffre pour cela tant soit peu. Et puisque nous en sommes sur le mot *lituus*, il ne faut point négliger de faire attention qu'on pourrait demander si *lituus* (*bâton augural*) vient de *tuba* (*clairon*) qu'on appelle aussi *lituus*, ou si *tuba* a été nommé *lituus* de *lituus* (*bâton augural*) : car ils ont tous deux la même forme, et sont également recourbés par le bout. Mais si, comme quelques-uns le pensent, on a appelé *tuba*, *lituus*, du son qu'il rend, comme le donne à croire un vers d'Homère dans lequel on trouve Λίγξε βιός (*la trompette a sonné*), *lituus* (*bâton augural*) aurait été nécessairement appelé ainsi à cause de la ressemblance de sa forme avec celle du clairon, exprimé par *lituus*. Virgile a employé ce

vocetur. Utitur autem vocabulo isto Virgilius et pro tuba:

*Et lituo pugnas insignis obibat et hasta.*

## CAPUT IX.

### Historia de Crœsi filio sumta ex Herodoti libris.

Filius Crœsi regis, cum jam per ætatem fari posset, infans erat; et, cum jam multum adolevisset, item nihil fari quibat. Mutus adeo et elinguis diu habitus est. Cum vero in patrem ejus bello magno victum, et urbe, in qua erat, capta, hostis gladio deducto regem esse ignorans invaderet : diduxit adolescens os clamare nitens : eoque nisu et impetu spiritus vitium nodumque linguæ rupit; planeque et articulate elocutus est, clamans in hostem ne rex Crœsus occideretur. Tum et hostis gladium reduxit, et rex vita donatus est, et adolescens loqui prorsum deinceps incœpit. Herodotus in historiis hujus memoriæ scriptor est : ejusque verba sunt, quæ prima dixisse filium Crœsi refert; Ἄνθρωπε, μὴ κτεῖνε Κροῖσον. Sed et quispiam Samius athleta, nomen illi fuit Αἰγλης, cum antea non loquens fuisset, ob similem dicitur causam loqui cœpisse. Nam cum in sacro certamine sortitio inter ipsos et adversarios non bona fide fieret; et sortem nominis falsam subjici animadvertisset : re-

mot au lieu de *tuba*, comme on peut le voir dans le vers suivant :

*Il le suivait dans les combats, embouchant la trompette, et maniant la lance avec un égal succès ( insignis lituo et hasta ).*

---

## CHAPITRE IX.

Trait remarquable sur le fils de Crésus, tiré des écrits d'Hérodote.

Le fils du roi Crésus (9), déjà parvenu à l'âge auquel les enfans ont coutume de parler, et déjà même fort grand, ne pouvait encore articuler aucune parole ; en sorte qu'on crut long-temps qu'il était muet. Son père, après une déroute complète, s'étant réfugié dans une ville forte et y ayant été forcé, un soldat se jeta sur lui, sans savoir qu'il était le roi, et allait le frapper de son épée. Alors le jeune prince fit de tels efforts, qu'il parvint à rompre l'obstacle qui arrêtait sa langue, et à crier très-distinctement au soldat ennemi, d'épargner les jours du roi Crésus. Aussitôt, le soldat suspendit le coup qu'il était près de porter, et accorda la vie au roi, et, de ce moment, le jeune prince obtint et conserva l'usage de la parole. Nous tenons cela d'Hérodote qui rapporte ce trait dans ses Histoires, et dit que les premières paroles de Crésus furent celles-ci : *Arrête, soldat, épargne le sang du roi.* On dit qu'un athlète samien, nommé Æglès, obtint, par une cause à peu près semblable, l'usage de la parole dont il avait été privé jusqu'au moment où, dans une lutte qui devait terminer une cérémonie religieuse, s'étant aperçu qu'au lieu de laisser le sort régler

pento in eum, qui id faciebat, sese videre quid faceret magnum inclamavit. Atque is oris vinculo solutus, per omne inde vitæ tempus, non turbide neque adhæse locutus est.

## CAPUT X.

De argumentis quæ græce ἀντιςρέφοντα appellantur, a nobis reciproca dici possunt.

Inter vitia argumentorum longe maximum esse vitium videtur eorum, quæ ἀντιςρέφοντα Græci dicunt. Ea quidam ex nostris non Hercules nimis absurde *reciproca* appellaverunt. Id autem vitium accidit hoc modo; cum argumentum propositum referri contra convertique potest in eum a quo dictum est; et utrumque pariter valet : quale est pervulgatum illud, quo Protagoram sophistarum acerrimum usum esse ferunt adversus Evathlum discipulum suum. Lis namque inter eos et controversia super pacta mercede hæc fuit. Evathlus adolescens dives, eloquentiæ discendæ causarumque orandi cupiens fuit. Is in disciplinam Protagoræ sese dedit; daturumque promisit mercedem grandem pecuniam, quantam Protagoras petiverat : dimidiumque ejus jam tunc dedit statim prius quam

l'ordre des combattans, les chefs du parti contraire y mettaient de la mauvaise foi, il s'écria tout à coup, en fixant l'auteur de ce manége : Traître, je découvre ta supercherie. Alors les liens qui captivaient chez lui l'usage de la parole, se trouvant rompus, il eut tout le reste de sa vie la prononciation aussi nette et aussi libre, que si jamais elle n'eût éprouvé aucun obstacle.

## CHAPITRE X.

Que nous pouvons appeler réciproques les argumens que les Grecs appellent argumens de réfutation.

Parmi les mauvais argumens, on peut regarder comme le plus vicieux celui que les Grecs appellent argument de réfutation, et que nous avons nommé, avec raison, argument réciproque. Or, le vice de cet argument consiste à faire un raisonnement qu'on peut rétorquer contre celui qui le propose, et dont on peut user pour ou contre : tel est celui-là si connu, dont on rapporte que Protagoras, le plus ardent de tous les sophistes, fit usage contre son disciple Évathle. Cela arriva de la manière suivante, à l'occasion d'un différend qui s'éleva entre eux, au sujet d'une somme promise; car Évathle, jeune homme riche et curieux de se former à l'éloquence du barreau, se met sous la discipline de Protagoras, et lui promet la somme considérable que ce philosophe lui avait demandée. Il lui en paye la moitié sur-le-champ, avant de recevoir de ses leçons, et lui promet le reste pour le premier jour auquel il gagnerait une cause. Après avoir été long-temps à l'école de Protagoras et y avoir fait de grands

discerct : pepigitque ut reliquum dimidium daret, quo primo die causam apud judices orasset et vicisset. Postea cum diutule auditor assectatorque Protagoræ fuisset; et in studio quidem facundiæ abunde promovisset, causas tamen non reciperet; tempusque jam longum transcurreret, et facere id videretur ne reliquum mercedis daret : capit consilium Protagoras, ut tum existimabat, astutum. Petere instituit ex pacto mercedem; litem cum Evathlo contestatur. Et, cum ad judices, conjiciendæ consistendæque causæ gratia, venissent; tum Protagoras sic exorsus est : Disce, inquit, stultissime adolescens, utroque id modo fore ut reddas quod peto, sive contra te pronunciatum erit sive pro te. Nam, si contra te lis data erit, merces mihi ex sententia debebitur, quia ego vicero : sin vero secundum te judicatum erit, merces mihi ex pacto debebitur, quia tu viceris. Ad ea respondit Evathlus : Potui, inquit, huic tuæ tam ancipiti captioni isse obviam, si verba non ipse facerem, atque alio patrono uterer. Sed majus mihi in ista victoria prolubium est, cum te non in causa tantum sed in argumento quoque isto vinco. Disce igitur tu quoque, magister sapientissime, utroque modo fieri uti non reddam quod petis; sive contra me pronunciatum erit sive pro me. Nam, si judices pro causa mea senserint, nihil tibi ex sententia debebitur, quia ego vicero. Sin contra me pronunciaverint, nihil tibi ex pacto debebo, quia non vicero. Tum judices dubiosum hoc inexplicabileque esse,

progrès dans l'art oratoire, les causes ne lui venaient point, il les attendait long-temps, et il paraissait qu'il évitait de s'en procurer pour différer de plus en plus le reste du paiement. Protagoras impatienté, eut recours à un moyen qui lui parut un chef-d'œuvre d'adresse. Ce fut de demander le reste de la somme, d'après les termes de l'accord fait avec Évalthe, et de le citer à cet effet en justice. Or, quand il fut question de parler devant les juges, voici comment il s'exprima, en adressant la parole à son disciple : Apprends, lui dit-il, jeune étourdi, que, de quelque manière que les juges prononcent, soit contre toi, soit pour toi, tu seras obligé de me payer. Car si tu perds ta cause, te voilà forcé, en vertu de la sentence des juges, à me verser la somme que tu me dois; si, au contraire, les juges prononcent en ta faveur, ta promesse t'oblige à me donner de l'argent, puisque tu auras gagné ta cause. Évalthe répondit à cela : J'aurais pu me garantir d'un trait aussi captieux, si j'avais pris un avocat et que je n'eusse pas plaidé ma cause moi-même. Mais je veux augmenter le plaisir de mon triomphe sur toi, en ne me bornant point seulement à gagner ma cause, mais en faisant sentir encore au public le vice de ton raisonnement. Apprends donc aussi, habile maître, apprends que, de quelque manière que la cause soit jugée, soit à mon avantage ou non, je suis autorisé à te refuser ce que tu me demandes. Car si les juges prononcent en ma faveur, je ne te dois rien, en vertu de leur sentence, puisque j'aurai gagné ma cause; et s'ils prononcent contre moi, je ne te dois rien en vertu de notre accord, puisque je l'aurai perdue. Alors les juges, fort embarrassés comment prononcer sur une cause que les deux parties venaient d'embrouiller avec tant de subtilité, et craignant qu'en quelques termes que leur

quod utrimque dicebatur, rati, ne sententia sua, utramcumque in partem dicta esset, ipsa sese rescinderet, rem injudicatam reliquerunt; causamque in diem longissimam distulerunt. Sic ab adolescente discipulo magister disciplinae eloquentiae inclutus suo sibi argumento confutatus est, et captionis versute excogitatae frustratus fuit.

## CAPUT XI.

Biantis de re uxoria syllogismum non videri posse ἀντιϛρέφοντα.

Existimavit quidam etiam illud Biantis, viri sapientis ac nobilis, responsum consimile esse atque est Protagorion illud, de quo dixi modo, antistrephon. Nam cum rogatus esset a quodam Bias, deberetne uxorem ducere, an vitam vivere caelibem, ἤτοι, inquit, καλὴν ἕξεις, ἢ αἰσχρὰν. καὶ εἰ καλὴν, ἕξεις κοινήν· εἰ δὲ αἰσχρὰν, ἕξεις Ποινήν. ἑκάτερον δὲ ἐκ ἀγαϑόν, οὐ ληπτέον ἄρα. Sic autem hoc responsum convertunt. εἰ μὲν καλὴν ἕξω, οὐχ ἕξω Ποινήν· εἰ δὲ αἰσχρὰν, οὐχ ἕξω κοινήν. γαμητέον ἄρα. Sed minime hoc esse videtur ἀντιϛρέφον, quoniam ex altero latere conversum frigidius est infirmiusque. Nam Bias proposuit non esse ducendam uxorem propter alterutrum incommodum, quod necessario patiendum erit ei qui duxerit. Qui convertit autem, non ab eo se defendit incommodo

jugement fût conçu, il ne se détruisît lui-même, se refusèrent à porter leur sentence et traînèrent l'affaire en longueur. Ce fut de cette sorte qu'un célèbre maître d'éloquence fournit à un jeune disciple des moyens de le réfuter par son propre raisonnement, et eut recours en vain à des argumens subtils et captieux.

## CHAPITRE XI.

Argument de Bias sur le mariage, qui ne peut point être regardé comme réciproque.

Quelqu'un a cru apercevoir dans la réponse de Bias, philosophe distingué, et l'un des sept sages de la Grèce, le même vice de réciprocité qu'on reproche à Protagoras. Un homme l'ayant consulté pour savoir s'il devait prendre une épouse, ou passer sa vie dans le célibat, Bias lui répondit : *Ou la femme que vous épouserez sera jolie* ([10]), *ou elle sera laide. Dans le premier cas, vous épouserez une Hélène; dans le second, une furie : l'un ne vaut pas mieux que l'autre; ainsi, ne vous mariez pas.* L'on veut que cette réponse puisse se tourner ainsi : *Si mon épouse est jolie, ce ne sera pas une furie; si elle ne l'est pas, elle sera fidèle; il faut donc se marier.* Mais n'est-ce pas là donner aux paroles de Bias un sens forcé, et changer une maxime en raillerie? Car le philosophe pose en principe qu'on ne doit point se marier, parce que cet état offre nécessairement un des deux inconvéniens dont il parle, et qu'il faudra souffrir quoi qu'on fasse;

quod adest; sed carere se altero dicit quod non adest. Satis est autem tuendæ sententiæ quam Bias dixit; quod eum, qui duxit uxorem, pati necesse est ex duobus incommodis alterum, ut aut κοινὴν habeat aut Ποινήν. Sed Favorinus noster, cum facta esset forte mentio syllogismi istius, quo Bias usus est, cujus prima πρότασις est, ἤτοι καλὴν ἕξεις, ἢ αἰσχρὰν; non ratum id neque justum disjunctum esse ait: quoniam non necessarium est alterum ex duobus, quæ disjunguntur, verum esse. Quod in proloquio disjunctivo necessarium est. Eminentia enim quadam significari formarum turpes et pulchræ videntur. Est autem, inquit, tertium quoque inter duo ista, quæ disjunguntur: cujus rationem prospectumque Bias non habuit. Inter enim pulcherrimam fœminam et deformissimam media quædam forma est; quæ a nimiæ pulchritudinis periculo et a summo deformitatis odio vacat. Qualis a Q. Ennio in Menalippa perquam eleganti vocabulo, *stata*, dicitur; quæ neque κοινὴ futura sit, neque Ποινή. Quam formam modicam et modestam Favorinus non mehercle inscite appellabat uxoriam. Ennius autem in ista, quam dixi, tragœdia, eas fere fœminas ait incolumi pudicitia esse, quæ stata forma forent.

et celui qui veut réciproquer ce raisonnement simple, est obligé de le présenter sous un faux jour, et de dire : Oui, mon épouse sera laide, et je la posséderai seul; oui, elle sera jolie, et par conséquent ce ne sera point une furie. Malgré cette insipide plaisanterie, l'argument de Bias conserve toute sa force, puisque, dans les liens nuptiaux, l'époux, à ce qu'il prétend, est exposé à l'un ou à l'autre de ces deux inconvéniens, d'être déshonoré ou tourmenté. Cependant je me souviens qu'ayant un jour parlé à Favorin du syllogisme de Bias, dont le premier *membre* est, *ou votre femme sera jolie*, il nous dit que cet argument ne lui avait jamais paru ni bien juste ni bien pressant; car entre jolie ou laide, il existe un certain milieu que Bias n'a point aperçu. C'est l'idée d'une épouse qui possède assez de charmes pour mériter la tendresse de son mari, et qui n'en a pas d'assez éblouissans pour le tenir dans de continuelles alarmes. C'est cette qualité de la figure, que Favorin nommait celle des épouses, et que Q. Ennius désigne par le mot *stata* (beauté ordinaire), dans une de ses tragédies où il dit qu'il n'y a presque que les femmes qui sont douées de cette médiocrité d'agrémens, qui soient véritablement chastes et dignes du mariage.

## CAPUT XII.

*De nominibus deorum Populi romani Dijovis et Vejovis.*

In antiquis spectionibus nomina hæc deorum inesse animadvertimus, *Dijovis* et *Vejovis*. Est autem etiam ædes Vejovis Romæ inter arcem et Capitolium. Eorum nominum rationem esse hanc comperi; *Jovem* Latini veteres a juvando appellavere : eumdemque alio vocabulo juncto patrem dixerunt. Nam quod est in elisis aut immutatis quibusdam literis Jupiter; id plenum atque integrum est *Jovispater*. Sic et *Neptunuspater* conjuncte dictus est, et *Saturnuspater*, et *Januspater*, et *Marspater*. Hoc enim est, *Marspiter*. Item Jovis *Diespater* appellatus est, id est, diei et lucis pater. Iccircoque simili nomine *Dijovis* dictus est, et *Lucetius* : quod nos die et luce quasi vita ipsa afficeret et juvaret. *Lucetium* autem *Jovem* Cn. Nævius in libris belli pœnici appellat. Cum Jovem igitur et Dijovem a juvando nominassent : eum quoque contra deum, qui non juvandi potestatem, sed vim nocendi haberet (nam deos quosdam ut prodessent celebrabant, quosdam ne obessent placabant), *Vejovem* appellaverunt demta atque detracta juvandi facultate. *Ve* enim particula, quæ, in aliis atque aliis vocabulis varia, tum per has duas literas, tum, *a*, litera media immissa dicitur, duplicem significa-

## CHAPITRE XII.

Des noms des dieux *Dijovis* et *Vejovis*, honorés chez les Romains.

Dans les anciens écrits qui traitent des rites de l'augurat, on trouve les noms de *Dijovis* (*Jupiter protecteur*), et de *Vejovis* (*le mauvais génie*). Rome éleva un temple à ce dernier, entre le Capitole et le mont Palatin (¹¹). Voici, selon moi, les raisons que l'on peut donner sur l'étymologie de ces deux noms : les anciens Latins appelèrent Jupiter le maître du ciel et de la terre, du mot *juvare* (*aider*), auquel ils joignirent le nom de père (*pater*); en sorte que nous trouvons dans le mot Jupiter, nonobstant la suppression de quelques lettres, ces deux mots *Jovis pater* (*père qui aide*). De cette manière on dit aussi, de deux mots joints ensemble, *Neptunus pater* (père Neptune), *Saturnus pater* (père Saturne), *Janus pater* (père Janus), et *Mars pater* ou *Marspiter* (père Mars). De cette manière encore on appela Jupiter *Dias pater* et *Dijovis* (père du jour), et *Lucetius* (père de la lumière), pour marquer que ce dieu dispensait la lumière de la même main dont il soutient la vie des hommes. Cn. Nævius, dans son Histoire de la guerre punique, se sert de l'expression *Lucetius Jovis* (Jupiter dispensateur du jour). Les anciens peuples du Latium qui avaient coutume de rendre des hommages à certaines divinités pour en obtenir des bienfaits, qui en suppliaient d'autres de ne point leur être funestes, ayant formé, comme je l'ai déjà dit, les mots *Jovis* et *Dijovis* du terme *juvare* (aider), appelèrent aussi *Vejovis* le dieu (¹²) qui, privé

tum eumdemque inter sese diversum capit. Nam et augendæ rei et minuendæ valet, sicuti aliæ particulæ plurimæ. Propter quod accidit, ut quædam vocabula, quibus particula ista præponitur, ambigua sint et utroqueversum dicantur; *vescum*, *vehemens*, et *vegrande*; de quibus alio in loco, uberiore tractatu facto, admonuimus : *vesani* autem et *vecordes* ex una tantum parte, quæ privativa est, quam Græci ϛερητικὸν μόριον dicunt. Simulachrum igitur dei *Vejovis*, quod est in æde, de qua supra dixi, sagittas tenet, quæ sunt videlicet paratæ ad nocendum. Quapropter eum deum plerique Apollinem esse dixerunt; immolaturque illi, ritu humano, capra : ejusque animalis figmentum juxta simulachrum stat. Propterea Virgilium quoque aiunt, multæ antiquitatis hominem sine ostentationis odio peritum, numina læva in Georgicis quoque deprecari; significantem quandam vim esse hujuscemodi deorum in lædendo magis quam in juvando potentem. Versus Virgilii hi sunt:

> *In tenui labor, at tenuis non gloria; si quem*
> *Numina læva sinunt, auditque vocatus Apollo.*

In istis autem dis, quos placari oportet uti mala a nobis vel a frugibus natis amoveantur, *Averruncus* quoque habetur et *Robigus*.

du pouvoir de faire du bien aux hommes, avait celui de leur nuire. La particule *ve*, de même que la lettre *a*, jointes à différens mots, y opèrent des significations différentes et tout-à-fait opposées; car il y a des occasions où elles servent à désigner l'augmentation, et dans d'autres elles marquent la diminution. De là l'ambiguïté et l'équivoque qui résultent de la composition des mots précédés de cette particule; tels sont *vescum* (plein de dégoût), *vehemens* (véhément), *vegrande* (fort grand); expressions dont j'ai parlé ailleurs plus en détail. Quant à *vesani* (furieux) et à *vecordes* (pervers), la préposition *ve* désigne clairement une privation, et la particule est *privative*, pour me servir de l'expression des Grecs. Mais pour en revenir à notre premier objet, la statue du dieu *Vejovis*, placée dans le temple dont j'ai parlé, tient à la main des flèches qui désignent une divinité malfaisante. Beaucoup de gens ont prétendu que ce dieu était Apollon : on a coutume de lui immoler une chèvre, et l'on voit la figure de cet animal au pied de la statue. C'est pour cette raison que Virgile, si versé dans la connaissance des antiquités romaines, et qui, sans ostentation, savait en tirer un si heureux parti, semble, dans ses Géorgiques, prendre soin d'apaiser les divinités malfaisantes; par où il entend celles qui ont plus le pouvoir de nuire, que celui d'être secourables. Voici ses vers :

*Assez mince est le sujet; mais non pas la gloire du travail, si toutefois le poëte a pour lui les dieux, et n'invoque pas en vain le secours d'Apollon.*

Parmi les dieux malfaisans dont il est important d'apaiser le courroux, afin qu'ils ne nuisent ni aux productions de nos champs, ni à nous-mêmes, on place *Averruncus* ([12]) et *Robigus*.

## CAPUT XIII.

*De officiorum gradu atque ordine moribus Populi romani observato.*

Seniorum hominum et Romæ nobilium, atque in morum disciplinarumque veterum doctrina memoriaque præstantium, disceptatio quædam fuit, præsente et audiente me, de gradu atque ordine officiorum. Cumque quæreretur, quibus nos ea prioribus potioribusque facere oporteret, si necesse esset in opera danda faciundoque officio alios aliis anteferre: non constabat. Conveniebat autem facile, constabatque ex moribus pop. rom. primum juxta parentes locum tenere pupillos debere fidei tutelæque nostræ creditos; secundum eos proximum locum clientes habere, qui sese itidem in fidem patrociniumque nostrum dediderunt; tunc in tertio loco esse hospites; postea esse cognatos affinesque. Hujus moris observationisque multa sunt testimonia documentaque in antiquitatibus perscripta. Ex quibus unum hoc interim, de clientibus cognatisque, quod præ manibus est, ponemus. M. Cato in oratione, quam dixit apud censores in Lentulum, ita scripsit: *Quod majores sanctius habuere defendi pupillos, quam clientem non fallere. Adversus cognatos pro cliente testatur. Testimonium adversum clientem nemo dicit: patrem primum, deinde patronum proximum nomen habere.* Massurius au-

## CHAPITRE XIII.

De l'ordre des devoirs, observé de tout temps par le Peuple romain.

Je me souviens d'avoir été témoin à Rome d'une dissertation très-intéressante entre des personnages vénérables par leur âge, leur naissance et leur profonde connaissance des mœurs et des usages de l'ancienne république. Il s'agissait de l'ordre des devoirs et des bienséances, et l'on avait de la peine à s'accorder sur le choix des personnes que l'on doit préférer dans le cas où l'on ne peut être utile à tous. On convenait aisément que, d'après les idées reçues de tout temps chez le peuple romain, nos parens seuls pouvaient l'emporter sur le pupille confié à notre bonne foi, et celui-ci sur le client (14) qui se met sous notre protection; après eux nos hôtes; enfin nos proches et nos alliés. Les monumens de l'antiquité sont pleins d'exemples qui attestent et qui rappellent ces respectables usages. J'en choisis un seul qui se trouve sous ma main; il regarde les cliens et les proches. M. Caton, dans le discours qu'il prononça devant les censeurs contre Lentulus, s'exprime ainsi : *Nos ancêtres, en disant qu'il valait mieux défendre un pupille que de ne point tromper un client, ont décidé par-là même, que le client doit être préféré à nos proches; et comme un patron ne peut témoigner en justice contre son client, c'est une preuve éclatante, qu'après l'auteur de ses jours, le client doit le regarder comme la personne la plus sacrée.* Mais Massurius Sabinus, au troisième livre du Droit civil, établit la préséance de l'hôte sur le client. Voici ses paroles : *Dans le commerce*

tem Sabinus, in libro Juris civilis tertio, antiquiorem locum hospiti tribuit quam clienti. Verba ex eo libro hæc sunt : *In officiis apud majores ita observatum est, primum tutelæ, deinde hospiti, deinde clienti, tum cognato, postea affini. De qua causa fœminæ viris potiores sunt habitæ, pupillarisque tutela muliebri prælata : etiam adversus quem affuissent ejus filii, tutores relicti in eadem causa pupillo aderant.* Firmum atque clarum isti testimonium rei perhibet auctoritas C. Cæsaris pontificis maximi, qui in oratione, quam pro Bithynis dixit, hoc principio usus est : *Vel pro hospitio regis Nicomedis, vel pro horum necessitate quorum res agitur, defugere hoc munus M. V. non potui. Nam neque hominum morte memoria deleri debet, quin a proximis retineatur; neque clientes sine summa infamia deseri possunt; quibus etiam a propinquis nostris opem ferre instituimus.*

## CAPUT XIV.

Quod Appion doctus homo, qui Plistonices appellatus est, vidisse se Romæ scripsit recognitionem inter se mutuam ex vetere notitia hominis et leonis.

Appion, qui Plistonices appellatus est, literis homo multis præditus rerumque græcarum plurima atque varia scientia fuit. Ejus libri non incelebres feruntur;

des devoirs, nos pères observaient cette gradation ; les pupilles, les hôtes, les cliens, les proches et les alliés ; de même les femmes passaient avant les hommes, mais la tutelle d'une jeune personne passait pour être moins sacrée que celle d'un jeune citoyen ; bien plus, le tuteur était obligé de le défendre en justice contre les poursuites de ses propres enfans. Ce qui offre un témoignage irrévocable des dispositions de l'ancienne Rome à cet égard, c'est l'autorité de C. César, qui, dans un endroit du discours qu'il prononça pour les Bithyniens, étant revêtu de la dignité de souverain pontife, s'exprime ainsi : *M. Vineius, les liens sacrés de l'hospitalité qui m'attachent au roi Nicomède, et mes sentimens d'amitié pour les personnes dont je plaide la cause, m'imposent l'obligation indispensable de parler pour eux ; car de même qu'il serait odieux à nos parens de ne point chérir notre mémoire après la mort, de même ce serait le comble de l'infamie d'abandonner nos cliens, dans une ville où nos ancêtres nous ont appris à préférer leurs intérêts à ceux des personnes que les liens du sang unissent à notre famille.*

## CHAPITRE XIV.

Que le savant Appion, surnommé Plistonice, rapporte avoir vu à Rome un homme et un lion, qui auparavant s'étaient trouvés ensemble, se reconnaître mutuellement.

APPION, surnommé Plistonice, était très-versé dans la littérature et dans la connaissance de toutes les parties de l'histoire grecque. On connaît et on estime le recueil complet

quibus omnium ferme, quæ mirifica in Ægypto visuntur audiunturque, historia comprehenditur. Sed in his, quæ audivisse vel legisse sese dicit, fortasse a vitio studioque ostentationis fit loquacior : est enim sane quam in prædicandis doctrinis suis venditator. Hoc autem, quod in libro Ægyptiacorum quinto scripsit, neque audisse neque legisse; sed ipsum sese in urbe romana vidisse oculis suis confirmat. In circo maximo, inquit, venationis amplissimæ pugna populo dabatur. Ejus rei, Romæ cum forte essem, spectator, inquit, fui. Multæ ibi sævientes feræ magnitudine bestiarum excellentes : omniumque inusitata aut forma erat aut ferocia. Sed præter alia omnia leonum, inquit, immanitas admirationi fuit; præterque omnis ceteros unius. Is unus leo corporis impetu, et vastitudine, terrificoque fremitu et sonoro, toris comisque cervicum fluctuantibus animos oculosque omnium in se convertit. Introductus erat inter complures ceteros ad pugnam bestiarum datus servus viri consularis. Ei servo Androclus nomen fuit. Hunc ille leo ubi vidit procul : repente, inquit, quasi ammirans stetit : ac deinde sensim atque placide tanquam noscitabundus ad hominem accedit : tum caudam more atque ritu adulantium canum clementer et blande movet; hominisque sese corpori adjungit; cruraque ejus et manus prope jam exanimati metu lingua leniter demulcet. Homo Androclus inter illa tam atrocis feræ blandimenta amissum animum reciperat : paulatim oculos ad contuendum leonem

qu'il a publié de toutes les merveilles de l'Égypte, et de toutes celles que renferment les annales de ce pays fameux. L'étalage affecté d'érudition, et le style plein de jactance de l'historien, le font soupçonner d'un peu d'exagération dans ses récits, lorsqu'il cite ses lectures ou ses conversations. On ne peut cependant porter le même jugement sur le trait dont il fait mention au cinquième livre de ses Mémoires sur les Égyptiens, puisque le narrateur assure qu'il ne l'a lu, ni entendu raconter nulle part, mais qu'il en a été témoin lui-même à Rome. On donnait au peuple dans le grand cirque ([15]), dit Appion, le spectacle d'un combat d'animaux accompagné du plus grand appareil. Comme je me trouvais alors à Rome, j'y assistai. Les barrières levées, l'arène se couvre d'une foule d'animaux frémissans, monstres affreux, tous d'une hauteur et d'une férocité extraordinaires. On vit surtout s'élancer des lions d'une grandeur prodigieuse, dont un entre autres fixa tous les regards. Une taille énorme, des élancemens vigoureux, des muscles enflés et roidis, une crinière flottante et hérissée, un rugissement sourd et terrible, attiraient sur cette bête redoutable l'attention de tous les spectateurs. Parmi les malheureux condamnés à disputer leur vie contre la rage de ces animaux affamés, se trouva un certain Androclus, autrefois esclave d'un proconsul. Dès que le lion l'aperçoit, dit l'écrivain, il s'arrête tout à coup saisi d'étonnement; il s'avance paisiblement et, d'un air adouci, comme s'il eût connu ce misérable; il s'approche en agitant la queue d'une manière soumise, comme le chien qui cherche à flatter; il presse le corps de l'esclave à demi-mort de frayeur, et lèche doucement ses pieds et ses mains. Les caresses du terrible animal rappellent Androclus à la vie; ses yeux éteints s'entr'ouvrent peu à peu, ils

refert. Tum, quasi mutua recognitione facta, lætos, inquit, et gratulabundos videres hominem et leonem. Ea re prorsus tam admirabili maximus populi clamor excitatur. Accersitur a Cæsare Androclus. Quæritur ab eo causa, cur ille atrocissimus leo uni pepercisset. Ibi Androclus rem mirificam narrat atque ammirandam. Cum provinciam, inquit, Africam proconsulari imperio meus dominus obtineret: ego ibi iniquis ejus et quotidianis verberibus ad fugam sum coactus; et, ut mihi a domino terræ illius præside tutiores latebræ forent, in camporum et harenarum solitudines concessi: ac, si defuisset cibus, consilium fuit mortem aliquo pacto quærere. Tum sole, inquit, medio rapido et flagrante, specum quamdam nactus remotam latebrosamque, in eam me penetro et recondo. Neque multo post ad eamdem specum venit hic leo, debili uno et cruento pede, gemitus edens et murmura dolorem cruciatumque vulneris commiserantia. Atque illic primo quidem conspectu advenientis leonis territum sibi et pavefactum animum dixit. Sed postquam introgressus, inquit, leo, uti re ipsa apparuit, in habitaculum illud suum vidit me procul delitescentem; mitis et mansuetus accessit, ac sublatum pedem ostendere ac porrigere, quasi opis petendæ gratia, visus est. Ibi, inquit, ego stirpem ingentem vestigio pedis ejus hærentem revelli; conceptamque saniem vulnere intimo expressi; accuratiusque, sine magna jam formidine, siccavi penitus atque detersi cruorem. Ille tunc mea opera et me-

rencontrent ceux du lion. Alors, comme dans un renouvellement de connaissance, vous eussiez vu l'homme et le lion se donner les marques de la joie la plus vive et du plus tendre attachement. L'assemblée entière, à ce spectacle, poussa des cris d'admiration, et César ayant fait venir Androclus, lui demande pourquoi il est le seul que la fureur de cette bête cruelle ait épargné. Daignez m'écouter, seigneur, lui répondit l'esclave; voici mon aventure. Pendant que mon maître gouvernait l'Afrique, en qualité de proconsul, les traitemens injustes et cruels que j'en essuyais continuellement me forcèrent enfin à prendre la fuite; et pour échapper aux poursuites d'un maître qui commandait en ce pays, j'allai chercher une solitude inaccessible parmi les sables et les déserts, résolu de me donner la mort de quelque manière, si je venais à manquer de nourriture. Les ardeurs insupportables du soleil, alors au milieu de sa brûlante carrière, m'ayant forcé à chercher un asile, je trouve un antre profond et ténébreux, j'y pénètre et je m'y cache. A peine y étais-je entré, que je vis arriver ce lion. Il s'appuyait douloureusement sur une patte ensanglantée, et la violence de ses tourmens lui arrachait des rugissemens et des cris affreux. La vue de l'animal féroce, rentrant dans son repaire, me glaça d'abord d'effroi; mais, dès qu'il m'aperçut au fond de son antre, je le vis s'avancer avec douceur. Il approche, me présente sa patte, me montre sa blessure, et semble me demander du secours. J'arrache une grosse épine enfoncée entre ses griffes; j'ose même presser la plaie et en exprimer tout le sang corrompu; enfin, pleinement remis de ma frayeur, je parvins à la purifier et à la dessécher. Alors le lion, soulagé par mes soins, et ne ressentant plus de douleur, se couche, met sa patte entre mes mains, et s'endort paisi-

dela levatus, pede in manibus meis posito recubuit et quievit. Atque, ex eo die, triennium totum ego et leo in eadem specu eodemque victu viximus. Nam, quas venabatur feras, membra opimiora ad specum mihi suggerebat. Quæ ego, ignis copiam non habens, sole meridiano tosta edebam. Sed ubi me, inquit, vitæ illius ferinæ jam pertæsum est; leone in venatum profecto, reliqui specum; et, viam ferme tridui permensus, a militibus visus apprehensusque sum, et ad dominum ex Africa Romam deductus. Is me statim rei capitalis damnandum, dandumque ad bestias curavit. Intelligo autem, inquit, hunc quoque leonem, me tunc separato, captum gratiam mihi nunc etiam beneficii et medicinæ referre. Hæc Appion dixisse Androclum tradit: eaque omnia scripta circumlataque tabella populo declarat: atque ideo, cunctis petentibus, dimissum Androclum et pœna solutum; leonemque ei suffragiis populi donatum. Postea, inquit, videbamus Androclum et leonem loro tenui revinctum urbe tota circum tabernas ire; donari ære Androclum; floribus spargi leonem; omnes fere ubique obvios dicere: *Hic est leo hospes hominis, hic est homo medicus leonis.*

blement. Depuis ce jour, nous avons continué à vivre ensemble pendant trois ans dans cette caverne. Le lion s'était chargé de la nourriture, et il m'apportait exactement les meilleurs morceaux des proies qu'il avait déchirées. N'ayant point de feu, je les faisais rôtir aux plus grandes ardeurs du soleil. Cependant la société de cet animal, et ce genre de vie, commençant à m'ennuyer, je choisis l'instant où il était allé chasser ; je m'éloigne de la caverne, et, après trois jours de marche, je tombe entre les mains des soldats. Ramené d'Afrique à Rome, je parus devant mon maître, qui, sur-le-champ, me condamna à être dévoré ; et je pense que ce lion, qui sans doute fut aussi pris après que je l'eus quitté, me témoigne actuellement sa reconnaissance. Tel est le discours qu'Appion met dans la bouche d'Androclus. Sur-le-champ on l'écrit, et on en fait part au peuple. Ses cris redoublés obtinrent la vie de l'esclave, et lui firent donner le lion. On voyait Androclus, continue l'auteur, tenant son libérateur attaché à une simple courroie, marcher au milieu de Rome, et le peuple enchanté couvrir l'un de fleurs, et combler l'autre de largesses, en s'écriant : *Voilà le lion qui a donné l'hospitalité à un homme, et voilà l'homme qui a guéri un lion.*

## CAPUT XV.

*Corpusne sit vox an ἀσώματον, varias esse philosophorum sententias.*

Vetus atque perpetua quæstio inter nobilissimos philosophorum agitata est; corpusne sit vox an incorporeum: hoc enim vocabulum quidam finxerunt proinde quod græce dicitur ἀσώματον. Corpus autem est, quod aut efficiens est aut patiens. Id græce definitur, τὸ δρώμενον ἢ πάσχον σῶμά ἐςι. Quam definitionem significare volens Lucretius ita scripsit:

*Tangere enim aut tangi nisi corpus nulla potest res.*

Alio quoque modo corpus esse Græci dicunt τὸ τριχῇ διαςατὸν. Sed vocem stoici corpus esse contendunt; eamque esse dicunt ictum aera. Plato autem non esse vocem corpus putat: non enim percussus, inquit, aer, sed plaga ipsa atque percussio vox est. Οὐχ ἁπλῶς πληγὴ ἀέρος ἐςὶν ἡ φωνή. πλήτ̓ει γὰρ τὸν ἀέρα καὶ δάκτυλος παραγόμενος, καὶ οὐδέπω ποιεῖ φωνήν· ἀλλ' ἡ πόση πληγὴ, καὶ σφοδρὰ, καὶ τόση δὲ ὥςτε ἀκουςὴν γένεσθαι. Democritus ac deinde Epicurus ex individuis corporibus vocem constare dicunt; eamque ut ipsis eorum verbis utar, ῥεῦμα λόγων appellant. Hos aliosque tales

## CHAPITRE XV.

*Que les philosophes ne conviennent point entre eux, si la voix est ou n'est pas un corps.*

La voix est-elle un corps, ou appartient-elle à la classe des êtres incorporels? Voilà une grande question qui, dans tous les temps, a occupé les plus illustres écoles de la philosophie. On s'est servi de l'expression *incorporel*, à l'imitation des Grecs. L'on doit ranger dans la classe des êtres corporels tout ce qui agit ou qui est susceptible de recevoir une action ou une impression quelconque; en un mot, pour nous servir de la définition grecque, *le corps est tout ce qui a action ou passion*. C'est ce que Lucrèce a voulu signifier, lorsqu'il a dit:

*Il n'y a rien que le corps qui puisse toucher ou être touché.*

Les Grecs disent aussi que le corps est tout ce qui a les trois dimensions (16). Les stoïciens pensent que la voix est un corps, et qu'elle n'est autre chose que l'air frappé. Platon soutient le contraire, et dit que l'air frappé n'est pas la voix, mais qu'elle consiste uniquement dans la percussion elle-même. Voici ses paroles: *On ne doit pas dire simplement que la voix est la percussion de l'air, puisque le mouvement du doigt frappe l'air et ne fait pas la voix; elle est l'effet d'une percussion forte, et telle qu'elle puisse être entendue.* Démocrite, et ensuite Épicure, disent que la voix doit être rangée dans la classe des corps indivisibles, et que c'est un *fleuve de paroles*, pour me servir de leurs expressions. En

argutæ delectabilisque desidiæ aculeos cum audiremus vel lectitaremus; neque in his scrupulis, aut emolumentum aliquod solidum ad rationem vitæ pertinens; aut finem ullum quærendi videremus: Ennianum Neoptolemum probabamus; qui profecto ita ait:

*Philosophandum est paucis: nam omnino haud placet.*

## CAPUT XVI.

### De vi oculorum atque videndi rationibus.

De videndi ratione deque cernendi natura diversas esse opiniones philosophorum animadvertimus. Stoici causas esse videndi dicunt, radiorum ex oculis in ea quæ videri queunt, emissionem, aerisque simul intentionem. Epicurus autem affluere semper ex omnibus corporibus simulacra quædam corporum ipsorum, eaque sese in oculos inferre, atque ita fieri sensum videndi putat. Plato existimat genus quoddam ignis lucisque de oculis exire; idque conjunctum continuatumque vel cum luce solis vel cum alterius ignis lumine, sua vi et externa nixum, efficere, ut, quæcumque offenderit illustraveritque, cernamus. Sed et hic ea, quæ disserimus, imaginandum; ejusdemque illius Enniani Neoptolemi, de quo supra scripsimus, consilio utendum est; qui degustandum ex philosophia censet, non in eam ingurgitandum.

jetant les yeux sur les amusemens philosophiques de cette espèce, faits pour piquer les curieux ou pour charmer l'oisiveté, et sentant bien que ces sortes de connaissances ne peuvent intéresser la raison, ni contribuer au bonheur ou à l'utilité de la vie, je me suis rappelé la maxime d'Ennianus Néoptolème qui dit :

*Il faut philosopher quelquefois, mais non pas toujours.*

## CHAPITRE XVI.

### De la force des yeux et du principe de la vue.

Les différentes sectes de la philosophie sont très-partagées sur le principe de la vue, et sur la manière dont l'homme distingue les divers objets qui s'offrent à ses yeux. Les stoïciens prétendent qu'il faut en attribuer la cause au faisceau de lumière [17], qui, de la superficie de l'œil, s'étend jusqu'à l'objet, et à la tension de l'air. Épicure pense que, de tous les corps qui nous environnent, il se détache continuellement des images qui les peignent dans l'œil, et que c'est ainsi que s'opère la vue de tous les objets. Platon croit que de l'organe de la vue s'échappent des particules de feu et de lumière, qui, mêlées à celle du soleil ou d'un autre feu, par leur propre force et par celle qu'elles empruntent de la lumière extérieure, éclairent tous les objets qu'elles rencontrent, et par-là nous les font apercevoir. Au milieu de tant de savans systèmes, je m'arrête et m'en tiens au mot du même Ennianus Néoptolème, dont j'ai parlé précédemment, qui conseille d'essayer un peu de la philosophie, mais non pas de s'abîmer dans ses profondeurs.

## CAPUT XVII.

Quam ob causam dies primi post kalendas, nonas, idus, atri habeantur; et cur diem quoque quartum ante kalendas, vel nonas, vel idus, quasi religiosum plerique vitant.

VERRIUS Flaccus, in quarto de verborum Significatione, dies, qui sunt postridie kalendas, nonas, idus, quos vulgus imperite *nefastos* dicit, propter hanc causam dictos habitosque atros esse scribit. *Urbe*, inquit, *a Gallis Senonibus reciperata, L. Atilius in senatu verba fecit, Q. Sulpicium tribunum militum ad Aliam adversus Gallos pugnaturum rem divinam dimicandi gratia postridie idus fecisse; tum exercitum populi romani occidione occisum, et post diem tertium ejus diei urbem præter Capitolium captam esse; compluresque alii senatores recordari sese dixerunt, quotiens belli gerendi gratia res divina postridie kalendas, nonas, idus, a magistratu populi romani facta esset, ejus belli proximo deinceps prælio rem publicam male gestam esse. Tum senatus eam rem ad pontifices rejecit, ut ipsi, quod videretur, statuerent: pontifices decreverunt nullum his diebus sacrificium recte fu-*

## CHAPITRE XVII.

*Pourquoi les premiers jours d'après les calendes, les nones et les ides, sont réputés mauvais. Pourquoi aussi beaucoup de personnes regardent comme funeste, le quatrième jour avant les calendes, les nones et les ides.*

VERRIUS Flaccus, dans son quatrième livre de la Signification des mots, en parlant des jours qui suivent les calendes, les nones et les ides, et que le peuple appelle mal à propos *néfastes* ([18]), rapporte de la manière suivante le trait qui fit passer ces jours pour mauvais. *Rome*, dit-il, *ayant été délivrée des Gaulois, L. Atilius fit part au sénat que Q. Sulpicius, tribun militaire, sur le point de combattre les Sénonais sur les bords de l'Alia, offrit un sacrifice le premier jour après les ides, pour obtenir des dieux la victoire. L'armée romaine fut taillée en pièces, et trois jours après Rome fut prise, à l'exception du Capitole* ([19]). *A cette occasion, plusieurs sénateurs dirent qu'ils se rappelaient que toutes les fois que les magistrats du peuple romain avaient ordonné quelque cérémonie religieuse pour intéresser les dieux au succès des armes de la république, le lendemain des calendes, des nones ou des ides, toujours la première bataille avait été accompagnée de funestes revers. Le sénat, frappé de cette remarque, voulut que l'affaire fût portée au tribunal des pontifes : ils répondirent que tout sacrifice offert un de ces trois jours, ne serait jamais agréable aux dieux.* Bien des personnes ont aussi coutume de s'abstenir de toute affaire le quatrième jour avant

*turum.* Ante diem quoque quartum kalendas vel nonas vel idus, tanquam inominalem diem, plerique vitant. Ejus observationis an religio ulla sit tradita, quæri solet. Nihil super ea re scriptum invenimus: nisi quod Q. Claudius Annalium quinto cladem pugnæ Cannensis vastissimam factam dicit ante diem quartum nonas Sextilis.

## CAPUT XVIII.

In quid et quantum differat Historia ab Annalibus: superque ea re verba posita ex libro Rerum gestarum Sempronii Asellionis primo.

Historiam ab annalibus quidam differre eo putant, quod, cùm utrumque sit rerum gestarum narratio, earum tamen propriè rerum sit historia, quibus rebus gerendis interfuerit is, qui narret. Eamque esse opinionem quorundam Verrius Flaccus refert, in libro de Significatu verborum quarto; ac se quidem dubitare super ea re dicit : posse autem videri putat non nihil esse rationis in ea opinione, quod historia græcè significet rerum cognitionem præsentium. Sed nos audire soliti sumus annales omnino id esse quod historiæ sint; historias non omnino esse id quod annales sint. Sicuti, quod est homo, id necessario animal esse; quod est animal, non id necesse est hominem esse : ita historias quidem esse aiunt rerum gestarum

les trois époques dont je viens de parler, et chacun de ces jours leur paraît malheureux. On demande s'il y a quelque décret du pontificat relatif à cela, ou si c'est une pure opinion. Je n'ai rien trouvé sur cet article dans les écrits des anciens; si ce n'est un passage de Q. Claudius, qui, au cinquième livre de ses Annales, rapporte que la fameuse bataille de Cannes, si meurtrière et si funeste pour les Romains, fut livrée le quatrième jour avant les nones d'août.

## CHAPITRE XVIII.

En quoi et jusqu'à quel point l'Histoire diffère des Annales. Remarques à ce sujet, extraites du premier livre des Mémoires de Sempronius Asellion.

Quoique l'annaliste et l'historien consacrent également leurs veilles à faire le récit des événemens passés, on pense communément toutefois que la différence essentielle entre ces deux écrivains consiste en ce que le second ne doit rapporter que les faits dont il a été témoin. Quoique Verrius Flaccus, dans son quatrième livre de la Signification des mots, ne goûte point ce sentiment, il avoue qu'il est très-répandu, et qu'il peut être fondé sur ce qu'en grec le mot histoire signifie la connaissance des choses présentes. Quant à mon avis (*°) particulier, il me semble que j'ai toujours entendu dire que les annales sont précisément tout ce qu'est l'histoire, mais que celle-ci n'est pas toujours ce que sont celles-là ; de même que tout homme est nécessairement un animal, mais que tout animal n'est pas homme. Ainsi, continuent ceux dont j'adopte l'opinion, l'histoire s'occupe à retracer

vel expositionem vel demonstrationem, vel quo alio nomine id dicendum est; annales vero esse cum res gestæ plurium annorum, observato cujusque anni ordine, deinceps componuntur. Cum vero non per annos, sed per dies singulos res gestæ scribuntur, ea historia græco vocabulo ἐφημερίς dicitur, cujus latinum intepretamentum scriptum est in libro Sempronii Asellionis primo; ex quo libro pluria verba adscripsimus, ut simul ibidem quid ipse inter res gestas et annales esse dixerit ostenderemus: *Verum inter eos*, inquit, *qui annales relinquere voluissent, et eos qui res gestas a Romanis perscribere conati essent, omnium rerum hoc interfuit. Annales libri tantummodo quod factum quoque anno gestum sit, id demonstrabant. Id est eorum quasi qui diarium scribunt, quam Græci ἐφημερίδα vocant. Nobis non modo satis esse video quod factum esset id pronuntiare; sed etiam quo consilio quaque ratione gesta essent demonstrare.* Paulo post idem Asellio in eodem libro: *Nam neque alacriores ad rem publicam defendendam, neque segniores ad rem perperam faciundam annales libri commovere quicquam possunt. Scribere autem bellum quo initum consule, et quo modo confectum sit, et quis triumphans introierit, et quæ eo in bello gesta sint*

les événemens passés ; elle en est l'image ou l'exposition, comme l'on voudra ; au lieu que les annales sont le tableau général, où les révolutions des temps se présentent dans l'ordre bien distinct des années, et avec les époques fixes des événemens. Lorsque, sans renfermer dans son plan une certaine série d'années, un écrivain se contente de placer à la suite les uns des autres les faits que produit chaque jour, son travail s'appelle *Journal*, d'un mot grec dont le premier livre de Sempronius Asellion donne l'interprétation latine. Je crois devoir citer quelques endroits de cet ouvrage, afin que le lecteur puisse juger de ce que cet écrivain pense sur l'objet dont il est question. *La différence*, dit-il, *que je trouve entre les auteurs qui nous ont laissé des annales, et ceux qui se sont efforcés de reproduire dans leurs écrits les grandes actions des Romains, c'est que les annales ne sont que l'exposition des événemens de chaque année, comme les mémoires journaliers que les Grecs appellent Journaux n'offrent que le récit des actions de chaque jour ; au lieu que nous autres historiens, nous devons non-seulement peindre les révolutions des peuples et des états, mais encore indiquer l'esprit des gouvernemens avec les causes et les progrès des grands événemens que nous écrivons.* Quelques lignes plus bas, il ajoute : *Les peintures faibles et arides de l'annaliste n'allumeront jamais dans l'âme du lecteur le désir de mourir pour le salut et la gloire de la patrie, et jamais elles ne détourneront les mauvais citoyens du dessein pervers de lui nuire. En effet, raconter froidement sous quel consul telle guerre a commencé, quelles en ont été les vicissitudes, quel général a mérité les honneurs du triomphe, et tout le détail de la campagne, sans faire mention des décrets du sénat, ou des lois, des plébiscites qui ont été portés à cette occasion ;*

*iterare; non prædicare autem interea quid senatus decreverit, aut quæ lex rogatiove lata sit, neque quibus consiliis ea gesta sint; id fabulas pueris est narrare, non historias scribere.*

## CAPUT XIX.

Quid sit *adoptio*, quid item sit *arrogatio*, quantumque inter se differant; verbaque ejus quæ qualiaque sint, qui in liberis arrogandis super ea re populum rogat.

Cum in alienam familiam inque liberorum locum extranei sumuntur, aut per prætorem fit, aut per populum. Quod per prætorem fit, adoptatio dicitur; quod per populum, arrogatio. Adoptantur autem, cum a parente, in cujus potestate sunt, tertia mancipatione in jure ceduntur; atque ab eo qui adoptat, apud eum apud quem legis actio est, vindicantur. Arrogantur ii, qui, cum sui juris sunt, in alienam sese potestatem tradunt: ejusque rei ipsi auctores fiunt. Sed arrogationes non temere nec inexplorate committuntur. Nam comitia arbitris etiam pontificibus præbentur, quæ *curiata* appellantur: ætasque ejus, qui arrogare vult, an liberis potius gignundis idonea sit, bonaque ejus qui arrogatur ne insidiose appetita sint, consideratur: jusquejurandum a Q. Mucio pontifice maximo conceptum dicitur quod in arrogando juraretur. Sed arrogari non potest nisi jam vesticeps. Arrogatio autem dicta; quia genus hoc

en un mot, sans découvrir ni les motifs qui ont dirigé la république, ni les conseils que ces magistrats crurent devoir préférer, ce n'est pas écrire une histoire, c'est raconter une fable à des enfans.

## CHAPITRE XIX.

*De l'adoption et de l'arrogation. En quoi consiste la différence qui existe entre elles. Formule de rogation que doit présenter au peuple celui qui veut adopter l'enfant d'un citoyen.*

Lorsqu'un étranger entre dans une famille, et qu'il succède aux droits des enfans, il ne peut jouir des prérogatives qu'on veut lui accorder, que par l'autorité du préteur, ou par le suffrage du peuple. Dans le premier cas, l'acte s'appelle adoption (*); dans le second, il se nomme arrogation. L'adoption se fait en faveur d'un enfant que son père, après trois *mancipations*, cède à celui qui le reçoit dans sa famille, en présence du magistrat qui préside à cet acte. L'arrogation regarde le citoyen, maître de lui-même, qui se livre à la puissance d'un nouveau père, et qui est lui-même l'auteur et le ministre de cette transmutation. Mais comme ces sortes d'adoptions peuvent être sujettes à de grands inconvéniens, on y procède avec la prudence et la circonspection que demande l'importance de l'objet. Le peuple assemblé par *curies*, et présidé par les pontifes, s'informe si le citoyen qui veut en adopter un autre est en âge d'avoir des enfans; l'on examine ensuite si le désir de s'emparer par surprise des biens de celui qu'on se propose d'adopter, n'est pas le motif qui fait agir. On finit par exiger, sur ce dernier ar-

in alienam familiam transitus per populi rogationem fit. Ejus rogationis verba hæc sunt : VELITIS. JUBEATIS. QUIRITES. UTI. LUCIUS. VALERIUS. LUCIO. TITIO. TAM. IURE. LEGE. Q. FILIUS. SIBI. SIET. QUAM. SI. EX. EO. PATRE. MATRE. Q. FAMILIAS. EJUS. NATUS. ESSET. UTI. Q. EI. VITÆ. NECIS. Q. IN. EO. POTESTAS. SIET. UTI. PATRI. ENDO. FILIO. EST. HÆC. UTI. DIXI. ITA. VOS. QUIRITES. ROGO. Neque pupillus autem, neque mulier, quæ in parentis potestate non est, arrogari possunt. Quoniam et cum fœminis nulla comitiorum communio est; et tutoribus in pupillos tantam esse auctoritatem potestatemque fas non est, ut caput liberum fidei suæ commissum alienæ ditioni subjiciant. Libertinos vero ab ingenuis adoptari quidem jure posse Massurius Sabinus scripsit. Sed id neque permitti dicit; neque permittendum esse unquam putat, ut homines libertini ordinis per adoptionem in jura ingenuorum invadant. Alloquin, si juris ista antiquitas servetur, etiam servus a domino per prætorem dari in adoptionem potest. Idque ait plerosque juris veteris auctores posse fieri scripsisse. Animadvertimus in oratione P. Scipionis, quam censor habuit ad populum de moribus, Inter ea, quæ re-

ticle, le serment conçu dans les termes réglés par Q. Mucius, souverain pontife. D'un autre côté, l'on ne peut avoir recours à l'arrogation, pour être reçu dans une famille étrangère, qu'à l'âge de puberté. On appelle cet acte arrogation, parce que ce passage d'une famille dans une autre ne peut se faire que par l'autorité du peuple, auquel, pour cet objet, on adresse une rogation dont voici la formule : ROMAINS, VOUS ÊTES PRIÉS D'ORDONNER QUE LUCIUS VALÉRIUS SOIT DÉCLARÉ LE FILS DE LUCIUS TITIUS, AVEC AUTANT DE DROIT QUE S'IL ÉTAIT NÉ DU PÈRE ET DE LA MÈRE DE CETTE FAMILLE; ET QU'IL AIT POUVOIR SUR LUI DE VIE OU DE MORT, COMME UN PÈRE DOIT AVOIR SUR SON FILS. Une pupille, ni une femme qui n'est même plus sous l'autorité d'un père, ne peuvent jouir de l'arrogation, puisque les femmes ne peuvent assister aux assemblées publiques, et que la loi ne donne pas au tuteur, sur son pupille, la plénitude de puissance requise pour livrer à des mains étrangères un enfant que la république confie à sa garde et à ses soins. Un homme libre, au sentiment de Massurius Sabinus, peut adopter un affranchi; mais il ajoute qu'on ne permet jamais, et même qu'il n'est point à propos de permettre qu'un homme échappé des liens de la servitude soit associé, par la voie de l'adoption, aux droits d'un enfant de famille. Car, continue Massurius, si l'on s'en tenait à la rigueur à la liberté générale des adoptions, prononcée par les anciennes lois, on verrait un citoyen, en présence du préteur, adopter son esclave. Action indigne! s'écrie le jurisconsulte, en avouant néanmoins que la plupart des auteurs du droit ancien en soutiennent la validité. Dans le discours sur les mœurs, que P. Scipion adressa au peuple lorsqu'il exerçait la censure, j'ai remarqué qu'entre les nouveautés contraires aux anciennes coutumes, et que

prehendebat quod contra majorum instituta fierent, id etiam cum culpavisse, quod filius adoptivus patri adoptatori inter præmia patrum prodesset. Verba ex ea oratione hæc sunt: *In alia tribu patrem, in alia filium suffragium ferre; filium adoptivum tam prodesse, quam si ex se natum habeat; absentes censeri jubere, ut ad censum nemini necesse sit venire.*

## CAPUT XX.

Quod vocabulum Latinum solœcismo fuerit Capitoni Sinnio, quid autem id ipsum appellaverint veteres Latini, quibusque verbis solœcismum definierit idem Capito Sinnius.

Solœcismus a Sinnio Capitone ejusdemque ætatis aliis imparilitas appellatus, vetustióribus Latinis stribligo dicebatur, a versura videlicet et pravitate tortuosæ orationis, quasi sterobiligo quædam. Quod vitium Sinnius Capito in literis, quas ad Clodium Tuscum dedit, hisce verbis definit. Solœcismus est, inquit, impar et inconveniens compositura partium orationis. Cum græcum autem vocabulum sit solœcismus; an Attici homines, qui elegantius locuti sunt, usi eo sint, quæri solet. Sed nos neque solœcismum neque barbarismum apud Græcorum idoneos adhuc invenimus. Nam sicut βάρβαρον, ita σόλοικον dixerunt;

ce grand homme blâmait, il appuie surtout sur ce que l'usage a prévalu qu'un enfant adopté donne à son père adoptif le droit de suffrage, affecté aux citoyens dont les alliances avaient été fécondes. Voici ses propres paroles : *N'est-ce pas un abus de voir un père donner son suffrage dans une tribu, et le fils dans une autre; et l'enfant adopté donner au père le même droit que s'il avait eu des enfans de son sang ? Quant aux absens, j'ordonne qu'on les inscrive sur le rôle du cens, et que désormais le défaut de présence n'en puisse exempter personne.*

## CHAPITRE XX.

De quel terme latin Capiton Sinnius s'est servi pour exprimer le mot solécisme. Comment l'appelèrent les anciens Latins, et comment Capiton Sinnius l'a défini lui-même.

Sinnius Capiton et ses contemporains, appelaient le solécisme, *imparilitas* : les anciens Latins le nommaient *stribligo*, à cause sans doute de l'irrégularité et de la défectuosité qu'il met dans le discours, comme s'ils eussent voulu exprimer par-là une espèce d'obliquité. Sinnius Capiton, dans ses lettres à Clodius Tuscus, définit ce vice de locution en ces mots : Le solécisme, dit-il, est une construction inexacte et mauvaise des parties du discours. Comme ce mot nous vient du grec, on désire ordinairement savoir si les habitans de l'Attique, qui parlaient la langue grecque dans sa plus grande pureté, s'en sont réellement servis. Mais jusqu'ici nous voyons que les mots solécisme et barbarisme sont deux expressions impropres en grec. Il est vrai que de même que

nostri quoque antiquiores solœcum facile, solœcismum haud scio an unquam dixerint. Quodsi ita est; neque in græco neque in latino solœcismus probe dicitur.

---

## CAPUT XXI.

*Pluria qui dicat et compluria et complurios, non barbare dicere sed latine.*

PLURIA forte quis dixit sermocinans vir apprime doctus, amicus meus; non Hercle studio ostentandi, neque quo *plura* dicendum non putaret. Est enim doctrina homo seria et ad vitæ officia devincta ac nihil de verbis laborante. Sed, opinor, assidua veterum scriptorum tractatione inoleverat linguæ illius vox, quam in libris sæpe offenderat. Aderat, cum ille hoc dixit, reprehensor audaculus verborum qui perpauca eademque a vulgo protrita legerat: habebatque nonnullas disciplinæ grammaticæ inauditiunculas, partim rudes inchoatasque, partim non probas; easque quasi pulverem ob oculos, cum adortus quemque fuerat, adspergebat. Sicut tunc amico nostro: Barbare, inquit, dixisti *pluria*; nam neque rationem verbum hoc neque auctoritatem habet. Ibi ille amicus ridens: Amabo te, inquit, vir bone, quia nunc mihi a magis seriis rebus otium est, ve-

les Grecs ont dit βάρβαρον ( locution barbare ), ils ont dit σόλοικον (\*\*) ( locution défectueuse ), d'où les anciens Latins ont fait aisément *solœcus*. Car j'ignore s'ils ont jamais dit *solœcismus*. S'il en est ainsi, le mot solécisme est également impropre en grec et en latin.

## CHAPITRE XXI.

Que ceux qui disent *pluria*, *compluria* et *complurics*, ne font point de barbarisme ; mais qu'au contraire ils parlent correctement latin.

J'AI entendu un de mes amis, homme fort instruit, faire usage du mot *pluria* ( plusieurs ), dans la conversation ; et il ne le faisait point dans la vue d'affecter de l'érudition, ni parce qu'il ne croyait point que l'on dût dire *plura* : car c'est un homme savant sans préjugés et sans prétention, et qui ne s'amuse aucunement à disputer sur les mots. Mais, sans doute, l'habitude de la lecture des auteurs anciens l'avait familiarisé avec cette expression qu'il avait souvent rencontrée dans les livres. Il se trouvait là par hasard, lorsqu'il s'exprima ainsi, un personnage présomptueux, hardi censeur des mots, et qui s'était étudié à retenir quelques expressions banales dont il faisait parade au besoin. Cet homme avait, sur les principes de la grammaire, quelques notions superficielles, ébauchées et souvent très-inexactes à la vérité, mais au moyen desquelles, toutefois, il savait jeter de la poudre aux yeux de ceux auxquels il s'attaquait. Il apostropha donc notre ami, en lui reprochant le mot *pluria* comme un barbarisme : car, dit-il, ce mot n'est ni

lim doceas nos cur *pluria* sive *compluria* ( nihil enim differt ) non latine sed barbare dixerint M. Cato, Q. Claudius, Valerius Antias, L. Ælius, P. Nigidius, M. Varro; quos subscriptores approbatoresque hujus verbi habemus, præter poetarum oratorumque veterum multam copiam. Ad quæ ille nimis arroganter : Tibi, inquit, habeas auctoritates istas ex Faunorum et Aboriginum sæculo repetitas : atque huic rationi respondeas. Nullum enim vocabulum neutrum comparativum, numero plurativo, casu recto, ante extremam, *a*, habet, *i*, literam, sicuti, *meliora*, *majora*, *graviora*. Proinde igitur *plura* et non *pluria* dici consuevit; ne contra formam perpetuam in comparativo, *i*, litera sit ante extremam, *a*. Tum ille amicus noster, cum hominem confidentem pluribus verbis non dignum existimaret : Sinnii, inquit, Capitonis doctissimi viri epistolæ sunt uno in libro multæ, opinor, positæ in templo Pacis: Prima epistola scripta est ad Pacuvium Labeonem; cui titulus præscriptus est : PLURIA NON PLURA DICI DEBERE. In ea epistola rationes grammaticas posuit, per quas docet *pluria* latinum esse, *plura* barbarum. Ad Capitonem igitur te dimittimus. Ex eo id quoque simul disces, si modo assequi po-

evant, ni autorisé dans votre langue. Mais, mon brave homme, répond celui-ci en riant, puisque j'ai maintenant le loisir de vous entendre, voudriez-vous bien nous dire pourquoi *pluria* ou *compluria* ( ce qui est la même chose ) est un barbarisme que l'on rencontre dans M. Caton, dans Q. Claudius, dans Valérius Antias, dans L. Ælius, dans P. Nigidius et dans M. Varron, que nous voyons s'en être servis tous cependant, comme d'une expression bonne et correcte; sans parler, outre cela, d'un grand nombre de poètes et d'orateurs dont on pourrait invoquer le témoignage. Alors notre aristarque répondit, en baissant un peu le ton : Gardez pour vous ces autorités, que vous allez chercher au siècle des Faunes et des Aborigènes (²³), et répondez à ceci. Tout nom neutre et comparatif, au pluriel et au nominatif, ne prend jamais la lettre *i* devant un *a* qui le termine, comme on le voit dans ces mots, *meliora* ( meilleurs ), *majora* ( plus grands ), *graviora* ( plus graves ). De là est venue l'habitude de dire *plura* et non *pluria*; pour ne point s'écarter de cette règle invariable, en mettant la lettre *i* devant un *a*, terminaison d'un mot au comparatif. Alors, notre ami ne jugeant pas ce présomptueux digne d'un plus long entretien, termina en lui disant : Je me rappelle qu'il se trouve à la bibliothèque du temple de la Paix (²⁴) un recueil assez volumineux des lettres de Sinnius Capiton, qui était un savant distingué, et que la première de ces lettres, adressée à Pacuvius Labéon, commence par ces mots: ON DOIT DIRE PLURIA ET NON PLURA ; qu'il y prouve même grammaticalement que *pluria* est latin, et que *plura* est un barbarisme. C'est pourquoi je vous renvoie à Capiton. Il vous apprendra en même temps, si toutefois vous êtes en état de comprendre ce que vous verrez dans cette lettre, que *pluria*

teris quod in ea epistola scriptum est, *pluria* sive *plura* absolutum esse sive simplex; non, ut tibi videtur, comparativum. Hujus opinionis Sinnianae id quoque adjumentum est, quod, *compluries* cum dicimus, non comparative dicimus. Ab eo autem quod est, *compluria*, adverbium est factum *compluries*. Id quoque quoniam minus usitatum est; versum Plauti subscripsi, ex comoedia, quae Persa inscribitur:

*Quid metuis ? Metuo Hercle vero. Sensi ego compluries.*

Item M. Cato, in quarto Originum, eodem in loco ter hoc verbum posuit : *Compluries eorum milites mercenarii inter sese multi alteri alteros occidere; compluries multi simul ad hostes transfugere; compluries in imperatorem impetum facere.*

ou *plura* n'est qu'un positif, et n'est point un comparatif, comme il vous le paraît. Ce qui vient encore à l'appui de l'opinion de Sinnius, c'est que nous ne nous servons point de *compluries* comme d'un comparatif; car *compluries* (plusieurs fois), est un adverbe formé de *compluria*. Mais comme ce mot est peu usité, je citerai ce vers de la comédie de Plaute, intitulée Persa :

Que crains-tu? Je le sais ma foi bien ce que je crains. J'y ai déjà été pris plus d'une fois (*compluries*).

M. Caton, dans le quatrième livre de ses Origines, se sert de ce mot trois fois dans une même phrase, de la manière suivante : Souvent (*compluries*), on a vu un grand nombre des soldats qui étaient à leur solde, se tuer les uns les autres; souvent (*compluries*), on en a vu passer à l'ennemi en même temps; et plusieurs fois (*compluries*), on les a vus se révolter contre leur général.

# REMARQUES
## SUR
## LE LIVRE CINQUIÈME.

1. II. *Buctenazon*. Il y a eu, selon Ptolémée, une ville de ce nom dans les Indes, sur les bords du Gange.

2. III. *Protagoras*. Ce philosophe florissait vers la quatre-vingt-quatrième olympiade, selon Diogène Laërce.

3. IV. *A Sigillairo*. Quartier de Rome, ainsi nommé, parce qu'on y vendait ces petites figures en relief, appelées *Sigillaria*, que l'on avait coutume de s'envoyer en présent à la fin des saturnales.

4. V. *Je crois que c'en est assez*, etc. Plutarque rapporte un autre bon mot du vainqueur de Cannes, échappé à tous les autres historiens. Au moment où l'armée nombreuse des Romains s'avançait pour combattre, Annibal monte avec quelques officiers sur une hauteur, d'où il examinait les légions en bataille. Parmi ceux qui le suivaient était Giscon, homme de grande distinction chez les Carthaginois. A la vue de cette effroyable multitude de Romains qui couvraient la plaine, Giscon ne put s'empêcher de dire que le nombre des ennemis lui paraissait étonnant. « Il est bien plus étonnant, reprit Annibal, que parmi tant de soldats rassemblés, il n'y en ait pas un seul qui s'appelle Giscon. » Cette plaisanterie qu'on n'attendait pas, fut reçue avec applaudissement : elle passa de bouche en bouche ; les Carthaginois prenaient plaisir à se la répéter en faisant des éclats de rire. C'en fut assez, ajoute Plutarque, pour répandre la joie parmi les soldats d'Annibal. Ils se persuadèrent que leur général n'eût pas ainsi plaisanté au moment d'une bataille décisive, s'il n'eût été sûr de remporter la victoire.

**5. VI.** *Les honneurs du triomphe.* Le comble des honneurs auxquels un général romain pouvait aspirer, était le triomphe que le sénat ordonnait. Il arrivait aussi quelquefois que le peuple l'accordait malgré le sénat. Il fallait, pour triompher, que le général eût taillé en pièces plus de cinq mille ennemis dans une seule bataille. Lorsque le jour destiné pour cette cérémonie était arrivé, le général, revêtu d'une robe triomphale, ayant une couronne d'or sur la tête, monté sur un char magnifique, attelé de quatre chevaux blancs, était conduit en pompe au Capitole, à travers la ville, précédé du sénat et d'une foule immense de citoyens en habits de fête. On portait devant lui les dépouilles des ennemis, les représentations des villes et celles des provinces subjuguées. Devant ce char marchaient, chargés de chaînes d'or et d'argent, les rois et les chefs des ennemis vaincus. Quand le triomphateur était arrivé au Capitole, il ordonnait qu'on les mît en prison, et quelquefois qu'on les fît mourir. A la suite de ces prisonniers étaient les victimes que l'on devait immoler. Ceux qui suivaient de plus près le char de triomphe étaient les parens et les alliés du général; ensuite marchait l'armée avec toutes les marques d'honneur que chaque militaire avait obtenues. Les soldats, couronnés de lauriers, criaient: *io triomphe.* A cette acclamation, les légionnaires mêlaient des cris de joie souvent très-insolens contre le triomphateur; ce qu'on leur permettait, de peur que le général ne s'enorgueillît trop des honneurs que toute la république lui rendait. Par cette même raison, on faisait monter un esclave sur le même char. Le général, après avoir ainsi parcouru la ville jonchée de fleurs et remplie de parfums, arrivait au Capitole où il sacrifiait deux bœufs blancs. Il mettait ensuite une couronne de laurier sur la tête de Jupiter. La cérémonie finissait par un festin splendide auquel on invitait les consuls, mais seulement pour la forme; car on les priait ensuite de n'y pas venir, de peur que le jour même de son triomphe le général n'eût dans ce repas quelqu'un au-dessus de lui.

**6.** *Id. Avec les honneurs de l'ovation.* Si les avantages qu'avait remportés le général ne méritaient pas le grand triomphe, on lui en

accordait un petit que l'on nommait ovation, parce que l'on immolait une brebis dans cette cérémonie. D'autres écrivains prétendent que ce triomphe fut nommé ovation, à cause de l'exclamation ô! que firent les soldats la première fois qu'ils le virent. Alors, revêtu de la robe prétexte, il entrait à pied ou à cheval dans Rome, tenant à la main une branche de laurier, et pour l'ordinaire couronné de myrte.

7. VIII. *Du bâton augural*. Bâton recourbé par le haut, dont se servaient les augures, et qui a servi de crosse aux premiers évêques.

8. Id. *Picus*, roi des Latins, fils de Saturne, père de Faune, et aïeul du roi Latinus, était un augure très-habile.

9. IX. *Crésus*, cinquième et dernier roi de Lydie, partagea son règne entre les plaisirs, la guerre et les arts.

10. XI. *Où la femme que vous épouserez sera jolie*. La grande beauté, dit un auteur célèbre, me paraît plutôt à fuir qu'à rechercher dans le mariage. La beauté s'use promptement par la possession. Au bout de six semaines, elle n'est plus rien pour le possesseur; mais ses dangers durent autant qu'elle. A moins qu'une belle femme ne soit un ange, son mari est le plus malheureux des hommes; et quand elle serait un ange, comment empêchera-t-elle qu'il ne soit continuellement entouré d'ennemis? Si l'extrême laideur n'était pas dégoûtante, je la préférerais à l'extrême beauté; car en peu de temps l'une et l'autre étant nulles pour le mari, la beauté devient un inconvénient, et la laideur un avantage. Mais la laideur qui produit le dégoût est le plus grand des malheurs : ce sentiment, loin de s'effacer, augmente sans cesse et se tourne en haine. C'est un enfer qu'un pareil mariage; il vaudrait mieux être morts qu'unis ainsi. Désirer en tout la médiocrité, sans excepter la beauté, même une figure agréable et prévenante qui n'inspire pas l'amour, mais la bienveillance, est ce qu'on doit préférer; elle est sans préjudice pour le mari, et l'avantage en tourne au profit

commun. Les grâces ne s'usent pas comme la beauté; elles ont de la vie, elles se renouvellent sans cesse; et au bout de trente ans de mariage, une honnête femme, avec des grâces, plaît à son mari comme le premier jour.

11. XII. *Entre le Capitole*, etc. Le temple du dieu *Vejovis*, dont parle Aulu-Gelle, était par conséquent au pied du fameux édifice consacré à Jupiter au sommet du Capitole, et dont la description est fort curieuse. Il était de forme presque carrée; car sa longueur ne surpassait sa largeur que de quinze pieds. Dans l'enceinte du temple, on enferma huit arpens de terre, et l'on compte qu'il eut deux cents pieds de large, et environ deux cent quinze de long. Le portail de ce grand édifice fut tourné du côté du midi, c'est-à-dire qu'il était exposé à la vue du mont Palatin et de la grande place de Rome. De là on y montait par un degré de cent marches que l'on avait partagé, à certains intervalles, de manière à ce que l'on pût respirer avant que d'arriver au haut de la montagne et au pied du vestibule. Trois rangs de colonnes composaient la façade; un péristyle d'un double rang de colonnes environnait les deux autres côtés du temple. Plus d'un incendie le consuma dans la suite, et toujours les Romains le réparèrent, en gardant les mêmes proportions. Enfin, les embellissemens qu'ils y ajoutèrent le rendirent un des plus riches sanctuaires du monde. Toute la voûte de ce temple fameux fut dorée en dedans, aussi bien que la couverture en dehors. Cette dorure, dit Pline, fut un ouvrage que les Romains entreprirent après la destruction de Carthage. Il ajoute que de son temps on doutait si c'était Catulus qui en avait aussi fait dorer toute la couverture en dehors. La dorure de ce grand édifice, au rapport de Plutarque, revint à douze mille talens (sept millions). Quant aux portes du temple, elles étaient de bronze, revêtu de grosses lames d'or. L'architecture intérieure était toute de marbre, et les colonnes qui soutenaient l'édifice étaient d'un marbre précieux apporté d'Athènes. On en avait un peu gâté les proportions en les polissant trop et en les taillant à Rome.

12. *Id. Appelèrent aussi l'éjovis le dieu*, etc. Ovide, au troisième livre des Fastes, indique quel était ce dieu.

13. *Id. Averruncus.* Les Romains appelaient ainsi ce dieu, parce qu'ils s'imaginaient qu'il détournait les malheurs. Quand ils priaient les autres dieux de les préserver ou de les délivrer de quelque accident funeste, ils les surnommaient quelquefois *Averrunci*.

14. XIII. *Et celui-ci sur le client*, etc. Romulus voulant qu'il y eût un lien entre les patriciens et les plébéiens, établit que chaque plébéien pourrait choisir un patricien pour être son patron et son protecteur, et dont il serait le client ou le protégé. La charge du patron, à l'égard du client, était d'être son défenseur devant les tribunaux, de soutenir ses procès, en un mot, de faire pour lui ce qu'un père ferait pour ses enfans. Le client, de son côté, était obligé de rendre à son protecteur tous les services dont il était capable. Si les cliens mouraient sans faire de testament, leurs patrons étaient leurs légitimes héritiers, et par-là devenaient les tuteurs des enfans de leurs cliens; car, ayant le bénéfice, ils devaient aussi avoir la charge. Ce droit de clientèle était héréditaire et si sacré, que les cliens étaient préférés aux hôtes et aux parens même. Lorsque la république fut devenue plus puissante, tous les peuples voisins se mirent sous la protection des plus illustres familles romaines. Ainsi, les Siciliens furent sous la protection de Marcellus, les Allobroges sous celle de Fabius, les Cipriots et les Cappadociens sous celle de Caton, ceux de Bologne sous la protection d'Antoine, etc.

15. XIV. *Dans le grand cirque.* On donna le nom de cirque à cette magnifique enceinte, soit parce qu'au moins à l'une de ses extrémités elle présentait une forme circulaire, soit parce que les chars qui disputaient le prix devaient sept fois tourner en rond autour des bornes plantées aux extrémités du cirque. Dans la suite peut-être, ou peut-être dès le commencement, on appela celui-ci le grand cirque, ou bien à cause de son immense grandeur, ou bien parce qu'il était consacré à des divinités plus considérables qui portaient le nom de grands dieux. La longueur et la largeur du cirque nous sont claire-

ment marquées par Denys d'Halicarnasse. Pline en rabat un peu, et ne lui donne que trois stades de longueur. Vraisemblablement, pour faire le compte rond, il a omis le demi-stade dont parle l'historien grec. Il reste à savoir au juste, par rapport à nôtre manière de compter, combien ce cirque eut de longueur et de largeur. Pline, au livre premier, nous apprend que le stade était de six cent vingt-cinq pieds romains, et chacun de ces pieds était de douze pouces; ainsi, la longueur du cirque étant de trois stades et demi, elle était par conséquent de deux mille cent quatre-vingt-sept pieds romains. Pour sa largeur, elle était de quatre arpens (*jugera*) : or, selon le même auteur, l'arpent (*jugerum*) était de deux cent quarante pieds; d'où il est aisé de conclure que le cirque avait neuf cent soixante pieds romains en largeur, et par conséquent qu'il était une fois plus long que large. La longueur du cirque était donc à peu près d'un demi-mille d'Italie. Tarquin plaça le cirque dans la vallée *Myrtia* ou *Murtia*, qui s'étendait depuis le mont Aventin jusqu'au mont Palatin. Il est incontestable qu'il y eut avant Tarquin un cirque et des jeux pour les Romains; mais on ne croit pas que, sous les rois précédens, il fût au même lieu où Tarquin fit construire le sien. L'opinion commune est, qu'avant Tarquin, le peuple ne voyait les jeux que debout, sous des galeries de bois soutenues par des perches. Tarquin rangea les spectateurs sur des sièges à trois étages, ou sur des espèces de marches figurées en demi-cercle, qui allaient en s'étrécissant jusqu'au haut. Les premières marches furent de pierre; les plus élevées ne furent que de bois. Le long des grands côtés du cirque intérieur et d'un des petits côtés du bout, on avait creusé un ruisseau large et profond de dix pieds pour l'écoulement des eaux. Cent cinquante mille hommes pouvaient y tenir à l'aise, si cependant Denys d'Halicarnasse n'a pas confondu le cirque tel qu'il fut sous Tarquin, avec le même cirque tel qu'on le voyait sous Auguste. En effet, Jules-César le fit construire de nouveau, et Auguste l'embellit de dorures. D'ailleurs, il changea beaucoup depuis le roi qui le bâtit. Souvent les consuls et les empereurs y ajoutèrent de nouveaux ornemens et de nouveaux monumens de leur

magnificence. On sait combien les Romains, dans tous les temps, furent passionnés pour les spectacles du cirque. Sylla, étant édile, en fit voir un d'un genre nouveau, et qui plut extrêmement. Bocchus, roi de Mauritanie, lui avait envoyé cent lions avec des chasseurs exercés à les combattre. On avait vu de ces animaux à Rome, mais on ne les avait montrés qu'enchaînés. Le plaisir redoubla lorsqu'on les vit en liberté attaquer des hommes armés de pieux, habiles à éviter leurs atteintes, et assez adroits pour les percer. Il est douteux si le souvenir d'un amusement aussi agréable ne fut pas dans la suite pour Sylla aussi efficace pour lui obtenir le consulat de la multitude, que sa réputation et ses exploits.

16. XV. *Les trois dimensions.* Longueur, largeur et profondeur.

17. XVI. *Il faut en attribuer la cause au faisceau de lumière, etc.* ( Voyez Macrobe, liv. vii, chap. 14.)

18. XVII. *Néfastes.* La division la plus générale des jours chez les Romains, était en jours *fastes*, et en jours *néfastes*, du mot latin *fari* ( parler ). Les jours *fastes*, on traitait des affaires civiles, on plaidait, on délibérait, on consultait, ce qu'on s'abstenait de faire les jours *néfastes*, qu'on regardait comme sinistres ou de mauvais augure. Aux jours *néfastes*, le barreau était fermé, et il n'était pas permis au préteur de dire au peuple les paroles solennelles *do, dico, addico.* Les jours marqués par quelque calamité publique s'appelaient *dies atri;* et comme ils étaient du nombre des *néfastes*, le peuple prit ce terme pour signifier des jours malheureux.

19. Id. *Rome fut prise, à l'exception du Capitole.* Après la perte de la bataille de l'Alia, Brennus marcha droit à Rome, et s'empara de la ville. Les Romains eurent la faiblesse de se racheter par une somme très-considérable, que le général gaulois voulut bien accepter. L'or et l'argent n'étaient pas alors monnayés ; on ne recevait ces métaux qu'au poids. Au jour marqué, Sulpicius, qui commandait au Capitole, apporta la somme dont il était convenu.

Brennus présenta des balances et des poids pour la peser. On dit que ces balances et ces poids n'étoient pas justes. Sulpicius s'en plaignit. Le Gaulois, irrité de ce reproche, mit encore son épée et son baudrier dans le bassin où étoient les poids. Le Romain, indigné de ce procédé barbare, en demande raison. « C'est, répondit Brennus avec fierté, pour vous faire sentir le malheur des vaincus. » Ces mots, prononcés vivement, passèrent dans la suite en proverbe. Sulpicius, outré de cette mauvaise foi et de la hauteur du Gaulois, était sur le point de rompre le traité quand Camille arriva.

20. XVIII. *Quant à mon avis*, etc. Tout ce commentaire ne roule que sur la signification du terme histoire, dérivé du grec, et sur l'extension qu'on veut lui donner. A parler d'après les idées reçues, les annales ne sont qu'une compilation exacte et suivie des événemens d'un règne ou d'un certain nombre d'années. On demande de plus à l'historien de lier les faits, d'en présenter le tableau avec intérêt, de l'orner de réflexions, de caractères et de portraits; en un mot, de répandre la couleur et la vie sur l'esquisse de l'annaliste. C'est ce que Tite-Live a fait à l'égard des auteurs qui l'avaient précédé. Rien n'est en effet au-dessus du mérite de cet illustre historien, qu'il faudra toujours citer pour modèle. Il égale, dit un auteur célèbre, par la beauté et la noblesse de son style, la grandeur et la gloire du peuple dont il a écrit l'histoire. Il est partout clair, intelligible, agréable; mais quand il entre dans des matières importantes, il s'élève en quelque sorte au-dessus de lui-même, pour les traiter avec un soin particulier et avec une espèce de complaisance. Il rend présente l'action qu'il décrit: il la met sous les yeux; il ne la raconte pas, il la montre. Il peint, d'après nature, le génie et le caractère des personnages qu'il fait paraître sur la scène, et leur met dans la bouche les paroles toujours les plus conformes à leurs sentimens et à leurs différentes situations. Surtout, il a l'art merveilleux de tenir tellement les lecteurs en suspens par la variété des événemens, et d'intéresser si vivement leur curiosité, qu'ils ne peuvent quitter le récit d'une histoire avant qu'elle soit entièrement terminée.

21. XIX. *L'acte s'appelle adoption.* L'acte d'adoption est celui par lequel un homme en fait entrer un autre dans sa famille, comme son propre fils, et lui donne droit à sa succession en cette qualité. Chez les Turcs, la cérémonie de l'adoption se fait en faisant passer celui qui est adopté dans la chemise de celui qui adopte. La coutume d'adopter était fort commune chez les anciens Romains ; mais il n'était point permis aux eunuques d'adopter, parce qu'ils étaient dans l'impuissance actuelle d'avoir des enfans. On ne pouvait pas non plus adopter une personne plus âgée que soi. Chez les Romains, dans les premiers temps de la république, c'était aux pontifes qu'on devait s'adresser pour obtenir la permission de faire passer par adoption un enfant dans sa famille ; ensuite, on eut recours aux magistrats et au peuple. On demandait au père de celui qu'on voulait adopter, s'il voulait abandonner son fils dans toute l'étendue de la puissance paternelle, et donner droit de vie et de mort sur lui. On trouve des exemples d'adoption sous la première race de nos rois. Cette cérémonie se faisait en présence du monarque, et l'acte qui en était dressé accordait tous les droits de fils légitime. Au reste, les enfans d'adoption n'étaient nullement distingués des autres ; ils entraient dans tous les droits que la naissance donne aux enfans à l'égard de leurs pères. C'est pourquoi ils devaient être institués héritiers ou nommément exhérédés par le père qui les avait adoptés ; autrement le testament était nul. Chez les Germains, c'était en recevant les armes qu'on devenait majeur, et c'était aussi par le même signe que l'on était adopté. Lorsque Gontran voulut déclarer majeur et adopter en même temps son neveu Childebert, il lui dit : « J'ai mis ce javelot dans tes mains comme un signe que je t'ai donné mon royaume. » Puis se tournant vers l'assemblée : « Vous voyez, dit-il, que mon fils Childebert est devenu un homme ; obéissez lui. » Théodoric, roi des Ostrogots, voulant adopter le roi des Hérules, lui écrivit : « C'est une belle chose parmi nous de pouvoir être adopté par les armes ; car les hommes courageux sont les seuls qui méritent de devenir nos enfans. Il y a une telle force dans cet acte, que celui qui en est l'objet aimera toujours mieux mourir que de

souffrir quelque chose de honteux ; ainsi, par la coutume des nations, et parce que vous êtes un homme, nous vous adoptons par ces boucliers, ces épées et ces chevaux que nous vous envoyons. »

22. XX. *Ils ont dit* σόλοικον *à cause des habitans de la ville de Soles*, qui, quoique Athéniens d'origine, avaient cependant tellement dégénéré de la pureté de leur premier langage, qu'ils fournirent la dénomination à ce vice de locution qui a toujours été connu depuis sous le nom de *soléeisme*. Soles était une ville de Cilicie, ainsi appelée de Solon, son fondateur.

23. XXI. *Au siècle des Faunes et des Aborigènes.* C'est-à-dire aux temps les plus reculés. Fauno succéda à Picus, son père, soixante-dix-sept ans avant l'arrivée d'Énée en Italie, douze cent soixante-un ans avant Jésus-Christ. Quant aux Aborigènes qui habitaient les lieux mêmes, où depuis Rome fut fondée, ils furent ainsi appelés comme le plus ancien de tous les peuples, et qui semblait sans origine.

24. *Id. A la bibliothèque du temple de la Paix.* Il y avait auprès du magnifique temple de la Paix une bibliothèque dans laquelle, entre autres ouvrages, se trouvaient les lettres de Capiton Sinnius.

FIN DU TOME PREMIER.

www.ingramcontent.com/pod-product-compliance
Lightning Source LLC
Chambersburg PA
CBHW050557230426
43670CB00009B/1158